ISBN 978-0-365-58220-5
PIBN 11259310

1 MONTH OF
FREE
READING

at

www.ForgottenBooks.com

By purchasing this book you are eligible for one month membership to ForgottenBooks.com, giving you unlimited access to our entire collection of over 1,000,000 titles via our web site and mobile apps.

To claim your free month visit: www.forgottenbooks.com/free1259310

English
Français
Deutsche
Italiano
Español
Português

www.forgottenbooks.com

Mythology Photography **Fiction**
Fishing Christianity **Art** Cooking
Essays Buddhism Freemasonry
Medicine **Biology** Music **Ancient
Egypt** Evolution Carpentry Physics
Dance Geology **Mathematics** Fitness
Shakespeare **Folklore** Yoga Marketing
Confidence Immortality Biographies
Poetry **Psychology** Witchcraft
Electronics Chemistry History **Law**
Accounting **Philosophy** Anthropology
Alchemy Drama Quantum Mechanics
Atheism Sexual Health **Ancient History**
Entrepreneurship Languages Sport
Paleontology Needlework Islam
Metaphysics Investment Archaeology
Parenting Statistics Criminology
Motivational

Basler Zeitschrift

für

Geschichte und Altertumskunde.

———

Herausgegeben

von der

Historischen und antiquarischen Gesellschaft zu Basel.

———

Dritter Band.

Basel.

Verlag von Helbing & Lichtenhahn
(vormals Reich-Detloff.)
1904.

Druck von M. Werner-Riehm in Basel. IV. 1904.

INHALT.

———

Elf Abbildungen im Texte und zwei Tafeln.

Eine Denkschrift über das Treiben der deutschen Flüchtlinge in der Schweiz.

Von

Jakob Schneider.

Über die politischen Flüchtlinge, welche die Reaktion der Jahre 1848 und 1849 nach der Schweiz verschlagen hat, ist schon manches geschrieben und gesprochen worden — leider meist bei Anlass patriotischer Feste und Jubelfeiern. Das Interesse der Historiker haben sie bis jetzt nur in geringem Grade zu erwecken vermocht und auch, wenn dies der Fall war, nur gelegentlich und nebenbei. Daher kommt es wohl, dass wir so wenig Positives über die Persönlichkeiten und Tendenzen dieser Refugianten wissen. Und doch hat ihr Tun und Treiben bei uns Jahre lang auf die Politik der Mächte der Schweiz gegenüber ganz wesentlich eingewirkt. Ihretwegen haben Frankreich, Österreich, Sardinien und Baden zahlreiche und zum Teil recht drohende Noten an den Bundesrat gerichtet, ihretwegen haben sie im Jahre 1850 die Schweiz mit gemeinsamem Vorgehen bedroht und ihretwegen eine militärische Intervention in Aussicht gestellt.

Die einschlägige gedruckte Literatur erweist sich allerdings entweder als recht arm an vertrauenswerten Mitteilungen über die «Achtundvierziger Flüchtlinge» oder sie ist ausserordentlich schwer zu erreichen. Autobiographische Aufzeichnungen, welche von Refugianten herrühren, sind bis jetzt nur ganz vereinzelt (z. B. von Clossmann und von Born) ans Licht getreten; in den Memoiren andrer Autoren aber wird der flüchtigen Demokraten und Republikaner nur mit ängstlicher Behutsamkeit oder mit revoltierender Gehässigkeit Erwähnung getan. Die politische Presse Deutschlands, Frankreichs und der Schweiz aus jenen Jahren bietet fast nur unbedeutende, unzuverlässige und tendenziös entstellte Nachrichten. Die Zeitschriften und Pamphlete, welche die Flüchtlinge selbst verfasst haben (vorab Dronke und Abt), gehören heute zu den grössten Seltenheiten (wie Dronkes «Erinnyen», Vivis 1850) oder sind geradezu unauffindbar (wie z. B. «Die Bruderhand», Genf 1849/50). ·

Was an handschriftlichem Material noch vorhanden ist, entzieht sich unsrer Kenntnis und Prüfung; die Privatpapiere werden meist noch geheim gehalten und die staatlichen Archive sind für diese Epoche dem Historiker nur in der Schweiz zugänglich.

In diesen schweizerischen Archiven (besonders in Basel, Bern und Zürich) findet sich nun in der Tat manches, das imstande ist, uns über die Bestrebungen der achtundvierziger und neunundvierziger Flüchtlinge Klarheit zu ·verschaffen.

Wohl eines der interessantesten Stücke dieser Art ist das unter der Signatur Polit. E. E. 4. im Basler Staatsarchiv aufbewahrte. Es trägt die Überschrift: «Promemoria. Das Treiben der deutschen Flüchtlinge und Arbeiter in dem westlichen Teile der Schweiz.» Eine Notiz auf dem Umschlage von der Hand des Basler Polizeidirektors Gottlieb Bischoff giebt einigen Aufschluss über die Provenienz des Manuskripts. Sie lautet: «Dieses wirkliche Pro memoria (mit welchem die deutschen Regierungen im Gegensatz zu einem über Gipperich und Konsorten*) sehr geheim tun) ist durch die englische Gesandtschaft dem h. Bundespräsidenten und dem eidgenössischen Justizdepartement mitgeteilt worden. Es besteht aus zwölf Folio-Druckseiten. Gegenwärtiges ist eine hier verfertigte Kopie. Da uns die Sache unter der Bedingung der strengsten Diskretion mitgeteilt worden ist und namentlich kein Badenser davon wissen darf, dass die Schweiz davon Kenntnis hat, so ist diese Kopie .. genau verwahrt zu halten. Mit der Art, wie die badische Regierung zu diesen Notizen gekommen ist, hat es nämlich eine ganz eigene Bewandtnis.

21. März 1852.   G. B.»

---

*) Vgl. darüber: Adler, Geschichte der ersten sozialpolitischen Arbeiterbewegung in Deutschland, S. 286 ff.

Der Zeitpunkt, wann das Schriftstück verfasst worden ist, lässt sich nicht genau bestimmen; einiges spricht für das Jahr 1851, anderes schon für das Spätjahr 1850. Die Angaben sind, soweit sie sich kontrollieren lassen, genau, hie und da allerdings sieht der Verfasser «durch die Vergrösserungsgläser der Brille der Angst vor dem Spectre rouge».

Promemoria.

Das Treiben der deutschen Flüchtlinge und Arbeiter in dem westlichen Teile der Schweiz betreffend.

In der Schweiz leben gegenwärtig über 150[1]) deutsche Flüchtlinge, welche mit wenigen Ausnahmen bereit sind, den ersten Impuls zu benützen und verheerend in ihr Vaterland einzubrechen.

Fast in allen bedeutenderen Städten dieses Landes existieren deutsche Arbeitervereine und entstehen immer noch neue — unter verschiedenen Namen als: deutscher Bildungs- Sing-, oder Lese-Verein, mit ganz harmlosen Statuten[2]). Es verfolgen jedoch alle diese Vereine kommunistische Zwecke — wenn auch nicht gleich bei ihrer Entstehung (wie der in Zürich und Winterthur), so doch später durch Korrespondenzen mit andern kommunistischen Vereinen oder Flüchtlingen, und durch revolutionäre Schriften dazu angeregt, welche letzteren sich in den Bibliotheken aller näher gekannten Vereine befinden und von den deutschen Arbeitern nur mit zu grossem Interesse gelesen werden.

Die Bewegungen der Deutschen in der Schweiz möchte das nachfolgende Panorama des Treibens derselben in den grössern Städten dieses Landes darzustellen versuchen.

Wer in Basel einige Zeit im «Café National» oder dem Bierhause zum «Eckenstein»[3]) verkehrt, wird bald die Bekanntschaft des Schweizers Schabelitz,[4]) Redakteurs der «Nationalzeitung» machen. Er gehört der ultra-sozialen Partei an, steht mit allen hervorragenden Flüchtlingen gleicher Färbung in engster Verbindung, ist der intellektuelle Vorstand des Basler deutschen Arbeitervereins, der etwa 50 Mitglieder zählt, und bildet mit den Arbeitern die Vorhut der von der Schweiz ausgehenden Propaganda. An ihn werden die nach Deutschland abgehenden Emissäre zur Unterstützung empfohlen. Er geniesst das volle Vertrauen der kommunistischen Flüchtlinge und deutschen Arbeiter in der Schweiz und soll mit dem Zentralkomitee in London in Verbindung stehen.

Der frühere badische Advokat, jetzt Schweizer Bürger und Fürsprech * kümmert sich — wie es scheint — jetzt mehr um seine Klienten als um die deutschen Verhältnisse. Er gehört zur Partei der sogenannten blauen Demokraten, welche eine möglichst unblutige Einführung der republikanischen Staatsform — ohne Terrorismus — wollen. Das Gleiche wird wohl von den zwei bis drei übrigen sich in Basel aufhaltenden deutschen Flüchtlingen zu sagen sein. Sie sind entweder bemüht, ihr Brot zu verdienen — so verfertigt ein dort lebender früherer badischer Rechtspraktikant Schablonen — oder sie leben von ihrem Gelde, wie Siefert, der im « Bären » logiert.

Nach Basel kommen jedoch nicht selten andre deutsche Flüchtlinge; Fickler [5]) soll diesen Sommer durchgereist und ein gewisser Dietz [6]) — ein Badener, den indessen die Revolutionäre als Spion betrachten, — soll erst vor kurzem in Basel gewesen sein. Das gewöhnliche Absteigequartier ist in Birsfelden bei dem Flüchtlingsfreund — Bierbrauer Bender — wo Werner [7]) ein Jahr lang lebte.

Isolierter noch als in Basel leben die wenigen deutschen Flüchtlinge (vier bis sechs an der Zahl) in Solothurn. Lanzano [8]) aus Karlsruhe (Baden) ist dort Besitzer einer Essigfabrik, und die weiter in diesem Orte lebenden Flüchtlinge: Deimling und Müller scheinen in keiner Berührung mit ihren übrigen Gesinnungsgenossen zu stehen. Ein Arbeiterverein existiert bis jetzt in Solothurn nicht.

Anders verhält es sich in Bern, in welcher Stadt zwölf bis sechszehn Flüchtlinge sich herumtreiben. Hier leben schon mehr norddeutsche Republikaner, von denen man im allgemeinen sagen muss, dass sie der extremsten Richtung angehören und eine grössere revolutionäre Energie als die Süddeutschen haben. Während Leute, wie Frech aus Oberkirch, Staatsmann aus Mannheim, Meier von Esslingen [9]), in

ihren gemütlichen Diskussionen bei Tabak und Bier*) die
Beamten — beim Ausbruche der Revolution —, sowie alle
deutschen Fürsten sofort verhaften, richten, enthaupten,
und dann eine demokratische Republik dem revolutionären
deutschen Volke schenken, dieses aber durch aufrührerische
Reden und Schriften aufwiegeln wollen; — brüten der
Preusse (?) Breithaupt, Rheinstein aus Naumburg[10] Pfau aus
Württemberg[11] (früherer Redakteur des Eulenspiegels), ein
gewisser Weber, der frühere badische Rechtspraktikant Fiala,
Rosenthal aus Wien[12] und noch einige preussische Revo-
lutionärs über eine Organisation aller noch in Deutschland
lebenden Demokraten. Die Zusammenkünfte der letzteren
finden sowohl in der «Zimmermannia», als im «Café zum
Bären» und «Pfistern» statt. Diese Leute wollen, nachdem
ihre Partei in Deutschland vollends organisiert ist, und die
hiesigen Behörden einen Augenblick nicht wachsam sind,
die letztern überrumpeln, den ganzen gebildeten Teil der
Bevölkerung beseitigen, und auf dieser Tabula rasa eine
soziale Republik gründen. Die Art der Organisation soll
bestehen: in fortwährendem Propandieren ihrer Partei, be-
sonders unter dem Militär, Gehässigmachung der Regierungen
durch alle möglichen Mittel (um den furchtsamen, leicht-
gläubigen Haufen zu gewinnen), Versprechungen an die
niederen Klassen der Bevölkerung und fortwährende Auf-
reizung der ungebildeten Masse.

In Bern lebt übrigens immerhin noch der bessere Teil
der deutschen Flüchtlinge. Die dortige Regierung verlangte
von allen eine Kaution von mindestens 800 Franken, und wies
diejenigen, welche sie nicht erbringen konnten, aus. Die
meisten dort lebenden Demokraten haben eine — gewöhnlich
literarische — Beschäftigung, oder sie leben von eigenen
Mitteln. — Der in Bern existierende deutsche Arbeiterverein
zählt 60 Mitglieder. Die Versammlungen desselben finden
in einem abgelegenen Hause — in der Nähe des Zeug-
hauses — statt. Die Mitglieder dieses Vereines stehen sowohl
mit dem «Grütliverein»**) als den Flüchtlingen in Verbindung;

---

*) In dem abgelegenen Bierlokale — der sogen. Zimmermannia. —
**) An andern Orten, z. B. Lausanne und Genf, stehen beide Vereine ein-
ander feindlich gegenüber.

einige — besonders die Buchdrucker, welche die Spitze des Vereins bilden — sind nicht ohne Bildung; aber alle sind Anhänger des Kommunismus. Diese atheistisch-kommunistische Richtung impfen ihnen besonders Weitlings[13]), Feuerbachs[14]), Louis Blancs[14]) und Proudhons[16]) Werke ein.

Ähnlich wie in Solothurn verhält es sich mit den Flüchtlingen in Freiburg. Es leben nur vier bis sechs solcher in der Stadt und deren Nähe, wie: Haas aus Kleinlaufenburg, den jetzt der Hunger zur Arbeit zwingt, weswegen er nach La Chaux-de-fonds gehen und dort das Uhrenmacherhandwerk erlernen will; — Hafner aus Mösskirch und Herzog aus Waldshut.

Bis jetzt existiert in Freiburg auch noch kein deutscher Arbeiterverein. Desto gefährlicher ist dagegen der Verein in Lausanne — der sogenannte Singverein, welcher etwa 40 Mitglieder zählt. Ausser den Mitgliedern des kommunistischen Arbeitervereins in La Chaux-de-Fonds sollen diejenigen dieses Vereins noch die meiste Bildung haben — wenigstens gilt dies von den Arbeitervereinen der Westschweiz. Fast jeden Abend erhalten sie von ihrem Lehrer, dem Schweizer Ulrich, Stunden in den Realfächern und der französischen Sprache, nach deren Beendigung die politischen Diskussionen beginnen. Diese drehen sich darum, dass eine allgemeine Verbindung aller handarbeitenden und ärmeren Klassen der Bevölkerung von ganz Europa erstrebt werden müsse, diese müsse die Soldaten, die doch zum grössten Teile aus jener hervorgingen, mit umfassen, die neue allgemeine europäische Revolution, welche demnächst ausbreche, müsste durch aber auch für die Arbeiter gemacht werden. Jeder Begriff von Staat sei Unsinn, weil er dem unendlichen Begriffe der persönlichen Freiheit widerspreche. Die Bildung sei nur für Sklaven, weil sie Kasten schaffe; daher — Naturzustand! Die Arbeiter hätten beim Beginne der Revolution zu sorgen, dass die Herrschaft in ihre Hand komme; sie dürften die Büchse nicht eher niederlegen, bis ihre Macht fest gegründet sei. Der Arbeiter sei fortan nicht mehr Sklave des Kapitals; wer mässig arbeite, der müsse ohne Sorgen gut und schön leben können, da die Güter der Erde für alle gleich da seien, während die vornehmen Müssiggänger kein Recht auf die Erzeugnisse des Bodens haben. Deswegen: Aufhebung der Erbschaft, des Eigentums als solchen, Verminderung der Arbeitsstunden, Paralysierung des Kapitals, Verwertung der Produkte durch die Produzenten, Verbannung aller Nichtarbeiter, fortwährende enge Verbrüderung aller europäischen Arbeiter. Dies sind die eigentlichen Statuten des Vereins. Dem Präfekten dagegen werden die formellen Statuten des « Singvereins » — wonach dessen Zweck nur in der Ausbildung der Arbeiter bestünde — vorgelegt, und da die früheren Mitglieder des ci-devant kommunistischen Arbeitervereins — wie z. B. Fleischbein — auf der Liste nicht vorkamen, während diese in Wahrheit jetzt ganz tätige Mitglieder des Vereins sind, so wurde derselbe von der Polizei genehmigt. In diesem Vereine befinden sich sogar Schüler Weitlings, wie Joseph Jäckli von Freiburg i. B., der sich bei allen badischen Aufständen beteiligte, während des letzten Aufruhrs gefangen genommen und in die Kasematten von Rastatt verbracht, von dort jedoch nach 27 Wochen wegen seiner Wunden freigelassen wurde, und diese Freilassung zu seiner Flucht nach der Schweiz benützte. Dieser gefährliche Mensch propagandiert fortwährend, und soll insbesondere nach Freiburg noch jetzt revolutionäre Schriften senden.

Das Lokal des Singvereins befindet sich in einem fast ganz unbewohnten Privathause, unweit des Münsters — vier dunkle Treppen hoch — in einem abgelegenen kleinen Zimmer. Die Bibliothek befindet sich in einem Wandschrank dieses Zimmers und enthält folgende Schriften, die man fast in allen Arbeitervereins-Bibliotheken wieder findet: Herzstoss des Papsttums, Schutz der Arbeiter gegen Polizeiwillkür, Gedichte von Heinz und Kunz, Adresse des Londoner Bildungsvereins an die deutschen Proletarier, Evangelium des armen Sünders und andere Schriften von Weitling, Blätter der Gegenwart für soziales Leben, die junge Generation, ferner die Werke Proudhons, insbesondere seine Confessions d'un révolutionnaire, Fouriers [17]), Louis Blancs, Strauss', [18]) Feuerbachs Schriften, Michelet: das Volk, Gedichte von Freiligrath, Herwegh [19]), Schnauffer [20]). — Der grösste Teil dieser Bücher rührt noch von aufgelösten kommunistischen Vereinen her, und es befinden sich gegenwärtig noch einige derselben bei dem deutschen Wirte Mutz, von welchem der Singverein sie bis jetzt ohne Erfolg reklamiert hat.

Ausser den französischen Zeitungen befinden sich im Vereinslokale noch: das Frankfurter Journal[21]), die Schweizer National- und die Berliner Urwählerzeitung[22]), welch letztere überhaupt sehr verbreitet ist, und mehr schadet, als man vielleicht weiss. — Der Präsident dieses Arbeitervereins ist ein Arbeiter aus Sachsen (?), Namens Weissbach. Von Badenern befinden sich unter den Mitgliedern desselben noch: Schmidt, aus dem Amte Emmendingen, der schon zehn Jahre in der Schweiz leben soll; Schäpfli und Brändli aus Lörrach; ein gewisser Schilling, der sich zur diesjährigen Konskription nicht stellte. Hervorragende Mitglieder sind noch: Gärtner aus Norddeutschland, Grauss (?), der vor einigen Jahren in Berlin war, aus Rheinpreussen. Diese Arbeiter kommen gewöhnlich im « Café Vaudois » und bei dem genannten Mutz zusammen. Was insbesondere von den deutschen Arbeitern in La Chaux-de-Fonds gelten soll, wo sie oft täglich 20 Franken verdienen, dass sie nämlich drei bis vier Tage in der Woche nicht arbeiten und das verdiente Geld im Billardspiel und in Gelagen in der «Balance» in La Chaux-de-Fonds durchschlagen, das ist auch von denen in Lausanne zu sagen. Der kommunistische Arbeiterverein in La Chaux-de-Fonds, der über 60 Mitglieder zählt, und nächst dem in Neuenburg der einzige kommunistische Verein sein soll, der früher nicht aufgehoben wurde, steht insbesondere mit dem in Lausanne und Genf in den innigsten Beziehungen durch fortwährende Korrespondenzen und sogar «Abgesandte». So kam erst vor kurzer Zeit ein gewisser Arbeiter, Hummel von La Chaux-de-Fonds, nach Lausanne, um den dort bestehenden jungen Arbeiterverein zu organisieren, und ihm die Verhaltungsmassregeln in Bezug auf die Propaganda nach Deutschland — wie sie schon geschildert wurden — und die Vorbereitung zur Revolution mitzuteilen. Die Arbeiter sollen sich hiernach auch womöglich einexerzieren, in fortwährender Verbindung unter sich, mit andern europäischen Arbeitervereinen, und durch Korrespondenzen an ihre Verwandten und Bekannten mit ihrem Vaterlande in enge Berührung treten, hierdurch propagandieren und von der Stimmung des Landes in Kenntnis gesetzt werden, um ihre Erfahrungen dann gehörigen Orts rasch mitzuteilen. Wirklich wurde z. B. auch einem Arbeiter aus dem Lahrer Amt geschrieben, dass dort eine grosse Armut in den letzten Jahren eingerissen sei, viele zur Auswanderung gezwungen und alle gegen die Regierung gestimmt haben, weil diese (?) durch den Kriegszustand die Erwerbslosigkeit herbeiführe. Diese Korrespondenz ist um so leichter zu bewerkstelligen, da sie natürlich nur von und an obskure Menschen geführt wird. Sie ist — abgesehen hiervon — um so gefährlicher, da sie die ungebildete, leicht erregbare, stets unzufriedene Masse aufwühlt. — Mit den in Lausanne lebenden Arbeitern stehen die dort sich aufhaltenden Flüchtlinge in 'enger Verbindung. Im schon genannten «Café Vaudois» und im «Café du Pont» finden fast täglich Zusammenkünfte derselben statt. Es halten sich gegenwärtig in Lausanne etwa sechs Flüchtlinge auf; am meisten Vertrauen geniesst nicht bloss unter diesen sondern unter fast allen Flüchtlingen in der Schweiz, der frühere Bürgermeister Roos von Kehl. Er hat sich jetzt als Pelzhändler in Lausanne etabliert, kommt infolge seines Geschäftes fast nach allen bedeutenden Orten der Schweiz, insbesondere oft nach La Chaux-de-Fonds, hat dadurch Gelegenheit, grosse Bekanntschaften anzuknüpfen, die er zu seinen Parteizwecken — er gehört der Ficklerschen Fraktion an — benützt; insbesondere indem er für heimliche Unterbringung der aus der Schweiz verwiesenen Flüchtlinge sorgt. Er kennt daher auch die meisten Adressen der letztern, welche sich meist auf abgelegenen Orten und unter falschen Namen in der Schweiz herumtreiben. Die von ihm über den Aufenthalt dieser Flüchtlinge gegebenen Notizen bestätigen sich daher bei näherer Untersuchung regelmässig. Hiernach soll d'Ester aus Preussen[23]) in Aarau, Degen aus Mannheim[24]) auf einem Dorfe bei Lausanne, Schullehrer Stay aus Baden[25]) unter dem falschen Namen «Schlemmer» in Baden im Aargau, Krebs aus Mannheim unter dem falschen Namen «Ludwig Amann» in einem Dorfe bei Genf (dieser letztere war wirklich in Chancy, ist aber jetzt nach Spanien abgereist), Heunisch in Cincinnati[26]), Werner in Südfrankreich, Reich in London sich aufhalten.

An Roos werden auch die meisten Briefe u. s. w. zur Besorgung gerichtet. Er steht deshalb mit Joh. Philipp Becker aus Rheinbayern[27]), der in Genf ein Geschäftsbureau hat und für die Flüchtlinge gleiche Dienste wie Roos verrichtet, in engster Verbindung. Beide haben durch ihr Geschäft eine ausgedehnte Bekanntschaft mit vielen Handlungshäusern in Deutschland und der Schweiz und durch die Vermittelung dieser werden fortwährend die aus Deutschland kommenden Gegenstände — insbesondere Geld — besorgt, wie auch hierdurch die Korrespondenz nach Deutschland, sowie Flugschriften und verbotene Bücher — oft in Warenballen — befördert werden. Wie eifrig diese Korrespondenzen getrieben werden, geht daraus hervor, dass die Flüchtlinge die Verhältnisse im Inlande ganz gut kennen. So äusserte Frech in Bern, nachdem er die genauesten Details über die Verhältnisse einzelner Beamten geschildert hatte: «O, wir wissen alles, wir kennen das Treiben dieser Paschas und werden einmal furchtbare Abrechnung halten.» Die Flüchtlinge in Europa stehen nicht nur durch Korrespondenz, sondern auch durch Abgeordnete unter sich in Verbindung. So bereist Ludwig Simon aus Trier[28]) gegenwärtig die Schweiz; er befand sich erst vor kurzem in Bern, Lausanne und Genf. Fickler war erst während des verflossenen Sommers in Genf, Lausanne und Basel — wie die Genfer Flüchtlinge Roos und * aussagen — und ist bekanntlich jetzt wieder in London. Willichs[29]) Agent, Adolf Meier, Apothekergehilfe, bei Heilbronn geboren, soll sich — wie die Kommunisten in Genf behaupten — von London aus nach der Schweiz begeben habe, und sich gegenwärtig in St. Gallen aufhalten. Wie Roos, Becker und andere einflussreiche Flüchtlinge aussagen, sollen überhaupt die meisten bedeutenderen Aufwiegler verborgen noch in der Schweiz, fast alle aber noch in Europa leben und man «würde sich wundern, wie sie eines schönen Morgens alle wie Pilze aus der Erde aufschiessen werden!»

Ausser Roos befindet sich in Lausanne noch Dr. Braun und der frühere Rechtspraktikant Volk[30]) aus Baden, welch letzterer gegenwärtig Chemie studiert und durch seine «rote Färbung» bei seinen Genossen prävaliert, ausserdem noch einige Württemberger.

In dem nahen Städtchen Morges leben etwa vier Flücht-
linge, worunter Thibaut aus Esslingen, Torrent von Walds-
hut[31]), letzterer unter dem falschen Namen «Braun». Ersterer
kommt sehr häufig zu Roos nach Lausanne, wohnt den
dortigen demokratischen Besprechungen bei und vermittelt
die Verbindung mit Morges. Thibaut wird indessen in poli-
tischer Beziehung von seinen Gesinnungsgenossen als ziemlich
«blau» betrachtet und sehnt sich sehr nach der Heimat
zurück.

An dieser Stelle mag es gesagt sein, dass sich noch
viele Flüchtlinge — ohne Wohnungsrecht an einem be-
stimmten Orte — in der Schweiz herumtreiben, welche
meistens als Emissäre benützt werden. Sie leben in einem
unsäglichen Elende, und das wenige Geld, das sie von den
(an allen Orten, in welchen Flüchtlinge sich aufhalten, ge-
gründeten und zumeist von Schweizern verwalteten) Unter-
stützungskomitees beziehen, reicht kaum hin, um sie vor dem
Hungertode zu schützen. An diese Schweizer — und nicht,
aus der schon angegebenen Ursache, an Flüchtlinge — kommt
fortwährend Geld von ganz Deutschland, insbesondere Frank-
furt, Hamburg, Wien, Berlin und überhaupt aus Preussen.
Übrigens erhalten auch einzelne Flüchtlinge von ihren Ge-
sinnungsgenossen im Inlande (auch aus Baden) durch die
bezeichneten Vermittlungen fortwährend Unterstützung. Die
in die Schweiz reisenden Handwerksbursche, welche bei Kehl
oder Mülhausen, wo die Grenze schwach besetzt sein soll,
über den Rhein und um Basel-Stadt herum nach dem Innern
dieses Landes gehen, werden auch häufig hierzu und zur
Propaganda als Kommunikationsmittel benützt. Gehen wir
nun nach dem Herde der revolutionären Umtriebe, zu den
— wie sie sich nennen — «gewiegten Leuten» nach Genf.
In dieser radikalen Stadt leben mindestens 40—50 Flücht-
linge aus allen Gegenden Deutschlands, ausserdem aus Frank-
reich, Italien, Ungarn, z. B. der sogenannte Zivil-Kommissär
aus Comorn[32]), selbst aus Norwegen. Belangend die deutschen
Flüchtlinge, so sind diese in zwei Parteien, in die der Kom-
munisten und Nichtkommunisten, schroff geschieden. Erstere
arbeiten fast den ganzen Tag nichts, als konspirieren, ihre
Blätter lesen, dagegen Korrespondenzen für Blätter und

Monatsschriften jeder Farbe zu. liefern (wobei sie es mit der Wahrheit natürlich nicht genau nehmen, da ja «alle Mittel ein guter Zweck heiligt»), und bis in die tiefe Nacht sich in den gemeinsten Gelagen in Gesellschaft liederlicher Arbeiter, welche fast die ganze Woche «blauen» machen, in den düstersten Winkeln der niedern Cafés: Dubaine (dessen Wirt indessen konservativ ist), de l'Europe, des Etats-Unis (wo die französischen Flüchtlinge verkehren) oder im sogenannten «Dampfschiff» herumzustreichen. Die Kommunisten wohnen meistens in abgelegenen Orten, oft auch ausserhalb der Stadt. Steigt man die engen, dunkeln Treppen herauf, welche zu den düstern Zellen dieser Individuen führen, so kann man sich eines unangenehmen Schauers nicht erwehren. Ein dumpfer Tabaksqualm empfängt die Besucher der öden Höhlen dieser Leute. Hier erblickt das ungern sich öffnende Auge nur noch einen Tisch, Schreibzeug, ein bettartiges Möbel und einige Stühle. Die grenzenlose Unordnung und der unverwüstliche Schmutz, der überall herrscht, verrät schon dem flüchtigen Beobachter die revolutionäre Lebensweise dieser Menschen. Es ist nicht so sehr die Not, welche ihnen diese Spelunken anweist, da sie zum Trinken immer Geld haben und Eigentum ihnen gleich als Diebstahl gilt, sie folglich ihre Wirte zu prellen das Recht zu haben glauben, nein ein gewisser Cynismus, ein Liebäugeln mit dem Schmutzig-gemeinen. So kränkt das Auge eines solchen Kommunisten nichts mehr, als reinliche Wäsche, ein Zylinder*) gilt ihnen als Symbol der «Reaktion». Sie halten alle für verdächtig**), welche ordentlich gekleidet sind. Recht schmutzige Hände, ein unreinliches Gesicht zu haben, einen Heckerhut von zweideutiger Farbe und Gestalt, und eine zerbrochene Proletarier-(Kölnische) Pfeife zu tragen, gehört bei ihnen zum guten Ton.

An der äussersten Spitze der Kommunisten steht der sogar von seiner extremen Partei wegen seiner ordinären Handlungsweise verachtete Literat Abt aus Baden[33]). «Es ist schon recht,» — sagt Dronke[34]) — «da ja die Bourgeois

---

*) Im kommunistischen Deutsch «Angströhre». — **) Ihr in neuer Zeit unendlich gesteigertes Misstrauen rührt daher, weil im vorigen Sommer zwei Polizeiagenten — der französische von der Genfer Polizei selbst — entdeckt wurden.

kein Recht auf das Eigentum haben, denselben nie — so lange es geht — etwas zu bezahlen; aber gemein ist es, ihnen noch falsche Vorspiegelungen zu machen und — wie Abt — die Prellerei als Handwerk zu betreiben». Dieser Literat Dronke, sowie der frühere Redakteur der «Hornisse», beide aus Kurhessen, Schilly[35]) und Imant aus Trier, J. Ph. Becker aus Rheinbaiern, der bekannte Literat Hess[36]), der von den Kommunisten sogenannte Probst, Referendar Jakobi aus Preussen, der Arbeiter Sauerheim von Frankfurt, der Schweizer Guillery, der aus der Schweiz verwiesene und durch sein feiges, liederliches Benehmen bekannte Skribent Bauer aus Sinsheim[37]), der in der Nähe von Genf (Petit-Sacconnex) mit Fuchs unter dem falschen Namen «Pilling» wohnt, bilden einen engern Verein, welcher den Zweck hat, Deutschland mit einem Gewebe von geheimen Klubs zu umgarnen. Diese Klubs sollen nach Art der Karbonari ge-bildet sein, nur nicht mit einem Komitee, sondern einem Präsidenten an der Spitze, und diese Zentralspitzen sollen für Deutschland in Genf sein, weil es viel gefährlicher sei, wenn jemand im Inlande das Nähere der Organisation, oder gar viele Mitglieder kennen würde. Diese Genfer Konspi-rateurs stehen mit dem Zentralkomitee[38]) in London in unmittelbarer Verbindung. Sowohl durch sie als von London werden Emissäre besonders nach Preussen und Mitteldeutsch-land gesandt. Die Emissäre von Genf scheinen aus der Zahl der Arbeiter genommen zu werden, um desto weniger in Deutschland entdeckt zu werden. So sollte in neuester Zeit ein Arbeiter — Reinecke(?) — gesandt werden, und der Soldat Eustachi von Schwetzingen ging von Genf*) aus nach Deutschland, besonders zur Aufwiegelung der Soldaten, wobei er mit den ihm noch bekannten badischen Meuterern den Anfang machen will; er soll bei Strassburg über den Rhein gehen, oder schon diesen Fluss passiert sein. — Die Haupt-aufgabe dieser Emissäre soll darin bestehen, sich nach der Masse und dem Verhalten der eigenen und der Gegenpartei zu erkundigen und für die Weiterorganisation und Zentrali-sation der Klubs zu sorgen.

---

*) Er ist jetzt vielleicht auch von da aus gewarnt!

Sowohl die Kommunisten als die Republikaner in Genf sagen übereinstimmend aus, dass wirklich in allen Teilen Deutschlands — auch in Baden — besonders aber in Wien (wo noch viele Barrikadenkämpfer unbestraft geblieben und ihrer alten Gesinnung — wie Student Burian sagt — treu seien), Berlin, Köln, Trier, Thüringen, auch unter dem Militär — besonders dem preussischen — gut organisierte geheime Klubs existieren, dass aber jetzt deren weitere Organisation und Zentralisation ins Leben treten müsse. Die zu diesem Zwecke gesandten Emissäre sollen hierdurch die Revolution herbeiführen, und beim Ausbruche derselben die nötigen Massregeln vorbereiten, als: Beschlagnahme der öffentlichen oder grössern Privatkassen, überhaupt aller Staatsmittel, sofortige Verhaftung aller «Volksfeinde», der Verdächtigen und Staatsdiener, Überlieferung derselben '(ohne weitere Untersuchung) an die Volkswut, Einsetzung einer Diktatur, rasche Entwickelung eines Revolutionsheeres aus den Arbeitern und meuterischen Soldaten, Absendung zuverlässiger, energischer Kommissäre à la Carnot in alle Teile des Landes, um die Revolution zu verbreiten und durchzuführen.

Gerade jetzt — meinen die Kommunisten — sei die Zentralisation der demokratischen Partei in Deutschland um so nötiger, weil es in Frankreich bald zum Treffen käme, weil Italien glühe, weil Ungarn nur auf eine Gelegenheit warte, um wieder loszuschlagen und es vielleicht von London aus diktiert werde, den Kampf in Deutschland zu beginnen. Die zu diesem Zwecke von Willich und Marx[39]) Abgesandten sollen wohlgekleidet, mit guten Pässen*) versehen sein, meistens bei konservativen Bürgern wohnen, und selten eigentliche Empfehlungsschreiben an Gesinnungsgenossen haben. Diese sollen sich entweder an Hälften von einem zerbrochenen Stücke Metall, oder an solchen von zerrissenem verschriebenem Papier erkennen, und der Empfohlene von

---

*) Diese Pässe erhalten sie entweder von Demokraten in Deutschland, welche Ähnlichkeit mit den Emissärs haben, oder sie haben dieselben noch vom badischen Aufstand her, oder es sind Pässe, welche in der Schweiz gefälscht wurden, da in Zürich Leute sein sollen, welche Staatsstempel nachmachen, oder sie erhalten die Pässe wirklich von pflichtvergessenen deutschen Beamten.

dem, bei welchem er akkreditiert war, wieder ein solches
oder ähnliches Zeichen zur Empfehlung an einen dritten er-
halten. Ebenso sollen die geheimen Vereine durch Geheim-
schrift, welche entweder in Chiffreschrift, oder durch fest-
gesetzte Verwechselungen der Buchstaben besteht, mit ein-
ander korrespondieren. Da jetzt die Karbonari-Vereine eine
monarchische Verfassung haben, deren Spitze im Auslande
sei, so seien, wie die Genfer Kommunisten behaupten —
ihre Hauptführer, obgleich allerdings viele ihrer Mitglieder
in Paris (in Deutschland nur untergeordnete Persönlichkeiten)
der Polizei in die Hände gefallen seien, noch nicht entdeckt.
Oft werde die Polizei auch mystifiziert, weil man ihren
Agenten das Gegenteil von dem sage, was man tue. So
befinde sich in London ein deutscher Polizeiagent, ein Flücht-
ling, dessen Tätigkeit man wohl kenne und der eigentlich
— wie er es tut — «weniger von seiner Rückberufung
durch das Volk rede, als dafür sorgen müsse, dass er in eine
Lebensversicherungsgesellschaft aufgenommen werde», über-
dies sei die deutsche Polizei nicht verschwiegen genug, weil
die Demokraten jedesmal vorher erführen, wenn man ihnen
auf die Spur kommen wolle; sei sie aber auch einmal einem
Emissär auf die Spur gekommen, so fahre sie zu rasch zu,
ohne durch dessen Beaufsichtigung seine Verbündeten zu
entdecken.

Die Emissäre seien überdies meist sehr «schlaue Leute»
und mit guten Mitteln versehen, da nach dem Beschlusse des
Londoner Zentralkommitees jetzt alle von Deutschland kom-
menden Gelder nicht mehr zur Unterstützung der Flüchtlinge,
sondern zu revolutionären Zwecken verwendet werden sollen.
Es herrscht deshalb in Genf gegenwärtig eine entsetzliche
Not unter vielen Flüchtlingen.

Es möchte hier der Ort sein, die Porträts der Häupter
der kommunistischen Partei in Genf beizufügen. Dronke,
der in jedem aus Deutschland Kommenden einen Polizei-
agenten sieht, ist ein kleines, agiles Männlein, in seinen
blauen, matten Augen spiegelt sich eine seltsame Unruhe;
das weinrote faltenreiche — von langen braunen, häufig
mit grauen untermischten Haaren beschattete Gesicht, lässt
den literarischen Abenteurer nicht verkennen. In seinem

ganzen Wesen liegt etwas knabenhaft Bösartiges und es ist der platte Egoismus die Triebfeder aller seiner Handlungen. — Das Letztere ist insbesondere von dem Trierer Schilly zu sagen; er ist gross und stark; sein dunkles, wildes Auge, der schwarze, lange Bart, das etwas krause Kopfhaar, seine rohen Gesichtszüge, sein linkisches Auftreten geben ihm ganz die Physiognomie eines Märzworthelden. Wer die gemeine Gestalt des Freischärlerführers Becker, mit seinem langen, blonden Haare, knochigen Gesichte, langem Barte und starkem Körperbau gesehen hat, wird seinen — ihm ähnlichen — Genossen, den Redakteur der « Hornisse »[40]) aus Kurhessen auf den ersten Blick erkennen. Sein eingedrückter, schmutziger Filzhut, das sommersprossige Gesicht, die lange, spitze Nase, die hervortretenden Backenknochen, der lange Heckerbart, die unbeweglichen blauen Augen geben ihm den Typus eines deutschen Demagogen. Wenn man diese Menschen schärfer ins Auge fasst, wenn man ihre Gesichtszüge genau studiert, so findet man fast immer eine Leere, eine Flachheit im Ausdruck; es fehlt der Charakter.

Imant, bei Trier geboren, früher Theolog, etwa 27 Jahre alt, scheint noch einer der verschmitztesten seiner Genossen zu sein. Kurze, schwarze Haare, eine breite Stirn, dunkle, unsicher umherschweifende Augen, ein volles, sommersprossenbesäetes Gesicht, eine untersetzte Statur, eine fortwährende Unruhe in allen Mienen, lassen von ihm den Eindruck eines umsichtigen Menschen zurück, dem aber der Mut fehlt, für das, was er will, ins Feuer zu gehen.

Literat Hess, dessen sogenannte Frau mit ihm in die dumpfen Spelunken zu den Gelagen der Kommunisten zieht, hat ganz die Physiognomie eines italienischen Räubers — schwarzes Haar, ein gelbliches, orientalisches Gesicht, dunkle, lebhafte Augen, seine hagere Gestalt würden — besonders da sein konfisziertes Kostüm nicht wenig dazu beiträgt — eine nächtliche Zusammenkunft mit diesem Menschen nicht gerade zu einer angenehmen Erscheinung machen. Wer Hess übrigens näher kennt, weiss, dass man sich weniger vor seinem Mut, als vor seinen heimlichen Umtrieben zu fürchten hat. Dies gilt überhaupt von allen diesen Konspirateurs — mit wenigen Ausnahmen. Sie entwickeln im

Organisieren ihrer geheimen Klubs, im Propagandamachen
eine furchtbare Energie; es fehlt ihnen aber der Mut, für
ihre Überzeugung einzustehen. So vermuteten sie, da einer
unter ihnen einen erst in Genf angekommenen Deutschen
kannte, dass dieser — weil er, trotz seiner gekannten un-
demokratischen Gesinnung, sich doch mit ihnen abgab —
ein Polizeiagent sei. Sie wussten es zu bewirken, dass dieser
allein auf eines ihrer der Aussenwelt so verborgenen Zimmer
ging, wo fünf dieser Konspirateurs versammelt waren. Sie
forderten ihm dort seine Papiere ab, erklärten ihm, dass er
jetzt so lange verhaftet bleibe, bis zwei von ihnen seine
Wohnung durchsucht hätten. Als dieser sie aufforderte, ihren
Verdacht zu begründen, was sie nicht konnten, und er ihnen
erklärte, dass er ihren so sonderbar formierten Areopag nicht
anerkenne und eine so unbegründete, unbefugte Massregel
nur mit Gewalt gegen ihn durchzuführen sei, und als er
Miene machte, der Gewalt ernstlichen Widerstand entgegen-
zusetzen, liessen diese fünf Menschen ihn ruhig gehen, be-
gnügten sich damit, die Polizei gegen ihn zu requirieren,
und sendeten ihm einen ihresgleichen auf sein Zimmer nach,
der sich jedoch von seinem wichtigen Posten durch den
Hausknecht verdrängen liess.

Wie die Bewohner des Hauensteiner Waldes[41]) — wenn
sie den Winter über unbeschäftigt sind — auf der Ofenbank
(«Kunst») die Beratungen und Verabredungen zu Verbrechen
pflegen, so sitzen die Kommunisten den ganzen Tag über
entweder in einem Nebenzimmer der genannten Cafés —
während einige von ihnen die Besucher des Hauptzimmers
überwachen — oder in ihren Höhlen und brüten über Kon-
spirationen und Volksbeglückung nach. Alle diese Kom-
munisten sind Mitglieder und Leiter der unter dem Namen
«Deutscher Verein» bestehenden Klubs deutscher Arbeiter,
der etwa 60 Mitglieder zählt. Sie beabsichtigen die Gründung
eines kommunistischen Blattes, aus dessen Übererlös Flug-
schriften zur Verbreitung ins Inland gedruckt werden sollen.
Sie haben jetzt einen Leseverein für die Arbeiter gegründet,
damit diese hier die kommunistischen Lehren noch besser
eingeimpft bekommen. Unter dieser roten Masse allein fühlen
sich diese Ultraegoisten wohl. Die Arbeiter verehren sie

natürlich als Orakel, während die Kommunisten die Arbeiter aufs lächerlichste hätscheln, ihnen fortwährend von dem Kanaan sprechen, in das sie geführt werden müssten, wo sie die Brahminen sein würden, wo alle Milch und Honig nur für die Arbeiter fliesse, die aber dann nur zu herrschen, nicht zu arbeiten hätten. Wie weit die Irrlichter der Arbeitergeister schon verirrt sind, mögen wenige hier folgende Äusserungen einiger Arbeiter aus ihren in der Sitzung ihres Vereins gehaltenen Reden zeigen.

Sauerheim, ein Bürstenbinder aus Frankfurt, der sich bei dem Frankfurter Septemberaufstand anno 1848 beteiligt hat, entgegnete einem — wie es schien — neu eingetretenen Mitgliede, das seine Rede damit schloss: «Gott werde die Tyrannen in seinem Zorn vernichten!» — ««Was, Bürger, du sprichst noch von einem Gotte. Wir, wir Arbeiter, welche mit dem Schweiss unsres Angesichtes die Welt erhalten, — wir sind der Gott, uns gehört das All; von uns wird es abhängen, ob da noch einem Bourgeois — es gibt keine Bourgeois, ob noch einem dieser Menschen — das sind keine Menschen — ob es noch einer dieser Bestien (unauslöschliches Bravo!) in Zukunft vergönnt sein wird, die von uns befreite Luft zu atmen.»»

Ein andrer — Maler Scharnberger aus Müllheim — meinte, man müsse jetzt alle Proletarier in Europa organisieren, damit diese, während das siegende Proletariat den Tyrannen, den Besitzenden, denjenigen, welche sich mit dem Kapital die Bildung erkauft haben, den Kampf auf Leben und Tod bringt, gleich an den Orten, in welchen sie sich befinden, alles Nichtproletariat niedermetzeln, alle Güter mit Beschlag belegen und mit diesen gewonnenen Kräften die Revolution von Ort zu Ort bis an die äussersten Grenzen der gebildeten Welt getragen werden kann. Das Geld muss abgeschafft werden, entgegnete ein dritter, wir wollen keine Teilung. Der Arbeiterstaat besitzt alles, er ernährt die Arbeiter, die übrigen haben kein Recht auf das Leben. Die Proletarier müssen einmal ihren Beruf zu herrschen kennen; sie müssen den Stiel umkehren und einmal die knechten, welche uns so lange als Sklaven behandelten. Ja, wir waren Sklaven des Kapitals; wenn wir nicht arbeiteten, dann hatten

wir auch nichts. Der Soldatenstand muss aufhören; ein
Arbeiterheer sei die Stütze der Arbeiterdiktatur, welche
nach der Revolution Europa beherrschen wird. — «Wir
brauchen keinen Staat» — nahm hierauf ein dem Dialekt
nach aus dem badischen Oberland gebürtiger, blonder,
starker Arbeiter das Wort. «So lange wir einen Staat
haben, herrscht Druck, und der muss aufhören. Ein Staat
ist für uns unnötig, wenn wir die Feinde vernichtet haben.
Es müssen dann alle gleich erzogen werden und gleiche
Lebensweise haben, da werden alle gleich denken und fühlen
und deswegen kein Zwang mehr nötig sein.»

«Ja,» — schrie ein Mensch mit einer blauen, wollenen
Bluse und einem seltsam zerknitterten Filzhut — namens
Guillery — dazwischen — «wir lassen uns nicht mehr von
Advokaten und Halbgebildeten lenken. Wir werden unsre
Rechnung diesmal allein machen!» —

Die Kommunisten haben die sanguinischsten Hoffnungen
auf baldige Staatsumwälzungen, sie sprechen schon von drei
bis vier Wochen; und erklären allgemein, dass sie bei dem
ersten Ereignis mit ihren schweizerischen Gesinnungsgenossen
in Deutschland verheerend einbrechen werden.

An die schon genannten Kommunisten schliessen sich
noch folgende an: Gessler aus Württemberg, Kamm (ge-
boren in Hessen — später in Rheinpreussen sich aufhaltend),
Braun aus Neuwied, Rechtspraktikant (?), Kärcher aus Baden,
Backfisch aus Eberbach, Schass aus Berlin.

Anlangend die nicht kommunistischen Flüchtlinge, so
sondern sich diese wieder in die Fraktionen der konstitutio-
nellen Demokraten, die der Republikaner und die der
Sozialisten. Ausser diesen letztern leben die übrigen Flücht-
linge sehr nüchtern, studieren fleissig und suchen sich ihr Brot
zu verdienen. Man sieht sie nur während der Ruhestunden
im eleganten Café du Nord oder — jedoch weniger — im
Café de la Couronne, wo sie mit grossem Eifer die deut-
schen, französischen und englischen Blätter studieren, da der
grössere Teil derselben Literaten sind. Tritt man in ihre
Wohnungen, so zeigen deren Einrichtung und Reinlichkeit,
dass man sich bei gebildeten Menschen befinde. Neben einigen
Zeitungen findet man hier poetische, geschichtliche, philo-

sophische und ästhetische Werke. Während die soziali-
stischen Republikaner immer noch eine Freischärlerphysiog-
nomie haben, kann man sich beim Anblick der wahren
Republikaner einer gewissen Achtung des Feindes nicht
erwehren, und muss es nur bedauern, dass diese Leute ihr
Talent und ihren Mut nicht einer bessern Sache widmen.

Zu den Sozialisten gehören insbesondere Advokat
Fuchs aus Säckingen (?), Fink aus Württemberg, Richter
aus Pforzheim. Unter den Republikanern sind die hervor-
ragendsten: Wiesner aus Wien[42]), Simon aus Trier, Umb-
scheiden aus Rheinbayern[43]), der frühere badische Ober-
leutnant Klossmann[44]), die Studenten Binder und Burian
aus Österreich und Dänzer[45]) aus Karlsruhe bilden den
Übergang zur kleinsten Fraktion: den konstitutionellen
Demokraten. Ausser einigen Verführten, unbedeutenden
jungen Leuten, wird sie nur durch Grause aus Wien ver-
treten.

Was die Mittel zur Durchführung der Revolution be-
trifft, so ist diese ganze Partei darin einig, dass man auf
den von Frankreich herkommenden Anstoss zur Revolution
warten, und dann eine Gelegenheit zum allgemeinen Auf-
ruhr in Deutschland finden müsse. Die Kräfte hiezu, —
meint diese Partei — seien schon da. Der jetzt bestehende
Terrorismus der «Reaktion» habe Deutschland in zwei
Parteien gespalten, in die royalistische und republikanische;
habe ja Gagern[46]) schon erklärt: «es sei mit den Fürsten
nichts anzufangen.» Die Indifferenten seien an eine milde
Regierung gewöhnt gewesen, und diese habe jetzt auf-
gehört (und habe im Interesse der Royalisten selbst auf-
hören müssen, weil sonst die demokratische Agitation öffent-
lich handeln und so um so leichter immer neue Revolutionen
schaffen könne); es müssten daher gerade diese Menschen
mit den deutschen Regierungen brechen und Republikaner
werden. Es könnte überhaupt in bewegter Zeit gar kein
Indifferentismus mehr existieren, da beide Parteien diejenigen
als Feinde betrachten müssen, welche nicht für sie sind.
Sonach würde wohl jetzt der grösste Teil der deutschen
Bevölkerung, besonders da die Regierungen zu wenig für
die untern Massen tun, demokratisch sein. Oesterreich sei

wegen seines «wunden Flecks» in Italien ohnmächtig,
Preussen sei vor seinem eigenen Militär nicht sicher. Die
Revolution bedürfe folglich zu ihrer siegreichen Durch-
führung nichts als eine Schwächung der Kräfte der deutschen
Regierungen. Dies geschähe aber durch eine Verwickelung
derselben in einen Krieg. In Frankreich müsse es bald zur
Revolution kommen. Nach dem Prinzip der Solidarität aller
Völker hätten die Franzosen dann die Verpflichtung, ihren
deutschen republikanischen Brüdern zu Hilfe zu kommen.
Die deutschen Regierungen kämen hierdurch notwendig
zwischen zwei Feuer, da dann zu gleicher Zeit auch die
Revolutionäre in Deutschland losschlügen. Übrigens würden
dann jedenfalls ganze Regimenter übergehen, da die meisten
deutschen Generäle keine politische Meinung hätten, und
sich folglich auf die Seite schlügen, welche die beste Aus-
sicht auf Erfolg hätte. Würden die deutschen Regierungen
nach dem revolutionären Frankreich ihre Heere senden, so
müssten sie wichtige Orte unbesetzt lassen. Es würde dann
da losgehen und die Revolution von Ort zu Ort verbreitet
werden. Würden die Franzosen nach Deutschland kommen,
so würde jeder gewonnene Fleck Landes dazu benützt
werden, aus allen Bewohnern desselben, welche die Waffen
tragen könnten, dem Revolutionsheere Zuwachs zu ver-
schaffen. Um dies gut zu organisieren, werden die Flücht-
linge, sobald es irgendwo zum Bruche kommt, — an die
deutsche Grenze geschoben! —

Sobald die Revolution irgendwo in Deutschland ge-
siegt habe, müsse eine provisorische Regierung eingesetzt,
alle volksfeindlichen Männer verhaftet und die Republik
proklamiert werden. Diese Staatsform wollen fast alle Nicht-
kommunisten. Die Sozialisten wollen in dieser eine Staats-
kreditbank, d. h. eine öffentliche Kasse, welche — dem
Ärmeren unverzinslich — jedem Vorschüsse zur Betreibung
seines Gewerbes machen muss. Diese soll ihre Mittel von
den eingezogenen Staatsdomänen, den Gütern der Flücht-
linge und Proskribierten, der progressiven Einkommensteuer
schöpfen. Die Arbeitsstunden sollen vermindert, die Arbeits-
löhne erhöht werden. Der Kapitalist, der Fabrikherr soll
seine Rechnnng durch ein allgemeines europäisches Frei-

handelssystem, Aufhebung aller Zölle — also Eröffnung der freiesten Konkurrenz — finden! —

Da die Partei der Kommunisten mit den übrigen Flüchtlingen in fortwährendem Hader lebt, so wurde die am Abend des 9. November d. J. von den zu Genf lebenden deutschen Demokraten abgehaltene Todesfeier Robert Blums[47]) von Becker und Dänzer dazu benützt, eine Vereinigung beider Parteien zustande zu bringen. Da dadurch beide Parteien veranlasst wurden, ihre Prinzipien aufzustellen und die Republikaner natürlich von den Kommunisten hören mussten, dass sie mit die ersten seien, welche guillotiniert werden müssten, so wurde die Scheidung der Unterschiede nur um so schroffer. Es möchte nicht uninteressant sein, ein kurzes Bild dieser Versammlung hier folgen zu lassen.

In dem engen Saale der Richterschen Restauration waren etwa 150 Menschen — meistens Deutsche, einige Italiener, Franzosen Schweizer und Ungarn versammelt. — Gleich beim Eintreten in den Saal erblickte man neben Robert Blums bekränztem Porträt — ein Transparent — ganz rot der Grund, auf welchem ein «Racheschwert» von Lorbeer und Eichenlaub umschlungen sich zeigte. Da der Saal so eng war, dass kaum die Hälfte der Versammelten sitzen konnte, so wurden die Hitze und der Tabaksqualm so unausstehlich, dass fast alle Gebildeten den Saal verliessen, und nur wenige Republikaner noch blieben. Becker wurde zum Präsidenten der Versammlung gewählt. Nach seinem eigenen Geständnisse hatte er zu Ehren Blums «schon des Guten zu viel getan». In seiner stotternden Rede erklärte er die Parlamente für schädlich und die Volkskraft schwächend und bringt daher nicht dem «Parlamentler», sondern dem «Proletarier», dem für und mit den Proletariern auf den Barrikaden kämpfenden Robert Blum, ein Hoch. Hierauf folgte ein wahrhaft kläglicher Gesang der deutschen Arbeiter, und die disharmonischen Fisteltöne liessen den Refrain hören: «Die Rächer nah'n!» Ein «Mitkämpfer» Blums, der österreichische Binder, verlas ein bachantisches Gedicht, wonach alle Gegner der Revolutionäre den Manen der «Märtyrer» geopfert und alle Tyrannen in «Freiheitsgräber kriechen» mussten. Schilly von Trier zählte ein Sündenregister des

Hauses Habsburg — in französischer Sprache — auf, von
der angeblichen Ermordung der französischen Abgesandten
durch österreichische Soldaten bis zu den Erhängungen der
ungarischen Rebellen, und fürchterlich klangen am Schlusse
jedes Satzes die Worte: «Vengeance, vengeance, vengeance
à la maison de Habsbourg!» — Durch die erste französische
Revolution — nahm Dronke das Wort — sei der Feudalismus
von der Bourgeoisie, durch die zweite die hohe Bourgeoisie
von der mittlern gebrochen worden. Die jetzige Umwälzung
müsse den Gebildeten, den Aristokraten, den Bourgeois das
Messer durch die Kehlen ziehen, und die Arbeit zur Herr-
schaft bringen.

Ein Arbeiter erzählte, dass er jetzt vor keinem schönen
Rocke mehr die Mütze ziehe wie früher, weil er jetzt alle Nicht-
proletarier verachte. Die Arbeiter sollten es — nach seiner
Meinung — wie die Katzen machen, sie sollten um die
Hunde, die Fürsten und Aristokraten, herumstreichen, bis
diese sie einen Augenblick nicht bemerken, dann aber rasch
auffahren und ihnen die Augen auskratzen. Hierauf sollten
sie die Mäuse (welche den Hunden auch nicht hold waren
und nicht einsahen, dass der Tod dieser auch der ihrige ist),
die Bourgeois aufspeisen, und sich dann ihrer schönen Felder
allein freuen. — Der Zivilkommissär von Komorn will die
Revolution nur durch und für das Proletariat; ein Italiener
will dem Prinzip der Solidarität aller Völker die grösste
Rechnung getragen haben wissen. «Was einem Arbeiter
in Deutschland geschieht, das müssen alle in Europa als sich
selbst angetan betrachten, und keine Nation dürfe die revo-
lutionären Waffen eher niederlegen, als bis alle befreit seien.»
— Ein junger Franzose pries in stürmischen Phrasen die
Anarchie als Zweck der Revolution, während Klossmann
die Revolutionierung des Militärs als bestes Mittel zur Durch-
führung des Aufruhrs empfiehlt. Dies geschehe durch ge-
heime Klubs unter dem Militär. Zu diesem Behufe müssten
Demokraten entweder als Freiwillige oder als Einsteher zum
Militär gehen, dort sich gut betragen, Anhänger gewinnen,
Klubs bilden, unter einander in Verbindung treten, und dann
zu gleicher Zeit losschlagen. — Dänzer findet es auch für
geratener, nur an die Mittel, nicht an den Zweck der Revo-

lution zu denken und sich bis nach der Revolution zu ver-
einigen; auch die Bourgeois hätten auf Barrikaden gestanden
(Stimmen: Still! Marrast, Ludwig Simon! — Lärm. — Bauer
aus Sinsheim meinte, so lange herrsche keine wahre Freiheit,
als noch die Familie, die Ehe bestehe; die höchste Ausbildung
der gemeinen Sinnlichkeit müsse das Ziel der Revolution
sein; deswegen die Bestialität hoch! — Fuchs verlangt Rache
dafür, dass er schon so lange ferne von der Heimat umher-
irren müsse. Die «Emigration» werde mit der Guillotine
wieder ins Land zurückkehren, die früheren Phrasen: Heilig-
haltung der Person und des Eigentums müssten dann auf-
hören. — Ein Arbeiter will bei der nächsten Revolution
garnichts von den Bourgeois wissen, sondern gleich beim
Ausbruch derselben die Arbeiterherrschaft. (Ein Thüringer
Flüchtling: «Aber dazu können die Bourgeois ja mithelfen.»)
Der Arbeiter: «Wer widerspricht mir? — Wer nicht meiner
Meinung ist, der ist mein Feind, ein Schuft, ein Reaktionär.»
Nun verlangte jeder das Wort, der Präsident konnte sich
keine Geltung mehr verschaffen, mehrere fingen zugleich
zu reden an, einer nannte den andern Reaktionär. Der Wirt
hatte die Polizei requiriert, um diesem wilden Treiben ein
Ende zu machen; diese erschien, aber ihre Bitten waren ver-
gebens. Guillery forderte die Leute auf, sich zu entfernen
— «Du Reaktionär!» — schrie Dronke auf — «du erkennst
noch das Eigentum an!» — Nun begann ein roher physischer
Kampf, der sich noch in den Strassen fortspann, und die
verschiedenen Farben, welche des andern Tages an den
Gesichtern der Kommunisten sichtbar waren, verrieten,
dass ihre «Diskussion» sehr lebhafter Natur gewesen sein
musste.

James Fazy [18]) setzt diesem Treiben der Flüchtlinge und
Arbeiter nicht nur kein Hindernis entgegen, sondern unter-
stützt sie noch gegen die Requisitionen der Bundesregierung.
Da von Genf dem Bundesrat keine Flüchtlingsliste gesandt
wurde, und die Zahl der dort lebenden Flüchtlinge augen-
scheinlich zu gering angegeben war, so verfügte sich Furrer [19])
— wie die Flüchtlinge erzählten — selbst nach Genf, besuchte
die Lokale, in welchen gewöhnlich Flüchtlinge sich aufhalten,
fand, dass in Genf die meisten und sogar aus der Schweiz

ausgewiesene Flüchtlinge leben und beschwerte sich deswegen bei der Genfer Regierung. James Fazy — von Furrer gedrängt — bedeutete den Flüchtlingen der letztern Art, sich von öffentlichen Orten zurückzuziehen und womöglich auf die umliegenden Dörfer zu gehen, um ihm keine Verlegenheit zu bereiten. Statt dem ihm wohlbekannten Treiben ein Ende zu machen, unterstützt sie Fazy gegen alle ihre Gegner, so dass die Flüchtlinge sich eine förmliche Polizei gegen die Schweizer anmassen.

Anders sieht es in Neuchâtel aus. Hier sollen nur zwei Flüchtlinge leben, darunter ein gewisser Lauk; die übrigen dagegen ausgewiesen worden sein. Dagegen existiert ein deutscher Arbeiterverein in Neuenburg, der — wie fast alle diese Vereine — seine Sitzungen in einem Privathause (in der engen Mühlengasse) hält. Der Präsident heisst Stein. Ein flüchtiger Blick auf einige seiner Mitglieder — er zählt deren gegen 40, als Johann Sturm*), Kaspar Kissel, Flüchtling aus Frankfurt, Schuhmacher Maier, Bauer aus Lahr, Schneider Gass von Heidelberg, ein Schlossergeselle aus dem Amt Müllheim (der schon längere Zeit in der Schweiz ist) — überzeugt den Beobachter zwar bald, dass diese Leute keineswegs eine andre als kommunistische Richtung haben, dass ihnen aber jede Intelligenz abgeht.

Die Sitzungen des Vereins selbst sind schwach besucht, und ohne die Lektüre der verderblichen Kommunistenwerke wären diese Arbeiter ganz harmlos geblieben. Der Verein selbst verdankt — wie dessen Mitglieder behaupten — seine Fortexistenz überhaupt nur der Anspornung von seiten der kommunistischen Arbeitervereine in der «Balance» in La Chaux-de-Fonds und Locle. In Neuenburg finden die Kommunisten überhaupt lange nicht die Unterstützung, wie in andern Orten der Schweiz, und es leben dort sogar Männer, welche der preussischen Regierung mit Liebe zugetan sind, z. B. der dortige Gastwirt zum «Hirschen», während allerdings einige, wie ein Klaviermacher, der Wirt zur «Krone», und der Besitzer des Café de la Poste, für Flüchtlinge und Arbeiter schwärmen.

---

*) Ein Württemberger Schmiedegeselle.

Den Schluss möge eine Betrachtung über die Massregeln bilden, welche dem staatsgefährlichen Treiben der Demokraten im In- und Auslande entgegengesetzt werden können.

Kraft und Vertrauen sind bei einer Regierung ganz korrelate Begriffe. Es werden die Untertanen für denjenigen Staat am wärmsten auftreten, es werden dem die meisten geistigen und materiellen Kräfte zufliessen, der seinen Angehörigen ernstlich zeigt, dass er nicht bloss den Willen zur Abwehr, sondern auch zur Prävention gegen seine Feinde hat. Die Erfahrung lehrt, dass alle Revolutionen Überrumpelungen einer Regierung sind, welche vor ihren Feinden in diesem Momente entweder garnicht, oder nicht genug auf ihrer Hut war. Dieses zu sein, haben die europäischen Staaten vielleicht gar nie nötiger gehabt als jetzt, wo es sich nicht mehr um eine Landes-, sondern um eine Erdteilrevolution handelt, wo die Feinde von innen und aussen auf den Moment harren, unser schönes Vaterland in die Greuel der Verwüstung und des allgemeinen Mordens zu stürzen. Die Feinde von aussen zu überwachen ist daher jetzt eine ganz ernste Aufgabe der Regierungen; besonders in London, Lyon, Genf und Paris sollten sich ständige, patriotische, energische Polizeiagenten befinden. Ein starkes Heer sollte an den gegen Frankreich und die Schweiz hin grenzenden Teilen Deutschlands aufgestellt werden, um der Möglichkeit eines feindlichen Überfalls vorzubeugen. Die Grenzbeamten sollten angewiesen werden, jeden Schollen Landes mit der ganzen gutgesinnten Bevölkerung*) zu verteidigen, und bei der Notwendigkeit des Zurückziehens die vorher überwachten Demokraten als Geiseln mitzunehmen.

Gegen die von der Schweiz so gehätschelten Flüchtlinge müssten ernste Massregeln getroffen werden. Wie aus vorstehendem hervorgeht, ist das Begehren der deutschen Regierungen auf Ausweisung einzelner Flüchtlinge deswegen erfolglos geblieben, weil diese nur von einem Kanton zum andern übersiedelten, und von den jetzt grösstenteils ganz

---

*) Welche mit den Truppen vereint und unter ein Kommando gestellt werden sollten.

radikalen Kantonalregierungen verborgen wurden. Ja, diese
Treulosigkeit, ging wie die Flüchtlinge*) selbst sagen —
soweit, dass die betreffenden Regierungen den Flüchtlingen
sogar die Noten auswärtiger Regierungen mitteilten. Da
ferner eine Masse der Bewohner der Schweiz ihre deutschen
Gesinnungsgenossen nur zu bereitwillig verbirgt, ja ihnen
sogar falsche Pässe verschafft, so wird die Ausweisung der
gefährlichsten Flüchtlinge aus der Schweiz nur dann zuver-
lässig bewerkstelligt werden, wenn ein deutscher Kommissär
sie zu überwachen das Recht erhält.

Die Schweizer sehen wohl ein, dass der bevorstehende
Kampf der um ihre Existenz sein wird, sie werden daher
den einbrechenden Flüchtlingen, Arbeitern und den als
Deutsche mitziehenden Schweizern heimlich kein Hindernis
in den Weg legen — wie Schweizer Bürger versichern —;
ebenso droht von Frankreich her ein Einfall ins Inland.
Gegenüber diesen Gefahren taugen halbe Massregeln nichts.
Jetzt müssen die Patrioten alles auf eine Karte setzen, mit
Begeisterung sich alle wie ein Mann erheben; und sie werden
das tun, der Indifferentismus wird aufhören, wenn sie eine
furchtbare Energie der Regierungen entfaltet sehen. Dies
wird besonders durch die Aufstellung einer imposanten Macht
unter einem Kommando geschehen, das unbedingte Voll-
machten hat.

Die physische Kraft der europäischen Staaten beruht
im Militär. Dieses vor Kontagion zu bewahren, wird die
erste Sorge der Regierungen sein, welche der «Völker-
solidarität» das Schutz- und Trutzbündnis aller Mächte ent-
gegensetzen. Dem Militär wird das, was die Revolutionäre
wollen und die Vorteile, welche ein geordneter Staat bietet,
nicht genug vor Augen geführt, es werden die Verdächtigen
unter denselben nie genug überwacht, die Soldaten werden
vor dem Umgang mit Übelgesinnten nie zu strenge abge-
halten werden können. Die Geschichte der Meuterei der
badischen Soldaten lehrt zur Genüge, dass bei dem Eintritte
eines Rekruten auf seinen früheren Umgang und politische

---

*) * behauptet dies von der Baseler, Frech von der Berner, der frühere
Abgeordnete Wiesner von der Genfer Regierung.

Gesinnung, bei dem Soldaten auf die Art der Beschäftigung während ihrer Mussestunden, auf ihr Verhältnis untereinander und mit den Bürgern gesehen werden muss. — Ein würdiges Betragen der Offiziere, Humanität derselben gegen ihre Untergebenen, dürfte ein gutes Mittel sein, die Soldaten anzufeuern, für Fürst und Vaterland gerne ihr Leben zu opfern.

Die grösste Gefahr droht dem Staat von den Übelgesinnten im Inlande, das gegenwärtig — wie gesagt — von revolutionären Agenten durchkreuzt wird. Eine starke Handhabung der Fremdenpolizei wird daher jetzt sehr nötig fallen. Es werden besonders alle nach der Schweiz, Frankreich und England Reisenden oder von daher Kommenden nicht nur an der Grenze, sondern auch im innern Teile des Landes zu beaufsichtigen und es möchte angemessen sein, dass alle von einem Lande in das andere Reisenden mit Ministerialpässen versehen seien, und dass hievon die Gendarmerie der betreffenden Länder in Kenntnis gesetzt werden müsste, welche dann die nicht so Legitimierten als Verdächtige zu behandeln hätte. Bekanntlich schliessen sich die politischen Emissäre an die von früher her bekannten Demokraten im Inlande an und diese — besonders die an der Grenze — unterhalten eine lebhafte Verbindung mit ihren Gesinnungsgenossen im Auslande. Wie oben bemerkt, wird diese Korrespondenz häufig durch Handwerksbursche (Bettler) und — es sei hier gesagt — auch durch Handlungsreisende vermittelt. Es fällt daher eine strenge Überwachung dieser Individuen und aller Demokraten im Inlande nötig, besonders auch der Handwerksburschen, welche im Auslande entweder sich jetzt noch befinden, oder von da zurückkehren. Man könnte sie dadurch ermitteln, dass an allen einzelnen Orten Erkundigungen über den Aufenthaltsort der reisenden Handwerker eingezogen werden. Indessen reicht diese polizeiliche Überwachung nicht allein hin; die Untertanen eines jeden Staates müssen sich an dessen Existenz selbst lebhaft beteiligen. Dies wird aber dann geschehen, wenn sie einsehen, dass sie nirgends besser und schöner leben, als unter der Regierung, welcher sie gehorchen. Diese muss ernstlich bemüht sein, den Wohlstand zu befördern, die Not der ärmeren Klassen der Bevölkerung wo möglich zu heben.

So wird sie den grössten Teil der Unzufriedenen für sich
gewinnen. Die Beamten sollen im innigsten Zusammenhang
unter sich selbst sein, durch ihr wohlwollendes Betragen,
durch ihr geselliges Zusammenleben mit den Bürgern sollen
sie diese so stimmen, dass sie das Gehorchen nicht als eine
Last sondern als Pflicht betrachten. — Die Demokraten haben
das Recht, Propaganda für ihr System zu machen, nicht allein
gepachtet; die Regierungen haben hierzu mehr und bessere
Mittel und jedenfalls dieselbe Verpflichtung. Die Regierung
müsste daher durch alle Mittel der Propaganda ihre guten
Grundsätze zum Bewusstsein der Untertanen bringen, und
den Abscheu derselben vor den verderblichen, unmoralischen
der Demokraten erregen. Mit andern Worten: Die Regierung
soll auf die Untertanen nicht bloss mechanisch — von aussen
herein; sie soll durch Beamte auch organisch — von innen
heraus -- wirken. Dies tut besonders jetzt not! Die Re-
gierung müsste bis in die elendesten Hütten ihre Lehre
tragen, und so bei dem untersten Teile der Bevölkerung
sogar einen ernsten Willen derselben erwecken, gegen die
Feinde und für die Freunde des Staates mit allen Kräften
einzustehen. Die Polizeibeamten müssten in den kleinsten
Dörfern zu diesem Zwecke verkehren. Ein Beamter, welcher
die Verwaltung zu besorgen hat, kann aber unmöglich —
was nötig wäre — seine ganze Kraft der so ausgedehnten
Polizei widmen. Es sollten daher — wenigstens für die
jetzige Zeit — besonders an den Grenzen und in den grösseren
Städten Deutschlands eigene, rüstige, umsichtige und mit
dem Charakter der Untertanen bekannte Beamte für grössere
Distrikte angestellt werden. Das Letzte möchte deswegen
nötig fallen, weil sich sonst nur schwer tüchtige Kräfte finden
liessen, welche ihr Amt aus Patriotismus gut verwalten und
ihnen sonst das so nötige Vertrauen abginge. Diesen Be-
amten wäre dann die Redaktion der Amtsblätter zu über-
tragen, sie hätten die oben bezeichnete mechanische und
organische Polizei zu verwalten, die Bedürfnisse der Unter-
tanen überall durch eigne Anschauung kennen zu lernen,
ihnen abzuhelfen, dadurch sich das Vertrauen der Bevölkerung
zu erwerben, so auch überall Vertraute zu erhalten und sich
von allem Vorgehenden in Kenntnis zu setzen, das Schlechte

zu verdrängen und Gutes an dessen Stelle zu setzen, — die
weltlichen Priester der Untertanen zu werden. Diese Tren-
nung der Polizei von der Verwaltung würde beiden Zweigen
mehr Elastizität und Konformität geben und man würde den
Stachel der Übelgesinnten mit Erfolg gegen sie selbst kehren
können!

Anmerkungen.

[1]) Ein Bericht des schweizerischen Justiz- und Polizeidepartementes an den Bundesrat vom 28. Februar 1851 gibt nach der eidgenössischen General-kontrolle die Zahl der noch in der Schweiz weilenden Flüchtlinge deutscher und österreichischer Nationalität auf 412 an (= 195 Badenser, 23 Württem-berger, 47 Baiern, 73 Preussen, 24 Sachsen, 16 Hessen, 2 Meklenburger und 32 Österreicher). (Bundesblatt, Jahrg. 1851, Bd. I, S. 243.)

[2]) Auch in Basel bestand ein solcher Verein unter dem Namen «Deutscher Leseverein in Basel.» Seine «Ordnung» findet sich im Basler Staatsarchiv sub. Polit. EE 4. § 1 derselben lautet: «Der deutsche Leseverein hat die geistige und sittliche Fortbildung seiner Mitglieder zum Zweck.» In § 2 heisst es: «Dieser Zweck soll in regelmässigen Abendzusammenkünften teils durch wissenschaftliche Vorträge und Mitteilungen, teils durch Pflege des Gesanges und Unterricht in den für das bürgerliche Leben wichtigsten Gegen-ständen, teils durch Benützung der Bücher und Zeitungen der Gesellschaft befördert und bestrebt werden.» Vgl. über diese «Bildungsvereine» Adler, Geschichte der ersten sozialpolitischen Arbeiterbewegung in Deutschland, S. 308.

[3]) Gemeint ist die Brauerei zum Kardinal an der Freien Strasse.

[4]) Jakob Christian Schabelitz, geb. 13. September 1802 zu Basel, gest. ebendaselbst 22. Mai 1866. Buchbindermeister, Buchdrucker und Ver-leger (z. B. der Schweizerischen Nationalzeitung). Schabelitz war ein ent-schiedener Anhänger der radikalen Partei. Im Jahre 1848 verkehrten sämt-liche hervorragenden badischen Flüchtlinge in seinem Hause an der Freien-strasse (Zunfthaus zum Himmel), u. a. Hecker, Sigel, Becker, Doll, Struve, Herold.

[5]) Josef Fickler, geb. 1808 zu Konstanz, gest. ebendaselbst 26. No-vember 1865. Erst Kaufmann, dann (seit den 30er Jahren) Herausgeber der radikalen «Seeblätter». Beim Ausbruch der Revolution im Jahre 1848 schlug er sich sofort auf die Seite der äussersten Demokraten und agitierte energisch für die Proklamation der Republik. 8. April 1848 von Mathy auf dem Bahn-hof in Karlsruhe verhaftet, wurde er vor Gericht gestellt, aber im Mai 1849 freigesprochen und noch im selben Monat durch die Offenburger Versammlung in den badischen Landesausschuss gewählt. Als Mitglied der provisorischen Regierung begab er sich anfangs Juni nach Stuttgart, um die Württemberger zum Zusammengehen mit den Badensern zu veranlassen; er wurde aber arretiert und erst gegen eine beträchtliche Kaution wieder freigelassen.

Daraufhin wandte er sich nach der Schweiz und, nachdem er bereits am 16. Juli von hier ausgewiesen worden war, nach England; schliesslich begab er sich nach den Vereinigten Staaten. (Freytag, Mathy, S. 260 u. passim; Blum, Deutsche Revolution passim; Schweizer Bundesblatt, Jahrg. 1849, Bd. II, S. 256.)

[6]) Dieser D i e t z — früher Kommis in Konstanz — war im Jahre 1849 «Sekretär der Zivilkommissärs beim Sicherheits-Ausschusse des Seekreises» gewesen. (Staroste, Ereignisse in der Pfalz und Baden im Jahre 1849, Bd. I, S. 87 u. ib. Anm. 4.)

[7]) W e r n e r (von Oberkirch, Kreis Offenburg), Advokat, 1849 Mitglied des badischen Landesausschusses und dann einer der drei badischen «Diktatoren». (Vgl. über ihn u. a. Becker und Essellen, Süddeutsche Mai-Revolution passim und besonders S. 370.)

[8]) L a n z a n o zeichnete sich besonders aus bei der Organisation der deutsch-polnischen Legion (im Jahre 1849) in Karlsruhe.

[9]) M e i e r (von Esslingen), Jurist, 1848 Mitglied der konstituierenden Nationalversammlung, nahm 1849 an den Sitzungen des Rumpfparlamentes in Stuttgart teil.

[10]) August R e i n s t e i n (von Naumburg a. d. Saale), vor der Révolution Oberlandesgerichtsassessor, 1848 Mitglied der konstituierenden Nationalversammlung, sass hier auf der äussersten Linken (Partei des Donnersberg).

[11]) Ludwig Pfau, geb. 25. August 1821 zu Heilbronn, gest. 12. April 1894 zu Stuttgart, machte sich durch das von ihm herausgegebene Witzblatt «Eulenspiegel» (Stuttgart 1848) und durch seine «Stimmen der Zeit» (Heilbronn 1848) bekannt; beim Ausbruch der Revolution in Baden entfaltete er als Agitator und Publizist eine rege Tätigkeit; 1849 sah er sich genötigt, nach der Schweiz und später von da nach Paris zu fliehen. 1865 kehrte er nach Deutschland zurück, liess sich in Stuttgart nieder, und redigierte hier während einer Reihe von Jahren den «Stuttgarter Beobachter».

[12]) Franz Anton R o s e n t h a l, geb. 1813 zu Krakau. Exzentrischer Journalist, Herausgeber der «Goldenen Mittelstrasse, Volkszeitschrift für Gutgesinnte», Wien 1848 (Später «Die Mittelstrasse»). 1849 edierte er den «Polygraph». (Wurzbach, Biographisches Lexikon des Kaisertums Österreich, T. 27, S. 34; Zenker, Wiener Journalistik während des Jahres 1848, S. 151, No. 116.)

[13]) Wilhelm W e i t l i n g, geb. 1808 zu Magdeburg, gest. 15. Januar 1871 zu New-York. Erst Schneidergeselle, dann kommunistischer Agitator; lebte von 1840 (bezw. 1841) bis 1843 in der Schweiz (erst in Genf und Lausanne und dann in Zürich); er wurde hier wegen Aufreizung zum Aufruhr verurteilt und aus dem Gebiete der Eidgenossenschaft ausgewiesen. Seine Hauptschriften sind: Garantien der Harmonie und Freiheit, Vivis 1842. Evangelium eines armen Sünders. Bern 1845. — Die junge Generation, Monatsschrift: Jahrgang 1. 2, Bern, Vivis, Langenthal und Zürich 1842/43. (Adler a. a. O. S. 17 ff.; Handwörterbuch der Staatswissenschaften, Bd. VI, S. 668 ff., hier auch Angabe der Literatur über Weitling.)

[14]) Ludwig Andreas F e u e r b a c h, geb. 28. Juli 1804 zu Landshut, gest. 13. September 1872 bei Nürnberg. Philosoph. Seine meist gelesenen

· Schriften waren: 1. «Das Wesen des Christentums», Leipzig 1841. (Die Hauptlehren dieses Werkes wurden von einem deutschen «Proletarier und Freiheitsfreund und Pfaffenfeind» «für Bildungslose» in eine Art Katechismus zusammengedrängt und 1849 in Genf herausgegeben.) 2. «Grundsätze der Philosophie der Zukunft». Leipzig 1843.

[15]) Louis Blanc, geb. 29. Oktober 1811 zu Madrid, gest. 6. Dezember 1882 zu Cannes. Von ihm wurde hauptsächlich eine deutsche Übersetzung seiner «Organisation du travail» in Flüchtlingskreisen viel kolportiert und gelesen. Auch seine (heute recht selten gewordene) Zeitschrift «Le nouveau monde, journal historique et politique». T. 1 - 3, Paris 1849—1851 erfreute sich grosser Sympathie. (Der Artikel: «Hommes du peuple, l'Etat c'est vous!» wurde in Übersetzung massenhaft separat verbreitet und von der Schweiz aus nach Süddeutschland verbreitet.)

[16]) Pierre Joseph Proudhon, geb. 25. Juli 1809 zu Besançon, gest. 19. Juni 1861 zu Passy; hauptsächlich bekannt durch seine Schrift: «Qu'est-ce que la propriété? Besançon 1840; deutsch Bern 1844 und im Auszug Vivis(?) 1849. Im selben Jahre erschienen seine: «Confessions d'un révolutionaire», und wurden sofort in übersetztem Auszug (Basel und La Chaux-de-Fonds) auch den deutschen Arbeitern zugänglich gemacht.

[17]) Charles Fourier, geb. 7. April 1772 zu Besançon, gest. 8. Oktober 1837 zu Paris, Begründer des nach ihm benannten sozialistischen Systems.

[18]) David Friedrich Strauss, geb. 27. Januar 1808 zu Ludwigsburg, gest. 8. Februar 1874 ebendaselbst. Verfasser des «Lebens Jesu, kritisch bearbeitet». Tübingen 1835 und öfter.

[18]) Georg Herwegh, geb. 31. Mai 1817 zu Stuttgart, gest. 7. April 1875 zu Lichtenthal. Seine «Gedichte eines Lebendigen», Zürich und Winterthur 1841 und öfters schufen ihm in demokratischen Kreisen grosse Popularität.

[20]) Ludwig Friedrich Schnaufer, Gedichte. Birsfelden 1849.

[21]) Frankfurter Journal. Verantwortlicher Redaktor: J. A. Hammeran.

[22]) Urwähler-Zeitung. Organ für Jedermann aus dem Volke. Berlin.

[23]) Karl d'Ester aus Köln, Dr. med., Arzt, Abgeordneter zur konstituierenden deutschen Nationalversammlung. 1849 Sekretär beim rheinpfälzischen Landesausschuss; nach der Niederwerfung der Revolution flüchtete; er in die Schweiz. (Vgl. Born, Erinnerungen eines Achtundvierzigers, S. 273 Schweizerisches Bundesblatt, Jahrgang 1851, Bd. I, S. 241; Staroste a. a. O. 1, 17, Anm. 2.)

[24]) Ludwig Degen, aus Mannheim, 1849 Mitglied des badischen Landesausschusses.

[25]) Stay, von Heidelberg, Schullehrer, 1849 Mitglied des badischen Landesausschusses; später Redakteur der nationalliberalen «Magdeburger Zeitung».

[26]) Heunisch, Advokat, 1849 «Militär- und Zivil-Kommissarius des Ober-Rheinkreises».

[27]) Johann Philipp Becker, Freischarenführer. 1848 und 1849 beteiligte er sich eifrig an der badischen Revolution; nach dem Scheitern des Maiaufstandes flüchtete er sich nach der Schweiz. In Genf trat er 1862 als energischer Agitator des internationalen Arbeitervereins hervor. Zusammen .

mit Chr. Essellen verfasste er eine «Geschichte der süddeutschen Mai-Revolution des Jahres 1849». Genf 1849. (Marcel Herwegh, Briefe von und an Georg Herwegh, 1848, S. 372.)

[28]) Ludwig Simon, aus Trier, geb. 1810, gest. in Montreux 2. Februar 1872, Advokat. 1848 Mitglied der konstituierenden Nationalversammlung, sass hier auf der äussersten Linken (Partei des Donnersberg); 1849 nahm er an den Sitzungen des Rumpfparlamentes teil, floh dann in die Schweiz, und wurde in Trier in contumaciam zum Tode verurteilt

[29]) August von Willich, ehemaliger preussischer Artillerieleutnant; führte im Jahre 1849 das nach ihm benannte Freikorps. Nach der Niederlage floh er in die Schweiz, wurde von da aber schon am 16. Juli 1849 ausgewiesen. (Daul, Tagebuch eines politischen Flüchtlings während des Freiheitskampfes in der Rheinpfalz und Baden, St. Gallen 1849. Schweizerisches Bundesblatt, Jahrgang 1849, Bd. II, S. 256.)

[30]) Franz Volk, geb. 18. April 1823 zu Offenburg, gest. 1. Juni 1890. Jurist. 1849 wurde er von der badischen provisorischen Regierung zum Zivilkommissär der Bezirks Offenburg ernannt. Nach dem Gefecht bei Durlach flüchtete er sich nach Zürich. Infolge der Amnestie von 1859 nach Baden zurückgekehrt, studierte er Medizin und wurde dann in der Folge Bürgermeister von Offenburg. (Badische Biographien, Bd. 4, S. 480 –482).

[31]) Torrent, von Freiburg(?), 1849 Ersatzmann im badischen Landesausschuss.

[32]) Zivilkommissär von Comorn im Jahre 1849 war Ladislaus Ujházy. (A. Schütte, Ungarn und der ungarische Unabhängigkeitskrieg, Bd. II, S. 324.) Nach Wurzbach, Biographisches Lexikon des Kaisertums Österreich, T. 48, S. 280 wandte sich Ujházy nach der Kapitulation von Comorn nach den Vereinigten Staaten. Ob es sich hier um eine andere Persönlichkeit handelt, habe ich nicht eruieren können.

[33]) Abt war Verfasser zweier damals viel gelesener Schriften: 1. «Die Revolution in Baden und die Demokraten vom revolutionären Standpunkt aus beleuchtet». Herisau 1849. 2. «Die Schweiz, ihre Gegenwart und Zukunft». Frankfurt 1848. Über seine Rolle im Kommunistenbunde vgl Adler, a. a. O., S. 273/274.

[34]) Ernst Dronke hatte mit Freiligrath und Wilh. Wolff an der von Marx und Engels herausgegebenen «Neuen Rheinischen Zeitung» mitgearbeitet. Sonst hatte er sich durch sozialistisch gefärbte Novellen: «Aus dem Volke», Frankfurt a. M. 1846 und «Polizei-Geschichten», Leipzig 1846, in Volkskreisen einen Namen gemacht. (Nicht zu verwechseln mit Ernst Friedrich Johann Dronke, dem Herausgeber des Codex diplomaticus Fuldensis).

[35]) Schilly, Advokat. Er kommandierte im Jahre 1849 das 2. Bataillon der pfälzischen Volkswehr.

[36]) Moses Hess, geb. 21. Januar 1812 in Bonn, gest. 6. April 1875. Sozialistischer Schriftsteller und Agitator. 1849 beteiligte er sich am pfälzisch-badischen Aufstande, floh dann nach der Schweiz und wurde in contumaciam zum Tode verurteilt. Vgl. über ihn und seine Schriften Adler a. a. O. S. 84 ff.

[7]) Nach mir zugekommenen vertrauenswerten Mitteilungen wäre dieser Bauer identisch mit dem am 12. April 1850 ausgewiesenen Andreas Baur

aus Urb (?), Baiern. (S. über diesen Schweizerisches Bundesblatt Jahrgang 1850, Bd. I, S. 338.)

38) Über dieses Zentralkommitee vgl. Adler a. a. O. S. 275.

39) Karl Marx, geb. 5. Mai 1818 zu Trier, gest. 14. März 1883 in London; berühmter Kommunist. (Vgl. Gross, K. Marx, Leipzig 1885.)

40) Die Hornisse. Zeitung für hessische Biedermänner. Redakteur J. C. J. Raabé, Jahrgang 1, Kassel 1848. Jahrgang 2. 3, herausgegeben von H. Heise und Kellner, Kassel 1849. 1850.

41) Im südlichen Schwarzwald.

42) Adolf C. Wiesner, geb. 15. Oktober 1824 zu Klagenfurt. Offizier. Nahm an den Erhebungen Wiens und Badens hervorragenden Anteil, flüchtete nach deren Niederwerfung erst nach der Schweiz, dann nach Frankreich, England u. s. w. (Vgl. über ihn und seine publizistische Tätigkeit Wurzbach, a. a. O. T. 56, S. 82/83).

43) Umbscheiden war 1848 Mitglied der deutschen konstituierenden Nationalversammlung und gehörte hier der Linken (und zwar der sogenannten Partei des « Nürnberger Hofes ») an. Umbscheiden ist wohl identisch mit dem von Clossmann (Ma vie, Gen. 1859, S. 59) genannten « M. U. », « réfugié de la Bavière rhénane ».

44) Siehe über A. von Clossmann seine Autobiographie « Ma vie d'officier badois, de réfugié politique et de journaliste, » Gen. 1859.

45) Dänzer fungierte 1849 als « Sekretär der konstituierenden Landesversammlung für Baden ».

46) Heinrich Wilh. Aug. Freiherr von Gagern, geb. 20. August 1799 zu Baireuth, gest. 22. Mai 1880 zu Darmstadt; deutscher Staatsmann, 1848/49 Präsident des Frankfurter Parlaments.

47) Robert Blum, geb. 10. November 1807 zu Köln, 8. November 1848 in der Brigittenau bei Wien standrechtlich erschossen; Publizist und Politiker, Mitglied der deutschen konstituierenden Nationalversammlung. (Vgl. Hans Blum, Robert Blum, Leipzig 1878.)

48) James Fazy, geb. 12. Mai 1796 zu Genf, gest. 5. Nov. 1878. Staatsmann. Von 1853 an lange Jahre hindurch Haupt der Genfer radikalen Partei und Mitglied der Genfer Regierung.

49) Jonas Furrer, geb. 1805 zu Winterthur, gest. 25. Juli 1861 zu Ragaz. Staatsmann. Von 1848 bis zu seinem Tode Mitglied des Bundesrates; in dieser Eigenschaft dirigierte er meistens das eidgenössische Justiz- und Polizeidepartement.

Der Kult der heiligen Euphrosyna von Basel.

Von

E. A. Stückelberg.

Die Spuren vieler Heiligen, die ehedem Verehrung ge-
nossen haben, sind seit Jahrhunderten verwischt. Dies gilt
im besondern von Heiligen, die nicht an den Orten des
Kultus gelebt, gewirkt oder gelitten, also keine tiefern Ein-
wirkungen auf das Volksgemüt ausgeübt haben. Es sind
dies Heilige, deren Gebeine erst nachträglich, lang nach dem
Tode, an einen andern Ort gebracht worden sind, an diesem
verehrt wurden und erst hier Berühmtheit erlangt haben.
Das gänzliche Aussterben des Kultes und der Erinnerung
aber wurde nur da möglich, wo die Ausübung des katho-
lischen Kultes gewaltsam unterbrochen wurde.
Solches gilt von S. Euphrosyna von Basel.

In Köln wurden schon im 4. Jahrhundert Märtyrerjung-
frauen verehrt, deren volkstümliche Bezeichnung seit dem
10. Jahrhundert die der 11 000 Jungfrauen ist. Die Höhe
dieser Ziffer beruht einerseits auf der Tatsache, dass un-
endlich viel uralte Gebeine, die man als Überreste der Mär-
tyrerinnen deutete, gefunden wurden,[1] andrerseits auf der
seit biblischen Zeiten beliebten orientalischen Tendenz,
Zahlen nach oben aufzurunden. In der ganzen christlichen
Welt verbreitete sich die Kunde und der Ruhm der köl-
nischen Jungfrauen; hunderte von Klöstern und Kirchen

[1] Die erste Revelation derselben fand statt unter S. Cunibert, Bischof
von Köln, 623—663; noch heute stehen in kölnischen Kirchen grosse
Steinsärge, die angefüllt sind mit den Gebeinen der sogen. 11 000 Jungfrauen.

begehrten und erhielten von ihren Reliquien. Im 12. Jahrhundert wurden neuerdings zahllose Gebeine gefunden, sozusagen alle von unbekannten Toten. Das Volk von damals aber war nicht reif zur Verehrung einer S. Anonyma, S. Incognita oder S. Innominata; es verlangte eigentliche Namen. Die Lust am Fabulieren aber zeigte sich damals in allen Kreisen, selbst Geistliche, weiblichen und männlichen Geschlechts, wurden davon ergriffen. Die visionäre Nonne Elisabeth von Schönau und der Prämonstratenserbruder Hermann, zubenannt Joseph, im Kloster Steinfeld, beschäftigten sich mit den Kölner Gebeinen. In ihren Gesichten und Offenbarungen wurden Heilige daraus, die unter den verschiedensten Namen auftraten. Aber weder mit den sprachlichen noch historischen Kenntnissen dieser Kreise war es weit her; die seltsamsten Anachronismen im Taufen der Heiligen werden begangen: israelitische, griechische, gut- und schlechtlateinische, deutsche und phantastische Namen werden den neuen Heiligen beigelegt. Da aber die Geschichts- bezw. Namenkenntnisse nicht weit reichen, geht dabei gelegentlich der Atem aus und derselbe Name muss für mehrere ausreichen oder er wird in ähnlich klingenden Reminiszenzen variiert. So lernen wir neun heilige Jungfrauen zu Köln unter dem Namen Euphrosyna[1]) kennen, und neben ihnen tauchen noch auf: Euphrasia, Euphronia, Euphrodia u. s. w. Auch werden, wie man bei diesem Namen sieht, gern Gebeine nach berühmten, altbekannten Heiligen benamst; so hat hier eine alexandrinische Märtyrerjungfrau, dort die Patronin von Nivelles, die von Zurzach oder die Mutter Constantins ihren Namen hergeben müssen.[2]) Im Anschluss hieran entstanden auch Grabschriften, teilweise unter Benützung echter römischer Vorbilder, welche vielleicht von dem Küster Theodoricus Aedituus hergestellt worden sind und darauf der visionären

---

[1]) 1. E. f. Luciæ r. Sirani filiæ; 2. f. sororis uxor Caroli r.; 3. f. d. sororis Benignæ; 4. f. amitæ Aetherii; 5. f. consobrini; 6. f. sororis Avit r.; 7. cognata Nataliæ f. com.; 8. soror Benedictæ; 9. soror Spei, f. Helvidii. AA. SS. Oct. IX, S. 203. — [2]) Im 16. Jahrhundert taufte Kardinal Raymund nach dieser Art die heiligen Leiber von Eichsel. In Rom kamen solche Taufen seit alter Zeit vor, wurden aber erst häufig im 17. Jahrhundert bei der Ausräumung der Katakomben.

heiligen Elisabeth von Schönau vorgelegt wurden. Einer dieser Steine trug die Aufschrift:

S. EVPHROSYNA VIRGO FILIA DVCIS.[1]

Aber es blieb, wie diese Inschrift zeigt, nicht beim Taufen der Heiligen; auch bestimmte Angaben über Stand und Herkunft wurden gemacht, Legenden gebildet. Eine eigentliche Manie entstand, die Verwandtschaft der einzelnen Heiligen untereinander darzulegen. Ganze Stammbäume wurden erdichtet, in welche S. Ursula, Pinnosa und die verschiedenen Euphrosynen eingegliedert wurden. All diese Angaben wurden auch ausserhalb Kölns rezipiert.[2] Hier ein Auszug aus der Stammtafel, welche unsrer heiligen Euphrosyne gemacht wurde.[3]

	Helvidius dux.					
	G. Malcha.					
rex.	Josippa	Thelindris	Eulalia	Helvidius	Ludwicus	Herwicus
	G. Eusebius			dux		
				G. Anna	G. Hermegardis	G. Hadewigis
S. Ursula	Elentheria.	Spes	**Euphrosyna.**	Pinnosa.	Eulalia.
	Josippa.			Evodia.	Serena.
	Nestoria.				Sapientia.

Unsre Euphrosyna ist demnach als Tochter und Enkelin eines dux, nach mittelalterlichem Sprachgebrauch, analog dem antiken regina = Königstochter, Prinzessin, ducissa; sie ist nach der Genealogie des sel. Hermann Joseph († zwischen 1225 und 1241) die Base der berühmten heiligen Ursula und Pinnosa. Beide aber gelten seit dem 9. Jahrhundert als Führerinnen der heiligen Jungfrauenschar von Köln. Euphrosyna ist somit schon zu Köln eine der berühmteren, hervorragenderen Märtyrerinnen.

Die Reliquien der 11 000 Jungfrauen verbreiten sich unterdessen nach allen Richtungen; im 11. Jahrhundert treten

---

[1] Kraus, Die christlichen Inschriften der Rheinlande 1, S. 167. — [2] z. B. in Saint-Trond. Revue Bénédictine 1899, S. 270 ff. — [3] AA. SS. Oct. IX, S. 175, 176, 181.

sie bereits auf zu Pfäfers[1]) und Schaffhausen,[2]) im 12. Jahrhundert zu Engelberg,[3]) Muri[4]) und Schöntal.[5])

Schon im 11. Jahrhundert wird Basel mit der Legende von den Kölner Jungfrauen in Verbindung gebracht; die Rheinstadt ist zweimal Etappe der Heiligen bei der Romfahrt. Auch ein Bischof von Basel taucht auf; er heisst S. Pantulus, später Pantalus und besitzt eine Grabschrift.[6]) Sein Name scheint nach der oben geschilderten Art im Anklang an den eines bekannten Heiligen (S. Pantaleon) gewählt worden zu sein. Reliquien von ihm gelangen schon im 12. Jahrhundert nach Engelberg[7]) und Marienberg.[8])

In den Jahren 1254 und 1270 erhält auch Basel Reliquien aus Köln: zunächst Gebein von den Jungfrauen und dann das Haupt, d. h. einen Teil des Haupts des angeblichen Basler Bischofs Pantalus. Ein andrer Teil des Haupts, und das beweist, dass die Reliquie auch zu Köln Kult genoss, blieb daselbst, wo er u. a. noch 1517[9]) erwähnt wird. Viele Gotteshäuser der heutigen Schweiz erhalten fortan Reliquien aus Köln. In Basel erscheint 1353 Heiligtum der 11000 Jungfrauen in der Predigerkirche, 1441 solches von S. Ursula in der Karthause, 1452 der Leib von S. Euphrosyna im Klingental, 1459 liegen 29 Häupter von kölnischen Jungfrauen zu S. Andreas, 1467 zwei Häupter von «megden» im Klingental und noch im Inventar[10]) von 1590 ist von «sieben todtenköpf» und einem Bild: «6 mägdt mit dem Papst an einem stockh» die Rede, ferner von einem «Casten mit einem Haupt», worunter wahrscheinlich das Haupt der heiligen Euphrosyna verstanden ist.

Die Beziehungen des Klingentalklosters in Klein-Basel, (Diözese Konstanz), zu Köln reichen ins 14. Jahrhundert zurück. Ein Johann von Köln war Kaplan in diesem Frauenkloster und starb 1328.[11]) Im Ausgabenbuch der Küsterin lesen wir: «item dem der die meigden bracht 1 β»; ist

---

[1]) Stückelberg, Oesch. der Reliquien Reg. No. 80. — [2]) Derselbe a. a. O. No. 95. — [3]) Derselbe a. a. O. No. 107. 172. — [4]) Derselbe a. a. O. No. 124. — [5]) Derselbe a. a. O. No. 160. — [6]) Kraus a. a. O. S. 166. — [7]) Stückelberg a. a. O. No. 107. — [8]) Derselbe a. a. O. No. 151. — [9]) Zu diesen und den folgenden Jahreszahlen vergl. die Regesten meiner Geschichte der Reliquien. — [10]) Staatsarchiv Basel. — [11]) Burckhardt und Riggenbach S. 10.

meigden[1]) gleichbedeutend mit megden, so bezieht sich der Passus[2]) auf Häupter von kölnischen Märtyrerinnen. Ein weiterer Posten, und zwar im nächstfolgenden Jahr, lautet: «item ungelt von dem von Köln und der metterin».[3]) Auch Namen kölnischer Jungfrauen werden im Klingental gebräuchlich.[4])

Unter den kölnischen Reliquien in Gross-Basel spielt eine bedeutende Rolle das Haupt des heiligen Pantulus; in Klein-Basel tritt als berühmtestes Heiligtum hervor der Leib der heiligen Euphrosyna aus Köln. Betrachten wir nun seine Schicksale. Die Zeit der Übertragung der Reliquie aus Köln nach Basel muss vor 1452 fallen, denn schon Anfang dieses Jahres erteilt der Papst in Rom Ablass für den «ruhmwürdigen Leib» der Heiligen. Ausserdem wird das Haupt derselben Jungfrau schon 1448/49 als gefasst, d. h. in ein vermutlich silbernes, vergoldetes Caput oder Büstenreliquiar eingeschlossen erwähnt.[5]) Ja es fehlen bereits die Schlüssel zu diesem Behälter, weshalb zwei neue gemacht werden müssen. Man darf nun annehmen, dass Haupt und Leib miteinander nach Basel übertragen worden sind; für den Leib existiert bereits 1452/53 ein «grab», d. h. ein Schrein, zu welchem damals zwei Ketten und zwei Malenschlösser gemacht werden.

In jedem Fall war die Reliquie Mitte des 15. Jahrhunderts bereits in Basel und genoss grosses Ansehen. Ein Altar und eine Kapelle war der Heiligen geweiht. Sie wird zweite Patronin des Klosters; ihre Bilder werden in Plastik und Malerei erstellt, jedes Jahr an ihrem Fest geschmückt und öfters renoviert und repariert. Die Gebeine waren in Scide eingenäht und letztere war mit glänzenden Pailletten[6]) verziert; der «Seidennäher» und der Goldschmied erhalten laut

---

[1]) Es wäre auch an meiggen = meien, Sträusse zu denken, wie denn Palmen und Blumen alljährlich für die Kirchenfeste angeschafft wurden. — [2]) Manuskript im Staatsarchiv Basel S. 196 v. Den Hinweis auf diese höchst wichtige Quelle verdanken wir der Güte von Herrn Dr. Th. Burckhardt-Biedermann. — [3]) Dasselbe a. a. O. S. 215 v. — [4]) Cordula. — [5]) Diese und die folgenden Angaben nach dem Rechnungsbuch. — [6]) Balettlin. Über solche Metallzierden vergl. Schweiz. Arch. f. Volkskunde II, S. 308—310. Noch heute sind solche Pailletten an Reliquienkissen zu Einsiedeln zu sehen.

dem Rechnungsbuch für solche Arbeiten Bezahlung. Das Haupt der Heiligen trug ein Kränzlein, das mit Perlen geschmückt war und häufig der Erneuerung bedurfte. Noch 1557 waren vier Hauptkronen mit edeln Steinen und andern Zierden im Klingental vorhanden. Alljährlich wurde der Tag der heiligen Euphrosyne im Kloster gefeiert. Grosser Zulauf kam aus der Umgegend und im ehernen Becken,[1]) in dem man während des Offertorialgesanges sammelte, wie im Opferstock wurden reiche Gaben niedergelegt. Der Schrein mit dem Leib der Heiligen wurde, mit kostbaren Tüchern behängt, ausgestellt und das silberne Brustbild glänzte wahrscheinlich auf ihrem Altar. Die Sänger[2]) und geistlichen Gäste wurden gespeist, Bettler erhielten Labung und den Pilgern wurden Andenken verabreicht. Es waren dies Helglein, im Rechnungsbuch « briefflin »[3]) genannt. Solche gezeichnete, schablonierte, geschnittene oder gestochene Bilder hatten oft den Charakter von Präsenzzetteln, d. h. sie galten als Zeugnis für die ausgeführte Wallfahrt. Der Euphrosynentag scheint vor Allerseelen und nach der Kirchweihe (Kilwy) zu fallen.[4]) Da die Ausgaben für letzteres Fest und den Euphrosynentag im Ausgabenbuch zusammengefasst sind, liegen die beiden Tage offenbar nahe beieinander. In Basel hat sich von der Heiligen beinahe kein Denkmal erhalten; nur durch Büchels verdienstvolle Vermittlung haben wir Kenntnis von einstigen Bildern der Heiligen. Nach der Reinschrift seiner Aufzeichnungen (S. 67) befand sich beim Eingang ins Klingentalkloster, nächst der Drachenmühle, ein Wandgemälde von quadratischer Form. Es zeigte auf rotem Grund drei heilige Jungfrauen in stehender Haltung. Die erste Figur links war S. Euphrosyna; neben ihr war die Madonna und auf deren andrer, linker Seite, folgte die Base S. Euprosynens, die berühmte heilige Ursula von Köln. Die erste Figur war mit der Beischrift « sancta Euphrosina ducissa et patrona » versehen; sie trug ein grünes Kränzlein, in der

---

[1]) S. 239 u. 226 v des Rechnungsbuchs. Solche getriebene Messingbecken wurden in Nürnberg hergestellt und nach allen Himmelsrichtungen vertrieben. In der Urschweiz dienen heute noch solche Becken zum Einsammeln der Opfergaben. — [2]) z. B. S. 201 des Rechnungsbuchs. — [3]) S. 190, 201, 209, 214, 219 v, 240 des Rechnungsbuchs. — [4]) S. 249 v.

Rechten einen Zweig, in der Linken ein geschlossenes Buch. Ihr Rock war grün, der Mantel rötlich mit weissem, von schwarzen Kreuzchen besetztem Saum verziert. Nicht sicher, aber mit grösster Wahrscheinlichkeit, kann auf dieselbe Heilige bezogen werden ein zweites, grosses, von Büchel (a. a. O. S. 54, Konzept S. 41) reproduziertes Wandbild.[1]) Es füllte

eine kielbogige Nische und zeigte die Heilige im Sarg, in weltlichem, rotem Rock mit weissem Kragen, das Rosenkränzlein im Haar. Vor dem Steinsarg standen zwei Leuchter, an den Enden desselben zwei Engel mit Rauchfässern. Hinter dem Sarg sah man den Papst mit offenem Messbuch und Weihwedel, rechts von ihm einen Kardinal mit Doppelkreuz und Rauchfass, links von ihm einen Bischof mit offenem Buch.

---

[1]) Burckhardt und Riggenbach a. a. O. beziehen das Bild auf S. Clara, eine Nonne!

Am Fussende des Sargs war eine betende Frau, am Kopf-
ende ein Mann mit Schwert, die Rechte auf den Hut gelegt,

dargestellt. Auf eine der 11 000 Jungfrauen, vielleicht auch auf S. Euphrosyna, sind noch zwei Bilder Büchels (S. 60, Konzept S. 49 und 66. Konzept S. 50) zu beziehen. Das erste Wandgemälde zeigt eine heilige Jungfrau mit Rosenkränzlein im blonden Haar, mit Palmzweig in der Rechten und Blumenzweig in der Linken; die Kleidung ist weiss, gelb und grün. Das andre Bild, an einem Strebepfeiler angebracht, zeigt eine ähnliche, rot- und blaugekleidete heilige Jungfrau. So ist das Thema, das der kölnischen Malerei jene Signatur des Zarten, Lieblichen, Sanften aufgeprägt hat, auch von der baslerischen Kunst zur Zeit der Gotik — all diese Gemälde scheinen· im 15. Jahrhundert entstanden zu sein — rezipiert worden.

Wie die andern Heiligen der Umgegend Basels, so gab Euphrosyna ihren Namen zahlreichen weltlichen und geistlichen Personen: ich erwähne Euphr. Murer, Äbtissin von S. Clara in Klein-Basel[1]) (1522), Euphr. Widmer, Äbtissin von Eschenbach[2]) (profess 1594), Euphr. Goeder von Zanegg (1588), Gattin des Sigm. Jak. v. Hallwyl,[3]) Euphr. v. Fleckenstein[4]) (1607. Mai 29), Euphr. v. Reinach,[5]) Gattin ·eines v. Schönau (17. Jahrhundert. † März 21), Euphr. v. Hallwyl[6]) († 1739). Der Kult der heiligen Patronin des Klingentalklosters hat nicht zum wenigsten die 11 000 Jungfrauen in Basel bekannt, volkstümlich, beliebt gemacht. So kam es, dass man auch die heilige Christina auf S. Crischona, wie auch die drei heiligen Leiber, die zu Eichsel,[7]) also ganz nahe bei Basel, verehrt wurden, mit der kölnischen Märtyrerinnenschar in Verbindung brachte. Reliquien von diesen neuen angeblichen Begleiterinnen S. Ursulas kamen durch Kardinal Raymund nach allen möglichen Gegenden, so z. B. nach S. Blasien, Hauterive, Baldegg, Hertenstein, Schwyz und Glarus. Er taufte eine nach der in Basel verehrten heiligen Kaiserin Kunigund, eine nach der zu S. Gallen getöteten heiligen Wiborad M.

[1]) R. Wackernagel im Schweiz. Arch. f. Heraldik 1902, S. 56. — [2]) Mülinen Helv. sacra II, S. 102. — [3]) Kindler v. Knobloch Oberbad. Geschlechterb., S. 528. — [4]) Jahrzeitbuch v. Tennikon. — [5]) Jahrzeitbuch v. Günterstal II bei Fiala Mscr. X., S. 619 in Solothurn. — [6]) Kindler a. a. O. S. 529. — [7]) Zarncke Seb. Brants Narrenschiff p. LXX X. Heitz und Bernoulli Basler Büchermarken 1895, p. XVIII. Stain 4982. AA. SS. Oct. IX, S. 264.

Die Reliquien des Klingentals, und darunter Haupt und Leib der heiligen Euphrosyna, blieben nach der Aufhebung des Klosters und nach dem Tod der letzten Äbtissin in Basel. Noch im Inventar von 1590 ist von einem «Casten» und einem «Laden» die Rede, die wir auf die Behälter dieser Reliquien und Reliquiare beziehen zu können glauben. Im 17. Jahrhundert aber erscheint das Heiligtum im Kloster Muri, von wo häufig Partikeln abgegeben werden, so 1640 nach Bremgarten, 1646 in die Pfarrkirche Muri, 1662 nach Hohenrain und S. Gallen. Dekan Lang erwähnt (S. 1096 seines Grundrisses) die Euphrosynenreliquien von Muri gleich nach denen von der Gesellschaft S. Ursulas und S. Dagoberts, den er Blutsfreund der letzteren nennt. Noch heute ruhen in der Klosterkirche zu Muri das Haupt und vier weitere Teile,[1]) die bezeichnet sind als «Rel(iquiæ) S. Euphrosynæ».

Im Heiligtumsverzeichnis von S. Niklausen[2]) erschienen 1564 Euphrosynenpartikeln hinter Reliquien von S. Cordula (Köln) erwähnt; 1576 ist die Heilige Patronin des linken Altars der Pfarrkirche Wohlen geworden.[3]) Ob auch diese Partikeln aus Basel stammen, und wann diejenigen von Siebeneich in Obwalden aus Muri kamen, steht dahin.

Wer die Verehrung der heiligen Euphrosyna studiert, dem entrollt sich ein Bild mittelalterlicher Kultur, wie es interessanter kaum kann erfunden werden. Man tut einen Blick in die nieder- und oberrheinische Geisteswelt, ihre Kirche, ihre Bräuche, ihre Kunst. Und wer die postume Geschichte der Heiligen weiter verfolgt, sieht, wie im Aargau ihr Kult weiterblüht, und in der Umgebung, ja bis in die Bergkantone hinein, neue Wurzeln schlägt. Die Schicksale dieser Kölner Reliquien sind typisch für die mancher andrer Heiligtümer des Mittelalters und lehren, dass gegenüber den Andenken an die 11 000 Jungfrauen Skepsis geboten ist.

---

[1]) Mitg. von S. Hochw. Herrn Pfarrer J. Koller. — [2]) Stückelberg, Gesch. der Reliquien, p. XXXVIII. — [3]) Fiala Mscr. X, S. 529 in Solothurn.

Albert Burckhardt-Finsler.

Am 9. Februar des Jahres 1801 wurde der Friede von Lunéville zwischen der französischen Republik und Kaiser Franz abgeschlossen. Napoleon selbst sagt darüber in einem Schreiben an den Senat und den gesetzgebenden Körper[1]) folgendes: «La paix du continent a été signé à Lunéville; elle est telle que la voulut le peuple français. Son premier vœu fut la limite du Rhin; des revers n'avaient point ébranlé sa volonté, des victoires n'ont point dû ajouter à ses prétentions. Après avoir replacé les anciennes limites de la Gaule, il devait rendre à la liberté des peuples qui étaient unis par une commune origine, par le rapport des intérêts et des mœurs.» Auch die helvetische Republik war in den Frieden eingeschlossen, indem dessen elfter Artikel bestimmt:[2]) «Le présent traité de paix est déclaré commun aux Républiques Batave, Helvétique, Cisalpine et Ligurienne. Les parties contractantes se garantissent mutuellement l'indépendance des dites républiques et la faculté aux peuples qui les habitent d'adopter telle forme de gouvernement qu'ils jugeront convenable.» Die territorialen Bestimmungen des Friedenstraktates enthielten in Bezug auf die Schweiz den Satz, dass unter den von Kaiser und Reich an Frankreich abzutretenden Gebieten[3]) sich auch befinden soll, «le Fricktal et tout ce qui appartient à la maison d'Autriche sur la rive gauche du Rhin entre Zurzach et Bâle, la république fran-

---

[1]) Correspondance de Napoleon I t. VII, p. 22/23. — [2]) Aktensammlung aus der Zeit der helvetischen Republik VI, S. 619/620. — [3]) Aktensammlumg VI, S. 619.

çaise se réservant de céder ce dernier pays à la république helvétique.» Allerdings stand nicht in dem Friedensinstrument, dass dieses Frickthal die Kompensation sein sollte für das dem ersten Konsul aus strategischen Gründen so begehrenswerte Wallis. Schon am 13. Februar 1801 liess er sich Talleyrand [1]) gegenüber folgendermassen vernehmen: «Il faudrait, citoyen ministre, s'empresser d'entamer une négociation avec l'Helvétie, par laquelle elle nous céderait tout le Valais jusqu'à Brigg et le Simplon jusqu'au Novarais afin que cette route fût toujous libre pour la Republique. Nous céderions à l'Helvétie les pays que nous à donnés l'Empereur par la traité de Lunéville.»

Allein zunächst warfen diese Ausichten auf einen bevorstehenden Tausch oder Verlust noch nicht ihren Schatten auf die helvetische Erde. Man freute sich allgemein über den neulich hergestellten Frieden und hoffte dessen Segnungen auch zwischen Rhein und Alpen in vollen Zügen geniessen zu können. Die Integrität des Landes war durch die Bestimmungen von Lunéville gesichert und zugleich die Hoffnung geweckt, dass in Bälde eine den Wünschen des Volkes entsprechende Verfassung die innere Ruhe und den nötigen Frieden zwischen den verschiedenen Parteien herstellen werde. So konnte am 27. Februar der damalige Regierungsstatthalter Heinrich Zschokke an die Basler Verwaltungskammer mit scheinbarer Berechtigung schreiben:[2])

«Der zu Lunéville am 9. Februar dieses Jahres zwischen Frankreich und dem Römischen Kayser unterzeichnete Friede, welcher auch die Selbständigkeit der Helvetischen Republik sichert und unserm Vaterland die gerechte Hoffnung besserer Schicksale zuführt, ist unserer Regierung officiel vom fränkischen Consulat angezeigt worden, und sie beeilt sich durch ein Kreisschreiben, in dem sie die frohe Botschaft mitteilt, den gesunkenen Muth der Kantone wieder aufzurichten. Es ist kein Geheimnis, dass unsre Gesetzgeber mehr denn jemahls bemüht sind, durch Bildung einer neuen, soliden, den Bedürfnissen des Vaterlandes entsprechenden Landesverfassung die Republik aus ihrem einsweiligen Zustande hervorzuziehen

---

[1]) Correspondance VII, p. 29. — [2]) Vaterl. Bibliothek O. 27, S. 91. Kopie eines Briefes von Zschokke.

und ihr mit nächstem eine dauerhaftere Gestalt zu geben.
Jetzt liegt es an uns, jeder in seinem ihm angewiesenen
Wirkungskreise, nach erhaltenem äussern Frieden auch zur
Wiederherstellung des innern Friedens beizutragen.

«Die Fortdauer öffentlicher Zwietracht und des Meinungs-
krieges, indem sie nichts zur allgemeinen Wohlfahrt und
Zufriedenheit wirkt, kann, und währte sie gleich ewig, den
Schweizern keine Verfassung weder geben noch vorbereiten,
an welcher die millionenfach verschiedenen Wünsche jedes
einzelnen vollkommen gestillt würden. Nur indem wir auch
mit Selbstüberwindung zur Herstellung der öffentlichen Ruhe,
unsre eigene Meinung, unsre eignen Lieblingspläne zurück-
ziehen und von denen, welchen es übertragen ist, das Bessre
ruhig erwarten, bereiten wir dem Vaterlande glücklichere
Zeiten vor. Und dies ist's, was wir können; dies ist's, was
wir als gute Bürger sollen.

«So wenig die Mehrheit der Schweizerischen Völker-
schaften die Wiederauferstehung der alten eidgenössischen
Verfassung will, so wenig kann andererseits die Mehrheit
des gebildeten Teils der Nation in den rohen Wunsch der
unwissenden Menge willigen, dass jeder Distrikt sich in eine
eigene Republik verwandle und die Schweiz in ein Chaos
mannigfaltiger Staaten aufgelöst werde. Es ist nur allzu-
gewiss, dass die politische Trennung der Schweizervölker
nie die moralische Einigung hervorbringen werde.

«Die Einigkeit der Republik wird daher ebensosehr der
letzte Wunsch der grossen Mehrheit des Volkes als des
gebildeten Teils der Nation sein. Sie wird unstreitig die
Grundlage unserer Verfassung bleiben, welche demunge-
achtet ihre Rücksichten auf die Verschiedenheit der Kantons-
verhältnisse nehmen wird, wie wir mit Recht von der Weis-
heit der Gesetzgeber erwarten dürfen.

«Dahin also die getrennten Gemüter wieder zusammen-
zulenken und mit der Einheit des Staates die Einigkeit der
Herzen zu bewirken, sei das Ziel aller Unbefangenen, aller
Rechtschaffenen, und das erste Bemühen aller Beamten nach
dem nun empfangenen äussern Frieden!

Gruss und Bruderliebe

Heinrich Zschokke.»

In diesen Zeilen drückt sich klar die Anschauung eines
wohlwollenden, patriotisch gesinnten Unitariers aus, der, um
einen geläufigen Ausdruck unsrer Tage zu gebrauchen, auf
dem rechten Flügel der radikalen Partei stand.

Der Regierungsstatthalter hatte in Basel, wo er seit
dem 12. September 1800 amtete, keine leichte Stelle. In
bezeichnender Weise sagt der Biograph Ernst Münch von
jener Episode in Zschokkes Leben[1]): «Die öffentliche Meinung
der Basler, eines im Ganzen biedern und industriellen, aber
durch manche wunderliche Einzelheiten, ausgezeichneten
Volkes, war im Anfang seiner Amtsführung eben nicht die
günstige für den Regierungsstatthalter; doch erhielt er, bei
näherer Bekanntschaft seiner Person und unbefangenern
Würdigung seines Benehmens, wenigstens von Seite der
Bessern glänzende Genugtuung, und nach und nach in seinen
Schritten und Massregeln selbst tätige Unterstützung.» Auf
der Landschaft hatte es Zschokke mit einer sehr heftigen
und misstrauischen Opposition zu tun, welche erst im
Oktober 1800 in den sogenannten Bodenzinssturm sich Luft
gemacht hatte,[2]) und in der Stadt machte sich der Widerstand
der Altgesinnten, die zwar nicht so weit gehen wollten, wie
etwa die ehemaligen Regenten der aristokratischen Stände,
immer mehr geltend. Gerade damals, zur Zeit des Abschlusses
des Friedens von Lunéville, war die Erregung der Gemüter
wieder im Steigen begriffen, so dass das, was in dem eben
angeführten Schreiben der Regierungsstatthalter erhoffte und
ersehnte, der friedliche Ausgleich zwischen den beiden sich
befehdenden Parteien, nicht zustande kommen konnte. Es
sei auch daran erinnert, dass der französische Gesandte, der
Schwabe Karl Friedrich Reinhard, die Lage der Dinge sehr
komplizierte, indem er, seinen Instruktionen entgegen, sich
viel zu viel auf die Seite der Föderalisten stellte und da-
durch auf der einen Seite ebenso unbegründete Hoffnungen
erweckte, wie auf der andern Seite hauptsächlich die Land-
bevölkerung durch die schlimmsten Befürchtungen vor einer
drohenden Reaktion beunruhigt wurde. Mit Umgehung der

---

[1]) E. Münch: Heinrich Zschokke, geschildert nach seinen vorzüglichsten
Lebensmomenten, S. 84/85. — [2]) H. Buser. Der Bodenzinssturm in der Land-
schaft Basel 1800. Basler Jahrbuch 1901, S. 165 ff.

Person Reinhards war ein Verfassungsentwurf, den die Verfassungskommission in unitarischem Sinne hatte ausarbeiten lassen, durch Albrecht Rengger dem ersten Konsul in Paris überreicht worden. Gegen diesen war dann nicht ohne Zutun Reinhards ein föderalistisches Projekt durch Diesbach ausgearbeitet worden, welches dem Sekretär des Gesandten, dem Herrn La Fitte, am 13. Januar eingehändigt und von diesem bald darauf nach Paris gebracht wurde.[1]) Reinhard unterstützte nach Kräften die Föderalisten und zeichnete ihnen auch den Weg vor, wie sie mittelst eines Staatsstreiches, und von ihm unterstützt, zu ihrem Ziel gelangen konnten. Schon war man in altgesinnten Kreisen des Sieges sicher und machte auch kein Hehl von dem, wie man hoffte, baldigst erfolgenden gründlichen Umschwung.

Darf es uns unter diesen Umständen wundern, dass die ohnehin zum Misstrauen geneigte, ehemals politisch rechtlose Landbevölkerung in Bewegung geriet und ihren Befürchtungen beredten Ausdruck verlieh. Schon am 26. Februar 1801 liess sich die Zentralmunizipalität der Gemeinden des Distriktes Liestal dem Vollziehungsrat gegenüber in deutlicher Weise vernehmen[2]): «Im Augenblick, da wir am Ziel unserer Wünsche zu stehen glauben, da der schon längst gewünschte Friede endlich alle Herzen erfreute, werden wir durch beunruhigende Berichte aufgeschreckt. Die ehemaligen Privilegierten erheben wieder stolz ihr Haupt, erfrechen sich, den alten «Feuteralismus» wieder herbeizurufen als die einzige Verfassung, wodurch Helvetiens Glück wieder dauerhaft könne hergestellt werden. Wir kennen diese Menschen zu gut, als dass wir einem mit noch so anscheinenden Vorteilen aufgestellten Föderativsystem beitreten würden, indem es nur kurze Zeit währen und wir wieder in die alte Sklaverei zurücksinken würden, und alle Aufopferungen, die wir durch die Revolution und den Krieg erlitten, für uns verloren sein würden. Nein. Das Volk, das zuerst die Fesseln der ausschliesslichen Herrschergewalt zerbrach, wird seinen Nacken nicht ·freiwillig wieder unter das Joch beugen; wir fühlen es, dass nur durch die Einheit der Republik unsere Freiheit

---

[1]) G. Tobler. Zur Mission des französischen Gesandten Reinhard in der Schweiz. 1800/1801, S. 315 ff. — [2]) Aktensammlung VI, S. 742.

gesichert ist.» In ähnlicher Weise äusserten sich auch die Gemeinden Pratteln, Muttenz, Mönchenstein, Binningen, Bottmingen, Benken und Riehen, deren Eingabe an den Vollziehungsrat vom 2. März 1801 datiert ist[1]). Da heisst es unter anderm: «Wie können wir anders als warme Freunde der Freiheit, und für die wir stark fühlen und nur bei dem blossen Gedanken Föderalismus zittern, und bei dem Anschein der Zurückkehrung einer Staatsverfassung, die nur einigen alle Rechte einräumt, die im Schosse des gemeinsamen Vaterlandes eine ausschliessliche und privilegierte Classe bilden, als uns empören? Wir konnten kaum glauben, dass in Helvetien noch Menschen wären, die aus übel berechneten Vorteilen die alte Ordnung der Dinge zurückwünschen; kaum konnten wir glauben, dass es noch Helvetier gäbe, welche den schröcklichen Macchiavelli'schen Stanzer Bund, der uns die Tyrannei geboren und uns unseren Untergang erzeuget hat, wiederum zu erneuern trachten, gleichgültig ob ein Teil des helvetischen Volkes unterthan sei oder nicht ... Das System der Einheit allein kann uns in unsern Menschenrechten schützen, das dauerhaft und sicher ist, sowie es auch die Kräfte des Staats und mit denselben die Mittel zu seiner Sicherheit vergrössert.» Und am Schlusse wird dann noch die Warnung hinzugefügt: «Glaube niemand, dass die Gefühle der Freiheit durch die manigfaltigen Leiden und Drangsale des Krieges vertilgt worden seien, oder dass es uns gleichgiltig wäre, wie oder durch wen wir regiert würden; man täusche sich nicht, dass das helvetische Volk der Souveränität müde sei und dass es nach einer Verfassung greifen werde, wo nicht die Grundsätze der Einheit, Frei- und Gleichheit der bürgerlichen Rechte aufgestellt sind.» Fast möchte man annehmen, dass kein Geringerer als Peter Ochs den Landleuten der Entwurf zu dieser Eingabe abgefasst habe, so deutlich scheint einem der Historiker, der damals mit der Fortsetzung der Basler Geschichte beschäftigt war, in dem Gedankengang der Aktenstücke entgegenzutreten.

Heinrich Zschokke war diese Bewegung auf der Landschaft durchaus nicht entgangen, auch er wandte sich mit

---

[1]) Aktensammlung VI, S. 747.

zwei Schreiben an den Vollziehungsrat, in welchen er die Lage des Kantons schilderte und die Einführung einer Staatsverfassung empfahl,[1] «welche den Wohlstand der Familien und die sittliche Veredlung des Volkes gegen tumultuarische Demagogie und selbstsüchtige Kantonssouveräne in kraftvollen Schutz nimmt. Die grosse Mehrheit des Volks vom Kanton Basel — führt er aus — will und erwartet nicht mehr die Herstellung des alten Eids- und Bundesgenossenwesens, unter was für einer Gestalt es auch erscheinen möge; sie fürchtet selbst den allmäligen und unmerklichen Rücklauf in die ehemalige Verfassung der Schweiz. Zeuge von den Nachteilen, Verwirrungen und Selbstentkräftungen einer Bundesverfassung, gereizt vom einmal gehabten Genuss der Freiheit und politischen Rechtsgleichheit — ein Genuss, den selbst alle Schreckensstunden der Revolution nicht verbittern konnten — sieht die überlegene Mehrheit der Gemeinden nur in der Erklärung der Einheit und Ungeteiltheit der Schweiz die sichere Bürgschaft für die Aufbewahrung und Rettung der Freiheit zum Besten der Nachkommenschaft.»

Es war damals die Zeit, da in Paris eifrig wegen der neuen Konstitution der Schweiz verhandelt wurde. Eine Menge Projekte war dem französischen Ministerium eingegeben worden; denn bei dem allgemeinen Wirrwarr glaubten gar viele Eidgenossen, besonders viele Geistliche, zur Rettung des Landes berufen zu sein. Napoleon selbst befasste sich mit der Angelegenheit in eingehender Weise. Allerdings war er mit dem Vorgehen Reinhards durchaus nicht einverstanden: «Le citoyen Reinhard — schreibt er am 20. Februar 1801 an Talleyrand — paraît s'entourer des anciens oligarques, dont la haine pour la Republique et le gouvernement français ne peut pas être douteuse.»[2] Aus dieser Zeit, da man in der Schweiz vollständig im unklaren war, wie wohl die Verfassungsfrage ihre Lösung finden würde, und da eine grosse Anzahl einsichtiger Leute zu dem Schluss gelangte, dass diese Frage überhaupt nicht durch die Schweizer werde gelöst werden können, stammt auch ein Schreiben, das von Basel aus nach der französischen Hauptstadt geschickt worden

---

[1] Aktensammlung VI, S. 743/4. — [2] Correspondance VII, p. 50.

ist. Leider ist es nicht mehr vollkommen erhalten, es fehlen der Anfang und Ende und vor allem der Adressat, und doch ist es eine Meinungsäusserung, welche vielleicht nicht ohne Einfluss auf die Entscheidungen Bonapartes und auf den Entwurf von Malmaison geblieben ist. Das Fragment[1]) lautet: «Vous permettrez que je participe à l'époque interéssante que le grand consul vient de terminer pour la consolation de l'humanité souffrante, en donnant la paix au continent, en ramenant la tranquillité publique et en raffermissant la gloire et le bonheur d'un puissant empire, qu'il daigne encore s'occuper du sort non mérité de notre pauvre patrie à lui faire adopter un système plus analogue au local et aux moiens; et c'est aux grands noms de conquérant et de triomphateur qu'il joigne le plus beau celui de Pacificateur, que ce génie tout puissant qui le conduisit intact au milieu de tant de périls et le garantit des traits enflammés d'une livide fureur lui fasse gouter à des tems réculés les fruits de ses immenses travaux à un age, où ce fameux héros de l'antiquité Alexandre le Grand avait déjà achevé sa carrière tumultueuse.» Schreiber dieses Briefes war Hans Bernhard Sarasin, ein Mann, der unter dem alten Regiment als Sechser, Landvogt von Münchenstein, Ratsherr und Deputat sich einen Namen gemacht hatte.[2]) Sein Hauptverdienst aber bestand darin, dass er im Herbst 1797 als eidgenössischer Repräsentant die Integrität des schweizerischen Territoriums bei General Bonaparte in Mailand mit Erfolg befürwortete. Sarasin traf damals den spätern Kardinal Josef Fäsch, dessen er sich früher in Basel angenommen hatte, bei dem Feldherrn an, er wurde nicht nur von ihm auf das herzlichste empfangen, sondern auch Napoleon auf das beste empfohlen, so dass dieser den Basler Ratsherrn mit ausgesuchter Höflichkeit behandelte. Während der helvetischen Periode hatte sich Sarasin vom politischen Leben zurückgezogen, immerhin doch nicht in dem Grade, dass er nicht bei gegebenem Anlasse etwa eingegriffen hätte, wie dies der soeben mitgeteilte Brief beweist.

---

[1]) Vaterl. Bibliothek Basel. O. 27. Nr. 96. — [2]) Felix Sarasin. Bürgermeister Hans Bernhard Sarasin, Basler Jahrbuch 1892, S. 68 ff.

Wir fragen nun erstens: An wen ist der Brief gerichtet? und zweitens: Durch welche Verumständungen ist er zu weiterer Kenntnis gelangt?

Am einfachsten wäre natürlich die Annahme, Sarasin habe sich unmittelbar an Napoleon gewandt, gestützt auf die von Mailand herrührende Bekanntschaft. Allein dem widerspricht der Wortlaut, welcher den grossen Konsul stets als eine dritte Person behandelt, vielmehr muss der Adressat eine Person gewesen sein, durch deren Vermittlung man seine Wünsche dem Gewaltigen vortragen konnte, es muss also eine sehr hoch gestellte Persönlichkeit gewesen sein. Aus einem weitern sofort noch zu erwähnenden Schreiben erfahren wir auch, dass der Brief am 22. Februar 1801 geschrieben und nach Paris geschickt wurde. Unter diesen Umständen könnte auch Josef Fäsch, der sich damals in Paris befand und bei den Verhandlungen über das Konkordat tätig war, der Empfänger des Briefes gewesen sein. Sei es nun aber Napoleon selbst oder Fäsch oder ein dritter uns Unbekannter — man könnte auch an den General Rapp denken —, soviel ist sicher, dass dessen Inhalt mit den Ideen des ersten Konsuls übereinstimmte. Leider kann nicht mehr festgestellt werden, ob dieses Schreiben auch noch positive Vorschläge in Bezug auf die Verfassung enthielt, welche vielleicht mit den Bestimmungen des Entwurfes von Malmaison dürften übereingestimmt haben. Aus dem ganzen uns bekannten Inhalt geht hervor, dass damals Napoleon das Zutrauen der gemässigten Föderalisten besass, jener Leute, welche zwar die Haupterrungenschaften der Revolution, wie Aufhebung der Untertanenlande und Gleichheit der Rechte beibehalten wollten, denen aber die Einheit der Republik als etwas durchaus Verwerfliches erschien. Es sind dies diejenigen Männer, welche dann durch die Mediationsverfassung ans Ruder gekommen sind, während welcher Zeit auch Sarasin, der sich bei der Consulta in Paris sehr hervorgetan hatte, die Würde eines Bürgermeisters des Standes Basel bekleidete.

Wenn wir nun aber zum Schlusse die Frage aufwerfen, wie ist dieser Privatbrief Sarasins erhalten geblieben und wie hat man überhaupt Kunde davon bekommen, so müssen wir zur Beantwortung dieser Frage wiederum auf den Regierungs-

statthalter Zschokke hinweisen, welcher die durch allerhand
Gerüchte beunruhigte Lanschaft durch die im Kantonsblatt
vom 15. Mai veröffentlichte Zusicherung beschwichtigen wollte,
«dass, es möge die zu erwartende Konstitution ausfallen wie
sie wolle, sie, die Landbürger, dennoch niemals als Unter-
tanen behandelt werden sollen.»[1])

Diese Äusserung des Regierungsstatthalters brachte nun
einige Mitglieder der alten Regierung in den Harnisch; sie
erblickten darin eine Äusserung des Misstrauens in betreff
ihrer Redlichkeit, womit sie vor drei Jahren auf alle Vor-
rechte der Stadt der Landschaft gegenüber verzichtet und
die völlige Rechtsgleichheit zwischen Stadt und Land pro-
klamiert hatten. Daher richteten sie am 23. Mai ein sehr
erregtes Schreiben an Zschokke, in welches sie nicht nur jeg-
liche Begründetheit jener Gerüchte, soweit diese sie betrafen,
leugneten, sondern auch zu wissen begehrten, ob der Erlass
des Regierungsstatthalters auf blosser Vermutung oder auf
Beweisen beruhe. «Ist das erste nehmlich blosse Vermutung,
so würde es doch nahe an das Gebiet der Ungerechtigkeit
gränzen, derley Gedanken und Absichten ehrlichen Männern
anzudichten, und auf Unkosten derselben Ehre, der Welt
durch den Druck bekannt zu machen; Absichten, an die sie
nie dachten! Freyheit unterdrückende Absichten! Haben
Sie aber, Bürger Regierungsstatthalter! Beweisthümer in Han-
den, so ersuchen wir Sie, zu unserer und unserer Kollegen Be-
ruhigung, die Quellen davon namhaft zu machen.»

Zschokke verstand es, durch eine ebenso kluge wie
hochherzige Antwort den Beschwerdeführern die Nichtigkeit
ihrer Anklagen darzutun. Er schrieb dem Altratsherrn
Lukas Pack noch an dem gleichen Tag folgendermassen:

«Bürger, das Schreiben vom 23. May, mit welchem Sie
nebst den Bürgern Fäsch, Merian, Münch, Sarasin und Weissen-
burger mich beehrten, ist ein zu schöner Zeuge der ächt
vaterländischen und republikanischen Gesinnungen die Sie
beseelen, als dass ich Ihnen die Empfindung meines Ver-
gnügens darüber verheelen sollte. Sie wünschen den oder
die Urheber der Gerüchte, von welchen mir aus verschiedenen

---

[1]) Vaterl. Bibliothek O. 27, No. 95.

Distrikten der Kantone der Rapport gemacht wurde, kennen zu lernen. Sie werden aber leicht begreiffen, wie schwer es von jeher war, die Urheber solcher beunruhigender Märchen zu erfahren, und wie also sogar Argwohn, Furcht und Leichtgläubigkeit die Quellen solcher Fabeln werden. Von ehemaligen Rathsgliedern ist in meinem Circular an die Unterstatthalter keine Rede, noch weniger von Männern, wie Sie, die meine persönliche Hochachtung besitzen. Belieben Sie gefälligst diese meine Gesinnungen Ihren Freunden, welche sich mit Ihnen unterschrieben, zu communicieren.

Republikanischer Gruss und Bruderliebe

Heinrich Zschokke.»

Lukas Pack teilte nun den übrigen Herren eine Kopie desselben mit und Sarasin benützte sein Exemplar, um noch eine Art Rechtfertigung beizufügen; mochte er doch selbst die Empfindung haben, dass in dieser Kontroverse der liberale Regierungsstatthalter mit seiner verbindlichen Antwort jedenfalls den Sieg davon getragen hatte über die vornehmen Ratsglieder mit ihrem polterhaften Elaborat. Sarasin entschuldigt sich mit den folgenden Erwägungen: «Ich Endsunterzeichneter ward zu dieser Aufforderung um so mehr berechtiget, als verrückter Tagen jemand mich versicherte, es ergehe an seinem Orte das Gerücht, durch den Aufruf des Bürgers Statthalters bestärket, wie dass man die alte Verfassung wiederum herzustellen sich bemühe, wodurch widrige Eindrücke von Abneigung gemehret werden, da mich um aller politischen Geschäften wie bekannt entschlagen, so sollen überdies zu mehrerer Rechtfertigung der Auszug eines Brieffes, so unterm 22. Februar 1801 an jemand in Paris geschrieben, beyfügen, woraus Versuche zur Herstellung der alten Verfassung gewiss nicht können angedichtet werden.»

Den Schluss bildet der schon früher mitgeteilte Brief, dessen Inhalt auch diese kleine Untersuchung veranlasst hat.

Die Schweiz ist damals im Jahre 1801 noch nicht zur Ruhe gekommen; die innern Wirren mussten einen noch höheren Grad erreichen, bis dann endlich Napoleon wirklich als Pacificateur auftreten und dem Land die Mediationsakte geben konnte, welche allerdings den Föderalisten noch mehr zusagte, als der Entwurf von Malmaison. Zschokke hatte seine politische Laufbahn im Oktober 1801 abgeschlossen, als Reding mit seinen Gesinnungsgenossen sich der Regierung bemächtigte. Sarasin hat bis zum 1. Dezember 1812 dem Vaterlande seine Kraft und seine Dienste gewidmet. Ein schönes Zeichen seines ehrenhaften und standhaften Charakters ist es, dass 1815, «als er von fremden Diplomaten aufgefordert wurde, seinen Einfluss zur Wiederherstellung der alten Zustände in Basel zu verwenden,» er dieses Ansinnen entschieden ablehnte. Er starb ein Jahr nach Napoleon, dem er auch nach seinem Sturz dankbare Bewunderung zollte.

Zum ältesten Verzeichnis der Basler Bischöfe.

Von

August Bernoulli.

Das älteste bis jetzt bekannte Verzeichnis der Bischöfe von Basel wurde zu Anfang des XVIII. Jahrhunderts in einer Handschrift des Klosters Münster im Elsass entdeckt und in Martène's Thesaurus Anecdotorum veröffentlicht.[1]) Dasselbe enthält nur die Namen von 15 Bischöfen, deren erster, Walaus, als ‹archiepiscopus› bezeichnet wird, und schliesst mit Beringer, dem 1072 verstorbenen Vorgänger Burchards von Hasenburg. Auch beschränkt sich in Ermanglung jeglicher Jahrzahl die Zeitbestimmung gänzlich darauf, dass hinter den, ersten neun Bischöfen jeweilen ein Papst genannt wird, unter welchem sie lebten. Vergleichen wir aber diese Papstnamen mit dem Wenigen, was wir aus Urkunden und sonstigen zuverlässigen Quellen über die Regierungszeit jener Bischöfe wissen, so ergibt sich, dass stets nur derjenige Papst genannt wird, unter dessen Pontifikat der betreffende Bischof erwählt wurde.

Auf absolute Vollständigkeit kann dieses Verzeichnis allerdings schon deshalb keinen Anspruch machen, weil es erst mit Walaus beginnt, der im VIII. Jahrhundert lebte, während wir aus mehreren Heiligenleben wissen, dass Basel schon hundert Jahre früher einen Bischof namens Ragnachar hatte.[2]) Ebenso tritt hinter Walaus' Nachfolger Baldebert eine greifbare Lücke zu Tage, indem auf diesen Bischof, welcher 762 starb, sofort Haito folgt, der doch erst zum

---

[1]) S. Martène und Durand, Thesaurus Anecdotorum III, S. 1385, und ebenso Trouillat I, S. 186, und Thommen in den Beiträgen zur vaterländischen Geschichte XV, S. 192. — [2]) Die betr. Stellen s. bei Thommen a. a. O., S. 141.

Jahr 802 als Bischof erscheint. Ausserdem fehlt aus dem
IX. Jahrhundert Adalwin[1]), und aus dem XI. Bruno, welcher
allerdings kaum ein Jahr regierte.[2]) Von Irrtümern hingegen
finden wir bis zum Ende des IX. Jahrhunderts, d. h. bis auf
Bischof Iring, in diesem Verzeichnis keine Spur. Denn soweit
wir den Inhalt dieses ersten Teils mit Hilfe sonstiger Quellen
kontrollieren können, erweist sich sowohl die Reihenfolge
der Bischöfe als auch ihre Zeitbestimmung vermittelst der
beigefügten Päpste als durchaus richtig. Und selbst der
scheinbar sehr anfechtbare Titel «archiepiscopus», welcher
dem Walaus beigelegt ist, hat in jüngster Zeit durch E. A.
Stückelberg eine wohl völlig ausreichende Erklärung ge-
funden.[3])

Bei den Bischöfen des X. Jahrhunderts hingegen, also
bei Irings Nachfolgern, stimmt die Reihenfolge dieses Ver-
zeichnisses in keiner Weise zu dem, was sich aus den
sonstigen Quellen ergibt. Laut letztern nämlich regierte zu
Anfang des Jahrhunderts ein Adalbero[4]), dann um 948
Wichard, um 961 Landelous und seit 999 wieder ein Adalbero,
welcher 1025 starb.[5]) In unserm Verzeichnis hingegen folgt
auf Iring, der unter Papst Marinus Bischof wurde, zuerst
Landelous, dann ein sonst nirgends bezeugter Richwin, hierauf
Wichard und endlich noch zwei Adalbero nach einander.
Zudem ist nur den ersten zwei dieser Bischöfe als Zeit-
bestimmung noch je ein Papst beigefügt, und zwar sind es
einfach die zwei nächsten Päpste nach Marinus, unter welchem
Bischof Irings Regierung begann, nämlich Hadrian III. und
Steffan VI. Da nun Hadrian III. bekanntlich nur 884—885 re-
gierte, so müsste demnach Bischof Landelous, neben welchem
er steht, schon um diese Zeit auf Iring gefolgt sein, während
doch letzterer als Bischof noch zum Jahr 898 gut bezeugt ist.[6])

!) Adalwin erscheint im St. Galler Verbrüderungsbuche als unmittel-
barer Vorgänger Bischof Irings; s. Thommen a. a. O., S. 172, und vergl.
Trouillat I, S. 114. — ²) Bruno ist bezeugt durch das Jahrzeitbuch des
Münsters, das seinen Todestag ohne Jahrzahl auf den 27. Mai setzt; s. Trouillat II,
S. 4, A. 2. Gerung in seiner Chronik der Bischöfe nennt ihn zwischen Udalrich II.,
der am 26. Mai 1040 starb, und Dietrich, dessen Regierung im Mai 1401 be-
gann. — ³) S. Anzeiger für Schweizergeschichte 1903, S. 171. — ⁴) Über
diesen s. unten. — ⁵) Die betr. Stellen s. bei Thommen a. a. O., S. 178 ff.
— ⁶) S. ebendaselbst S. 171.

Mit Iring hört somit nicht nur die richtige Reihenfolge der Bischöfe auf, sondern zugleich auch ihre richtige Zeitbestimmung vermittelst der beigefügten Päpste. Hieraus aber dürfen wir wohl schliessen, dass unser Verzeichnis auf einer ältern Vorlage beruht, welche schon mit Bischof Iring schloss und mithin wohl noch aus dem IX. Jahrhundert stammte.

Nehmen wir nun an, dass dieses ältere Verzeichnis erst eine Fortsetzung erhielt in der Zeit, bis wohin das jetzige reicht, also erst gegen Ende des XI. Jahrhunderts, so erscheint es leicht erklärlich, dass in der Reihenfolge der Bischöfe durch das ganze X. Jahrhundert Verwirrung herrscht, während für die Folgezeit dies nicht mehr der Fall ist. Auch die Zeitbestimmung vermittelst der Päpste, wie die Vorlage sie bot, wurde fortzuführen versucht, indem einfach aus einem Papstkatalog hinter jeden Bischof der nächstfolgende Papst gesetzt wurde. Doch scheint der Fortsetzer die Unsicherheit dieses Verfahrens bald selber erkannt zu haben und führte es deshalb nicht weiter als bis Richwin. Auch bei den Bischöfen des XI. Jahrhunderts, deren Regierungszeit er doch teilweise wohl kennen mochte, unterliess er jede Zeitangabe. Der schon erwähnte Umstand aber, dass er hier den allerdings nur kurze Zeit regierenden Bischof Bruno übergeht, lässt vermuten, dass diese Fortsetzung nicht bei Lebzeiten Bischof Beringers geschrieben wurde, welcher 1072 starb[1]) und im Verzeichnis den Schluss bildet, sondern eher unter seinem Nachfolger Burchard von Hasenburg, also möglicherweise erst um 1100.

Überblicken wir nun das ganze Verzeichnis, so besteht sein Wert für uns wesentlich darin, dass uns einzig in ihm ein älteres Schriftstück erhalten ist, welches noch aus dem IX. Jahrhundert stammt, und dessen Inhalt durchweg als zuverlässig gelten darf. In der Fortsetzung hingegen ist der Name Richwin das einzige, was nicht auch in andern Quellen zu finden wäre. Bei der augenscheinlichen Verwirrung jedoch, welche hier in betreff der Bischöfe des X. Jahrhunderts herrscht, erscheint die zuerst von Moyer geäusserte Vermutung nicht unberechtigt, dass hier eine Verwechslung mit

---

[1]) S. Trouillat I, S. 183.

dem 933 verstorbenen gleichnamigen Bischof von Strassburg vorliege.[1])

Das Gegenstück zu diesem Richwin, der als Bischof von Basel nicht nachweisbar ist, bildet Rudolf, welchen unser Verzeichnis in die Zeit Hadrians II. setzt, also um 870. Denn für diesen Bischof finden wir zwar in sonstigen alten Quellen nirgends ein bestimmtes Jahr, statt dessen aber zwei Todestage. Laut einem Eintrag des IX. oder X. Jahrhunderts im Jahrzeitbuche des Klosters Reichenau starb nämlich ein Bischof Rudolf von Basel am 29. Juli.[2]) Ein aus der Krypta des Basler Münsters stammender Sarkophagdeckel hingegen, welcher ebenfalls dem IX. oder X. Jahrhundert angehört und sich jetzt im Historischen Museum befindet, trägt die Inschrift: «Ruodolfus episcopus a paganis occisus XIII Kal. augusti» — also am 20. Juli.[3]) Diesen von den Heiden erschlagenen Bischof Rudolf machen einige Chronisten des XVI. Jahrhunderts zum Gefährten Erzbischof Sunderolds von Mainz, welcher 891 im Kampfe gegen die heidnischen Normannen fiel.[4]) Jedoch geschah die Schlacht an der Geule, wo dieser Erzbischof den Tod fand, weder am 20. noch am 29. Juli, sondern am 26. Juni,[5]) und zudem folgte in Basel auf Bischof Rudolf, der um 870 regierte, schon vor 891 zuerst Adalwin und dann Iring. Überhaupt aber nötigen uns schon die zwei verschiedenen Todestage, da sie beide gut bezeugt sind, zwei Bischöfe des Namens Rudolf anzunehmen, von welchen der eine am 29. Juli starb und wohl mit dem Rudolf unsres Verzeichnisses identisch ist, während der andre am 20. Juli von Heiden erschlagen wurde. Fragen wir nun, wann und wo dieses letztere Schicksal einen Bischof von Basel im IX. oder X. Jahrhundert am ehesten treffen konnte, so hat wohl Stückelberg schon das Richtige getroffen, indem er auf die 917 erfolgte Zerstörung Basels durch die damals noch heidnischen Ungarn hingewiesen hat.[6]) So wenig wir nun über dieses Unglück Näheres wissen, so ist immerhin

---

[1]) S. Beiträge VII, S. 8, A. 1. — [2]) S. Mon. Germ. Nekrolog. I, S. 278. — [3]) Über diesen Sarkophag und seine Inschrift s. E. A. Stückelberg, im Anzeiger für Schweizergeschichte 1903, S. 171 ff. — [4]) S. Basler Chroniken VI, S. 276. — [5]) S. Dümmler, Geschichte des Ostfränkischen Reiches II, S. 347, A. 9. — [6]) S. Anzeiger für Schweizergeschichte 1903, S. 173.

die Tatsache der völligen Zerstörung gut bezeugt,[1]) und schon diese ist kaum anders denkbar, als dass sie von einem Blutbade begleitet war, welchem vor allem die Höchstgestellten der Stadt zum Opfer fielen, also jedenfalls auch ihr Bischof.

Wenn nun diese 917 erfolgte Zerstörung Basels in einigen spätern Chroniken das Datum des 21. Januars trägt,[2]) so stimmt dies allerdings nicht zu Bischof Rudolfs Todestag. Jedoch bezog sich nachweisbar dieses Datum ursprünglich auf eine 917 vollzogene Hinrichtung und wurde erst durch Missverständnis auf die in demselben Jahr erfolgte Zerstörung Basels übertragen.[3]) Es steht also in dieser Hinsicht nichts der Annahme entgegen, dass der 20. Juli, den die Inschrift als Bischof Rudolfs Todestag nennt, zugleich das richtige Datum für Basels Zerstörung durch die Ungarn sei.

Setzen wir demgemäss den Tod dieses Bischofs auf den 20. Juli 917, so machen wir ihn damit zum Nachfolger jenes schon erwähnten Adalbero, von welchem oben nur im allgemeinen bemerkt wurde, dass er zu Anfang des X. Jahrhunderts regiert habe. Ausser seinem Todestage, der auf den 15. Mai fiel,[4]) ist er als Bischof sicher bezeugt durch eine datumlose Urkunde Ludwigs des Kindes, also spätestens zum Jahr 911,[5]) und weiter nur noch durch eine unbestimmt gefasste Notiz, welche eine von ihm um 915 gemachte Schenkung erwähnt.[6]) Demnach kann Bischof Rudolf, sofern er auf ihn folgte und schon 917 den Tod fand, höchstens zwei Jahre regiert haben. Auch bleibt es völlig ungewiss, wie lange nach Basels Zerstörung die Stadt verödet und der bischöfliche Stuhl unbesetzt blieb, da der nächstfolgende Bischof, Wichard, erst zum Jahr 948 bezeugt ist.[7]) Doch bei all diesen

---

[1]) S. die betr. Stellen bei Thommen a. a. O., S. 175 ff. — [2]) S. ebendaselbst S. 176. — [3]) Den Übergang vom Richtigen zum Irrtum veranschaulicht der Vergleich zwischen Hermann von Reichenau, der Schwäbischen Weltchronik und den Würzburger Annalen; s. Mon. Germ. S. S. V, S. 112, XIII, S. 66, u. II, S. 241. — [4]) S. Herrgott, Genealogia Habsburgica III, S. 834. — [5]) S. Schöpflin, Alsatia diplomatica I, S. 99. — [6]) S. Hartmann, Annales Heremi S. 31, z. J. 915, wo die betr. Schenkung nur als «eodem tempore» geschehen erwähnt wird. — [7]) Möglicherweise wurde nach der Zerstörung das Bistum für längere Zeit durch den Bischof des benachbarten Strassburg verwaltet, also durch den schon erwähnten Richwin, welcher erst 933 starb, und demnach hätte in unsrem Verzeichnis auch dieser Name seine volle Berechtigung.

Ungewissheiten bleibt es immerhin sehr wohl denkbar, dass zum Bischof um 915 oder 916 ein Rudolf erwählt wurde, dessen Regierung und Leben schon 917 durch den Einfall der Ungarn ein gewaltsames Ende fand. Diese kurze Dauer seiner Herrschaft aber erklärt es auch zur Genüge, warum dieser Bischof weder im Verzeichnis genannt noch durch eine Urkunde bezeugt wird, sondern einzig und allein durch die Inschrift auf seinem Sarge.

Miszellen.

Das Marienpatronat des Basler Münsters. Bischof Hattos Verzeichnis der in der Basler Diözese geltenden Kirchenfeste enthält den Passus: Dedicatio Basilicae Sancti Michaelis Archangeli. Diese Stelle hat Karl Gauss dazu verleitet, S. Michael als Patron der Basler Kathedrale zu bezeichnen und eine Reihe von Kombinationen an diese Vermutung anzuknüpfen.[1]

Diese Interpretation der Stelle erweist sich aber als nicht zutreffend. Bischof Hatto zählt nämlich in normaler Folge die allgemeinen grossen Kirchenfeste auf, also Weihnachten, St. Stephan, Johann Evangelist, unschuldige Kinder, Oktav der Geburt des Herrn, Theophanie, Reinigung Mariæ, Ostern, Auffahrt, Pfingsten, Johann Baptista, zwölf Apostel bezw. Peter und Paul, Himmelfahrt Mariæ und St. Michael. Die Reihenfolge ist rein kalendarisch, die Feiertage des Schlusses beziehen sich also beispielsweise auf den 27. Juni, den 29. Juni, den 15. August und den 29. September.

Das letztgenannte Fest des hl. Michael wurde seit dem Frühmittelalter in der ganzen abendländischen Kirche und zwar an dem genannten Datum gefeiert.[2] So kommemorieren die alten Sakramentarien, Martyrologien und Kalendarien, ähnlich wie Hattos Kapitular: Dedicatio basilice Angeli Michaelis. Damit ist die Weihung einer Michaelskirche in Rom gemeint, von der das Papstbuch meldet, Symmachus (498—514) habe sie errichtet, und deren Lage charakterisiert wird durch das Martyrolog von Auxerre (sog. Hieronymianum): Romae via Salaria miliario VI.[3]

Der Passus hat also gar keinen Bezug auf das Patrocinium der Basler Kirche, sondern beweist nur, dass die Weihung der römischen Michaelskirche hier wie anderwärts gefeiert wurde. Patronin der Basler Kathedrale war, soweit die Urkunden reichen, stets die hl. Jungfrau.[4]   *E. A. S.*

[1]. Basler Ztschr. für Gesch. und Altertumskunde II, S. 126 ff. — [2]) Vgl. Kellner Heortologie 1901, S. 181 ff. — [3]) Acta S. S. Nov. 2, S. 127. — [4]) Vgl. Trouillat Monuments I. passim (seit dem Beginn des XI. Jahrhunderts).

Die verlorene Chronik des Domherrn Jost Schürin.

In Wurstisens Baslerchronik folgt hinter der Vorrede ein Verzeichnis der benützten Quellen, das von der ausgedehnten Belesenheit des Verfassers zeugt. Neben einer ansehnlichen Reihe allbekannter und noch vorhandener Geschichtswerke nennt uns dieses Verzeichnis auch einzelne Verfasser, deren Aufzeichnungen seither verschollen sind, und unter diesen bemerken wir den Basler Domherrn Jost Schürin, über dessen Leben wir allerdings nur weniges wissen.

Jost Schürin, gebürtig von Ensisheim,[1] entstammte einem elsässischen Adelsgeschlechte, welches erst um die Mitte des XV. Jahrhunderts sich auch «von Meienheim» nannte.[2] Sein Vater war möglicherweise jener Heinzmann Schürin von Ensisheim, welcher 1386 als Schaffner zu Sennheim und als Bürge für Graf Konrad von Freiburg und Markgraf Rudolf von Hochberg gegenüber dem Basler Achtbürger und nachherigen Bürgermeister Jakob Zibol erscheint.[3] Wenige Jahre später, 1389, finden wir Jost Schürin in Basel als bischöflichen Offizial, und dieses Amt versah er noch 1405,[4] obschon er inzwischen, d. h. spätestens 1394, auch Domherr geworden war.[5] Sowohl sein Amt als Offizial als auch der Umstand, dass er in der Regel mit «meister» betitelt wird, weisen darauf hin, dass er das kanonische Recht studiert habe; doch bleibt es fraglich, auf welcher Universität dies geschah.

Schon 1403 kaufte Jost Schürin das Basler Bürgerrecht, und so finden wir ihn z. J. 1404 im Verzeichnis der Edelleute, welche alljährlich dem neugewählten Rate den Treueid leisteten.[6] Auch bewohnte er wohl schon damals jenen Domherrenhof gegenüber dem Münster, welcher noch geraume Zeit nach seinem Tode nach ihm benannt wurde.[7] Dieser Hof, auf dessen Areal jetzt das untere Gymnasium steht, muss unter den damaligen Wohngebäuden der Stadt eines der stattlichsten und geräumigsten gewesen sein, da er z. B. 1414, als König Sigismund nach Basel kam, diesem vom Rat als Quartier angewiesen wurde.[8] Ebenso zeugt vom Wohlstande unsres Domherrn der Besitz von Rebgütern in der nächsten Umgebung der Stadt.[9]

Nicht immer jedoch war es ihm vergönnt, seinen schönen Hof auf dem Münsterplatz zu bewohnen. Denn im Januar 1411

---

[1] S. z. B. Rothes Buch S. 73 u. 331, z. J. 1403. — [2] S. z. B. Rappoltsteiner Urkundenb. III. S. 439, z. J. 1437, wo Hans Schürin, gen. Hans von Meigenheim, den Freiherrn Schmassmann von Rappoltstein befehdet. — [3] S. Fester, Regesten der Markgrafen von Baden I h 80, No. 749. — [4] S. Wurstisens Analekten, Hs. λ. II, 14 der Öffentl. Bibliothek, S. 109, ferner Rothb. S. 73 und Leistungsb. II, S. 49. — [5] S. Wurstisen a. a. O., S. 107. — [6] S. Rothb. S. 331, und Leistungsb. II, S. 49. — [7] S. B. Chron. IV, S. 42, z. J. 1428: meister Josten hof. — [8] S. Wochenausgabenb. IV, S. 11, zum 28. Juli 1414. — [9] S. Domstift, Urk. No. 226 und Bd. XV, S. 21, z. J. 1409 und 1410.

wurde er samt dem Domherrn Henmann Freuler von Hirtzbach auf Befehl des Rats und im Namen des Bischofs verhaftet und ins Gefängnis gelegt.[1]) Henmann von Hirtzbach hatte nämlich, wie sich nachträglich herausstellte, der 1410 vollzogenen Errichtung des Ammeistertums mit allerlei Umtrieben entgegengearbeitet,[2]) und Schürin hatte bei diesen Bestrebungen mitgeholfen.[3]) Hirtzbach, als der Hauptschuldige, wurde deshalb am 30. März 1411 durch Urteil des Rats für 20 Jahre nach Mülhausen verbannt.[4]) Über Schürin hingegen findet sich kein derartiges Strafurteil, und so liegt uns am nächsten die Vermutung, dass er nach kurzer Haft auf Verwendung des Bischofs vom Rate sei begnadigt worden.[5]) In der Tat erscheint er in der Folge wieder als Basler Domherr,[6]) so wie auch als Chorherr von St. Ursanne, während allerdings das Amt des Offizials schon 1416 von einem andern bekleidet wurde.[7]) Auch seine baldige Aussöhnung mit dem Rate ergibt sich schon daraus, dass ihm von dieser Behörde im April 1417 — nach damaliger Sitte vermutlich bei einem Traueranlass — eine Weinspende zuteil wurde.[8]) Wenige Jahre später jedoch, 1421, muss er gestorben sein, da in letzterm Jahre seine Domherrenpfründe an Johann Waldner überging.[9])

Unter allen Basler Domherren jener Zeit scheint Jost Schürin der einzige gewesen zu sein, welcher geschichtliche Aufzeichnungen hinterliess. Doch wie wir über seinen Lebenslauf nur weniges wissen, so sind uns auch von seiner Chronik nur noch dürftige Spuren erhalten, und zwar in dem noch vorhandenen Konzepte zu Wurstisens Baslerchronik (jetzt Hs. λ. III, 2 der öffentlichen Bibliothek). Dort nämlich sind dem ersten Entwurfe noch zahlreiche, meistens mit abgekürzter Quellenangabe versehene Zusätze beigefügt, und unter diesen finden sich etwa 15, hinter welchen bald «Jos. Schür.», bald «Schür», bald auch nur «Sch.» steht,[10]) und die mithin alle nur aus Schürins Chronik stammen können.[11]) Mit einer einzigen Ausnahme, welche den Zweikampf Johanns von Merlo z. J. 1428 betrifft, umfassen diese Zusätze in ihrer Gesamtheit den Zeitraum von 1308 bis 1417, und ihr Inhalt berührt teils Kriegszüge, teils lokale Begebenheiten wie Feuersbrünste, Hinrichtungen u. dgl. Zugleich aber zeigt uns der bereits erwähnte Zusatz

[1]) Vgl. B. Urkundenb. VI, S. 46, und Joh. Ursi's Chronik, Hs. der Biblioth. in Würzburg, Bl. 19. — [2]) S. B. Chron. V, S. 99 ff. — [3]) S. B. Urkundenb. VI, S. 46. — [4]) S. B. Chron. V, S. 102. — [5]) Vgl. Joh. Ursi a. a. O: postea aliqui relegati, aliqui reconciliati ad preces episcopi. — [6]) S. Wurstisens Analekten S. 96, z. J. 1420. — [7]) S. Trouillat V, S. 741. — [8]) S. Wochenausgabenb. IV, S. 298: Item magistro Judoco pro vino 6 s. 8 d. — [9]) S. Wurstisens Analekten S. 96. — [10]) S. Hs. λ III 2, S. 68 – 139. — [11]) Für die Abkürzung «Sch.» könnte unter Wurstisens Quellen höchstens noch Felix Fabri (Schmid) in Betracht fallen; doch stammt von diesem keine der betreffenden Stellen.

zum Jahr 1428, dass nach Schürins Tode sein Werk noch eine Fortsetzung erhalten hatte. Da Wurstisen Schürins Chronik nur in seinen Zusätzen erwähnt, so benützte er sie offenbar nur zur Ergänzung seiner Hauptquellen, also mit Weglassung alles dessen, was in andrer Gestalt schon in diesen enthalten war. Zugleich aber ist er auch der einzige, der diese seither verschollene Schrift überhaupt erwähnt. Wir sind daher über ihren Umfang und ihre inhaltliche Bedeutung völlig im ungewissen, und selbst hinsichtlich der Sprache können wir höchstens vermuten, aber keineswegs beweisen, dass sie noch nicht deutsch, sondern wohl eher lateinisch geschrieben war. Immerhin steht wenigstens fest, dass ihr Inhalt zum grössern Teil noch das XIV. Jahrhundert betraf, und dass ihr Verfasser über die letzten Jahrzehnte dieses Zeitraums als ein Mitlebender berichten konnte. Da nun gerade aus dieser Periode über Basel verhältnismässig nur wenige chronikale Aufzeichnungen auf uns gekommen sind, so dürfen wir schon aus diesem Grunde die Chronik Schürins wohl zu denjenigen Geschichtsquellen zählen, deren Verlust wirklich zu beklagen ist.

August Bernoulli.

Glossen zum Basler Bundesbriefe von 1501. Die nachfolgenden Erörterungen bilden eine Ergänzung zu der akademischen Festrede, die ich am 6. Juli 1901 gehalten habe und die dann im Drucke erschienen ist; eine Ergänzung insofern, als sie von dem in der Rede entwickelten Grundgedanken aus die einzelnen Bestimmungen des Bundesbriefes einer Prüfung unterzieht, die uns zeigen wird, was für ein seltsames Gebilde in formal-staatsrechtlicher Hinsicht dieser Bundesbrief ist. Ich muss zu diesem Zwecke jenen Grundgedanken kurz rekapitulieren.

Die Bundesbriefe der fünf neuen Orte Freiburg, Solothurn, Basel, Schaffhausen und Appenzell stellen eine andre Rechtsform dar als die der acht alten Orte. Sie setzen eine schon bestehende Eidgenossenschaft voraus, in die das neue Ort als Mitglied aufgenommen wird. Die alten Bünde dagegen werden von den betreffenden Orten ohne irgend welche Beziehung zu etwa schon bestehenden abgeschlossen, der Zürcher Bund z. B. ist völlig unabhängig und unbeeinflusst von dem Vierwaldstätterbund. Es ist unrichtig, wenn G. v. Wyss die Denkschrift zu der fünfhundertjährigen Jubelfeier des Zürcher Bundes von 1351 betitelt hat: Zürichs Beitritt zur Eidgenossenschaft 1. Mai 1351. Denn Zürich ist dem Vierwaldstätterbunde nicht beigetreten, es hat einen davon unabhängigen Bund mit Luzern, Uri, Schwyz und Unterwalden geschlossen. Dass es dem Vierwaldstätterbunde nicht beigetreten ist, ergibt sich nicht nur aus der

Verschiedenheit der durch die Bundesbriefe festgesetzten Rechte
und Pflichten der Bundesgenossen, sondern schon formell aus
dem Auftreten und Handeln der fünf Orte als fünf selbständiger
Parteien.

Da erhebt sich die Frage: War man sich bei Abschluss
des Basler Bundes (und schon des Bundes mit Freiburg und
Solothurn) der enormen staatsrechtlichen Verschiedenheit der
alten und dieser neuen Bünde, des in der Formulierung der
Parteistellung zum Ausdruck kommenden Übergangs zu einem
neuen staatsrechtlichen Prinzip klar bewusst? Man kann mit
ja und nein darauf antworten. Aus der durch das Stanser
Verkommnis gelösten Krisis war als deren schönste Frucht
das Bewusstsein geboren worden, dass die Schweiz nicht bloss
ein Konglomerat von Einzelbünden sei, sondern eine Eidgenossen-
schaft, und insofern mag man sagen, es sei nun die bewusste
Konsequenz daraus gezogen worden, dass neue Orte sich an
das bisher Bestehende nicht mehr durch einen neuen Bund
mit den alten Orten ohne Rücksicht auf deren Bundes-
verhältnisse angliedern können, sondern dass sie in die jetzt
geschaffene Eidgenossenschaft aufgenommen werden müssen.
Aber andrerseits ist nicht zu verkennen, dass dieses stark
pulsierende Gefühl der Einheit noch keinen staatsrechtlich greif-
baren und verwertbaren Ausdruck gefunden hatte, dass noch
keine verfassungsmässige Grundlage dafür hergestellt war,
und dass es daher vorläufig noch ein ideales Theorem blieb,
das man in seine praktischen Konsequenzen umzusetzen und
zu verfolgen nicht imstande war. Der Grund liegt in dem
Mangel einer Bundesverfassung.

Vergegenwärtigen wir uns einmal, wie einfach sich heut-
zutage die Aufnahme eines neuen Bundesgliedes in die Eid-
genossenschaft, juristisch rein formal betrachtet, vollziehen
würde. Wir denken uns etwa, dass vor vier Jahrzehnten, als
Stämpfli die Savoyer Frage aufstellte, die europäischen Mächte
Chablais und Faucigny der Schweiz als 23. Kanton zugeteilt
hätten, oder dass 1871 Bismarck opportun gefunden hätte, der
Schweiz das Sundgau bis Mülhausen anzubieten. Diese Ge-
biete wären formal juristisch ohne Schwierigkeit als neue
Kantone in die Eidgenossenschaft aufgenommen worden und
damit von selbst unter die bestehende Bundesverfassung getreten
mit all den Rechten und Pflichten, die den Kantonen aus ihr
erwachsen. Es hätte genügt zu erklären: wir nehmen euch
in die Eidgenossenschaft auf, und in Art. 1 der Bundesverfassung
die neuen Kantone einzureihen, alles andere ergab sich von selbst.

Wie anders lagen die Dinge im Jahre 1481 und 1501!
Freiburg und Solothurn 1481, Basel und Schaffhausen 1501
konnten nicht kurzweg in den Bund aufgenommen werden.
Man denke sich, was für ein Zustand der Verwirrung einge-

treten wäre, wenn die Bundesbriefe sich darauf beschränkt
hätten zu erklären: Wir nehmen euch als unsere ewigen Eid-
genossen an, also dass ihr als ein ander unser Ort zu uns ge-
hören sollet. Sofort wäre in Frage gekommen: Hat Freiburg,
hat Basel nun die Stellung Zürichs laut dessen Bund von 1351,
oder die Stellung Luzerns laut Vierwaldstätterbund, oder die
Stellung Luzerns laut Zürcher Bund, oder was sonst? Das
musste eben im Bundesvertrage alles neu geregelt werden,
der Bundesvertrag musste für das staatsrechtliche Verhältnis
mit den neu aufgenommenen Orten erst die formale Grundlage
schaffen.

Und nun ist das Merkwürdige, dass man bei Schaffung dieser
Grundlage, d. h. bei Normierung des staatsrechtlichen Ver-
hältnisses sofort wieder ignoriert, dass eine Eidgenossenschaft
als Einheit, «als ein Teil», das neue Ort als andern Teil in
sich aufnimmt, indem man die gegenseitigen Rechte und Pflichten
gerade so formuliert, wie sie in den alten Bünden formuliert
waren. So ergibt sich für die neuen Bundesbriefe die In-
kongruenz, dass was in den alten Bünden, als Recht und
Pflicht von Einzelkanton zu Einzelkanton gefasst, seinen klaren
und richtigen Sinn hat, nunmehr als Recht und Pflicht von
Eidgenossenschaft zu neu aufgenommenem Kanton und um-
gekehrt gefasst zu Unklarheiten führt, zum mindesten inkorrekt
gedacht ist.

Betrachten wir einmal den Basler Bundesbrief unter diesem
Gesichtspunkte näher.

Wir müssen uns immer gegenwärtig halten, dass der
Bund abgeschlossen worden ist von den zehn Orten «einsteils»
und Basel «andernteils», dass also die aufnehmenden zehn
Orte ein einheitliches Ganzes bilden und als solches mit Basel
kontrahieren. Und damit «solich unser beden teilen ewige
puntnis wol gelutert sye, so haben wir diss hyenach gemelten
artickel und punkten gegen einandern (also die zehn Orte als
ein Teil gegen Basel und Basel als ander Teil gegen die
zehn Orte) stect zu halten angenommen.»

Erstens: Hilfe und Zuzug auf Mahnung. Der Bundes-
brief sagt:

«Das wir beid parthyen by allen unsern landen . . . .
sollen bliben . . . . und ob yemand unsern dewedern
teil sampt oder sunders mit gewalt uberziechen . . . . .
wolt, wo dann ein teil des andern hilff nottdurfftig
were und die durch sin bottschafft oder offen geschrifften
begeren wurde, so soll ye die gemant parthye der
manenden ir getruw trostlich hilff zusenden. Und do
ein frombd volck sich erhube, unser vorgenampten
parthye eine zu uberziechen, so soll ye der vorge-
nanten teylen uff des andern teils ersuch sich erheben,

dem benottigten teil zuzyechen . . . . Und ob de-
wedern unsern vorgenanten teilen von yemands an
unser land lut und gut fräffler angriff begegnete und
derselb teil das meynt zu straffen und also des andern
hilff bedorffte, die soll im getruwlich mitgeteilt werden,
u. s. w.»

Die Fassung dieses Artikels ruft der Frage: Wer darf
mahnen und wer muss der Mahnung Folge leisten? Darf
Zürich, wenn es angegriffen wird, Basel direkt mahnen oder
kann Basel antworten, es habe nur einer Mahnung des andern
Teils, also der Gesamtheit der zehn Orte, einem Tagsatzungs-
beschluss derselben, zu folgen? Und umgekehrt: Darf Basel
im Fall eines Angriffs Zürich direkt mahnen oder kann Zürich
antworten, Basel müsse sich an die Tagsatzung um Hilfe wenden?
Der Wortlaut des Artikels spricht entschieden in beiden Fällen
für die zweite Alternative: weder Zürich kann Basel, noch
Basel kann Zürich direkt mahnen, sondern die Mahnung muss
von der Gesamtheit, der Tagsatzung, an Basel und von Basel
an die Gesamtheit, die Tagsatzung, als an den andern Teil,
die andere Vertragspartei ergehen. Damit übereinstimmend
heisst es an einer andern Stelle des Bundesbriefes: «Ob ein
schneller infal uff ein statt Basel von yemands mit fräffler
getatt und beschedigung erwuchse also ylends, das solichs an
uns die gemeyn Eydgenosschaft stattlich nit mocht ge-
bracht werden, und ein stat Basel dem zu widerstand sich erhub
und hynzug, so sollen wir all ein getruw uffsechen zu ir haben
und ir zuziechen glicher wyse, als ob wir dess gemant weren.»

Hier sind «wir» und «uns» ausdrücklich als die gemeine
Eidgenossenschaft bezeichnet; diese, nicht die einzelnen Orte,
soll dem Wortlaute nach zu Hilfe kommen, wie sie, nicht die
einzelnen Orte, in weniger dringenden Fällen zu mahnen ist.
Und doch war das sicherlich nicht gemeint, das Recht der
Mahnung sollte offenbar für alle Orte das gleiche sein, und
die neuen Orte sollten nicht anders behandelt werden als die
alten, die unter sich die Mahnung von Ort zu Ort nach ihren
alten Bundesbriefen weiterpraktizierten. Dieses unbedingte
Mahnrecht von Ort zu Ort hat sich ja sogar bis auf den heutigen
Tag in dem Art. 16 der Bundesverfassung von 1874 erhalten,
wonach in dringenden Fällen ein Kanton, dem Gefahr droht,
unter Anzeige an den Bundesrat andere Kantone zur Hilfe zu
mahnen befugt ist und die gemahnten Stände zur Hilfeleistung
verpflichtet sind.

Wie einfach und klar sprechen in dieser Hinsicht die
Bünde der acht alten Orte; weil in diesen eben so viele «Teile»,
d. h. Vertragsparteien, Kontrahenten, als Orte sind, jedes Ort
ein «Teil» ist, so ergeht auch die Mahnung seitens jedes Orts
an jedes andere: «und soll,» heisst es z. B. im Zürcher Bund,

«der Rath oder die Gemeind derselben Stadt oder des Landes, so dann geschädiget ist, die andern Städt und Länder, so in dieser Bündniss sind, mahnen.» Da war jedes Missverständnis ausgeschlossen.

Zweitens: Gemeinsame Landeroberungen.

«Und ob ... herrschafften ... wurden erobert, das die uns allen teilen, die dann im veld by dem handel verfangen weren, glicher mass zustanden, und ob sy mit lut oder gezug zu besetzen weren, das solichs von uns allen ye noch yeglichs teils gelegenheit und vermogen beschechen.

Wa ouch solich herrschafften hyenach wider von handen geben, es were durch verkouff oder in ander wyse, was summ dann daruss wirt erlost oder empfangen, soll alssdann allen parthyen und ortten glichs teils gevolgen.»

Diese Fassung passt nicht zu der Grundidee des Bundesbriefes, die auf der Annahme von zwei Parteien beruht; der Redaktor fällt hier notgedrungen aus der Rolle und suppliert den zwei Vertragsparteien der Eidgenossenschaft und der Stadt Basel formell unrichtig, aber materiell zutreffend die Orte als Parteien.

Drittens: Gegenseitige Rechtsgewährung.

Hiervon handeln einige Artikel, zunächst der, welcher vorschreibt, kein Teil solle den andern Teil beschädigen, und «ob auch yemand unser beder parthyen lute gegen dess andern teils lute zu einichem misshandel kemen, soll recht darumb gesucht werden nach harkomen der gericht, in denen soliche frevel sich erhůben, und sollen ouch wir alle teil die unsern darzu halten, sich dess zu genugen».

Auch hier derselbe Widerspruch; in unbefangenster Weise werden in einem Atemzuge den zwei Parteien (der Eidgenossenschaft und der Stadt Basel) alle Teile (d. h. die einzelnen Orte) als gegenseitig verpflichtet substituiert, wie es in Wirklichkeit einzig zutreffend war:

Viertens: Arrestverbot.

«So sollen wir obgenanten parthyen nyeman der andern parthye umb unbekant schuld ... weder verhefften, verbyeten, in noch das syn arrestyeren noch anfallen, sonder ob yemand unser vorgenampten parthyen oder die iren zu der andern parthye oder den iren zuspruch hetten, die mogen darumb recht suchen» ......

Diese Bestimmung ist zwar in praxi unverfänglich, aber doch nicht korrekt gefasst, weil in allen solchen Fällen nicht die Gesamtheit der zehn alten Orte, die eine der obgenannten

Parteien, aktiv oder passiv beim Arrest impliziert ist, sondern die einzelnen Orte für sich allein.

Es mag an diesen Beispielen genügen; wer den Bundes- brief aufmerksam liest, wird dieser Inkongruenz auf Schritt und Tritt begegnen. Und wenn nun Bluntschli in seiner Ge- schichte des schweizerischen Bundesrechts (I, S. 173) dazu be- merkt: mehr als in den übrigen zeigt sich in der Abfassung dieses Bundes der Einfluss gelehrter Schreiber, so müssen wir sagen, dass die juristische Logik dieser Gelehrten nicht stark entwickelt gewesen ist.

Worin liegt der Fehler, an dem wir uns stossen? Darin, dass das, was Bundesrecht zwischen den Orten, Verfassungs- recht für das Verhalten der einzelnen Stände zueinander sein sollte, als Vertragsrecht zwischen der Eidgenossenschaft und dem neu aufgenommenen Orte gefasst wurde. Es war ja richtig, von den zwei Teilen der Eidgenossenschaft und Basel zu reden, soweit es sich um die Aufnahme in den Bund handelte. Dann aber hätte sofort dieser Standpunkt verlassen werden und hätten die Einzelbestimmungen über die Rechte und Pflichten der Bundesglieder als die für das Verhalten der einzelnen Orte untereinander, nicht aber für das Verhältnis zwischen der Eid- genossenschaft und Basel geltenden Vorschriften gefasst werden sollen.

Aber man war damals, und wir dürfen sagen glück- licherweise, noch unbefangen genug, sich an solchen Dingen nicht zu stossen. Ja, eine glückliche Zeit, die instinktiv auch bei mangelhafter Gesetzesredaktion das Richtige herausliest und gar nicht an alle die Häkchen denkt, die das Gesetz selbst in sich birgt.

Auf einen Punkt möchte ich nun aber doch auch in diesem Zusammenhang noch einen Blick werfen, nämlich auf den dornigen Neutralitätsartikel. Sehen wir uns doch dessen Wortlaut noch einmal genau an:

> «Wa es ouch darzu keme, das under und zwuschent uns, der Eydgnosschafft, es were eins oder mer ortten gegen einander uffrur wurden erwachssen, so mag ein statt Basel durch ir bottschafft sich darinn arbeiten, solich uffrur zweyung und spenn hynzulegen, und ob das ye nit sin mocht, so soll doch dieselb statt suss dheynem teil hilfflich wider den andern teil anhangen, sonder still sitzen, doch ir fruntlichen mitlung un- verzigen.»

Diese Redaktion hält jeder Kritik stand, solang die Eid- genossenschaft auf den jetzigen, durch die Aufnahme Basels hergestellten Bestand von elf Orten beschränkt bleibt: Basel ist allen andern Orten gegenüber zur Neutralität verpflichtet.

Aber sofort verändert sich die Sachlage bei dem Eintritt neuer
Orte, Schaffhausens und Appenzells, in den Bund. Gegenüber
den letztern besteht keine Verpflichtung Basels zur Neutralität,
jedenfalls nicht, wenn diese unter sich selbst Händel bekommen
sollten. Dagegen hat Schaffhausen gegenüber Basel diese Ver-
pflichtung laut seinem Bundesbrief, worin Basel als eidgenös-
sischer Ort dieselbe Stellung wie die andern, alten, Orte ein-
nimmt. Es ist evident: für die Neutralität Basels ist einzig
massgebend der Basler Bundesbrief, der nur die Eidgenossen-
schaft der zehn alten Orte als Vertragspartei kennt, und die
Neutralität Basels beruht nur auf Vertrag.

Segesser (Rechtsgesch. v. Luzern III, S. 24 f.) fasst die
Sachlage so auf: der Kreis der acht ersten Orte habe durch
das Stanser Verkommnis fortwährend einen gewissermassen
abgesonderten, engern Bundeskörper gebildet, der die Ein-
mischung der neuaufgenommenen Orte in seine innern An-
gelegenheiten möglichst fernzuhalten gesucht habe, und diese
Voraussicht leuchte auch « aus der statuierten Neutralität der
neuen Bundesglieder bei Zwistigkeiten unter den acht alten
Orten » hervor. Aber hiegegen ist zu erinnern: 1. Freiburg
und Solothurn erhielten die Neutralitätspflicht nicht; 2. Basel,
Schaffhausen und Appenzell erhielten sie nicht nur gegen die
acht alten Orte. Nach Segesser hätte Schaffhausen in einem
Zwiespalt zwischen Basel und Solothurn Partei ergreifen dürfen,
weil diese beiden Orte nicht zu dem « engern Bundeskörper »
gehörten, der fortwährend noch bestanden habe; aber nach
seinem Bundesbrief durfte Schaffhausen auch bei Streit zwischen
Basel und Solothurn nicht aus der Neutralität heraustreten,
während Basel bei Streit zwischen Schaffhausen und Appenzell
füglich hätte erklären können, es brauche nicht neutral zu
bleiben. So hatte für Basel und Schaffhausen der Neutralitäts-
artikel, obschon er in beiden Bundesbriefen wörtlich gleich-
lautet, doch eine verschiedene Tragweite; eine Folge davon,
dass man immer noch in althergebrachter Weise nur Bundes-
verträge abschloss und sich keine Bundesverfassung gab.

Andreas Heusler.

Ein Bericht über die Schlacht von Pavia. Nachfolgender
Bericht über die Schlacht von Pavia wurde kurz nach der
Schlacht von Michel Rütner, dem Bevollmächtigten des Mark-
grafen Ernst am Hof Erzherzog Ferdinands, seinem Herrn
übersandt. Da diese Relation wahrscheinlich noch nicht be-
kannt ist und einige interessante Einzelheiten enthält, so darf
sie wohl hier abgedruckt werden. Sie findet sich im General-
landesarchiv zu Karlsruhe: Haus- und Staatsarchiv, Haus- und

Hofsachen II; Ansprüche vol. 142, 50, in einem Schreiben datiert von Innsbruck 1525 März 1, und lautet. folgendermassen:

— — — Nú zeitúng: gnädiger fürst und herr, ist an negstin súntag post khomen us Maillandt, das der Frantzos gefangen, das geschútz gewúnen und die slaht durch di unsern erobert, darauf man freidnfeur, schiessen und andrm grosse freudt gehalltn.

Nachmal am mantag umb das nachmittag ist fürstlich durchlaucht valknmaister, der auch bei slaht gewest, khumen, der auch an der slaht under der rehtn brust verwundt; derselbig sagt, das uff den XXIIII^ten tag feburari sich der Frantzos hab welln erhebn und abziehn, da sein di unsern zu mitternacht aufgewesen und habn di maur am thúrgarttn an zwaien orttn geoffnet, doch nit weittr, dann das albey V zu ross und so vil zu fuss hinein habn mógn. Und alls der tag hergebrochn, sind sy noch nit gar hineingewesen, darumb an ainem anndrn ortt habnt sy mussen scharmútzen. Und mit dem tag, als sy all wysse hembder angehebt, habnt sy anfahn mit einanter treffen und ist unser hofgesind der erst huff gewest, der getroffen hat, allso ist des Frantzoèen geschutz abgangen, doch nit uber di VI man umbgebraht. Von stundt habn die unsern in den wyss hembdrn das geschútz abgeloffn und bei demselbigen, sagt gedohter Bleiss, hab er ob tusent mener mit wyssen creutzn sehn lign; uff der andrn seitn sein die Schweitzer gestanden, an di sind khomen die landsknecht und di Spanier. Habn di Spenier unseglichn ding geschossen in di Schweitzer, aber di Schweitzer sein riterlich gestanden und erst, alls sy mit den spiess und helmbartn an einander khomen, da sind di Schweitzer geflóhn. Das hat uber ein stundt nit gewertt, sind di Frantzos verschwunden und, als die Frantzosen uber di prukhn und das wasser gewellt, sind di bartscherer (?) us Bavia herausgefalln und in di brukh abgeloffen, sy daran erstohn und ertrenkht, wie und welher gestallt, wiss er nit, dann an dem huffen er gewesen, habn sy gebettet und umb den sig dem hern gedankhet. In dem hat man den kunig von Frankreich zu dem viceroy[1]) und zu dem hertzogn von Burbon gebroht, die haben einander die hendt gebottn, und ist der khúnig in der rehtn handt wundt und von demselben schweis hat er sich im angesúcht gefaischt. Das alles hat Bleiss gesehen. Der kunig ist guter ding gewesen bissolang, dass er gehort hat, das im sein obristr haúbtman, múnsser Latromant,[2]) erslagen ist. Er sagt auch, do das geschehn, hab im der hertzog von Burbon gerieft und gesagt, er soll rútn zu dem hertzog Ferdinandt und, was er gesehn hab und wie die sloht erobrt sei, im verkhúnden, hab er sein harnasch von im geworffen und

---

uff di post, sei allso khomen. Er sagt auch, di unsern werkhnt uff der fluht nach, das iederman welle gewünn; sagt auch, wie in di Frantzos ain grosse forht khomen. So vil waiss ich úwer fürstlich gnaden dismals zu schriben. *August Huber.*

Geschichte Joh. Rud. Merians, gewesenen Rittmeisters in kgl. dänischen Diensten. Die nachstehende bunte, stürmische Geschichte vom Ende eines baslerischen Reisläufers des 18. Jahrhunderts ist in den im Besitz des Herausgebers befindlichen Denkwürdigkeiten eines Basler Ratsherrn, des 1844 verstorbenen E. Burckhardt-Sarasin, aufgezeichnet. Allem Anschein nach ist es jedoch der 1779 verstorbene Appellationsherr Joh. Georg Schweighauser gewesen, der die Erzählung aus den noch vorhandenen Prozessakten ausgezogen, durch mündlich überlieferte Züge ergänzt und nicht ohne Geschick in der vorliegenden Weise redigiert hat. In ihrer jetzigen Gestalt dürfte die heute zum erstenmal in extenso veröffentlichte Darstellung schon von Peter Ochs benützt worden sein. (Vergl. Gesch. v. Stadt u. Landsch. Basel VII, S. 479 ff.) Eine weitere Abschrift des Schweighauserschen Originals findet sich im Sammelbande O 103² der hiesigen vaterländischen Bibliothek. Trotz mancher Bedenken konnte es sich der Herausgeber nicht versagen, diese etwas drastisch gefärbte zeitgenössische Schilderung unabgeschwächt zum Abdruck zu bringen; ist sie doch geeignet, den Kulturzustand des alten Basel von einer ganz besondern Seite zu zeigen und namentlich auf die Rechtspflege höchst merkwürdige Lichter zu werfen. *D. Burckhardt-Werthemann.*

Joh. Rud. Merian, Rittmeister, dessen Geschichte hier beschrieben wird, ward den 18. April 1674 in Basel geboren. Seine Eltern waren angesehene und wohlhabende Leute, nämlich Herr Emanuel Merian, Huthändler und Frau Salome Grimm.

Derselbe muss in seiner Jugend recht meisterlos auferzogen worden sein, massen ihm bis an sein Ende immerdar eine wilde, hochmütige und höchst heftige, unbiegsame Gemütsart gleichsam angeboren gewesen. Anfangs war er auch ein Huthändler und wohnte am Spalenberg zum Gelben Horn (No. 17). Er war ein leichtsinniger Liebhaber von schlechten Weibspersonen, wegen welcher er schon vor seinem 25. Jahr zweimal vor E. E. Ehgericht zitiert worden, sich vor demselben stellen und nach der Ordnung abstrafen lassen musste.

Im Jahr 1701 machte er Jungfrau Magdalena Schmied in Basel Hoffnung, sie zu heiraten, versprach ihr auch wirklich die Ehe; als er aber schien rückläufig zu werden, wurde er vor E. E. Ehgericht zitiert, allwo ihm auferlegt worden, gedachtes Frauenzimmer zu heiraten, so er auch tat. Allein schon 1702 starb sie in einer Kindbette, nachdem sie zwei elende Kinder zur Welt gebracht, die ebenfalls gleich wiederum verstarben. Er hatte übel mit ihr gelebt und ihr keine Ruhe gelassen, bis sie ihm eine donatio mortis causa zugestellt; ihr Tod war auch wegen einer vermuteten Vergiftung ziemlich verdächtig, daran er schuld gewesen zu sein, nachwärts eingeklagt worden.

Anno 1704 hatte er einen Injurienprozess mit Ratsherrn J. R. Genath, den er auch verloren und schriftlich Abbitte tun musste. Zu gleicher Zeit war er mit Anna Maria Müller, Sebastian Ecken, des Schlossers Ehfrauen, in einer verdächtigen Bekanntschaft, denn als diese Person wegen verschiedenen Diebstählen und Betrügereien in obrigkeitliche Bande geraten, besorgte er, von derselben angegeben zu werden, wie es denn auch geschah, so dass er sich bei Nacht mit Lebensgefahr auf dem Rhein davonmachte und alles im Stich liess. Diese Müllerin ward den 17. Dezember 1704 mit dem Schwert gerichtet und soll vor ihrer Hinrichtung etwas von Gift, so des Merians Frau bekommen, angezeigt haben, welches aber nicht völlig hat können bewiesen werden.

Anno 1709 kam Merian wieder nach St. Louis, allwo er sich in die fünf Monat aufgehalten, bevor er zu Basel von der Obrigkeit die gesuchte Begnadigung erhielt, nachdem er sich vorher im Turm einstellen müssen und nachwärts für E. E. Bann[1]) gewiesen ward; dermalen wurde er auch mit Margareth Schärer von Basel das erstemal zu St. Louis bekannt. Es gefiel ihm aber zu Basel nicht gar lange, denn er begab sich anno 1710 in königlich dänische Kriegsdienste, wo er unter dem Listlerischen Kürassierregiment bald Rittmeister ward. Anno 1711 bekam er in dem Lager vor Stralsund wegen seiner brutalen Aufführung mit seinem Obrist einen Streit und wurde hierauf kassiert, weshalb er anno 1713 in Hamburg eine Schmähschrift wider gedachten Obristen durch den Druck bekannt machte.

Um diese Zeit hat er sich auch zu Berlin aufgehalten, wo er ebenfalls verdriessliche Affaires gehabt, im Gefängnis gesessen und mit Lebensgefahr sich aus diesem salviert, zu welcher Flucht ihm die Schildwach soll verholfen haben.

Währenddem Merian in dänischen Diensten gestanden, hat er sich 1711 zu Itzehoe im Holsteinischen mit einer Offizierswitwe namens Abela Tiedemann vermählt, übel mit ihr

---

[1]) Ein in jeder der vier Kirchgemeinden bestehendes Sittengericht, welches die Kirchenzucht handhabte, die Strafen jedoch durch die weltliche Obrigkeit vollziehen liess.

gelebt und sie hochschwanger böswillig verlassen. Sie gebar
den 23. März 1713 einen Sohn Johann Rudolf zur Welt, mit
welchem sie sich kümmerlich durchbringen musste.

Anno 1715 kam Merian wieder nach Basel, verschwieg
aber seine zweite Verehelichung sorgfältig und fing sein voriges
ausgelassenes Leben von neuem an; wie er denn schon 1716
einen bittern Injurienprozess mit Herrn Amtmann Locherer
wegen einem gelehnten Pferd angefangen und verloren.

Anno 1717 wurde die schon vor acht Jahren mit ihm
bekannte Margareth Schärer schwanger und gab den Ritt-
meister Merian zum Vater des Kindes an, weshalb er vor
E. E. Ehgericht zitiert worden, wo er aber auch auf drei-
maliges Vorbieten nicht erschienen, weil er ganz unschuldig
zu sein vorschützte und sich als ein Kavalier von einer solchen
Canaille nicht wolle affrontieren lassen. Auf vieles Zureden
seiner Freunde entschloss er sich endlich den 2. September zu
erscheinen, trank über dem Mittagessen vielen Wein, um —
wie er sagte — Courage zu haben, ladete seine Pistolen und
ein Sackpuffer, liess sich sein Pferd satteln und ritt bis zum
Ehgerichtshaus,[1]) wo er sich das Pferd durch seinen Knecht
halten liess, und mit der Reitpeitsche in der Hand die Stiege
hinaufging.

Oben im Vorhaus sah er unter andern Personen seine
Anklägerin, geriet in Wut und fing entsetzlich an zu fluchen
und diese schwangere Weibsperson mit der Peitsche sehr übel
zu traktieren, bis ihn die Umstehenden so gut möglich ab-
mahnten, und ihm den Richter vorschlugen, an welches aber
er sich kaum kehren wollte.

Vor den Eherichtern selbsten führte er ebenfalls die
frevelsten Reden, beschuldigte sie offenbarer Parteilichkeit und
forderte einen derselben auf ein Duell heraus und wütete so
entsetzlich, dass die Richter sich genötigt sahen, die Sache
einzustellen und den brutalen Rittmeister bis nächsten Rechts-
tag wieder nach Hause zu weisen.

Dieser ärgerliche Lärm brachte viele Leute, sonderlich
aber viel junge Knaben, vor dem Ehgerichtshause zusammen.
Als Merian herunter auf die Gasse gekommen, stieg er wütend
auf sein Pferd, und um sich Platz zu machen, brannte er seine
Pistolen los, ohne jedoch auf jemand zu zielen oder jemanden
zu beschädigen. Dieser Schuss machte die Knaben hitzig; sie
liefen und schrien ihm nach. Er verfolgte sie in die Häuser
und zeigte einem Burger, Herrn Frischmann, seinen Sackpuffer,
als dieser sich zur Defension stellen wollte. Sogar jagte er
einen jungen Knaben hinter der Schol in ein Haus, stieg vom

---

[1]) Das Ehegericht tagte zu jener Zeit im Hause z. Seufzen (Stadthaus-
gasse 6).

Pferd und setzte demselben bis unter das Dach hinauf nach,
fand ihn aber zum Glück nicht.

Endlich ritt er nach Haus und von Raserei ganz ab-
gemattet legte er sich zu Bette, aus welchem er aber bald
durch die Wache abgeholt und anfänglich auf das Eselstürmlein,
später aber auf die Bärenhaut,[1]) als der härtesten Gefangen-
schaft, gebracht wurde. Dieser Auftritt betrübte seine damals
noch lebende Mutter so heftig, dass sie bald darauf starb.

Am 4. September brachte E. E. Ehgericht seine Klage
wider Merian schriftlich vor Rat; am 7. September ward von
M. Hg. HH. Siebnern[2]) wegen diesem Vorfall die nötige Infor-
mation aufgenommen und den 8. und 11. September Merian
selbsten besprochen. Er beharrte auf seinem Vorgeben, an der
questionnierten Schwangerschaft unschuldig zu sein, klagte über
den Affront, so ihm als einem Kavalier mit Vorbietung vor das
Ehgericht angetan worden, leugnet das harte Traktament, mit
dem er seiner Anklägerin begegnet und entschuldigt seine
frevlen Reden durch seinen gehabten Zorn, will keinen der
HH. Ehrichter ausgefordert haben, weiss nichts von der Ver-
folgung der Knaben und dass er einem derselben bis unter
das Dach nachgelaufen, klagt über seine vielen Feinde, bittet
um Verzeihung und verspricht Besserung. Ungeachtet nun
M. Hg. H. H. Stadtkonsulenten,[3]) denen dieser Handel überwiesen
worden, die Landesverweisung oder das Zuchthaus angeraten, so
wurde Merian dennoch aus besonderer Gnade nur in das Haus
bannisiert, welchen Hausarrest er aber nicht gehalten und der-
halben noch im nämlichen Jahr, 30. Oktober, von Stadt und
Land verwiesen wurde. Aber auch an diese Verweisung kehrte
er sich nicht, sondern liess sich im Februar 1718 zu Liestal
betreten, wo er angehalten und nach Basel geliefert wurde.
Man fand damals einige Prisen Gift hinter ihm, die er aber
zur Arznei für die Pferde zu gebrauchen vorgab. Er wollte
sich auch bei dieser Anhaltung zu Liestal wehren und ent-
fliehen, wurde aber selbsten blessiert und nur desto fester ge-
halten. Seit seiner Verweisung logierte er zu Burgfelden und
stiess allda viele Drohworte wider die hiesige Regierung aus
und verfluchte sich entsetzlich, dass er sich an den Baslern
rächen wolle, hatte auch im Sinne, derhalben gewisse Fakta
drucken zu lassen. Um diese Zeit machte er Bekanntschaft
mit Jungfrau Sibylla Ochsin,[4]) einer damals 27 jährigen tugend-

---

[1]) Das «Eselstürmlein» befand sich am Steinenberg, an der Stelle des
heutigen Kasino; mit «Bärenhaut» wurde das Gefängnis im ehemaligen
St. Alban-Schwibbogen bezeichnet. — [2]) Das Kollegium der Siebner hatte die
Voruntersuchung über die dem Kleinen Rat reservierten Straffälle zu führen.
— [3]) Die beiden Rats- oder Stadtkonsulenten hatten in schwierigen Rechts-
fragen an den Kleinen Rat ihre Gutachten abzugeben. — [4]) Sibylla Ochs
war die 1689 geborene Tochter von Hans Georg Ochs und Sibylla Burck-

haften Tochter von Basel; er versprach sie auch zu heiraten, sobald sein Prozess würde zu Ende gebracht sein, ungeachtet er wie obgemeldt annoch eine lebendige Frau und ein Kind im Holsteinischen hatte, wovon man aber noch zur Zeit in Basel nicht das geringste wissen konnte.

Den 4. März 1718 ward er also wiederum und daraufhin noch etlichemale von den Siebnern besprochen und da er denn seine ausgestossenen Drohungen hartnäckig leugnete und nur einige derselben wirklich eingestund — dass es ihn gereuet, dass er dem Herrn Deputaten Socin, als er ihn auf dem Ehgerichtshaus so hart affrontieret, nicht sogleich eine Ohrfeige versetzt habe. Übrigens stellte er sich demütig und bat um gut Wetter. Wegen seinem Aufenthalt in Liestal und sonstiger Betretung des hiesigen Territorii schützte er gehabte notwendige Geschäfte vor und versprach, dass er ins künftige nicht mehr kommen wolle.

Hierauf ward Merian in Betrachtung, dass wenn derselbe wiederum verwiesen würde, man frischerdingen seinetwegen als einem brutalen, unruhigen Kopf in beständigem Schrecken leben müsste, den 2. April 1718 als ein an Kette geschlossener Gefangener für lebenslang in das Zuchthaus[1]) kondemniert und ihm zu dem End ein expresses Häuslein oder Gefängnis zurechtgemacht, so noch dato das Merianische Stüblein genannt wird.

In dieser harten Gefangenschaft brachte er eine Zeit mit vieler Ungeduld zu, ungeachtet er mit Speis und Trank sehr wohl und besser, als er es verdient hatte, versorgt ward. Die Tragung der Ketten war ihm das allerbeschwerlichste, welche ihm jedoch auf viele Vorbitten im September 1719 aus Gnade abgenommen wurden. Diese Guttat hätte ihn also tätiger machen sollen, allein sie bewirkte schnurgerade das Gegenteil, massen schon den 24. November 1719 die HH. Inspectores des Zuchthauses sich deshalb bei M. Gn. H. H. in einem Memorial beklagten, dass Merian desperate Reden ausstosse und sage: Er könne und wolle in diesem Gefängnis nicht beten, sondern sei Vorhabens, wenn er nicht bald loskäme, sich selbsten das Leben zu nehmen. Insonderheit zeigte eine eidliche Information vom 7. Dezember 1719, dass, als man ihm vor etlichen Tagen wegen seiner unstelligen Aufführung die Ketten wieder anlegen wollte, er sich dessen heftig widersetzt, die Kleider von sich geworfen, ihn zu erschiessen oder erstechen befohlen und Herrn Diakonus J. R. Wettstein begehrt, dem er etwas offenbaren wolle, dass man ihm sodann gewiss das Leben nehmen werde. Da aber anstatt Herrn Wettsteins Herr Diakonus Mattheus Merian zu ihm gekommen, hab er unter vielen Grob-

---

hardt; sie war eine Nichte des kinderreichen Peter Ochs-Mitz. In alten Tagen vermählte sie sich mit Theodor Brand, dem Spezierer.

[1]) Als Zuchthaus diente das ehemalige Karthäuserkloster in Kleinbasel, woselbst seit 1669 auch die Waisenanstalt untergebracht war.

heiten zu ihm gesagt, dass wenn diese Prozedur, so man mit ihm vornehme, recht sei, so glaub er an keinen Gott mehr, die christliche Religion sei erdichtet, nebst vielen schrecklichen Gotteslästerungen mehr. Ferners habe er gesagt, dass, wenn er nicht loswerde, so müsse ihn seine Zunge losmachen, denn er wolle so lange Gott lästern, bis dass Himmel und Erde erzittern, — ja, er wolle so lange dem Teufel rufen, bis er ihn erwürge; es werde auch noch ein Quartier für ihn in der Hölle sein etc. Sodann hätte man bei diesem rasenden Menschen eine Lochsäge und ein Messer gefunden und niemalen erfahren können, wo er die Stücke herbekommen.

Als auch den 7. Dezember selbsten die Jungfrau Ochsin denselben im Beisein eines Herrn ab der Kanzlei besucht, hat er gleichfalls die obigen entsetzlichen Lästerungen gegen Gott und die Obrigkeit wiederholt.

Hierauf haben M. Gn. H. H. in Betrachtung dieses Menschen äusserster Verzweiflung denselben am 13. Dezember aus seinem bisherigen Loch in eine Stube bringen und zugleich von Soldaten bewachen lassen, dessen er wohl zufrieden war und ziemlich besänftiget schien, so aber nicht gar lange gewährt, massen er bald wieder angefangen zu wüten, zu lästern und mit einem Selbstmord zu drohen.

Anno 1720, den 19. Juni, fand er Mittel, bei nächtlicher Weile durch die Stubentür, die er vielleicht mit fremder Hilfe öffnen konnte, auszukommen und sich davonzumachen, wie denn bereits am 22. Juni von ihm ein Brieflein an Herrn Hagenbach, den Waisenvater,[1]) angelangt, worin er aber seinen Aufenthalt nicht gemeldet.

Sub dato 14. August kam ein Schreiben von Merian an M. Gn. H. H. und 9. September ein zweites, beide von Strassburg, in welchen er sein Vermögen zurückbegehrte und im Weigerungsfall mit fremder Hilfe drohte.

Aus dieser Ursach fanden M. Gn. H. H. für nötig, an den Magistrat zu Strassburg um Merians Anhaltung und Auslieferung das Ansuchen zu tun, wozu sich auch genannte Obrigkeit willig anbot, falls selbiger sollte ausfindig gemacht werden. Es glückte auch, dass er den 17. September 1720 in Strassburg entdeckt und angehalten worden, wie solches ein Schreiben vom dasigen Magistrat, aber erst sub dato 20. März 1721, notifizierte, mit dem fernern Anerbieten, denselben gegen Ausstellung der in dergleichen Fällen gewöhnlichen Reversalien demjenigen, so von hiesiger Seite dazu behörig würde bevollmächtiget und zur Begleitung des Verhafteten tüchtig erachtet werden, — unverzüglich auszuliefern.

Hierauf wurde Herr Capitaine-Lieutenant Theodor Beck

---

[1]) Dem Waisenvater waren auch die Insassen des Zuchthauses unterstellt.

nebst Johannes Hosch, dem Weissbeck und zweien Stadtsoldaten, um den Merian zu holen, nach Strassburg geschickt. Sie verreisten den 25. März 1721 und kamen den 27. zu Strassburg an, allwo sie im Geist logierten.

Samstags 29. März früh, zwischen 6 und 7 Uhr, gingen sie nebst einem Sergeant und sechs Grenadiers von der Strassburgischen Besatzung in den Turm bei dem Pont Couvert und begaben sich still für Merians Kammer, um denselben noch im Bett zu überfallen. Als man aber die Tür aufmachte, war Merian bereits angekleidet und gab gleich dem ersten eindringenden Soldaten einen Stich mit einem Messer in die linke Brust, so dass man die Türe gleich wieder zuschliessen und den gefährlich blessierten Mann wegtragen musste. Auf gemachten Rapport hin befahl Herr General du Bourg, dass nachmittags ein Aide-Major mit andern sechs Grenadiers, nebst Herrn Beck und den Seinigen, abermalen trachten sollten, sich des Merians zu bemächtigen und ihm benötigtenfalls durch einen Schuss einen Fuss zu lähmen, damit man seiner desto leichter Meister werden könne.

Die Gewalt war aber nicht nötig, denn zwei andre mitgegangene Officiers lockten ihm (Merian) mit guten Worten zwei Messer und eine Schere heraus unter Vorgeben, er müsse mit ihnen zum Comte du Bourg. Als er aber zur Tür hinauskam, ward er von der bisher verborgen gestandenen Mannschaft überfallen und an Händ und Füssen geschlossen, wodurch er in eine grosse Wut geraten. Man brachte ihn sodann in seine Kammer und liess ihm noch eine Schildwache vor der Tür, da indessen alle Anstalten vorgekehrt wurden, um ihn den folgenden Tag zu Pferde abzuführen. In der Nacht aber um 11 Uhr hörte man in Merians verschlossener Kammer einen Schuss und der Gefangene liess sich gar nicht mehr spüren, so dass man vermutete, er habe sich entleibt, deswegen Herr Beck, dem man dieses sogleich berichtet, alsobald dahin gegangen, das Gemach öffnen liess und den Verhafteten zwar noch recht geschlossen, aber auf dem Boden liegend, kaum noch Atem holend und erbärmlich zugerichtet angetroffen. Er hatte sich nämlich mit verborgen bei sich gehabtem Schiesspulver, so er zu einer Art Raketen gemacht und mit seinen stählernen Schuhschnallen anzuzünden gewusst, die Gemächte dergestalten blessiert und verbrannt, dass er sich leicht hätte um das Leben bringen können. Man verwahrte ihn hierauf die ganze Nacht unter Augen und schloss ihn Sonntags 30. März, weil er zum Reiten ausserstande war, auf einen Karren, wobei man seines Widerstands halben viel Gewalt brauchen musste, und verreiste unter gleicher Bedeckung von Strassburg, so dass man mit ihm am 1. April abends gegen 6 Uhren hier anlangte und selbigen auf dem Spalenturm in Verwahrung brachte.

Als er sah, dass der Weg nicht gegen dem Zuchthause
ging, sagte er, er sei froh, dass er nicht mehr an den wüsten
Ort komme, auch sei der Spalenturm nicht weit vom Werkhof,
allwo er gleich dem Theodor Falkeisen,[1]) einem ähnlichen un-
stelligen Gesellen, heimlich hingerichtet zu werden verhoffte.

Anno 1721, den 4. April, wurde er von M. Hg. H. H. Sieben
besprochen. Er beklagte sich, dass ihm als einem Unschuldigen
sehr hart begegnet werde, dass es nicht zu verdenken sei,
wenn er nach einer so langwierigen und harten Gefangenschaft
seine Freiheit gesucht habe. Man habe ihm in dem Zuchthaus
Zettelein in die Stube geworfen, worin eine unbekannte Hand
ihm angezeigt, er werde diese Nacht um 12 Uhr die Tür er-
öffnet finden, er solle sich also flüchtig machen. Dieses sei
auch geschehen, indem er, ohne einige Gewalt zu gebrauchen,
in den Zuchthausgarten gekommen, über einige Mauern ge-
stiegen und sich sodann durch den Teich im St. Albanloch aus
den Stadtmauern gemacht und nach St. Louis gegangen, von
wannen er den folgenden Tag nach Landser gekommen und
vier Wochen allda verblieben, wo ihn auch die Jungfrau Ochsin
einmal besucht habe. Von Landser sei er nach Strassburg
verreist, wo er, bis man ihn den 17. September angehalten,
in einem Partikularhause logieret und in dieser Zeit zwei Briefe
an die hiesige Obrigkeit geschrieben habe.

Er gestund ferner, dass er sich für keinen hiesigen Bürger,
sondern vielmehr für einen französischen Untertan angesehen,
er in währender Zeit seiner Verhaft an verschiedene Herren
bei Hof und sonsten um Hilfe geschrieben und die hiesige
Obrigkeit einer Tyrannei beschuldiget, welches er glaube be-
fugt gewesen zu sein, weil man ihn auch von hier aus als
einen Criminel und Vagabond ausgeschrieben. Dass er den
Soldaten in Strassburg so übel blessiert, sei ihm leid, er habe
es in der Desperation getan, wie auch die Hergangenheit mit
dem Pulver, so aber viel zu wenig gewesen, um ihn zu töten.
Übrigens deklarierte er, dass er zu allem, was er begangen
habe, durch das ungerechte Verfahren seiner Feinde sei ge-
trieben worden. Er verlange zwar nicht länger zu leben, son-
dern wolle gern sterben, aber es heisse doch:

Richter, richte recht,
Gott ist Richter, du nur Knecht.

Er werde auch noch wohl den Einit oder Andern vor das
gerechte Gericht Gottes am jüngsten Tag laden. Endlich be-
gehrte er, dass man nach seinem Absterben seiner Jungfer
Liebsten, der Sibylla Ochsin, welche ihm schon drei Jahr mit

---

[1]) Über den am 7. Dezember 1671 hingerichteten Buchdrucker Th. Falk-
eisen s. Ochs, Gesch. v. Basel VII, S. 107 ff.; Buxtorf-Falkeisen, Basl. Stadt-
und Landgeschichten III, S. 7 ff.

vieler Affektion beigestanden, zu ihrer Tröstung von seinen
Mitteln 2000 Gulden zukommen lassen möchte.

Dieses sein letztes Begehren veranlasste M. Gn. H. H. eine
weitläufige Untersuchung wegen seiner Mittlen, Creditores und
Debitores vorzunehmen, um zu sehen, über wieviel eigentlich
zu disponieren wäre. Welches Gesuch sich bei einem Monat
verzögerte, innert welcher Zeit Merian erkrankte und des-
wegen seiner Ketten an den Händen erledigt werden musste.
In einer seiner Mittlen halber mit ihm gehaltenen Besprechung
zeigte er unter andrem an, dass er ein ehliches Kind habe,
welches zu Bremen getauft worden und dermalen bei seiner
Mutter in Dänemark sei. Er wolle aber dennoch der Jung-
frau Ochsin die 2000 Gulden vermacht haben, wenn auch
seinem Kind kein Heller bleiben sollte, weil er ja Meister über
sein Vermögen sei und diese Jungfer vieles um ihn ausgestanden.

Die Ungeduld machte ihn inzwischen wieder desperat,
man belegte ihn deswegen aufs neue mit Ketten, aus welchem
Anlass er abermalen in gotteslästerliche, ganz entsetzliche Reden
verfallen und darum den 9. Mai vor M. Hg. H. H. Siebnern be-
sprochen wurde. Er gestund sein Vergehen, bereute es ernst-
lich und gab seinen Ketten schuld, die ihn gleichsam in offenbare
Verzweiflung brachten, wünschte auch, die Jungfrau Ochsin
und seine Schwester zu sprechen. Er tat dergleichen, als ob
er noch vieles zu offenbaren hätte.

Am 15. Mai gaben M. Hochw. HH. Geistlichen ein Be-
denken wegen diesem Merian ein, in welchem dieselben sehr
weitläufig zeigten, wie sonderlich nach göttlichen Rechten die
Gotteslästerung anzusehen, zu dividieren und zu subdividieren
sei. Sie verglichen den Merian einem Basilisken und dem
feuerspeienden Berg Vesuvio und schlossen mit dem Chrysostomo,
welcher sage: Non Deo nocuisti si blasphemasti, sed gladium
in te ipsum convertisti. Das ist: Du hast nicht Gott geschadet,
da du ihn gelästert, sondern du hast das Schwert wider dich
selber gekehret.

Welcher Spruch hiermit der Stoss zu seiner Sentenz ge-
wesen, denn am gleichen Tag, als dieses Bedenken oder Gut-
achten abgelesen worden, nämlich Samstags 17. Mai, wurde ihm
von M. Gn. H. H. das Urteil dahin gesprochen, «dass er nächsten
Ratstag zur gewöhnlichen Richtstätte sogleich aus der Ge-
fangenschaft und ohne den Hofprozess auf einer Kuhhaut sollte
hinausgeschleift, ihm allda die Zunge geschlitzt und der Kopf
abgehauen werden.»

Da aber Mittwochs 21. Mai an dem Exekutionstag seine
Familie um Milderung des Urteils angehalten, ist demselben
das Zungenschlitzen erlassen und der Delinquent nur auf dem
gewöhnlichen Richtplatz enthauptet worden ...... Er ging
ganz beherzt und guten Mutes mit ziemlicher Reu in den Tod,

hatte eine Kavaliersperuquen auf, einen blaukamlottenen Rock, rot Scharlachkamisol und Hosen an seinem Leib, in der Hand ein weissgeglättetes Schnupftuch samt einer Citronen, welche er auch in den Fingern hielt, als ihm der Kopf schon vor den Füssen lag.

Nach seiner Hinrichtung hatten M. Gn. H. H. wegen seiner Mittlen noch viele Bemühung, welche teils von der Schmiedischen Familie, teils von der Jungfer Ochsin angesprochen worden. Insonderheit erschienen anno 1724 Briefe von dem Magistrat von Itzehoe im Holsteinischen zugunsten der Frauen und des Kindes, so Merian allda treuloserweise verlassen. Anno 1725 kam sogar diese Weibsperson mit ihrem damals zwölfjährigen Sohne hierher, um ihres Mannes Mittel, die inzwischen der Inspektion des Waisenhauses hinterlegt worden, und in ℔ 1300. — bestunden, abzuholen, welche man ihnen auch in Kraft M. Gn. H. H. Erkanntnuss vom 15. September 1725 abfolgen liess.

*   *   *

Hier bricht das Manuskript ab, soweit es den Rittmeister Joh. Rud. Merian berührt. Die Einzelheiten über die Hinrichtung hat der Herausgeber der gleichfalls in seinem Besitz befindlichen handschriftlichen Chronik des Güterbestäters Joh. Ludw. Beck entnommen. Des unglücklichen Rittmeisters gleichnamiger Sohn ist nach einer glänzenden Laufbahn 1784 als königlich preussischer Generalmajor der Kavallerie gestorben. Zu seiner Biographie in Lutz' «Nekrolog denkwürdiger Schweizer» vermögen wir noch nachzutragen, dass die Meriansche Familie, besonders der Bürgermeister Samuel und das Brüderpaar Emanuel und Daniel, sich treulich des vaterlosen Kindes angenommen hat; Samuel Merian soll bis in sein letztes Lebensjahr in reger Korrespondenz mit ihm gestanden haben. Sodann weiss Ratsherr E. Burckhardt-Sarasin zu berichten, dass «der neuerdings rühmlichst bekannt gewordene General der Kavallerie v. Blücher Zögling des Merian auf der Kriegsschule war und einst selbst eingestanden habe, dass er ihm sehr vieles zu verdanken».

Zwei Briefe Johann Friedrich Bœhmers.

I. Bœhmer an den Stadtrat von Basel.

Hochgeachtete Herrn!

Wenn ich um die Erlaubniss bitte, einem hochlöblichen Stadtrathe von Basel anliegend ein Exemplar der nicht in den Buchhandel gekommenen Ausgabe auf Kupferdruckvelin des ersten Theils meines Frankfurter Urkundenbuchs[1]) (welches

---

[1]) Codex diplomaticus Mœnofrancofurtanus. Urkundenbuch der Reichsstadt Frankfurt. Herausgegeben von Joh. Friedrich Bœhmer. Erster Teil. Frankfurt am Main 1836.

Seite 108 in den Verhandlungen des rheinischen Städtebundes
auch einen Beitrag zur Basler Geschichte enthält) überreichen
zu dürfen, so geschieht dies durchaus in keiner andern Absicht
als in der am Schlusse der Vorrede[1]) angedeuteten.

Die Wissenschaft in ihrem dermaligen Standpunkte bedarf
ähnlicher Sammlungen, welche, wenn sie erst in Mehrzahl
vorhanden sind, sich unter einander ergänzen werden. Die
Veranlassung zu dergleichen ist hauptsächlich von den Obrig-
keiten zu erwarten, unter deren Obhut die Archive stehen, und
welche durch Beförderung solcher Werke die alte Herrlichkeit
ihrer Städte erneuen und der Erforschung vaterländischer Ge-
schichte eine bleibende Grundlage verleihen.

Möge man dem erleuchteten Sinne eines hochlöblichen
Stadtraths dieser edeln Stadt bald einen Codex diplomaticus
Basiliensis zu verdanken haben!

Mit diesem Wunsche beehre ich mich ehrerbietigst zu
bestehen

	Eines Hochlöblichen Stadtraths
Frankfurt,	gehorsamster Diener
15. Feb. 1837.	Dr. Böhmer
	erster Stadtbibliothekar.

Den 14. Juni 1837.

2. Der Stadtrat von Basel an Bœhmer.

Wohlgebohrner

Hochgelehrter Herr.

Mit Zuschrift vom 15. Februar d. J. haben Sie uns ein
Exemplar des ersten Theils des von Ihnen herausgegebenen
werthvollen Werkes Codex diplomaticus Francofortanus über-
sandt und dabei den Wunsch ausgedrückt, es möchten nach
Frankfurts Vorgange bald auch andere Städte deutschen Stammes
ähnliche Sammlungen der Quellen ihrer Geschichte erhalten,

---

[1]) «Wenn ich mir nun in Bezug auf meine Vaterstadt eifrige Nach-
folger wünsche, die das begonnene weiter führen und vollenden, so möchte
ich nicht minder, dass auch andere Städte und deren ächte Bürger dem von
mir gegebenen Beispiel folgen und der Erforschung ihrer alten Herrlichkeit
zunächst durch umfassende Urkundenbücher bleibende Grundlagen geben
möchten. Wie viel besser würde man das deutsche Staatswesen verstehen
und würdigen lernen, wenn wir dergleichen von Aachen, Augsburg, Basel,
Bern, Braunschweig, Bremen, Cöln, Dortmund, Eger, Erfurt, Goslar, Hagenau,
Hamburg, Lübeck, Magdeburg, Mainz, Nimwegen, Nürnberg, Regensburg,
Rotenburg, Speier, Strassburg, Ulm, Wetzlar, Wien, Worms, Zürich, besässen!
Einige werden freilich ihre Archive verloren haben, für andere ist, wie für
Freiburg im Breisgau, schon dankenswerthes geschehen, aber das meiste ist
noch zu thun. Ich werde mir erlauben, die Obrigkeiten mehrerer dieser
Städte durch Übersendung eines Exemplars von gegenwärtigem Werke noch
besonders dazu aufzufordern.»

als wodurch für die Beleuchtung der Geschichte des deutschen
Reiches und Volkes überhaupt Wesentliches könnte geleistet
werden.

Sowohl der Werth und die Bedeutung des zugesandten
Urkundenwerkes als die freundliche Erinnerung an das, was
auch von Basel aus noch in dieser Beziehung geleistet werden
könnte, müssen in uns das Bedauern erregen, dass unsre Vater-
stadt bisher noch kein ähnliches Werk aufzuweisen hatte, und
den Wunsch, es möchten auch unter uns sachkundige und ge-
lehrte Männer Hand an ein Unternehmen legen, welches auch
wir gerne so kräftig als unsre Stellung es mit sich bringt,
unterstützen würden.

Freilich darf bezweifelt werden, ob gerade unsre Vater-
stadt in dieser Beziehung wenigstens für die ältere Geschichte
Wesentliches leisten könnte. Es ist nemlich auch Euer Wohl-
gebohren nicht unbekannt, wie der historische Boden der Stadt
Basel durch das Erdbeben von 1356 auf eine Weise erschüttert
worden ist, dass uns gerade für die Zeit der Anfänge und
Ausbildung des städtischen Wesens wohl nur eine ziemlich
spärliche Ausbeute zu verhoffen bleibt.

Einiges freilich wurde auch schon in vorigen Jahrhunderten
namentlich von Wurstisen, theils in seiner Basler Chronik,
theils in seinem· handschriftlichen hinterlassenen Corpus diplo-
maticum und Benützung unserer Archive geleistet, eine Samm-
lung, die auch von Ochs in seiner Geschichte von Basel benützt
wurde, besonders aber erlauben wir uns Euer Wohlgeboren
in dankbarer Erinnerung Ihrer Zusendung auf das beiliegende,
in Deutschland wohl weniger bekannte Werk des sel. Registrators
Bruckners aufmerksam zu machen, ein Werk, das mit einem
besonders für seine Zeit rühmlichen Fleisse und Genauigkeit
ausgearbeitet ist.

Indem wir Euer Wohlgeboren unsern verbindlichsten Dank
für die werthvolle Zusendung nochmals aussprechen, haben wir
die Ehre Sie unsrer ausgezeichnetsten Hochachtung zu versichern.

3. Bœhmer an den Stadtrat von Basel.

Hochwohlgeborne

  · Hochgeachtete Herrn!

Genehmigen Hochdieselben meinen ehrerbietigsten Dank
für die Gewogenheit mit welcher Sie das von mir heraus-
gegebene Urkundenbuch Frankfurts aufzunehmen geruhten.

Bei den von Hochdenselben in dem gütigst an mich ge-
richteten und mir nach der Rückkunft von einer Reise zu
Handen gekommenen Schreiben vom 14. Juni d. J. geäusserten
Gesinnungen darf gehofft werden, dass wir dereinst auch ein

Basler Urkundenbuch erhalten werden, wie es der jetzige Stand der Wissenschaften wünschenswert macht und wie es zur Verherrlichung dieser edeln Stadt gereichen wird.

Die Bearbeitung desselben dürfte kaum mehr Mühe erfordern als welche Bruckner auf sein verdienstliches Werk verwendete, von dem ich ein so schönes Exemplar Hochdero Huld zu verdanken habe.

Der ich mit dem Ausdruck der aufrichtigsten Dankbarkeit und der grössten Ehrerbietung bestehe

Hochgeachtete Herren

Frankfurt, 10. Sept. 1837.　　　Dero ganz gehorsamster Diener
　　　　　　　　　　　　　　　　　　　　Fr. Böhmer,
Einem hohen Stadtrathe　　　　　　Stadtbibliothekar.
　　zu Basel.

Staatsarchiv Basel: Stadtgemeinde, Präsentationen und Dedikationen.

Vorbemerkung.

Im Jahre 1899 schrieb der nunmehr verstorbene Prof. Heinrich Witte in der Vorrede seiner «Urkundenauszüge zur Geschichte des Schwabenkrieges» (herausgegeben als «Mitteilungen der badischen historischen Kommission, Nr. 21 u. 22» in der Beilage der «Zeitschrift für die Geschichte des Oberrheins, Bd. 14 u. 15»): «Ausserordentlich reich ist das Material über Basel; bis 1901 wird dasselbe aber im Basler Urkundenbuch zur Veröffentlichung gelangt sein, und es hätte keinen Zweck, es hier jetzt in seiner ganzen Ausdehnung mitzuteilen.» Diese nicht ganz zutreffende Bemerkung — denn das Basler Urkundenbuch veröffentlicht bekanntlich nur Urkunden-Material, und solches enthält das Basler Archiv über den Schwabenkrieg verschwindend wenig — hat nun zweifelsohne auch den Herausgeber der «Aktenstücke zur Geschichte des Schwabenkriegs» (im XX. Band der «Quellen zur Schweizergeschichte»), Herrn Prof. Albert Büchi in Freiburg, zu täuschen vermocht, so dass auch er von der Fortsetzung des Basler Urkundenbuchs noch eine wesentliche Ergänzung erwartete und daher in seiner Vor-

rede die Vermutung aussprach, dass mit seiner Sammlung das wichtigste Material aus schweizerischen und auswärtigen Archiven über den Schwabenkrieg gesammelt sei. Somit verblieb denn noch die Aufgabe zu erfüllen, das tatsächlich reiche Aktenmaterial des Basler Staatsarchivs, soweit es nicht schon im «Fürstenbergischen Urkundenbuch» (7 Bde. 1877 bis 1891), von Eugen Tatarinoff in seiner Festschrift «Die Beteiligung Solothurns am Schwabenkrieg bis zur Schlacht bei Dornach», Solothurn 1899, von Christian Roder in seinen «Regesten und Akten zur Geschichte des Schweizerkriegs 1499», (Sonder-Abdruck aus dem 29. Heft der Schriften des «Vereins für Geschichte des Bodensees und seiner Umgebung», Lindau 1900) und von Witte in den oben genannten «Urkundenauszügen» herangezogen worden war, gesondert zu sammeln und zu publizieren.

Dieser Pflicht will nun die vorliegende Sammlung nachkommen, die also alles noch nicht veröffentlichte wichtige Material des Basler Staats-Archivs über den Schwabenkrieg enthält, allerdings mit Beschränkung auf die Zeit bis zum 22. September. Geschöpft wurde dies Quellenmaterial aus den «Missiven» (Bde. 19 und 21) und den Sammelbänden Politisches K 1—3, ganz weniges auch aus den Erkanntnis- und Wochenausgabe-Büchern. Ausserdem schien es angebracht, die zahlreichen, aus unserm Archiv stammenden Regesten bei Witte, Roder und Büchi, die bloss mit dem ungenügenden Fundortsvermerk «Basel Archiv» oder «Staats-Archiv Basel» figurieren, mit genauer Quellenangabe unter dem betr. Datum und bloss mit Nennung des Titels nochmals aufzuführen; dabei konnten gleichzeitig einige Irrtümer korrigiert werden. Ebenso wurden auch die sechs Stücke, die Eugen Tatarinoff im zweiten Teil seiner oben erwähnten Festschrift aus dem Basler Archiv abgedruckt hat, eingereiht, da infolge der Neuordnung des Basler Staats-Archivs seine Signaturen nicht mehr stimmmen.

Was nun die Inedita dieser Sammlung betrifft, so wurden dieselben, nur wenn sie ihrem ganzen Wortlaut nach wichtig waren, vollständig abgedruckt, andernfalls bloss verkürzt. Die Anordnung ist rein chronologisch; die Überschriften wurden möglichst kurz gefasst, das Datum vorangesetzt und in der Regel am Schluss in der Originalform angeführt. Zur Vermeidung der immer wiederkehrenden Titulaturen und Anreden wurden Siglen verwendet, die ein kleines Verzeichnis zusammenstellt.

Das Hauptkontingent der Auszüge stellen die Briefe der Basler Landvögte auf Farnsburg, Homburg und Waldenburg an Basel, die hauptsächlich wertvoll sind für die Kenntnis des Verhaltens der Stadt und der Landschaft während des Krieges und der Truppenbewegungen durch das Baslergebiet und in seiner Nähe. In zweiter Linie erhalten wir detaillierte Auskunft über die Stellung der niedern Vereinigung und der Stadt Basel zum beginnenden Krieg; wir lesen die Instruktionen für ihre Gesandten, die Briefe der kgl. Hauptleute an Basel; wir sehen, wie Basel sogar über den Kopf Kaspars von Mörsberg, des Landvogts im Elsass, hinweg die niedere Vereinigung zur Friedensvermittlung gewinnen will (vgl. Nr. 6 u. 10), vernehmen die Verhandlungen der niedern Vereinigung mit dem schwäbischen Bund und den Eidgenossen und finden nun alles Material, das Basels Politik gegenüber Kaiser, Reich und Eidgenossenschaft zum Gegenstand hat, meist in extenso aufgeführt. Schliesslich haben hier auch einige bisher nur zur Hälfte publizierte Korrespondenzen die notwendige Ergänzung gefunden (vgl. die Nr.: 14 u. 18; 24 u. 28; 45 u. 56; 142 u. 143; 150 u. 151). Keine Aufnahme fanden dagegen die zahllosen Beschwerdeschreiben der Rheinfelder, Säckinger etc. einer- und der Basler anderseits wegen vorgefallenen Übergriffen, Plünderungen, Brandsteckungen u. s. w.

Für die Art und Weise dieser Publikation mussten Wittes Urkundenauszüge wegleitend sein, da seine Sammlung ja fast die Hälfte des Basler Materials schon enthielt, immerhin habe ich es vorgezogen in Fällen, wo nicht der ganze Text eines Aktenstückes zum Abdruck kommen konnte, meist statt kurzer Regesten bloss die zur Sache gehörigen Sätze im Originalwortlaut wiederzugeben. Da ferner alle Akten aus dem Basler Staats-Archiv stammen, wurde dies nicht jedesmal besonders bemerkt, ebensowenig wie das Jahr 1499, unter welches sämtliche Stücke fallen. Als Fundort bedeutet: P. = Politisches, und M. = Missiven.

Verzeichnis der Siglen:

u. l. = uwer liebe.

u. f. g. = uwer furstlich gnaden.

u. a. g. h. = unser allergnädigster herr.

r. k. m. = römische königliche majestät.

u. w. = uwer wisheit.

u. a. g. f. = unser allergnädigste frau.

---

1. 1499? — An Basel.[1]

Lieben hren gancz gemein ze Basel. Man tût uch ze wüssen für wor, das die edlen ůwer nůt vergessen, weder sy noch ir knecht, denn das sy meinen, sy wellen ůch ein bad uberthůn. Aso ist es anhebt in Nesselbachs herburg ze Strosburg an der jungen fasnacht[2] und sprochen zesemen je zwen und zwen, was went wir anheben uff dissen sumer; do sprach einer, ich kenn wol Cůnrat Unger, ich han lang by im dienet, des helffer wil ich werden, do sprochen die ander dry gesellen zů mir, boks blůt, so wend wir ôch sin helffer werden und wend die kuôc kigerer herumb zeren, sy sind lang gnůg herren gesin; und sprach der erst, ich hab gehôrt von mim herren, by dem ich gediennet han, wie die edlen in der stat ze Basel gewaltig sind über die gemein und můssen doch die gemein thůn nůt anders thůn nůt wenn das sy wellen, und ôch der adel ze Basel thůt nůt wider uns noch wir wider sy, wann wenn sy wider uns thun und wider die herschafft, so sind sy komen umb ir lechen: zu mir, boks blůt, sprochen sy zesemen, so hend wir gůt kriegen mit den kůc kigeren von Basel, wann sy das land můssen bruchen nit sich und ob sich. Zů mir, bokslůng, sprach aber der ein, mir můssz einer werden, der mir die wintterrud abweschen můssz. Aso lieben herren von Basel, versechen irs nůt, so fôrcht

---

[1] Titel und Datum fehlen gänzlich, doch scheint das Schreiben aus Strassburg oder irgend einer andern Stadt des Elsasses an Basel gerichtet worden zu sein; bloss folgender Archivvermerk findet sich auf der Rückseite des Schriftstückes: ‹Adelsgefährliche Machinationes wider Basel.› — [2] Die junge Fastnacht fiel im Jahr 1499 auf den 12. Februar.

ich, das der adel, der do gewaltig über üch ist, der ver-
derbt üch, noch dem as sy selber sagen; dorumb lieben
heren von Basel, düng als die fromen .heren von Ulm und
lon den adel das ir schaffen und lon die frömen lütt hein
zien in ir land und hütten uch wol, des dörffen ir, wann
as ich han gehört sagen, das ir herren von Basel aller welt
sstrach gnüg sygen, mögen ir üch vor denen gehütten, den
ir woll trüwen und mit üch essen und trinken und üch nüt
hold sind, und üch wol und we mögen thün, wenn sy wend,
das versechen ir wol, wend ir. — P. K 1.

2. Februar 1. — Rheinfelden an Basel.

Der getruwen warnung, uns biszher getan, sagen wir
uch hochen dank — und lassen uch ouch haruff wüssen, wie
wir gewarnet werden, dz vier örter[1]) der Eitg. üsgezogen sien
und die übrigen hinnach ziehen und dz die iren hie disyt
der Aren und namlich die, so irs willens am meisten bericht
syen, hinüber flöcken. — Datum ylends an unser frowen
abend purificacionis. — P. K 2, Nr. 98.

3. Februar 3. — Rheinfelden an Basel.

Wir lassen u. l. wussen, dz uns und unsern frunden
von stetten dis vergangen nacht von unserm herrn dem
houptman ein brieff zukomen, meldende, wie der frid
zwuschen der k. m., dem pundt und den Eitg. uff mitwuchen[2])
nechstverschynen hin und ab sye, do söllen wir uns wüssen
nach ze richten.

In yle sant Blasy in der fünfften stund nachmittag. —
P. K 2, Nr. 72.

4. Februar 5. — Landvogt[3]) und Räte im Sundgau und Elsass zu Ensisheim an Basel.

Uns zwiffelt nit, uch sygend dise uffruren zwyschen
r. k. m. u. a. g. h. an und zugehörigen der grafschaft Tyrol
eins und den Engidineren sampt dem bischoff zu Kur und

---

[1]) Ochs, IV, S. 471. — [2]) Den 30. Januar. — [3]) Caspar, Freiherr zu
Mörsberg und Belfort, oberster Hauptmann und Landvogt im Elsass.

derselben angehorigen andern theyls unverborgen, deshalben als uns von den innern kgl. räten und des schwabischen punds houptlutten angelangt, das sich beyde theyl gegen eynander erbort und usgezogen synd, demnach unser, uwer und mengklichs notturfft erhouschen wil, die wyl und verstanden, das beide parthyen in kryegscher übung und einander zu beschedigen in statem furnemen sind, uns uf das furderlichst zusamen ze thun und von disen schwaren hendlen und zuvellen zů underreden und darin ze schicken, ob sich ichts gegen disen landen stregken, demselben mit hilf des almächtigen und dapfern widerstand zů begegnen, landen und lůtten verderbens an lyb und gůtt vor ze wesen und uns deshalben eynen tag gon Colmar zusamen kumen als uf sontag[1]) zu nacht nechst kunftig an der herberg daselbs ze sind furgenomen, mit allem vlys bittende, und in kraft der loblichen vereyne ervordrende, uwer dreffenlich ratzbotschaft by uns dahin zu senden, gericht von disem schwären inval truwlich und grundtlich zu ratschlagen und daselbs endlichs zu endtschlyessen, wes wir uns zesamen versehen und vertrosten, darmit und wir uns selbs land und lůt vor verderben verhüten mögen; des wellen wir uns zu uch ungezwyfelt halten.

Datum in grosser ile uf zinstag post Blasy[2].)

Cedula.

Nochdem die r. m. vergangner zit gegen der kron Franckrich in kriegscher übung gegen dem hertzogtum Burgundi gestanden, do ein bestand zwuschen beder teilen abgeredt, der sich nun geendt und usgangen, deshalb unser gröste fürsorg ist, das diewil vernomen würdet, das sich die Eydgnossen den Frantzosen möchten etwas hilf tůn, nachdem sy in vergangnen uffrüren inen bistendig gewesen, das so die Frantzosen sich vast stercken, alsdan disem land etwas widerwärtigkeit begegnen möchte, wissend ir selbs wol zů betrachten, ein mercklich notturft sein wol zu erwegen des vorzesin. — P. K 2, Nr. 4 und 4a.

---

[1]) Den 10. Februar. — [2]) Siehe Ochs IV, S. 478.

5. Februar 5. — Basel an die Fürsten und Städte der niedern Vereinigung.

Identisch an Strassburg = Witte, Reg. 21 m 73. — P. K 2, Nr. 466.

6. Februar 5. — Basel an den Bischof von Basel.

Wir setzen keinen zwiffel, u. f. g. hab bericht, was mergklicher uffrůr zu kriegsübung dienende sich jetzunt erhcpt zwuschen u. g. h. den fursten und unsern guten frunden von stetten des swebischen punts an eynem, sodenn des andern teils unsern guten frunden gemeiner Eidg. und andern iren mitverwandten, wa die durch gottlich will nit abgestellt werden, darusz grosser schad, verhergung der landen und blůtvergiessen entstand; nun mag u. f. g. ermessen, wie sy mit ir lantschaft nit minder dann wir mit der unsern ligen, was mergklicher schädlicher zufall uns harin zusteet, deszhalben uns beduncken will, notdurft erfordern darin ze sehen, haben uns daruff uf gestrigen tag zu den erwirdigen herren von der stifft, ouch u. g. räten, so hie sind, gefugt, inen disz hendel furgehalten und uns underredt notwesen, dz wir mitsampt andern g. h. den fursten und stetten der nidern vereyn uns zusamen tund, davon ratslahen, was uns zu allen teilen harin gepure furzenemen, damit sollich grosz ubel, verhergung der landen etc. abgewendt mocht werden. Dwil nun dis keinen verzugk erliden will und aber u. h. der landvogt (als dem obersten gepurte die vereyn zesamen ze beschriben) disem fall und handel von wegen k. m. verwandt und verfaszt ist, will uns beduncken, in diser zitt das ze tund nit zustand, so haben wir um furderung willen und damit die sachen nit gesumpt werden, bemelt vereyn beschriben uff sontag[1]) zu nacht nechtskunftig zu Colmar an der herberg zu sin, morndes in den sachen zu handlen und ratslahen, wie dann bygelegt copye anzoigt. Harumb g. h. so ist unser gar flissig bitt, sy welle disz im besten annemen und ire botschaft zu sollichem tag ordnen und senden und destminder nit iren gut beduncken, ratslag und willen in diser sach uns by diesem botten geschrifftlichen mitteilen, dest

---

[1]) Den 10. Februar.

fruchtbarlichen dem mergklichen grossen uffrůr und schaden,
so herusz entsprieszen mocht, mogen begegnen und furkomen,
denn wir zu unserm teyl ungespart můg, costens und arbeit
(als die so zu fryd und eynkeit landen und lutten geneigt
sind) gern statt tun wellen.[1]) — P. K 2, Nr. 482.

7. Februar 6.[2]) — Vogt zu Homburg[3]) an Basel.

Also ist mir gewissi botschaft kon, wie uf mitwuchen
noch sant Agten tag zů Friburg sônt kon 200 knecht und
zů Bern 500 knecht und zů Solentor 200 knecht, aber was
ir bescheid ist, weis er nit. Ouch ist er gesin in der her-
berg, do hett er gehört miner herren von Basel gedencken,
dz si wol bedôrfen vir sich lůgen, wenn si des wol be-
dôrffen. Ouch seit er virer, das si hent die 4 stett, besunder
Rinfelden besechen, und besunder Loufenberg, wo si zu
gewinnen sint, ouch hent si in dem Gôw angevangen zů
flôchten. Witer ist gerett, es sig um ein nacht zu tund,
das si wellen das Fricktal und was vor den 4 stetten uf ist,
umkeren. Mitwuchen noch sant Agten tag zu mittag. —
P. K 2, No. 380.

8. Februar 6. — Vogt zu Homburg an Basel.

Als ich u. w. verschriben han, wie etlicher knechten
solten in die stett solten zien gon Solentor und gon Bernn,
also ist der ander bott kon und seit also, wie die knecht
gewengt sind und seit das vir wor, das der krieg gericht
sig, und si etlichen knechten noch schicken und wider hein
ziechen, des die wirt sich gar ser beklagen, des grosen
kosten, den si gehan hend uf die knecht. [Mit?]wuchen noch
sant Agtten tag zoben um die vesper zit. — P. K 2, No. 385.

9. Februar 6. — Jakob Ysenle, Vogt auf Farnsburg, an Basel.

Also fuieg ich u. w. zu wisen, das die enen dem berg
der von Sollendur luitt alle nachtt umb Zeglingen[4]) gond

---

[1]) Siehe Ochs IV, S. 472. Anm. — [2]) Ochs IV, S. 471 gibt irrtümlich
als Datum den 5. Februar. — [3]) Baslerischer Landvogt auf Homburg war da-
mals Hans Hirt, auffallenderweise ist kein einziges Schreiben mit seinem
Namen unterzeichnet. — [4]) Dorf im Kanton Baselland, Bezirk Sissach, nahe
der Solothurner Grenze.

und hand do ir wachtt, doch wer der uiweren uf si stost, dem gend si gütten bescheid. Zůdem so gend die am stein Rinfelden ir alle nachtt bi den 10 und gend haruber uf Sisacher eck, si gend ouch durch ettlich uiwer derffer alls Windersingen, Meisprach und Bus.[1].. Zůdem langt mich an, das die Eidg. uf hinachtt, jeder in siner statt . . . bi einander geruist sind und wartten einer bottschafft, so wit und in die hienachtt kumt, so wellencz si all von statt rucken den nechsten gon Zurzach zů und do sellen si all zůsamen kumen. Mitwuchen an sant Thoraden Dag. — P. K 2, No. 326.

10. Februar 6. — Basel an den Landvogt im Elsass.[2]

Die ingerissen schwer löiff und uffrur zu kriegsübungen dienende zwuschen u. a. g. h. rom. k. m. und andern unsern g. h. den fürsten ouch unsern güten fründen von stetten des bunts zu Swaben an eynem und gemeyner Eidtgenoschafft anders teils diser zitt uff der pan schwebende sind unns in trůwen leid und nit unbillich, und damit der grossz schad ouch verhergrung der landen und anders ubels, so darussz entspriessen mocht, fürkomen und abgestellt werden mög, haben wir mit ratt unsers gn. h. von Basels und sins cappittels die nyder vereyn zesamen beschriben uff sontag nechstkunfftig[3] zu nacht zů Colmar an der herberg zů sin, morndes underred ze halten, den obangezeigten schweren hendelln ze begegnen, dadurch die zu gutem wesen bracht werden. Sollichs fugen wir uch im besten ze wissen, mit gar fruntlicher bitt, disz zesamenschriben der vereyn, wie wol uch sollichs zugestanden hette, durch unns uch unwissend getan, in gutem anzenemmen; dann dwil und uch von wegen der k. m. u. a. g. h., die schwäbende geschäfft als ein parthye berürt, haben wir uch usz gutem grund lassen růwen und das beschriben, wie oblut, an die hand genommen. Dann zů frid und eynikeit, ouch uffenthalt der landen sind wir ganz begirig geneigt. Datum mitwochen nach Blasi. — M. 19, pag. 167.

---

[1] Wintersingen, Maisprach und Buus, Dörfer im Kanton Baselland, nördlich von Sissach. — [2] Siehe Ochs IV 475 ss., Witte 21 m 73. — [3] Den 10. Februar.

11. **Februar 11. — Jakob Ysenle auf Farnsburg an Basel.**

Also ist mir kuntschafft kumen, wie das die von Sollen-
dur uff hinachtt wellend mit dem baner und ir machtt zů
Olten ligen, ... wohin oder was irs virnemens sige, mag ich
noch nit wisen. Mendag zů nacht in der vasnachtt. —
P. K 2, No. 327.

12. **Februar 12. — Erkanntnis des Basler Rats.**

Alsdenn diser zitt die loiff eben seltzam sind, und sich
zu kriegsubung neigende, und all stund denn disz denn anders
geschrey zukompt, damit dann durch langsamkeit nichts ver-
hinlesiget werde, ist erkannt, wann etwas geschrey oder
meren komen, dz denn die ihenn, so uber die kriegsloiff
geordnet sind, zesamen berüfft werden und sollen darin ge-
walts haben, was der statt notdurfft erfordert darin ze hand-
len, und nit not, alwegen die rat ze berufen noch ze be-
kumbren. Actum uff der vasznacht tag. — Erkanntnisbuch I,
fol. 182 v.

13. **Februar 12. — Vogt zu Homburg an Basel.**

Also han ich des kuntschaft, das uf zinstag an der
jungen fasnacht[1]) die von Bern mit ganczer macht mit irem
zuig zů Langental sond ligen, und die von Solentor mit irem
houptbaner ouch uf zinstag an der fasnacht zů Olten ligen,
und sint die von Luczern uf mentag an der pfafen fasnacht[2])
mit irem zuig uszogen, und ist ouch vast ein anzóug in das
Fricktal. Zinstag uf der vasnacht um die brim zit. — P. K 2,
No. 383.

14. **Februar 12. — Zwei Schreiben des Landvogts im
Elsass an Basel.**[3])

e este bei Roder, No. 42 u. 43. — P. K 2, No. 26 u. 25.

15. **Februar 12. — Thüring Frick an alt-Zunftmeister
Niclaus Rüsch in Basel.**[4])

Uch sye zů wissen, das sich disz uffrurig wesen, das
die gnad gotts einest gestillet hatt, durch hinziehen der paner

---

[1]) Den 12. Februar. — [2]) Den 11. Februar. — [3]) Das eine Schreiben
ist datiert «vor tag», das andre «umb zehen uren vormittag»; die Antwort
Basels s. unten No. 18. — [4]) Dr. Thüring Fricker war Stadtschreiber zu
Bern. Siehe Ochs IV, S. 475 Anm.

von Luczernn, Ure, Schwytz, Unnderwalldenn, Zug unnd
Glarus also inwicklet, das min herren unnd obern usz viel-
faltiger manung sich nit mogen enthallten, dann si ouch hin-
faren glicherwysz mit ir statt paner und hinacht zu Burg-
dorff ligen, demnach fur und fur gen Baden zů zekeren und
da zů vernemen bescheyd wo us. Dann hinacht sind ge-
meiner Eidg. anwälldt zů Zurich, anzuslahen, wie und was
zu handlen sy und wirdt gesagt, das min g. h. von Costenntz
gern darin redt und unsers g. h. des r. k. råt zů Costenntz
syen, sich erlutrend, gar ungern mit uns allen in krieg
zu komen. Aber leider weisz ich nit, wohin zuletst die
sachen reichen, dann unvernünftige und vichisch geschrey
als muchtzen etc. bringt, darzů grosse bewegnusz ein hart
jämerlich sach, wil es niemand zu herzen komen, und doch
so vil fürsten, herren und stett und in so grosser vernunfft
sind, das sy grössers wussten zu beleiten. Datum schnell
zů Brugg zinstag nach estomichi an der nacht. — P. K 2, No. 50.

16. Februar 13. — Basel an die niedere Vereinigung.

Regest bei Witte (an Strassburg gerichtet) 21 m 78. —
P. K 2, No. 475.

**17. Februar 13. — Boten der Eidgenossen zu Zürich
an Basel.[1])**

U. l. hat angelangt die uffrür, so zwůschen dem stifft
Chur mitsampt unsern puntgenossen von Churwal eins und
der lanndtschaft an der Etsch anndersteils erwachsen, darinn
beidenteilen hilff und zůzug von sinen verwandten beschechen,
demnach so solich uffrur zů einem fryden und bericht ge-
stellt, das veld gerumpt und der abzug beschechen, so ist
nit an, die vom Schwäbischen pund wider unser verwanndten
uszgezogen und am abzug enet Rins gegen unser graf-
schaft Sargans gelegen sind, haben mercklich anreitzung mit
schnöden worten wider die unnsern hie diszhalb Rins ge-
brucht, mit büchsen haruber geschossen und einen der unsern
umbracht: darzu under denen dingen ein letzy enet Rins,
so unsern puntgenossen von Churwal zugehört, abgelouffen,

---

[1]) S. Ochs IV, S. 492; Basels Antwort s. No. 22.

etlich daran erstochen und das stettly Meyenveld, so den
pünden von Churwal verwanndt ist, uns zu abbruch und
schaden ingenommen, alles ungesagt und unbewart der eren.
Das alles zůsampt den schanndtlichen, unerlichen anzügen
und schuldigung, ouch truck und trang der unsern, wider
unser fryheiten und harkomen unser herren und obern billich
zu hertzen genomen und mit hilff des almechtigen gotts
willen haben, sölichs mit mannlicher gegenwer zu rechen.
Das wolten wir u. l. als unsern getruwen puntgnossen nit
verhalten, mit fruntlicher bitt, ir getruw uffsechen zu uns zu
setzen und zů erzoigen, als wir ein ungezwivellt hoffnung
und unser eltern in allen nötten yewelten gegen einandern
zu tun gepflegen haben, das wellen wir hinwiderumb unge-
spart libs und guts tun, und wiewol wir uns des ganntz ge-
trösten, so bitten wir doch, u. l. geschriben geanntwurt, wes
wyr uns zu deren versechen sollen. Datum under der stat
Zürich sigel in namen unser aller uff eschmitwuchen. —
P. K 2, No. 155.

18. Februar 13. — Basel an den Landvogt im Elsass.[1])

Uwer zwiffacht schriben [2]) unns uff gestrigen tag zů-
komen, haben wir gelesen und demnach unns nit zwiffellt,
ir wol ermessen, wie wir bed parthyen gelegen sind, will
unnser notdurfft erheischen, uff uwer zuschriben ein bedenck
und underred ze haben, als wir ouch unverzogenlich tůn und
dannthin unnser meynung zem fürderlichsten uch verkunden
wellen. Bitten wir mit allem flisz im besten von unns zu
vermerken. Datum in yll uff der eschmittwochen. — M. 19,
pag. 168.

19. Februar 14. — Basel an den Landvogt im Elsass.

Regest bei Witte 21 m 79. M. 19, pag. 169 (siehe auch
pag. 185). — P. K 2, No. 472.

20. Februar 15. — König Maximilian an Basel.

Regest bei Büchi, Urk. No. 80. — P. K 1.

21. Februar 15. — Königin Blanca Maria an Basel.

Regest bei Witte 21 m 80. — P. K 1.

---

[1]) S. Ochs IV, S. 489. — [2]) S. oben No. 14.

22. Februar 16. — Basel an die Boten der Eidgenossen zu Zürich.[1])

Uwer schriben haben wir empfangen und sollent unns worlichen getruwen, dz die uffrur und widerwertigkeit unns in truwen (als billichen ist) leyd sind, und demnach uwer beger ist, von unns ze vernemmen, wesz sich u. l. zu unns vertrosten und versehen solle, etc. wöllen wir derselben zem fürderlichosten das wesen magk by unserm botten verstenntlich antwort zů schriben. Wir haben ouch destminder nit die ubrigen brieff unns zugesanndt an u. g. h. die bed bischoffen und u.·g. f. die stett der nidern vereyn gehorende von stund an inen zugesanndt, und was uns von denselben deszhalben begegnen wirt, wellen wir uch ouch zůschicken. Dann in was uns vermeglichen sachen wir u. l. fruntlich gefallen bewisen konnden, wollten wir uns nit widren, sonnder alzit willig erzoigen. Datum ilends samstag vor invocavit. — M. 19, pag. 171.

23. Februar 16. — Basel an die niedere Vereinigung.

Es haben unnser guten frund gemeyner Eidtgnossenschaft senndbotten uff dem tag Zurich diser zitt versamlet geschriben und darmit uff huttigen tag disen brieff an uch wisende mit sampt andern misiven den ubrigen unsern g. h. den fursten und unsern guten frunden den stetten der nidern vereyn gehorende zůgesanndt, mit vlissiger bittlicher beger, sollich geschrifften durch unsern botten an ein yedes ort ze fertigen lut bygeleits zedels etc. Uff das so sennden wir uch disen brieff zů, und ob ir willens wurden sin, geschrifftlich antwurt inen zu begegnen, unns die by demselben unserm botten zůkomen lassen, wellent wir die furter den selben unsern puntgenossen inhallt ir beger zůschicken. Bitten wir im besten von uns ze vermerken. Datum ylends samstags vor invocavit. — M. 19, pag. 172.

24. Februar 17. — Der Bischof von Konstanz an Basel.[2])

Regest bei Witte 21 m 81. — P. K 1.

---

[1]) S. Ochs IV, S. 493; Basels Antwort auf No. 17. — [2]) Basels Antwort s. unten No. 28.

25. **Februar 17. — Begehren der kgl. Anwälte an Basel.**

Es hatt die kgl. wird uns abgefertigt und des ersten
uch ir gnad und alles guts ze sagen und demnach an uns
ze bringen, inen nit zwiffelt, uns were wissent die mercklich
gross uffrûr, so sich die Eidtgnossen diser zytt annemmen,
in willen der k. m. erblanden ze uberziehen und ze besche-
digen wider alle zimmlichkeit und billicheit und recht. etc.
Sollich hette ir k. gnad hoch zu hertzen gefasszt und ge-
nommen und were dennoch ir k. gnaden meinung und be-
gere mit dem hechsten, das wir uns mit der hechsten macht
volcks, ouch mit bichsen und gezûg, wie das in ein veld
gehert, erheben wollten fürderlich und on verzug, den irn
in dz leger gen Alltkilch, da sy dann legen, zuziehen und
daselbs das best verhellffen thun und furnemmen, als wir
dann sollichs der k. m. und dem heil. rich und uns selbs
pflichtig werent.

Zum andern so were ouch ir k. g. meinung und will,
uns by dem hechsten ermanende, das wir den irn in disen
loffen nachlassen und vergonnen sollten, hie durch unser statt
und ouch allenthalben in und durch unser empter ze ziehen
zu allen zytten, wann sich dz begeben wurde, sollichs wurd
ir k. wird gegen einer statt allzytt in gnaden erkennen.

Und dwyl die notturfft erhoische und dissz sachen nit
langen uffzug erlyden wollt, so begerte sy unverzogen ant-
wurt furderlich, damit sy, als sy ouch in willen werent von
stund an abgefertiget wurde, gen Fryburg megen kommen.
Actum sonntag invocavit. — P. K 2, No. 468.

26. **Februar 18. — Erkanntnis des Basler Rats.**

Demnach und disz loiff eben schwer sind, und nit wol
moglich nach die 13 und die 9 zu iren zitten und tagen,
lut ir ordnung, zesamen ze komen und sitzen etc. ist erkant,
dz die hoipter darin gewalt haben sollen, wann es fûglich
und rûweglichen der loiffen und mergklicher geschäfften
halb wol wesen magk, die 13 by einander haben und handlen,
deszglichen sol es der 9 halb ouch gehalten werden.

Actum mendag nach invocavit. — Erkanntnisbuch I fol.
182 v.

27. Februar 18. — Anbringen der Gesandten der niedern Vereinigung an die kgl. Räte und Hauptleute des schwäbischen Bundes zu Constanz.

Zum ersten uns von wegen u. g. h. der fürsten und stett mit aller zimlichkeit, wie sich gepurt, erbieten mit erzallung, wie die uffruren und kriegsübungen an unser herren und obern gelangt, daruff zu tagen gen Colmar komen, da inen der frid verkundt, und darnach ilends vernomen, das der krieg wider offen und angangen sie, dz inn gantz widerig und leid gewessen und uns ilends mit bevelh zu inen als den k. reten den nechsten zu keren, als wir ouch vor inen erschinen, mit hohem erbieten, alles das wir wussen oder kennen, so zu frid und ruw dienen sollen, wir uns weder müge, arbeit noch costen beduren lassen mit bitt, uns darin gutlich zu suchen verwilligen und nach allerley anzoug eins bestands etc. ist uns die antwurt begegnet:

Das sy uns von wegen u. g. h. der fursten und stetten hohen dank wisen, unsers erbietens, wellen ouch solhs der k. m. rümen und anbringen; desglichen die houptlut des pundts, damit das unvergessen beschuldt und verdient soll werden mit erzallung des gantzen handels, wahar dann solh uffruren entsprungen, ouch wie sy den bestand im Rintal angenomen, daruff die iren abgezogen und darnach die Eidg. sy mit geverden überylt, das ein iegklicher bott anzebringen wol bericht ist, solhs müssen sy lassen bescheen, aber das uffhören wuss nieman, an wem das stand und dwil wir uns eroffnen, was hie geredt in getrüwen daby bliben, so reden sy in glichem vertruwen und glouben mit uns ouch nach gestalt der hendel und lassen diser zit bescheen uf unser anzoug, doch ungemelt iren und in geheim, das von eim bestand geredt werde und den widerteil zu ersuchen und gegen im arbeiten, was gemüts oder willens sy sien, was uns dann darin begegnet und furer an sy langen werde, wellen sy nach gepur antwurten.

Item uff die gegebene antwurt uns bescheen haben wir unsz den legeren in Hegöw genehert und gen Stein komen, daselbs wir die houptlut mit ir paner Zurich funden, mit inen geredt und unser bevelh enteckt etc. deren rat gewessen us gen Zurich zu fügen und unser meinung iren heren entplössen, die als sy sich versehen, mit andern orten der Eidg. verfaszt sien, wellen sy verhoffen uns mit antwurt begegnen werden, das wir gefallen empfahen.

Uff das sint wir uff donstag zu nacht nach reminiscere[1]) in der nacht gen Zurich komen und uff sampstag[2]) darnach vor gemein Eidg. verhórt, in aller massz unser bevelh inen enteckt, wie vor k. reten bescheen, wie das die boten wússzen.

Daruff sy uns mit hohem ernst und vlisz gedankt, das zu iren ziten zu verdienen etc. und uns den handel sins harkomens mit allen umbstenden zum glimpflichisten anzougt, ouch wie ein bestand gemacht, des sy sich gehalten, und am abzug under Gutenburg[3]) der widerteil solh unchristenlich wort gebrucht und der iren einen erschosszen, damit der krieg wider angenomen, mit vil worten, unnútz zu schriben.

Und letst uff ir entlich antwurt gelender, dwil und wir vom widerteil irs willens oder witer verstentnusz nit haben, so konnen sie solhs unser anbringen und begeren an ir heren und obern nit bringen, aber soverr uns gefallen welle, so mógen wir am widerteil suchen, was gemúts sy sin wellen; wann sy dann des bericht und ein tag an gelegen end bestimpt, wellen sy das an ander ir herren und oberen gemein Eidg. bringen guter hoffnung, darin gepurlich antwurt geben werden.

Uff anzoug gefallner antwurt haben wir inen zu erkenen geben uns wider gen Costentz zu den kgl. reten verfúgen wellen, als wir ouch uff mendtag zu nacht nach oculi[4]) dahin komen und die k. ret ouch houptlut des puntds nit funden, sonder zu Uberlingen uff gehaltnem pundts tag gegewesen, denen wir morndes zinstags[5]) geschriben, wie wir uff den abscheidt 'mit inen getan, by gemeinen Eidg. gewesen, und wa inen gelegen sin die antwurt zu empfahen, mógen sy us berichten; daruff sy us schrifftlich geantwurt, wir mógen uns gen Uberlingen tun, so wellen sy uns verhoren. Demnach wir uns am mittwuchen[6]) fru dahin verfúgt und desselben tags uns spat beschickt, unser antwurt zu vernemen, die wir vor den k. reten und den pundtherren, so in mergklicher zahl by einander gewesen, eroffnet in

---

[1]) Den 28. Februar. — [2]) Den 2. März. — [3]) Gutenberg, Schloss im Voralberg. — [4]) Den 4. März. — [5]) Den 5. März. — [6]) Den 6. März.

massen wie vor stat, und daruff ir antwurt mit kleinem be-
danck vernomen, also wisen: Wie sy uns vor und ietzt von
wegen u. g. h. und obern, irs erbietens, ouch müge, arbeit
und costen harin gehept, hohen danck wisen, solhs der k. m.
rümen, in hoffnung sin k. gnad dz in gnaden bedencken,
ouch die fursten, heren und stett des puntds verdienen, be-
schulden und erkennen werden, und diewil sy die antwurt
der Eidg. von uns vermerckt, die muessen uff ein verzug
lenden; aber wie dem, so haben sy sich inn handel geschickt
und mit hilf des allmechtigen darin richten wellen, damit sy
hoffen, des frevenlichen fürnemens der Eidg. erweren, wellen
sich ouch so verachtlich und lichtlich nitt halten, inen zu-
vor des bestands oder anders zu eroffnen und lassen es
daby bliben; und demnach mögen wir uns zu u. g. h. und
obern heim verfügen und verhelfen, dem luter widerstand
ze tund, als wir das dem heilg. römischen rich schuldig sint,
versehen sich ouch unser herrn und obern, des kgl. mandat
haben und daruff gehorsam erschienen werden. Sy lang
ouch an, das man den Eidg. provision zu lass gon, das solhs
abgestellt werde etc., ist unser beschlusslich antwurt ge-
wesen, was in diesen handel furgenomen, sy im besten be-
scheen, dwil und us aber nie witers begegnet, lassen wir es
gütlich daby bliben, wellen us ouch versehen, unser g. h.
die fursten und stett werden sich in diesen dingen gepurlich
halten; welhe obangezougte antwurt wir denen von Zurich
unserm abschied nach mit inen bescheen, zugeschriben.

Mendtag nach dem sondtag invocavit. — P. K 2, Nr. 414.

28. Februar 19. — Basel an Bischof Hugo von Constanz.[1])

U. f. g. schriben haben wir gelesen und ist nit on, vor
und ee sollich geschrifft uns zukomen, sind wir nit alleyn
sonder ouch der nidern vereyn uff u. h. der fursten und
stetten treffenlich botschafft by uns versamlet und des willens
zem furderlichosten sich zu dem leger und her der Eidtg.
ze fugen, als si ouch in diser stund ab stat geritten und
lut u. g. geschrifft und was sy gut zu frid und uffenthalt
beduncken mag furnemen und was inen harin begegnet, alzit

---

[1]) Hugos Schreiben an Basel s. Nr. 24.

u. f. g. furderlichen ze wissen thun, mit flissiger bitt, was
derselben u. f. g. im Oberland ouch zufallt bemellten bot-
schaften ouch nit ze verhallten, dest bas in sachen frucht-
barlichen in beden sitten mogen handlen, wellen sin g. im
besten von uns vermerken.

Datum ilends in der 10. stund vor mittag uff zinstag
nach invocavit. — M. 19, pag. 172.

29. Februar 19. — Solothurn an Basel.
Regest bei Witte 21 m 84. — P. K 2, Nr. 137.[1])

30. Februar 20. — Basel an Solothurn.
Regest bei Witte 21 m 84; Tatarinoff Urk. Nr. 14. —
M. 19, pag. 173.

**31. Februar 20. — Bischof Albrecht von Strassburg
an Basel.**
Regest bei Witte 21 m 85. — P. K 1.

**32. Februar 20. — Cunrat von Coisen, Hauptmann, und
Jakob Stapffer, Venner, von Zürich aus Fussach an Zürich.**

Wir tůnd uch zu vernemen, dz die lut, so an dz Wal-
gow[2]) stossent, Rangkwy[3]) und daselbs umb, uns Eidgenossen
och gehuldet und gesworen hand der mertеil, und was nit
gesworen hat, dz ist och in willen ze sweren. Ouch sind
wir uff hut mitwochen verruckt von Ranckwy gen Rinegk[4])
zů, und do wir sind komen gen Lustnow[5]) zů, da kamend
uns měr, wie die vyend da legen; also ilten wir Lustnow
zů. Da ist nit minder iren warend by 300 oder 400, da
aber si zugend hinder sich gen Fusach[6]) zů, unser knecht
iltend inen als ernstlich nach, dz si iren eben vil umb-
brachtend, und do si schier gen Fůsach komend, do fundent
si ein andern, das iren bi den 8000 wurdent. Also griffens
unser knecht an und gewunnent inen die flucht an und er-

---

[1]) Abweichend von Witte heisst es hier: Die Herren von Thierstein
seien mit 40 Pferden nnd 30 Knechten gen Pfeffingen (nicht Thierstein) ge-
ritten und hätten auch das Schloss Pfeffingen besetzt und gespeist. — [2]) Vorder-
illtal, im Vorarlberg. — [3]) Rankweil, im Vorarlberg, 1 Stunde nördlich von
Feldkirch. — [4]) Rheineck, im Kt. St. Gallen. — [5]) Lustenau, im Vorarlberg,
nahe am Rhein, gegenüber von Berneck. — [6]) Fussach, im Vorarlberg, am
Bodensee, nahe der neuen Rheinausmündung.

stachent iren ein merglich zal und jagtend die andern in Bodensee. Die fundent nun siben schiff am land stan und fürend uff den see und ertranckten einandren, dz keiner lebendig ab dem see kam und jagtend und erstachentz bis gen Bregentz an die statt hin zů, dz iren vast lützel darvon komen ist, doch schetz man, dz iren bi 5000 umbkomen sind, und het uns die nacht nit abtriben, so meinen wir eigenlich, wir hetten Bregentz gewunnen ... Uns wundert och, wie esz den unsern gang im Hegi.

Datum ylends zů Fůsach umb die achtend stund nachmittag.[1]

Postscriptum: Der unsern ist nit mer dan ein man umbkomen, der ist von Ure, und zwen wund worden, sind beid von Swytz. — P. K 2, No. 54 verso. (Kopie.)

33. Februar 21. — Hartung von Andlo und Niclaus Rusch an Basel.
Regest bei Witte 21 m 86.[2]) — P. K 2, No. 47.

34. Februar 22. — Königin Blanca Maria an Basel.
Regest bei Witte 22 m 72. — P. K 1.

35. Februar 22. — Zürich an Solothurn.[3])

Diss abends sind uns dise glückliche mår von den unsern im obern her ob dem Bodensee zůkommen, lut der ingeslosnen copye; sodan von den unsern, den uwern und andern, so jetz miteinander in das Hege[4]) zogen sind, vernemen wir nit anders dann ere, sig und glück, wie wol sie keinen widerstand im feld funden, so haben si doch ettliche slosz, als Randeck,[5]) Rosneck[6]) und andere erobert und sind alstund von inen warttend, was si schaffen oder inen begegne ....

Datum fritag vor Mathie zů der 10. stund nachmittag. — P. K 2, No. 54. (Kopie.)

---

[1]) Cf. Ochs IV, S. 483. Das Datum dieses Rapportes ergibt sich aus dem Briefe Zürichs an Solothurn vom 22. Februar (Ochs a. a. O. P. K 2, No. 54) und aus der Nennung des Tagesnamens im Schreiben selbst. Ein weiterer Nachtrag ═ Witte Reg. 21 m 87. — [2]) Irrtümliches Datum bei Witte: 28. Februar statt 21. — [3]) Identisch an Bern ═ Büchi Urk. No. 99; siehe Ochs IV, S. 483, Anm. — [4]) Hegau in Baden. — [5]) Schloss im badischen Amt Konstanz. — [6]) Schloss im badischen Amt Konstanz.

36. Februar 24. — Basel an die Königin Blanca Maria.

U. k. w. credentz uff den vesten Cristoffen von Thun
irm furschnyder mit sampt der instruction sins bevelchs im
angehenckt, haben wir gelesen, unnd als u. k. g. kurtz ver-
gangner tagen den wirdigen hern doctor Sigmunden Cruczer,
thumpropst der stifft Costenz und den strengen hern Con-
raden von Anpringen ritter by uns gesant und wir uf ir
anpringen unns genomen ze bedencken, und witter antwort
u. k. w. zem furderlichsten danethin wollen geben, des wir
ouch .... ze erstatten furgefassster meinung gewesen, wa
uns anders nit zugestannden were, dann nit on ist, inn mitler
zit wir warlichen bericht worden sind, dz dieselb u. k. g. an
u. g. h. die fursten und u. g. f. die stette gemeiner unser
verein der nidern art ir begere in glichemfall geschrifftlich
wie an unns haben lassen lanngen, dadurch dieselb gemein
verein und wir bewegt worden, zesamen ze komen und uff
hütigen tag mit irn retten unnd botschafften zu Colmar by
einander sind. Unnd alls wir achten uber sollch u. k. g. be-
gere und zumuttung sich zu allen teilen zu underreden, iro
mit zimlicher antwort megen begegnen. Dwyl nun wir
erwegen mochten als uns nit zwiffelt u. k. w. selbs ermisszt,
uns nit wol muglich sin uff dis zyt mit gnugsamer antwurt
vor widerzukunfft unser gesannten botten vor der verein
der begere nach uns zu entschliessen, so ist zu u. k. w. unser
bitt, ir wolle gefallen, uffenthalt unser antwurt biszhar ge-
than nit zu ungnaden, sonder usz erheischender notturfft als
obstat uns zu zemesszen und noch ein cleine zyt erwarten,
bisz obangezeigt unser botschafften, alls wir hoffen kurzer tagen
gescheen solle, wider von Colmar by uns kompt, wollen
u. k. g. uff ir begere wir witter in antwort begegnen etc.

Datum sontags reminiscere. — M. 19, pag. 183.[1])

**37. Februar 24. — Abschied des Tags der niedern
Vereinigung zu Colmar.[2])**

Des ersten haben sy sich vereint, einer gemeinen annt-
wurt u. a. g. frouwen der r. konngin etc. uff ir schriben diser
gegenwurtigen uffrüren halb ze geben; lut derselben copye.

---

[1]) Konzept des Schreibens. P. K 2, No. 469. — [2]) Siehe Ochs IV, S. 500.

Item demnach verfasset ein anntwurt gemeiner Eidtgnosszschaft sendbotten uff dem tage zu Zurich versammelt uff ir schriben und begere etc. zegeben, ouch inn der gemein lut derselben copye.

Item demnach ob beschee, dz u. a. g. h. der r. konnig wurd begeren mit heren und ritterschafften durchzug oder leger, das man sinen gnaden uff zimmlich zusag usz pflicht alls gehorsame gonne.

Item ob aber sin gnad andre huffen, dz man die uff die dorff und neben fur gutlich wisen.

Item ob aber einich frembd folck yemans uberfallen, dawider solle ye ein teyl dem andern hilf und bystand thůn. Doch so habent die rath und sendbotten dise dry punckten genomen hinder sich an ir heren und obern ze pringen zu nechstkunfftigem tage entlichen zu beschliessen, wie man dz mit dem kriegsvolck halten.

Furer alls in vergangenem ein tag gen Colmar wider angesaczt uff den nechsten frytag[1]) zunacht nach dem sunntag oculi, ist abgeredt, das man denselben tag sůchen kunftig handlen ob nott infiele, in halt der verein ze begegnen.

Ob aber in mittler zytt nott eehaft infiele, dz dz ye ein teyl dem andern furderlichen verkunden, wie dz die notturft erhoischen.

Item das ein statt von Basel dise abscheid sampt den coppyen unsern gesannten bottschafften in die leger zuschicken, sich ettlicher mossz haben, wa nach ze richten.

Als Abgeordnete waren auf diesem Tag der niedern Vereinigung erschienen:

Primo in namen u. g. h. von Stroszburgs[2]) etc. her Burkart Beger, vitzthum, Meilcher von Schouwenburg und Heinrice, siner gnoden secretarie;

item von wegen u. g. h. von Basels[3]) etc. doctor Arnolt zum Lufft, siner gnoden official;

von wegen u. g. h. des lantvogts[4]) u. g. h. von Rappoltzstein;

in namen der statt Stroszburg her Hanns Spender, rytter und her Jocob Wurm, ameister;

---

[1]) Den 8. März. — [2]) Bischof Albrecht von Bayern. — [3]) Bischof Caspar zu Rhein. — [4]) Siehe Anm. zu No. 4.

in namen der statt Basel her Peter Offenburg, oberster zunfftmeister und Heinrich von Senhin;

in namen der von Colmar der meister Jorg von Ringelin und der meister Hanns Rule;

in namen der von Slettstatt her Andres Boner, stettemeister;

von obern Ehenhin Diebolt Bilgerman, stettemeister;

von Mülhusen der meister Ulrich Gerwer, stettemeister;

von Keysersperg Anthonius Brun, statschriber;

von Munster in sant Gregoryental der meister Hanns Hunlin und Peter Mercklin;

von Thuringhein Heinrich Metziger, stettemeister.

Sonntag reminiscere. — P. K 2, No. 411 und 420.

38. Februar 24. -- Die Bischöfe von Strassburg und Basel und die Städte der niedern Vereinigung an die Boten der Eidgenossen zu Zürich.[1])

Uwer schriben unser ieden insonders zugefugt mit meldung der uffrure zwischen dem stifft Chur zusampt uwern puntgnossen den Churwallen eins, und der landschaft an der Etsch andersteils erwachsen, mit beger an uns, in sollichem getruwes uffsehen ze haben und uwer zuversicht nach ze erzoigen etc. haben wir verers inhalts verhort und gelesen und demnach uns sollich uffrure gantz widrig und nit lieb sind, haben wir ze stund uns dz selbig zu wissen worden, vor und ee uns zum teyl berurt uwer schriben zu handen worden, unser treffenlich ratt und ratzbotschafften sich den veldtlegern zu nehern, mit hilf des almechtigen zu mitlen und die uffrur ze undertedingen ernstlichs bevelchs abgefertiget und steen in grosser hoffnung, bemelt unser ratte und verordnete botschaften solhen ernstlichen flisz gutlicher undertedigung furwenden, damit die uffruren gestillt und zu frid pracht werden, darin, als wir fruntlichen bitten, uch sollicher mossz schidlichen erzoigen, dadurch die gutlichen undertedigung fruchtbarliche handlung moge stattlich erschiessen. Desselben und aller zimlichen dingen wir uch gencigten fruntlichs willens zů bewisen ungespart wollen befunden werden.

---

[1]) Siehe Ochs IV, S. 503.

Geben und versigelt mit der statt Colmar secret insigel von unser aller wegen uff den sontag reminiscere. — P. K2, No. 413 und 479. (Kopien.)

39.   Ca. 24. Februar.[1]) — **Basel an die Boten der Eidgenossen zu Zürich.**

Uwer nochschriben sins datumbs uff die eschmittwuch[2]) inhaltende die uffrûr zwischen dem stifft Chur mitsampt uwern puntgnossen von Churwallen eins, und der landtschaft an der Etsch anders teils swebende, ouch wz sich in mitler zyt begeben und warzû ir zu gegenwere erwegt worden, haben wir gelesen, . . . haben ouch ze stund u. g. h. den fursten. und unsern guten frunden von stetten der nidern verein zugeschriben, damitt zesamen kommen und uns des geeint, von allen teilen unser treffenlich botschaft by uch und uwrm gegenteyl ins veld zu schicken, als ouch diser zytt die selben uff den füssen und in den legern sind, ungezwyfelt ir des wissen hand, mit ·solher bevelh darin ze arbeiten, guter hoffnung alles das so ze ableschung der uffrûren . . . dienen mag ze erlangen, sollichs fugen wir u. l. (als unsern getruwen lieben puntgnossen) im besten ze wissen. Datum. — P. K2, No. 467.

40.   Februar 25. — **Die Bischöfe von Strassburg und Basel und die Städte der niedern Vereinigung an die Königin Blanca Maria.[3])**

Uwer k. g. schriben uns als fursten und glidern des heil. richs unser jeden insonders zugeschickt, zu rosz und zu fusz mit aller notturfftigkeit in veldtleger zu rüsten und zu ziehen, der Eidtgnossen furnemmen wider der romisch k. m. erblandtschaften entpöret widerstand und gegenwer ze verhelfen, haben wir hocher ermanung, als die ihenen, denen sollich uffrure von hertzen leid und widerwertig ist, in undertenigkeit witter inhalts gehort und verlesen und aber zevor und ee u. k. g. angesynnen schrifftlich und muntlich uns zum teyl behandet worden, unser botschaften sich den veldtlegern ze nahen, die uffruren mit hilff des allmachtigen ze mitlen

---

und zu fridlichem bestand ze undertedingen ernstlichs be-
velchs ylend abgefertigt, ungezwifelt u. k. g. wisse zu er-
messen, wo wir mittler zytt angezoigter gutlicher handlung
wurden veldtlegern, uns nit gezimen, ouch unsern verord-
neten der gutlichen undertedigung furwenden hindernussz
und mer widerwillens mechte geperen, wann wir steen in
volkomner hoffnung, unser botschaften werden mit gnaden
des heil. geistes ungesparten emszigen flissz der gutlichen
undertedigung furwenden und die uffrüren in fridlichen stand
bringen. Desselben und aller geburlichen pflicht wir als
fursten und gelider des heil. richs der r. k. m. und u. k. g.
uns alzit gebieten.

Geben und von unser aller wegen mit der statt Colmar
secret insigel beschlossen uff monntag nach dem sonntag
reminiscere. — P. K 2, No. 412 und 481.

41. Februar 25. — Luzern an Basel.

Uns sind ylentz von den unsern, so im Oberland zů
Fuszach im veld ligen, geschriften zukomen, darinne anzougt
wirt, das sy .. uff mitwuchen[1]) nechst verschinen umb vesper
zyt unser vyend zů Fuszach .. angriffen, inen die flucht an-
gewunnen und unser vyend ob den 5000 erslagen und im
Bodense ertrenckt und sy untz gan Bregetz an die statt ge-
iagt, damit hatt sy die nacht abgetriben und darzů 7 slangen-
büchsen erobret.

Datum mentag nach dem sontag reminiscere.

Zeddel:

U. l. fůgen wir ze wissen, dz die unser ... frisch und
gesund und dheiner dann einer umbkomen ist, des habent
sy dz land umb Veldkilch da oben als ingenommen. —
P. K 2, No. 61 und 61 a.

42. Februar 26. — Basel an die Boten der Eidgenossen zu Zürich.[2])

Wir hatten nechst u. l. geschriben, iro zem furderlichosten
uff ir beger an unns geschrifftlichen uszgangen by unsern
eignen boten wellen antwurt zuschicken und demnach sollichs

---

[1]) Den 20. Februar, s. No. 32. — [2]) Siehe Ochs IV, S. 504.

biszhar in verzugk sich geschickt hatt, ist usz keyner ge-
farlicheit gescheen, sollent ir unns warlichen getruwen. Dann
dwil und u. l. nit alleyn unns, sonnder ouch den ubrigen
u. g. h. bed bischoffen und den stetten unnser nydern vereyn
deszhalben glicher gestallt ouch geschriben, haben wir unns
zůsamen gefůgt und uns eyner antwort als die notdurfft er-
fordert uch zu geben vereynt. Wellich antwort wir uch
hiemit sennden, unns erst uff hutt zůkomen. Darumb so ist
unnser gar fruntlich bitt mit sonderm flisz, uffenthallt und
verzugk harinn geen unns in keynen verdriessz ze fassen,
sonnder im besten uffnemmen, dann inn was unns vermög-
lichen sachen wir uch fruntlich liebe erzeigen mochten,
wellten wir uns alzit flissen ze erstatten.

Geben in yl in der 11. stund vor mitag zinstags post
reminiscere. — M. 19, pag. 182.

43. Februar 27. — Basel an den Landvogt im Elsass.[1])

Uff gestrigen tag ist by uns gewesen der vest Bastion
Druchsesz[2]) und uns allerley furgehalten under andern, dz
die unsern von Liestal sich in gestalten bewisen, damit er
u. a. ze Rinfelden mergklichen verhindert wurden ir vigend
ze besuchen, und zu zitten, so sy uff dieselben hielten und
die von Liestal des gewar wurden, so tatten sy mit buchsen-
schiessen warnung; etc. nun haben wir uns darumb erkundet
und befunden,· dz den unsern an der bezihung zum teil un-
güttlichen geschicht, woļ mocht sin, disz vergangen tagen
ettlich frömder im veld zwing und bann und unsere von
Liestal mit einer zal volks (den unsern unbekant) sich ge-
zoigt und hin und har geweffert und gezogen werent, und
als der schultheis zu Lieztal deren gewar worden und nit
gewiszt, wes gemüts sy gewesen, hat er unbedacht und on
arger meynung ungefarlichen us der buchsen ein schutz ge-
tan ... Wir mochten aber wol liden, dz u. l. nachpuren von
Rinfelden und ir anhenger sich nachpurlich in disem fall er-
zoigten und die iren underwisen, sich gen den unsern zu
Liestall anreitziger worten nit ze gepruchen, alsdenn ettlich
daher getan hand, und sonder so wyt möglich were, zum
teil sich maszten in unsern herschafften und oberkeiten so

---

[1]) Siehe Ochs IV, S. 505. — [2]) Schultheiss zu Rheinfelden.

ståts uff ir vigend ze halten in ansehen, wir dem handel nit
verwant, sunder durch unser botschafft mitsampt andern
gesandten darzwuschen arbeitten und betädingen; . . . zudem
so ist nit one, die obern noch zur zitt in diser nidern art und
landen keynen angriff getan, sonder desz geschont und noch
schonen, mocht uns wol beduncken gut sin, sich darin zu
schicken, darmitt sy nit geursacht und erwegt wurden, disem
land ouch schaden zuzefügen, dann hiedurch so werden die
strassen und täglichs fierung fromder und heymscher wer-
bender lutten gantz nidergelegt, wa das beharren solt, was
nutzes oder schadens nit alleyn uns, sonder uch und ge-
meyner landschaft diser nidern art darus entstan wurde,
wissen ir wol ze ermessen . . .

Datum mitwochen noch reminiscere. — P. K 2, No 470.

44.   Februar 27. — Jacob Ysenle auf Farnsburg an Basel.

Also fuieg ich u. w. im besten zů wisen, das man uff
gestren zinstag zů oben allenthalben an der Aren gestuirmt
hatt, und sind uf die nachtt bi den 2000, als man mir seitt,
gon Brug komen und ziehend allenthalben hin noch, und ist
das gemein geschreig, si wellen vir Walczhůtt ziehen, doch
mag ich sin noch nit eigenlich wisen, wohin si wellen.

Mitwuchen noch reminiscere. — P. K 2, No. 308.

45.   Februar 27. u. 28. — Dr. Thüring Frick an Basel.[1]

Regest bei Witte 21 m 92; Tatarinoff Urk., No. 21. —
P. K 2, No. 51 und 51 a.

46.   Februar 28. — Landvogt im Elsass an Basel.

Regeste bei Witte 21 m 94 und Roder No. 106. —
P. K 2, No. 20.

47.   Februar 28. — Bischof von Strassburg an Basel.

Regest bei Witte 21 m 93. — P. K 1.

48.   Februar 28. — Vogt zu Homburg an Basel.

Witer so ist uf mitwuchen[2] zu nacht ein bott zů Olten
ingelon, der hett geseit, das der zuig wider herab ziech gon

---

[1]) Basels Antwort s. No. 56. — [2]) Den 27. Februar.

oberen Baden[1]) ziech und sig in willen, vir die stett am Rin, wen si inen etwas dörfer verbrent hent und das gar hert lit, und sind die nacht 300 uszogen uss dem Gôw, und ist man in allem land geornett, wen der ander bot kôm, das si mit der macht ziechen.

Donstag zů nacht noch sant Mathis tag. — P. K 2, No. 374.

49. Februar 28. — Hans von Schônouw, Hauptmann zu Säckingen, an Basel.

Demnach die Eidgnossen die k. m. angriffen haben, ... uff das so sint ettlich knecht hin usz geluffen und gen Kyenberg[2]) in das dorff, so den Eidgnossen verwandt und zugehôrig ist, gevallen und doselbs ettlich nom genommen und gon Sekingen getriben und danntzumall offenlichen im angriffen zu Kiemberg mit inen geredt, ob yemantz der euwern ichtzit da genomen sig, der můg gon Sekingen komen, solle im widerkert werden, do ist niemantz komen, dann einer hat sich der euwer genempt, dem sinen worten glauben und das sin widergeben und in vernügt, daruff dann die gesellen das übrig gebüttet ...

Datum donstag nach reminiscere. — P. K 1.

50. März 1. — Basel an die Königin Blanca Maria.

Regest bei Witte 22 m 74. — M. 19, pag. 188.

51. März 1. — Jacob Ysenle, Vogt auf Farnsburg, an Basel.

Also ist uinsz gon Gelltterkinen[3]) entlich enbotten uiber den berg her, wie si wellend hinachtt oder mor vast fruieg wellend mit uins esen und durch die grofschaftt ziehen und wellend in das Frickdal und dantenthin vir die vier stctt; ob dem aber also ist, mag ich nit wisen, si hencz aber uins also enbotten ...

In yl uff fridag umb die fiere noch mitdag und noch Matig (= Mathias?). — P. K 2, No. 307.

---

[1]) Baden im Aargau. — [2]) Kienberg, Dorf im Kt. Solothurn, Amt Olten-Gösgen. — [3]) Gelterkinden, Dorf im Kt. Baselland, Bezirk Sissach.

52. März 2. — Jacob Ysenle auf Farnsburg an Basel.

... Das ist ein gemein geschreig, si[1]) wellen uiber die 4 stett am Rin und als ich uich geschriben hab uff fridag[2]) zu nachtt, wie das die Eidg. wellen zu Geltterkingen sin, ist noch nit beschehen.

Samstag zu nacht umb die fünfe noch mittag. — P. K 2, No. 328.

53. März 2. — Hartung von Andlau und Niclaus Rüsch an Basel.

Tatarinoff Urk., No. 24; Regeste bei Büchi, No. 655 und Witte 21 m 94. — P. K 2, No. 48; Kopie No. 473.

54. März 2. — Vogt zu Homburg an Basel.[3])

Als ich u. w. verschriben han, wie der zuig von den Eidgnosen zů obren Baden lig und vir die stett am Rin wellen ziechen, do sint si zů rot worden und sind etlich hein gezogen, namlich die von Solentor sind uf fritag[4]) nechst zů Olten gelegen und die von Bern und send ein rotschlag tůn, wie si das wellen angrifen, es sig nun zů mol nit wetter in dem feld zů ligen. Eins dorum ich u. w. schriben er sicz in dem Oberland, so ist einer der do uiwer libeigen ist und ein worhaft man, ... der hett mir minen herren zů gůt und zů einer warnung sich bedőrfen vir sich zů lůgen, und ist dèr anschlag zů Luczern,[5]) also das si der von Basell irs zůlůgen nuimen wellen warten sin, wenn si lůgen nit me, den geb got inen das gluik, so weren si ouch gůt Schwiczer, und si wellen ein wissen han, wen gelågen si under, so weren si gůt Österich. Diser seit ouch, das dess kuing von Frankenrichs bottschaft zů Luczern lig und erbiet sich ein gros gůt oder ein zuig mit buischen oder luit in sinen kosten[6]) ...

Samstag noch sant Mathis tag. — P. K 2, No. 384.

---

[1]) Die Eidgenossen. — [2]) Den 1. März. — [3]) Regest bei Witte 21 m 95, der das Schreiben fehlerhaft als von Jakob Isenlin, vogt zu Hornberg, stammend, angibt, während ganz zweifellos zu lesen ist vogt zu Homburg, also ist der Absender Hans Hirt; vgl. oben No. 48 und 7. — [4]) 1. März. — [5]) Tagsatzung zu Luzern 25. Februar. Cf. Hs. Frey, Basels Neutralität, Beiträge z. vaterl. Oesch. X, S. 342. — [6]) Über das Bündnis mit Frankreich s. Ochs IV, S. 568.

55. März 2. — Statthalter, Feldhauptmann und Räte im Lager zu Altkirch an Basel.[1])

Uns komend noch hinacht oder bisz morn zu ymbis zit der von Vergy[2]) der marschalck und houptman in Hochburgundi mit sambt dem von Wadere[3]) u. a. rittern und knecht von bemeltem ende mit mer dan 400 glenen und kürysen.... Nun vernemen wir, das die Eidg. die birszbruck by sant Jocob und der statt Basel zugehörig mit gewalt besetzt und dordurch die überfar und furzugk abgestelt... Die wil nûn solicher gereisiger zug r. k. m. zukombt... und so die bemelt bruck von k. m. erbfinden ingenomen, so ist an üch unser bitt, uns mit solichem reisigem zug durch uwer statt mit einer moss und zale ye 150 oder 30 pferden ziehen lossen, oder das die bemelt birszbruck von üch also versehen, dormit und der benambt zug doselbs ufgelossen werde...

Datum raptim sambstags umb 9 uren vor mittag vor dem sontag oculi. — P. K 2, No. 1.

56. März 3. — Liestal an Basel.[4])

Also ist der unsern einer genant Cunrat Saker, wellen von Liestal mit lerem wagen gon Basel varen und von denen von Rinfelden überloffen und im rosz und wagen gon Rinfelden geschleifft, darzu Ludwig Leiffelfinger ettlich hütt und vel ouch hinweg gefürt, dz uns eben hart befromdt und mochte komen, hette uns u. w. nit verbotten, beder partyen müssig zu gend, esz were doby nit beliben. Harumb bitten wir u. w., u. w. welle daran sin, dz uns oder den üwern sollichs nit me widervare oder zugefügt werde, denn solte esz me beschehen, besorgen wir, dz esz nit me mochte erliden werden, darumb wellend allen flisz ankeren, dz dennocht dem unsern dz sin widerkert werde, denn solte es nit beschechen, besorgen wir, dz u. w. und ouch wir in grossern komber komen mochten.

Geben uff suntag vor sant Fridlis tag. — P. K 2, No. 241.

<hr>

[1]) Basels Antwort s. No. 58. — [2]) Wilhelm von Vergy (Vergier), Marschall von Burgund. — [3]) Loys de Vaudrey, Hauptmann der welschen Garde. — [4]) Siehe Hs. Frey, Basels Neutralität, Beiträge z. vaterl. Geschichte 10, S. 341.

57. März 3. — Basel an Dr. Thüring Fricker.[1])

Wir sagen uch danck uwers fruntlichs schribens ...
Wir mogen ouch daby spuren geneigte fruntlicheit ir zu
unns tragen in der gestallt ir uch zu unns ouch vertrosten
und sollent warlichen glouben, disz schwäbend kriegsübung
und was sich biszher darinn erloffen hatt, unns in gantzen
truwen widrig und leyd wesen, das wissz gott, den wir ...
bitten ..., sinen gottlichen friden darinn ze setzen und u. g. h.
der fursten, ouch u. f. von stetten rätten und botschafften, so
in ersamer zall mit sampt der unsern da oben sind, gnad
und macht verlihen welle, etwas guts zu abloschung des
ubells, so usz disem furnemmen erwachsen mag, zwuschen
inen zu erlangen ...

Datum in yl sonntags oculi. — M. 19, pag. 195.

58. März 3. — Basel an den Landvogt im Elsass.

c est bei Witte 22 m 74. — M. 19, pag. 196.

59. März 3. — Basel an Statthalter, Feldhauptmann und Räte des Feldlagers zu Altkirch.

Wir haben uwer schriben[2]) gelesen ... L. h. und g. f.
uns kann nit gnug bewondern, wer sollich furtrag der brugk
halb uch getan hatt, dann gar nichts daran ist. Wir haben
ouch des gût wissen, dz noch bissher dieselb brugk noch die
Birsz durch nyemanden besetzt, noch der durchzug rittens
oder gangs an dem ort verspert worden, sonder die strasz
bede uber die brugk, deszglichen durch das wasser daselbst
wie gemellt mengklichen offen syen ze weffren, aber als ir
begeren des durchzugs halb unser statt, zwifflen wir nit, uch
sye unverborgen und woll wissend, wie wir unser treffenlich
botschafft mit sampt anderer der fursten rätten, ouch u. g. f.
von stetten der nidern vereyn botschafften diser zitt da oben
in velld lägern haben, zwüschen beden teilen mittel weg ze
suchen und ze arbeiten in hoffnung disz uffrur und kriegs-
ubung hiedurch begüttiget und gestillt werden sollen. Wa
wir nun yemanden in mittler zitt in solichen gestallten durch
unser statt rucken oder ziehen lassen sollten, besorgen wir

---

[1]) Siehe oben No. 45. — [2]) Siehe oben No. 54.

sollichs zů gantzer zerruttung des fruntlichen gesuchs als
obstatt ouch widerwertikeit und schaden den obangezeigten
botschafften dienen mocht, deszhalben wir uwer beger des
durchziehens halb durch unser ·statt nit bewilligen können.
Bitten wir von uns in guter meynung uffzenemmen ...
Datum in yll sontag oculi. — M. 19. pag. 197.

**60. März 4. — Heinrich von Thierstein und der Rat
zu Rheinfelden an den Landvogt im Elsass.**
Regest bei Witte 22 m 74. — P. K 2, No. 22.

61. März 4. — Rheinfelden·an Basel.
c est bei Witte 22 m 74. — P. K 2, No. 97.

62. März 4. — Jakob Iselin auf Farnsburg an Basel.[1]
So kan ich nuczit witter erfaren, wan Bern und Sollen·
dur wider heim sind, wo oder was inen im sin ist, mag und
kan ich uich nuczit schriben; doch so ist noch das alt ge·
schreig, des si sich losen mercken, si wellen vir die 4 stett
am Rin ... — P. K 2, No. 318.

63. März 5. — Königin Blanca Maria an Basel.
Regeste bei Büchi No. 657 und Witte 22 m 76. P. K 1.

64. März 5. — Landvogt im Elsass an Basel.
Regest bei Roder No. 118. P. K 2, No. 29.

65. März 5. -- Solothurn an Basel.[2]
Uns langt an, wie daz die von Richerswyl[3] und ander
die ůwern in den dörffern wider und für geseszen täglich ir
vasznacht und wolleben zu Rynfelden suchhend und kunt·
schaft unsers wesens und der unsern in tun und laszen
sagend, desglich den unsern von denen von Rynfelden och
nůtz verswygend, daz uns nit clein befrömbdet ...
Datum ilend zinstags nach dem sonntag oculi in der
10. stund vor mittag. — P. K 2, No. 135.

---

1) Das Schreiben ist ohne Datum und ohne Unterschrift, nach der
Schrift jedoch sicher von Jakob Iselin und sehr wahrscheinlich gleichzeitig
mit P. K 2, No. 319, datiert mendag nach oculi. — 2) Basels Antwort siehe
No. 67. — 3) Reigoldswil, Kt. Baselland, Bez. Waldenburg.

66. März 6. — König Maximilian an Basel.

Wir Maximilian von gots gnaden romischer kunig zu
allen tzeiten merer des reichs, zů Hungern, Dalmacien,
Croacien etc., kunig, ertzhertzog zů Österreich, hertzog zu
Burgundi, zů Brabannt, zu Gheldern etc., grave zu Flann-
dern, zu Tyrol etc. embieten den ersamen unsern und
des reichs lieben getrewen burgermeyster und rate der
stat Basel unser genad und alles gůt. Ersamen lieben ge-
trewen. Wir haben euch hievor das mutwillig gewaltig
furnemen und handlung, so des stiffts Chur verwanndten
und underthanen mit sambt iren helffern und anhengern
wider recht und alle billicheit, auch dem landfriden, so wir
dem heiligen reiche gemeiner cristenheit und teutscher nacion
zu behaltung und gutem mit unser und des heiligen reichs
churfursten, fursten, ewer und ander stennde rate auf dem
erstgehalten reichstag zu Wormbs aufgericht, beslossen und
allenthalben ausgeschriben gegen uns und unsern erblichen
furstenthumben, landen und leuten, uns und dem heiligen
reiche deutscher nacion, auch derselben loblichen ordnungen
und übungen zu abbruch, zerrüttung und verdrukhung tun
durch unser schrift angezeigt und darauf mit ernst ermannt
und bei merklichen penen geboten, die ewern fürderlich
zu den unsern und andern, so wider die obberurten tetter
und ire . helffer und anhennger in veld sein werden, zu
schikhen, zu helffen, solichem pösen fürnemen statlich und
austreglich widerstandt zu thund und obberurt mutwillig
handlung zu straffen, dem ir aber bisher nit nachgevolgt habt,
das uns nit unbillich befrömbdet und zu miszfallen kumet,
und so nu als wir seidher bericht empfangen zwischen den
unsern an unser stat und den gemelten von Chur ein frid-
licher anstandt gemacht, darein sich derselb von Chur be-
geben und den verwilligt und angenomen, dadurch sich
die unsern ferrer keins argen versehen und deszhalben ire
veldleger, darin sy zu beschirmung und gegenwere sölichs
gewalts versamelt gewesen, geraumbdt und widerumb an-
heim gezogen, in zeit desselben fridlichen anstannds die
Eydgenossen, auch die vom graen pundt und ire anhennger
und verhelffer unentsagt und unbewart irer eren, auch un-
geursacht unser erbliche land und lewt mit gewalt überzogen

und mit mord, pranndt und in ander weyse beschedigt
haben, und furtter zu thund mit merklicher macht besamelt
on underlasz arbeiten, daraus klar zu nemen steet, wie wir
euch auch nechstmals zum teyl bericht und angezeigt haben,
das grund des obbestimbten gewaltigen furnemen und hand-
lung nit allein auf trost der anfennger macht, sonder ander
treffenlicher gewellt, die dadurch eingang in das heilig reiche
zu bekumen bedenkhen, hilff gestellt und aus solichem, auch
diewey(l) es wider die obbestimbten des reichs ordnung und
landfriden, die ir als underthanen des heiligen reichs zu
hanndthaben schuldig seit, offenbar getan, ewer und eins
yeden underthanen und verwanndten des heiligen reichs
selbs sachen ist, die, als ir wisst, des berurten sweren wider-
stannds halben, wo eylend und tappferlich dagegen nit für-
genomen unwiderbringlichs fals und nachteyls gewarttet
und keinen verzug erleyden mag, ermanen wir demnach
euch abermals der pflicht, damit ir uns und dem heiligen
reiche verbunden seit, und gebieten euch bey privirung und
entsetzung aller und yeder genaden, freyheiten, privilegien
und was ir und gemeine stat Basel von uns und dem heiligen
reiche habt, und darzu den penen in den egemelten land-
friden und ordnungen begriffen und vermeydung unser und
des reichs sweren ungenad und straffe von römischer kunigk-
licher macht ernstlich und wellen, daz ir euch nochmals an-
gesicht disz unsers kunigklichen briefs darnach schiket und
die ewern zu rosz und fuss auf das sterkhest und mayst
ir ymer müget, mit wegen, geschütz und anderm als in
veld gehöret fürderlich und on alle auffhallten dem hoch-
gebornen Albrechten pfaltzgrafen bey Rein und hertzogen
in Beyern, unserm lieben swager, fürsten und rate, als
unserm und des heiligen reichs obristen veldhaubtman in
disem hanndl durch uns verordnet in unser und des heiligen
reichs stat Überlingen, oder wo sein liebe oder die seinen
in solichem alsdann sein werden, zuschiket und den bevelhet
zu helffen, dem obberürten pösen gewallt statlichen und
austreglichen widerstannd zu thůnd und vorbestimbt mut-
willig handlung zu straffen und hierinn weytter nit sewmig
erscheinet noch auf nyemand waygret noch verziehet, dabey
wir gemerkhen mugen, das ir unser und des heiligen reichs

verachtung und verdruckhung nit gern schet, als ir schuldig
seit und wir uns zu euch als verwanndten des heiligen reichs
der billicheit nach genntzlich verlassen. Daran tut ir unser
ernstliche meynung und gut gevallen mit genaden gegen
euch und gemeiner stat zu erkennen und zu gut nitt zu
vergessen. Dann wo ir hierinn ferrer sewmig und ungehor-
sam wurdet, des wir uns doch billich zu euch nit versehen
wellen, wir umb dieselb ewer ungehorsam die obbestimbten
ewer genaden, freyheiten, privilegien und anders, so ir und
gemeine stat von uns und dem heiligen reiche habt, aus
unserer kunigklichen machtvolkumenheit und rechter wissen
yetz alsdann und dann als yetzo angestellt haben, also das
ir der alsdann zu gebrauchen und zu geniessen nit empfengk-
lich seiet, so lanng bis ir hierinne gehorsam beweyst und
unser und des reichs huld und genad widerumb erworben
habt und nichtdestmynder mit penen des obbestimbten land-
friden und andern straffen und ungenaden gegen euch ge-
faren und zu thun gestatten; darnach wisset euch zu richten.
Geben in unser und des heiligen reichs stat Cöllen am
sechsten tag des monets mertzen nach Cristi geburde viert-
zehenhundert und im newnundnewntzigisten, unserer reiche
des römischen im viertzehenten und des hungrischen im
newndten jaren. — P. K 1.[1]

67. März 7. — **Die Boten der niedern Vereinigung
aus Überlingen an Zürich.**

Das ernstlich bevelh in namen und von wegen unser
g. h. der fursten und lobl. stet der nidern verein uns von der
schwebenden uffrüren halb, so vor ougen sind, getan, haben
wir nechst sambstags[2] vergangen vor uch erscheint und
daruf uwer antwurt mit vil reden zwuschen uch und uns
erloffen verstanden in gestalt, als ob uch nit gemeint,
einich underrede eins bestands oder durchgander richtung zů
haben, zuvor und ee des widerteils gemüt zů erlernen, mit
vil me worten nit not zů melden, als wir nit zwifflen des
in früscher gedechtnůsze standen, demnach wir uns zu den

---

[1] Auf der Rückseite steht: Praesentata unsern botten zu Colmar
mentag nach dem palmtag (= den 25. März) und uns in ratt worden uff
dem donstag in der carwochen (= 28. März). — [2] Den 2. März.

k. reten, ouch den houptluten des punds zů Schwaben gen
Uberlingen, da die versampt gewesen, uns verfügt und inen
abermals unser bevelh mit sampt der antwurt, an uch er-
folgt, so vil und uns nach gestalt handels beducht not sin,
entdeckt, daruff sy uns mit antwurt begegnet in maszen, dz
wir den bestandt nit haben mogen erfolgen, sunder ungeschafft
abscheiden müssen, wir got bevelhen, das uns in truwen
widerig und leidt ist, dann so wist und unser vermogen ge-
reicht, solt an uns nichtzit erwunden sin, weder coste, műe
noch arbeit, dwil es aber ye die meinung haben ·und das
nit witter bringen mogen, so wollen von uns benůgen nemen
und im besten vermercken; das wolten wir uch nit verhalten,
darnach wissen ze richten. Geben ylends an donrstag nach
dem suntag oculi. — P. K2, No. 416 (Kopie).

68. März 7. — Basel an Solothurn.[1])

Ir schribent unns, wie uch glouplich anlangt, dz die
von Richerschwiler und ander die unsern in den dorffern
wider und für gesessen täglichs gen Rinffellden weffren und
kuntschafft uwers wesens und der uwern in tun und lassen
sagen, deszglichen den uwern von denen von Rinffellden
eroffnen, etc. l. u. g. Eidg. ir sollent uns ... glouben, dz wir
der dingen kein wissend gehapt, ... wir wellen uns aber der
warheit darinn erfaren und wie sich gepurt darin handlen, und
dwil ir ... schriben, dz ander die unsern in den dörffern wider
und für gesessen sollichs ouch tun sollent und aber nit an-
zeig tund, welhe dieselben syent, so ist unser beger zu uch,
unns gruntlich dieselben ouch so ferr uch die kunt sind, ze
offenbaren by disem unserm botten. Wellen wir darin handlen,
ir spüren, sollich ir hanndell uns nit gefellig, sonder ver-
driesszlich sin. etc.
Datum donstag vor letare. — M. 19, pag. 199.

69. März 7. — Basel an den Landvogt im Elsass.

Uwer schriben unns zugesanndt des ply by unns in
uwerm nammen erkoufft, wie wir das verhindert sollen haben,
etc. mit merem innhallt hand wir gelesen und sonnd gelouben,

---

dz wir sollichs uch nit verhindret. Wol haben wir den unsern
verpotten, dwil und wir uns byssher unparthyesch diser
kriegsloiffen erzoigt und nachmals vermeynen zu erzoigen,
dz dann sy den parthyen beder sytt, so iren veilen kouff
by unns suchen, mit inkouffen und zuschicken mussig standen,
sonder die ihenn, denen das zustatt und zugehörig ist, lassent
selbs erkouffen und hinweg furen. Darumb wa uch etwas
geliepdt by unns zu kouffen, mogent ir yemanden har sennden
und im das empfelhen ze erstatten, lassent wir (als die beden
teylen den veilen kouff vergennen) von uns unverhindert
gescheen. Wellent im besten von unns vermercken. etc.
Datum dornstag vor letare. — M. 19, pag. 200.

**70. März 8. — Statthalter und Räte im Lager zu Alt-
kirch an Wilhelm von Rappoltstein.**

Wussent dz in diser nacht sich die Eidg. gantz gegen
uns mit aller macht gekert und an dem Blowen [1] allenthalben
uff uns und die unsern angryffen, deszhalb wir mit der gottes
hilff willens sint inen widerstant ze tunde, ervorderent uch
daruff anstatt r. k. m. uff dz aller hoheste . . ., ir wellent sich
die uwern angesicht dis briefs mit gantzer macht und wz
zur were geschickt ist lossen erheben uns und den uwern
zu rettung zu ziehen . . . Datum in ile frytags zu nacht nechst
noch dem sonnentag oculi. — P. K 2, No. 476 (Kopie).

71. März 8. — Basel an die Königin Blanca Maria.
Regest bei Witte 22 m 79. — M. 19, pag. 201.

72. Ca. 8. März.

Nu disem nohe und man uff vorbestymbten abscheydt [2]
hatt wellen rytten, sint unser gn. frouwen der römischen k.
rate und botschaften sunder unserm hern von Rappoltzstein
schrifften vom lantvogt usserm leger von Altkilch zukomen,
innehalten, wie die Eidg. über den Blowen [3] geruckt in die
lant unser bezirck der vereyne, die sy den gesanten furbrocht
und lossen heren mit der hochsten ermannung, in namen k. m.

---

[1] Siehe die Anmerkung zu No. 71. — [2] Titel und Datum fehlen, ge-
meint ist ohne Zweifel der Abschied vom 9. März, siehe No. 78. — [3] Siehe
No. 69 vom 8. III; Blauen = Höhenzug im Jura, zwischen Birs- und Leimental.

ylends zu rettung landen und lutten zu ze ziehen etc. Uff
dz so haben die räte und botschafften sich mit einander
underredt, die dinge genomen hinder sich an ire g. heren,
heren und frunde ze bringen und deszhalb einen andern
tag zusamen ze schicken vereynt, nemlich uff den sonnen-
tag iudica[1]) nechstkunftig des nachtes zu Colmar an der her-
berg ze sinde, morndes mentags früge von der sache entlich
ze reden und ze besliessen und uff dz, so ist mit der schrifft
den botschafften so gutlich handelent geschriben, wz inen
begegent oder wz inen entgegen, uns uff disen tag furderlich
ze verkunden, und sol yeder an sinem orte dise tagsatzung
so beste er magk zeverhelen. — P. K 2, No. 422 (Kopie).

**73. März 8. — Abschied und Anschlag, vom schwä-
bischen Bund auf dem Tag zu Überlingen beschlossen.**

Anfangs ist dem volck zu rosz und fusz, so wie hernoch
volget, in der ersten und andern hillff angeschlagen und verord-
net ist, ein oberster veldhouptman erwelt, nemlich graf Wolff
von Furstenberg landthoffmeister etc. Diser veldhouptman
sol mitsampt den, so im von den fursten, ouch den vom adel,
ouch stetten zugeordnett werden, macht haben mit sollchem
volck, das im ouch alles pflicht tůn gehorsam ze sin, den
vinden zů begegnen, uff sy zu ziehen und ze handlen, wie
es in un(d) sein zugeordnett rett zu yeder zitt noch gestalt
und gelegenheit der sachen nutz und gut ansicht.

Mentz 250 zů rosz
Trier 100 zů rosz
Brandenburg 250 zů rosz
Wirttemberg 100 zů rosz, 1000 zů fusz und dorzů 3
    schlangen buchsenn
Augspurg 100 zu rosz, 400 zu fusz
Baden 30 zu rosz, 400 zů fusz
Die von adel und stett 100 zu rosz, 3100 zu fusz und
    von stetten 3 slangen buchsen.

Uber solchen vorgeschribnen anschlag ist verrer gerot-
schlagt und beschlossen, ob die Eidg. wyderumb mit macht
herusz uff k. m. landt und luwt oder ander vom punt ziehen

---

[1]) Den 17. März.

wurden, an welchem ort das beschee, wen den dem obristen
veldhouptman ansicht, das er derselben macht mit vorge-
schribnem anschlag zu swach were und die 8 redt, so vom
adel und stett des pundts als hernoch volget zu k. m. rittern
zusamen verordnet sind, darumb ersucht, sollent die selben
von stund an dem andern anschlag harnoch volgent gar
halbs oder zum teil, wie sy uff anzoigen des veldhouptmans
gut ansicht ervorderen und daruff ilends zůgezogen werden,
wie ein yeder gescheiden wurt, und volget harnoch solcher
anderer und grosserer anschlag:

    Wirtemberg 3000 zu fusz, 1 quartonen, 3 schlangen
    Augspurg 100 zu rosz, 1200 zu fusz
    Baden 100 zu rosz, 1200 zu fusz
    Die vom adel und stett 300 zu rosz, 9300 zu fusz und
        dorzu von stetten 1 quartonnen, 3 schlangen.

Und sollent ouch sich m. g. herren Ments und Branden-
burg uber der vorberurten ersten hilf und zulegung in rustung
halten und ob sy witter ersucht wurden, sich mit verrerer
hilf und zuziechen bewisen, als gemeyner bund vertruwen
zu ir beder gnaden hat.   .

Item welichem vom adel, dem fuszknecht uffgelegt
weren in der ersten oder andern hilf zu schigken, ebner
oder gelegner were, selbs zu ritten und sich zu rosz rusten,
der mag allweg an 3 fuszknechten statt einen wolgerusten
reysigen haben, und ob sich einer alleine nit rusten mochte,
so mogend sich also zwen oder 3 zusamen schigken, dormit
ir anzal erfult werde.

Item es sol ein yeder bringen und schicken gůt geübt
fuszknecht und der buren und ungeübten, soverr es inen
moglich sin mag ersparen, ouch sol man sich vlissen, buchsen-
schutzen zu wegen ze bringen und das ein yeder fuszknecht
zem myndesten ein krebs hab.

Es sol ein yeder houptman, sobald er mit sinem volck
zů dem obristen veldhouptman kombt, ime sin uffgelegte
anzal by dem eyde anzoigen und mustrung am selben end
bescheen lassen. Darzu sol ein yeder by den sinen doran
sin, und inen in die eydes pflicht geben, dordurch by inen
gotslestrung, zůdrincken, schmechung der kilchen und from-

men bild, ouch ander umzimlicheit zum hochsten verhünt und furkomen werden.

Item dornoch als diser krieg ursprunglich k. m. als ertzhertzog zu Osterrich etc. berurt, ist gerodtschlagt und beslossen, das der k. m. marschalck und houptman her Hans Jacob von Bodmen und by inen vier vom adel und viere von stetten des bundts zu Uberlingen oder einem andern ort noch gelegenheit in versammlung sin und bliben und alle zu vollende sachen und hendel, so sich der notturfft noch usszerichten geburen, sollen handlen, dormit der veldhouptman deren gantz · entladen und den sachen, so einem veldhouptman zugehoren, desterbas uszgewarten moge.

Item in die stat Costents sol ouch ein besonnderer houptman geordnet werden.

Item es sind ouch von disem tag von den kurfursten und fursten, des bundts verwanten und gemeynem bundt vom adel und stetten treffenlich botschafften ilens zu der k. m. abgevertigt, inhalt einer notturfftigen instruction ze handlen und zu arbeytten, dormit sin k. m. unverzogenlich mit uffmanung des richs personlich haruff zu den hendlen verfueg und dorby auzoig, das gemeine versamlung noch gestalt der hendel und sachen ouch zů widerbringung der abgetrünigen lande und zu erholung der erlittenen schaden uff siner k. gnaden gutbeduncken gerotschlagt haben, das mit dem veldzugck wider die verbrecher des landfridens nit lenger dan bisz sant Jorgen tag [1]) zu verziechen sye, wie dann solichs die instrucion zu erkennen gibt. etc.

Fritag vor letare. — P. K 2, No. 456 (Kopie).

74. März 8. — Jacob Ysenle auf Farnsburg an Basel.

Virer weis ich uich nit vil nuiwcz zů schriben, das do wor sige, den das der Eidg. knecht vast rouben in der grofschafft, wo si uiczit erfaren kenen, doch den uiweren dünd si nuczit.

Fridag vor mitvasten. — P. K 2, No. 306.

---

[1]) Den 23. April.

75. März 8. — Solothurn an Basel.

Wir vernement, das unser vyend von Rinfellden tēglich durch uwer hoche gericht nit allein uns, sonder gemeiner Eidg. verwantten in dem hulffter graben[1]) mit zutůn der graffen von Tierstein unser wol vertruwten mitpurgern eigner personen understanden, an lib und gut zu schedigen und uber die unsern, etc. so si die besichttigent, lut schryent, fliechent, fliechent, die kūghyer komment, und über die üwern zu Liechstal plērend als kelber und sagent, wenn das ku wammasz mit flöchnen der unsern gut voll sye etc. Wie dem, so haben wir gedult bis uff sin zyt, in hoffnung, das gott und die wellt uns helffe, dis grob unfüg straffen, dabi wir numals laszend beliben.

Datum frytags vor Ietare. — P. K 2, No. 133.

76. März 8. — Vogt zu Homburg an Basel.

Demnoch und knecht us dem oberland durch uiwer empter ziend und den huilften[2]) zů verhuietten, do han ich des gewissi kuntschafft han, das dieselben knecht sind gesessen zů Tringbach[3]) in des wircz hus und hend ein rotschlag geton, wie der huilften bôs zů verhuieten sig, wen si kein ufenthalt heigen, die der stros gelegen sig, und hend ein anschlag geton uiber das schlosz zu Bratellen, das wer der stros gelegen.

Fritag vor mitvasten. — P. K 2, No. 371.

77. März 9. — König Maximilian an Basel.

Regest bei Witte 22 m 79. — P. K 1.

78. März 9. — Niedere Vereinigung an die Hauptleute zu Altkirch.

Regest bei Witte 22 m 79. P. K 2, No. 424.

79. März 9. — Abschied des Tags der niedern Vereinigung zu Colmar.[4])

Primo dem nechstverschynen abscheyde nohe durchzugs oder Iegers halb und besunder uff dz anbringen und

---

[1]) Hülftengraben, östlich von Pratteln, Kt. Baselland. — [2]) Siehe Anmerkung zu No. 74. — [3]) Trimbach bei Olten. — [4]) Siehe Ochs IV, S. 518 ff.

werbung u. a. g. frouwen der r. k. raten und botschaft zu-
zugs, profand und anders halp, ist gerodtslagt und der bot-
schaft zu antwort geben, wile u. g. h. die fursten etc. und
die lobl. stette diser vereyn ire treffeliche rate und sende-
botschaften zwuschen den parthien in gutlicheit gesuchen
habent, das sich dann zu diser zit von entlicher antwort ze
reden oder ze geben ee und dieselben botschaften wider
anheymsch, nit gezyme, aber so erst die koment und das so
inen begegent, vermerckt, dem nohe well man sich gepur-
lich halten. Obe sich aber in mitler zit profande oder durch-
zugs halb udt begebe, well man sich ouch in halten, wie
sich gezyme.

Und uff das so ist u. g. h. von Basel und ouch der statt
Basel angehenckt und bevolhen, so erste die botschaften, so
zwuschent den parthyn ryttent, by sy koment und sy ire
gescheffde vernement, bedunckt si dann gut oder notturft
sin, die vereyn ze beschriben, das sy das am selben orte
ze beschehen furderlichen verschaffen.

Es ist ouch gemelten botschaften, ouch u. g. h. dem
landtvogt geschriben, lute der coppyen mit sampt diesem
abscheyde inen zugeschickt.

Samstag vor dem sonnentag letare. — P. K 2, No. 423
(Kopie).

80. März 9. — Jacob Ysenle auf Farnsburg an Basel.

Ich vernim worlich; das der Eidg. buischen sigend bis
gon Surse[1]) und rucken si all hernoch und ist die gancz red,
si wellen vir die 4 stett und wellen 2 stett einmols beleggen.

Samstag zu nachtt vor mitvasten. — P. K 2, No. 329.

81. März 11. — Solothurn an Basel.

Wir haben verstanden, wie die unsern uwer ange-
schlagnen cedel mit dem cleinen insigel bewart ob den
husern uwer libeignen lutten zu Wysen[2]) gerissen und
schnödencklich in den wûst geworffen und allerley hochwort
getriben habent, mit pitt, zu verschaffen, des still ze stand...
L. g. Eidg., solich abrissen der zedeln ist unser bevelh nit

---

[1]) Sursee, im Kanton Luzern beim Sempachersee. — [2]) Wysen, Dorf
im Kanton Solothurn, nördlich von Olten.

gewesen und statt doch wol daruf, das solich anschlachen
anzoigung den unsern nit vil nutzes muge geberen, darumb
wir uch bittend, söllich uffschlachen, wa die unsern gesessen
sind, zu vermyden, dann die unsern dadurch gegen den
vinden dargeben und angezoigt werden.

Datum (mentags nach letare). — P. K 2, No. 129.

**82. März 12. — Kgl. Statthalter an die Boten der
niedern Vereinigung.**

c est bei Witte 22 m 80. — P. K 2, No. 477 u. 478.

83. März 14. — Erkanntnis des Basler Rats.

Uff dornstag vor judica ist erkannt vor bed rått in
disen loiffen, dwil einer und der ander, es sye der her-
schafft oder von den eidtgenossen, har zu uns riten und
harin begeren, sy in ze lassen und aber vormolen erkannt
worden, nyemand gerust in ze lassen, darusz uns mergklich
hinderred und verdriessz zugestanden ist, dem vor ze sind,
so haben bed ratt erkannt, wer hinfür, er sye von einer oder
der ander parthye, zu uns kompt und harin begerdt, er sye
joch gerůst, dz dieselben selb 10 oder 12 durch die hoipter
wol mögen harin gelassen werden, doch sollent die hoipter
acht und uffsehen haben, dz in sollichem inlassen all molen
nut zu vil uff eyn stund und zytt harin gelassen werden,
domit nit ein grosse somm derselben zesamen komen. —
Erkanntnisbuch I, fol. 183.

84. März 14. — Vogt zu Homburg an Basel.

Also seit mir min kuntschaft, das zů Luczern all Eidg.
bi einander sind und zů rot wellen werden, wie si den
kuing von Frankrich wellen ufnen, wen bis har etlich ver-
zogen hent, nitt verwilgen wolten, mit im keinen bunt zů
machen, wen si vermeinten, Basell und Strosburg wurden
mit inen dran sin, und hetten nuit von inen begerett, den
das si inen die buischen geben hetten und was knechten
dorzů gehört; also ist ein red, mit dem kuing ein bunt zů
machen und wellen im nit witer zů vordren, den die buischen
und was dorzů gehört und darzů 500 knecht, die mit den
buischen kônen, und ist das ir entlich meinung, das si noch

dem hochzit an die stett am Rin wellen und vir die statt Rinfelden zum ersten und erlouben allen knechten zů rouben und sond nitt brennen, besunder das Fricktal, wen si vermeinen, es werd inen schweren, wen si von keiner richtung wellen wissen. Und ligen die knecht in uiwer herschaft zu Buttken[1]) in des wircz hus und hent allenthalben ir kuntschaft und hent zů Buttken und zů Diepliken[1]) und zů Duirnnen[1]) die ross und wagen genon und ouch die seck und sind gefaren gen Rotenflů[2]) und hend eim den haber genon, gehört der man in die herschaft und ist wib und kind uiwer eigen und hend den haber gon Buttken gefuiert, do han ich mit inen uf das alerfrintlichest lossen reden, wen solten si mit uiwerem zuig der figgen gůt reichen, es möcht uiwer wisheit und den uinseren zu merklichem schaden dienen, wenn si uins on das in dem argwon heigen. Also hent si gesprochen, es sig in einer win fuichtin beschen und sind die nacht gesessen und hend gesprochen, min herren ein nuss bissen muiessen, die si nit gern bisen, und hent gefrogt, wie vil knechten und wie vil zuigs uff dem schloss sig, hett man inen geantwirt, vil zuigs und knechten vir 2 oder 3 jor gnůg, wen ich weder wib noch kind in das recht schloss lon, domit man nit mög ervaren, wie vil knechten ich heig, wen ich mich lossen merken, u. w. heig mir bi nacht ettlich knecht geschickt, domit si nit können vernemen, wen l. h. ich us dem ampt all nacht 2 knecht in das hinder hus nim zů wachen, domit u. w. das schloss versechen sig. G. u. l. h. gar im aller besten tun ich das u. w. das zů wissen, wen ich min lib um u. w. willen wåder tag noch nacht wil sparen und von dem schloss nit wichen on u. w. erloubig, wen wir wol bedörfen gůt sorg zů han. wen der knechten bi 40 sind, die zů Buttken ligen und reden, si warten der knechten mit dem fenlin und si hend zů nacht ein wacht. Also han ich noch me knechten uf das schloss genon bis si von statt kômen und můs der wirt den haber an die zerung nemen.

Geben uf donstag zů nacht noch mitvasten. — P. K 2, No. 373 u. 373[b].

---

[1]) Buckten, Diepflingen und Thürnen, Dörfer im Homburgertal, Bezirk Sissach, Kt. Baselland. — [2]) Rotenfluh, Dorf im Bezirk Sissach, Kt. Baselland, östlich von Gelterkinden.

85. März 15. — Jacob Ysenle auf Farnsburg an Basel.

Regest bei Witte 21 m 96. — P. K 2, No. 311.

86. März 15. — Basel an Solothurn.

Regest bei Witte 22 m 81. — M. 19, pag. 204.

87. März 15. — Erkanntnis des Rats zu Basel.

Uff fritag vor judica ist den unsern in emptern für-
koiffern furgehallten und inen gesagt, demnach und die her-
schaft etwas unwillens darab empfahen, dz sy den Eidt-
gnossen zufüren korn, und anders, etc. dadurch zu besorgen
ist, inen von der herschafft der tagen eyns etwas unlieps
begegnen möcht und zu unfriden komen, dem vor ze sind;
so sye gut und empfelhe man inen hoch gepietende, dz sy
weder eynem noch dem andern teyl nichts me zufüren,
wenig noch vil etc. und dz sy disz hëlen und heymlich hallten
by straff an lip und gut nyeman ze sagen, dz inen sollichs
verpotten sye, sonnder wa sy gefragt wurden, warumb sy
inen nichts me züfierten etc. dz sy dann gutlich sprechen,
inen kome für und tröwe man inen, wa sy inen me züfüren,
so welle man sy verbrennen, dem vor ze sin, so wellen sy
still stan diser zitt, aber dwil und wir als ir hern den veilen
kouff ze suchen by uns beden parthyen zugelassen, sollichs
mögen sy selbs ouch tůn und den sůchen; wa sy dann inen
konnen liebs bewiesen, syen sy geneigt. — Erkanntnis-
buch I, fol. 183.

88. März 15. — Jacob Ysenle auf Farnsburg an Basel.

Als sind der Eidg. knecht mit 2 fenlin hinacht uf mit-
nacht gen Geltterkingen kumen und kan doch nit erfaren,
was irs virnemencz welle sin, anders dan das·si reden, si
wellen gon Dornach; zu dem so sind hinacht wol bi den
150 knechten zu Rinffellden usgelossen, die reden ouch, si
wellen gon Dornach zů; nit witter noch zu diser zit kan ich
erfaren.

Fridag noch ledare fruieg umb die driu. — P. K·2,
No. 263.

89. März 18. — **Statthalter, Feldhauptmann und Räte im Feldlager zu Altkirch an die Boten der Fürsten und Städte der niedern Vereinigung zu Colmar.**

Unser jungst anzoigen, uch uff die beschedigung, so r. k. m. u. a. g. h. als fursten und ertzhertzogen zu Osterreich etc. zugewanten und underthonen der groffschaft Pfirt, so von unsern erbfinden den Eydgnossen als zerbrechern und ubertrettern des kgl. lantfrydens uff gehaltenen tagen zů Wurmbs und Fryburg beschlossen uber und wider alle billich-kayt und unsernthalben gantz unverschult gegen uns harinn furgenommen, uch darumb als glider des heil. rychs und uff inhalt der loblichen verayne um hylff und trost angeruffen, daruff wir antwurt von uch empfangen, doran wir der zytt benügen gehapt, uns ouch versehen haben, dem selben solt gelept worden sin und nit witter furgenommen, destermynder nit so sint wir uff unsern grentzen von tag zu tag, nacht ze nacht von den lutten inmossen und nit mynder dann wie hievor überzogen, k. m. an iren underthonen beschediget, die selben abgetrungen und das ir roublich hingefürt. Die wil wir nun uns uff uwer guttig erbieten dergestalt sollichs durch uwer sandboten, durch die ir uch begüttigung diser kriegs-ubungen vertrost sollichs abzestellen, und wir darunder wor-lich vernumen, das derselben werbung und handlung zu un-fruchten gedient und nichtz erschossen hatt, das uns nit lieb ist, und so wir aber us sollichem der lut frevelich mutwillig und unbillich furnemen getrungen sint, uns dargegen der-gestalt ze schicken, zuvor die r. k. m. ir land und uns selbs desselben ze verhütten, und mit hilff des allmechtigen ze erweren, demselben allem noch ist anstat und in namen k. m. als fursten zu Osterreich etc. und von wegen unser selbs an uch u. l. h. u. frund flissig und fruntlich bitte, uns mit dem stercksten und ganzer macht zu ross und fuss zu ze (z)iehen und in diesen sweren obligenden zufellen und louffen nit zu verlossen, sunder uwer lib und gut zu uns setzen, als wir uns veraynung und sust der nochgeburschaft noch zu uch ungezwyvelt versehen. Das wollent wir k. m. von uch be-rümen, der sollichs in allen gnoden gegen uch erkennen wurt, und fur uns selbs mit lib und gut yetz und in künftig zytt herwydern verdienen und zu gut nyemer vergessen,

und bitten des geschryben antwurt by dem unserm botten
ze vernemen, uns wussen wo nohe ze richten etc.

Datum ylends uff samstag zu nacht vor iudica. — P. K 2,
No. 458 (Kopie).

**90. März ca. 17. — Erklärung des Basler B. M. Hans
Imer von Gilgenberg vor dem öffentl. Notar, dass das kgl.
Mandat aus bekanntem Grund der Vermittlung nicht befolgt
worden, dass aber eine Kopie desselben am 16. März am
Richthaus zu Basel sei angeschlagen worden, mit der Be-
merkung, das Mandat vor 10 Tagen erhalten zu haben.[1])**

Dwyl durch hoch leblich stiffter beder rechten die mitel
protestierens, appellierens, supplicierens zu hilff dem be-
swerden und forchtenden beswert zu werden, heilsamlich zu-
gelassen sind, harumb erschinen wir Hans Ymer von Gilgen-
berg, ritter, burgermeister und die rette gemeinlich der stat
Basel in namen unser und gemeiner statt vor uch offnem
notarien und gezugen hie zugegen und gebent zu erkennen,
das uns uff samstag vor oculi nechstverruckt von dem r. k.
Maximilian... ein mandat oder gebotts brief zukommen ist, den
wir ouch mit gepurlichen wirden empfangen, lutend wie nach-
folgt: Wir Maximilian etc. Und nach dem zů der zytt uber-
antwurtung egemellts mandats wir mitsampt andern u. g. h. u.
frunden, fursten und stetten der verein diser nydern art und
umbstossenden landen treffenlicher botschaft, ouch unser send-
botten by beden uffrurigen parthyen in dem gemelten man-
dat bestimpt, im veld gehept haben, uff meinung dieselben
uffruren, soverr yenan muglich in der gutigkeit zu stillen und
nider zu legen, usz wellichem grund wir zur selben zytt, nůtt
zu verachtung der k. m. sonder nach gestalt der sach dem
gedachten mandat nit gestracks volg getan, bis zu er-
kundung, wes die gemelten unser uno ander sendboten in
sollicher egemelter uffrur zwischen den parthyen in der
gutigkeit beschlossen hetten, uns witer danach megen haben
zu richten, der guten hoffnung, die k. m. in craft gemelts
mandats harüber gegen uns wytter nit gejaget oder proce-
diert hette. Nůt desterminder ist uff sammstag vor iudica,

----

[1]) Siehe Ochs IV, S. 520 ff.

den 16. des monatz merz ein coppy globlicher form der selben mandat glichformig an unser richthus offenlich an-geschlagen und daselbs publiciert worden, under anderm in siner underschrift wisende, das uns dzselbig mandat vor 10 tagen uberantwurt und verkundet sin soll etc. So aber durch sollich mandat mitsampt der nachgefolgten publication, wo wir denselben volg thun sollten, uns und unser stat merklich und unlydlich beswerung zugezogen wurden, wir ouch in sorgen standen nachmols mit wyttern mandaten oder decla-rationen, uns noch unlydlicher sin wirden, ouch noch merer und grosser beswerd empfahen mecht usz treffenlichen ur-sachen zu gepurlichen zytten an orten und enden sich er-heischen wirt, nochmollen eigentlich zu luttern und usze-trucken, harumb so vorderst protestieren und bezugen wir uns offenlich in namen wie vor, unser gemüts und meinung nit sin, der k. m. freffenlich ze widerstreben, sonder als ge-horsam undertan und glider des heil. richs denselben in allen zimlichen uns müglichen und gepurlichen sachen mit under-tenigkeit allzytt ze willfaren, aber usz ursachen obangezeigt appellieren, dingen und supplicieren wir in der bestentlichesten wise, wie sollichs sin soll· oder mag, von den obgemelten mandat, siner publicierung, allen und jeglichen daranhangenden und darus flieszenden beswerden, insonders von sollichen gebotten der k. m. als nit clarlich und wol berichtet, hin-widerumb fur dieselb sin k. m. die clerlicher und basz ze berichten, unser beswerden und anligen derselben siner m. als dem millten brunnen und uszflusz alles rechtens, gruntlich zu eroffnen, des hochen vertruwens, so sin m. mit warheit und in aller undertenigkeit dieselben unser beswert eigent-licher bericht si werd die obgemelten mandaten, ir publi-cieren und was dem nachfolgen mecht nichtigen, abtun und cassieren, und uns mit wytern erclerungen oder declarationen deshalp nit belestigen, heischen, vordern und begeren einest, anderst, drystet, flissig, flissiger und aller flissigest diser unser appellation und supplication, wisungsbrieffs, ob yemans sye, der uns die geben solle, besonder von uch offnen no-tarien testimonialiter, ouch diser ding offnen instrumenta, so vil uns deren nott werden, mit bezugung diser unser suppli-cation und appellation zu gepurlichen zytten ouch an orten

und enden sich erhoischen wirt nachzukommen, vorbehaltlich
die selben zu endern, zu mindern, zu meren, zu erkleren
und sust was uns harinn furzebehalten von recht oder ge-
wonheit gepuren mag.

Desglichen mecht man zu einer fursorg von dem andern
mandat der proviand halb und siner publicierung innerhalb
10 tagen ouch appellieren.

Zu dieser Protestation gehört wohl auch der folgende
Zettel von der Hand des Stadtschreibers:

Min sonder gonstiger her und gebieter. Dis ist der
appellacion zettel, und dwil minen herrn darusz nit schad
erstan, sonder wo es soferr keme, fruchtigen mocht, und aber
ein gut vertruwen ist, die ding sunst by k. m. versehen werden,
were mins bedunckens nit nott, sonders fiel rats zu gepruchen,
dan so solichs stiller plib, so besser, allein hinder dem notarien,
man wolt dan nochmals der insinuation halp, doch nit not ist
in dissem falle, noch zur zit etwas rats suchen. — P. K 2,
No. 464 u. 464* (Kopie).

91. März 17. — Solothurn an Basel.

Tatarinoff Urk. Nr. 29; Regeste bei Witte 22 m 82;
Büchi Nr. 138. — P. K 2, Nr. 127.

92. März 17. — Instruktion für den Tag der niedern Vereinigung zu Colmar.[1])

Uff das kgl. mandatt und ander manung etc.

Item wir haben das k. mandat fur uns genomen, und
sye nit one, alles das wir k. m. schuldig und pflichtig,
werend wir ze thund geneigt.

Deszglichen u. g. f. der r. konigin geschrifften ouch
vor ougen gehapt und alles das, dz wir k. m. und ir k.
wirde in crafft der vereyn pflichtig, syen wir geneigt ze
erstatten.

Demnach so setzen wir keynen zwifel, wa k. m. u. a.
g. h. ouch ir k. wirde gruntlichen bericht werent, gelegen-
heit der vereyn, ouch unser gelegenheit mit der landschaft,
sy weren zu sollicher manung und erforderung an uns be-
scheen, nit bewegt worden.

---

[1]) Siehe Ochs IV, S. 525 ff..

Dann wa der beger und manung gelept werden sollt, und wir die unsern uszer land schicken, was darusz der landschaft und dem rich entstan, und demnach volgen wurde, sye not zu erwegen.

Zudem sye wissentlich, demnach und ein bischoff von Basel und ein stat Basel mit iren slossen, stetten, landen und lutten an die Eidg. stossen und ligen, dz mergklichen zu besorgen sye, dz die Eidg. sich in sollich slosz und stett legern und understan möchten die zů iren handen zu bringen; zů was nachteil sollichs der landschaft ouch dienen wurde sye alles gut ze erwegen, angesehen dz die Eidg. dadurch dest mer gesterckt wurden und ihren fryen ingang in die landschaft haben.

Deszglichen so wurde not werden der ubrigen vereyn danthin eynem bischoff und der statt Basel in sollichem hilf und trost zu bewisen, dann wa das bescheen solt, so were darnach der last uff der landschaft und den ubrigen in der vereyn; geschwigen zu was nott eyn bischoff von Basel und ein statt und die iren komen mochten.

Dem allem nach, so sye einer statt rat und gůt beduncken, eyn botschaft von gemeyner vereyn zu unser a. g. frowen die r. konigin lassen komen, sy ze berichten von anfang bis zům end, was wir bisher der sach zů gůt an bed parthyen gesucht und beworben haben; darzů dis schwär obligen und schaden, so eynem und dem andern teyl darusz entstan mocht, mit beger, die vereyn in disem fall růwen ze lassen. — Und so ferr sollich gnad by ir kgl. wirde erlangt werden mag, wol und gut; so ferr desz nit, dz denn sollich botschaft in glicher gestalt und werbung zu der k. m. u. a. g. h. abgefertiget werde. Und was den boten an beden enden daruf begegnet, sollichs wider hinder sich bringen.

Item wa die nydern vereyn in sollich botschaft nit gehelen wurde, sonder den mandaten anhangen, dz denn sollichs unser boten ouch wider hinder sich bringen.

Sodenn des durchzugks und profyannd halb wissen die boten daruff antwort ze geben.

Der erfordrung in crafft der vereyn des fromden volks halb bescheen, darin wirt sich ein statt zu sinen zitten gepurlichen halten.

Gedencken mit der vereyn zu reden, ob man dem letsten abscheid nach gen Altkilch schriben welle oder nit. Sonntag judica. — P. K 2, Nr. 453.

93. März 18. — Vogt zu Homburg an Basel.

Soden der lðifen halb seit mir min kuntschaft von dem tag zů Luczern, wie si den kuing von Franckrich uf hend genon und ein bunt mit im gemacht und begeren nit me den die buischen und was dorzů gehört und entlich ir meinung ist noch dem hochzit vir die statt Rinfelden, wen si die strosen welen uiber bed Howenstein wellen fryg han. Es ist ouch ein houbtman mit knechten durch uiwer empter gezogen und het etlich die unser gezwungen, si zum nechsten gon Rotenflů ze vieren und hett gesprochen, was der von Basell sig, sond sich mit iren wercken firdren vor dem hochzit, wen si muiesen mit inen zien, gott geb was uiwer herren dorzů sagen, wen ir das nit tůnd, so sind ir uinser fingen und sind uns als lieb as die Östericher, wen wir wend des zůlůgen nit me warten. Es sind ouch knecht zů Tringbach gesessen und hend vil anschleg geton uiber Bratellen und etlich schlosz, sig denen von Dornach, den sellen knechten bevolen; ouch hent si gerett von dem schlosz zů Krenczach[1]) wellen si lůgen tester virer ob si kein schiff an dem Rin finden, wen die stros an dem Horn[1]) welten verhuieten. G. u. l. h. gib ich das u. w. zu erkenen, do ir den uinseren die schiff den Rin uf bruchen, domit semlichs zů versechen.[2]) Geben uf mentag vor uinser frowen tag.[3]) — P. K 2, Nr. 376.

94. März 19. — Abschied des Tags zu Colmar.[4])

Primo: Gedenckent uff mentag nechst noch dem palmtage des nachtz wider zu Colmar an der herberg ze sinde, ursache ein yeder botte wol weysz.

Item das ein jeder an sinem orte anbringe, ob die notturfft erheischen oder gut sin mocht, das die gesandten

---

[1]) Grenzach, Dorf im Badischen, am Rhein, 1 Stunde oberhalb Basel; etwas näher bei der Stadt das Grenzacher Horn. — [2]) Cf. Hs. Frey, Basels Neutralität, Beitr. z. vaterl. Gesch. X, S. 342; Ochs IV, S. 532. — [3]) Bedeutet gewöhnlich = assumptio Mariae = 15. Aug., ich fasse es als: annunciatio Mariae = 25. März. Cf. Büchi Nr. 143, Tatarinoff Nr. 33; s. auch unten Nr. 102. — [4]) Cf. Ochs IV, S. 528.

uff dem kunfftigem tage ein botschafft zum Swebischen bunde ze ordnen macht ze suchen und ze vergriffen, wes sich je ein teil zum andern versehen oder vertrosten.

Zum andern ze reden, wie oder mit was fugen man sich mit oder one anzall in die sach schicken.

Zum dritten uff was meynung man den Eidg. nohe gestalt der sache ze schriben. Zinstag post iudica. — P. K 2, Nr. 454.

95. März 19. — Die Boten der niedern Vereinigung aus Colmar an die Königin Blanca Maria.

Dem nohe uff u. k. g. schriftlich, ouch durch derselben verordneten muntlich ervordern und hoch ermanen zu widerstandt der Eidg. furnemens mit aller rustung in veldlegerung notturfftig zu ziehen an u. g. herrn, ouch herren und frundt die fursten und stette der nyderer vereyne als glider und stende des heiligen richs yedem insunders und uns in irem namen vorgehaltener tag zu Colmar gelangt und anbrocht besluszlich antwurt ze geben uff zukunfft bemelter fursten und stette ratte und botschaften der gutlichen undertedigung zwuschent der r. k. m. u. a. g. h. houptluten und ratten an eynem und der Eidg. andern teils gutlicher handlung abgevertiget gewesen uffschup genomen und so im bemelten ratt und botschafften, das uns in truwen widerig und nit liep ist, ungeschafft fridelichs bestannds abgescheiden und anheym komen, demselben nohe wir von u. g. h. und frunden den berurten fursten und stetten uff gestern mentags widerumb zu Colmar by einander versamlet und vorbedocht antwurt als glider und stende des heil. richs gehorsamer undertenigkeit zu erzeigen in widerrede gesessen, sint durch etlich under uns so mergliche swere gegenwurff irs anligens wo nott wurde u. k. g. zugefallen magk bericht werden furgehalten und zu erkennen geben mit bewegnisz zu ermessen, wo diser zit u. k. g. in mossen wir alle in gehorsame gutwillig sint, beschluszlich antwort solt begriffen worden sin, vorab der k. m. dem lobl. husz Osterrich und der nyderer vereyn sunderlich derselben, darinn die k. m. als regirender furst des husz Osterrich mit u. g. h. den fursten und stetten verwandt ist, nit zu wenig nochteyl mocht reichen. Dasselb alles wir nochgestalt der beswerde nit unbillich zu hertzen genomen und betrachtet, vorusz der k. m. gemeynen wesen und allen teilen zu . gut die lobl. vereyn als glider und stende des heil. richs eintrechtig by ein zu behalten, der beswerende beger nohe sich mitler zit mit iren herren und frunden furter zu entsliessen gewilforet und uff mentag noch dem heil. palmtag nechstkomende[1]) widerumb zu Colmar an der herberge ze sinde, tag berompt haben an morndes zinstag uff der k. m. mandata und u. k. g. ouch der houptlut des veldlegers ervorderen als glider und stende des heil. richs gutwillige und gehorsame underthone wolgefelliger antwurt zu vereinbaren, u. k. g. . . . bittende, solichs furter gesatzten tags gnedige neygung und nit ungnode oder miszfallen haben . . . Geben und von unser aller wegen mit der statt Colmar insigel beslossen uff zinstag noch dem sontag iudica.

Glicher wyse ist r. k. m. houptluten und räten ime veltleger gon Altkilch ouch geschrieben. — P. K 2, Nr. 462.

96. März 19. — Statthalter, Feldhauptmann und Räte im Feldlager zu Altkirch an Basel.

e est bei Roder, Nr. 138. — P. K 2, Nr. 9.

97. März 20. — Vogt zu Homburg an Basel.

Also ist mir min kundscha(ft) kon, das die knecht von den Eidg. zů Willisow[2]) mit einem fenlin sind usgezogen mit 500 knechten und wend durch uinser empter zien und ligen uf mitwuchen zů nacht zů Leifelfingen[3]) etlich knecht, die des fenliss warten und kann nitt ervaren, was si wend, wen das si reden, si wellen gon Dornach zien, si triben ouch gar vil red, das den uinseren den feilen kouf ist verbotten und si sechen wol, welen weg min herren wellen.

Mitwuchen zů nacht vor uinser frowen tag.[4]) — P. K 2, Nr. 378.

98. März 20. — Der Landvogt im Elsass an Basel.

Regest bei Roder, Nr. 141. — P. K 2, Nr. 27.

---

[1]) Den 25. März. — [2]) Willisau, Kt. Luzern. — [3]) Läufelfingen, Kt. Baselland, Bez. Sissach. — [4]) Wegen des Datums s. d. Anm. zu Nr. 93.

99. März 21. — Basel an Statthalter, Feldhauptmann und Räte des Feldlagers zu Altkirch.

Was ir uns geshriben hand, wie wir unser knecht, die mann im velld, wo si hallten, besichtigen lassen, ouch mit unsern buchsen schiessen uweri vigend etc. warnen thügen, haben wir gelesen und nit unbillich bewondern darab genomen, in ansehen wir uns noch biszher gen uch und der lanndschafft nit anders dann sich gezimpt gehallten; ... dann warlichen sollent ihr glouben, als nechst unsere dienere im velld gritten und zu den uweren gestossen sind, ist nit in meynung als ir das achten wellent, sonder usz ander gestallt, uch unschedlich gescheen. Das ouch durch uns mit uszschiessen unser buchsen nechst vollbracht yemanden einich warnung oder anzoig zu thûnd unser meynung und gemüts gewesen sye, ist nût. Aber nit one ist, als die notdurfft sich erfordert, haben wir empfolhen uff sonntag [1] nechst verruckt all unser buchsen in den thürnen und ennden schiben wise umb unser statt ze besichtigen, und demnach sy ein gût zitt zûgerûst und geladen gewesen sind, dieselben uszzulassen und entladen. Möcht sin uff denselben sontag nitt eyn schutz alleyn sonnder eben vil schützen gescheen; ouch nit .alleyn uff den sonntag sonnder mentags und zinstags darnach geschossen worden, als villicht nochmals me gescheen mocht, das aber sollichs in gestallt uwer meynung lut üwers schribens zûgangen, yemanden dadurch gewarnet oder furschupp getan haben wellen, wirt uns anders, denn es ist, geacht ...

Datum dornstags vor dem palmtag. — M. 19, pg. 205.

100. März 21. — Vogt zu Homburg an Basel.

Also sint etlich ôrter von den Eidg. uf mitwuchen nechst usgezogen und wartett die von Luczern, was uf der stros ist, wen der bot kôm, den si usgeschickt hent, was er bring, und sint gancz geruischt.

Ilencz uf donstag vor uinser lieben frowen tag. [2] — P. K 2, Nr. 379.

---

[1] Den 17. März. — [2] Siehe die Anm. zu Nr. 93.

Regesten und Akten zur Geschichte des Schwabenkriegs.

(Aus dem Staatsarchiv Basel.)

Herausgegeben von Karl Horner.

(Schluss.)

———

101. März 21. — Jacob Ysenle auf Farnsburg an Basel.

Also fuieg ich uich zů wisen, das uff hinacht uf die 6
ein mercklicher zuck zů fus und zů ros gon Rinffelden komen
sind und hand vil nuiwer leittren in der stat hin und her
getragen, und ist die gemeine red, es sel noch vil folckcz
kumen, und lend sich mercken, wie das si wellen gegen dag
ein angrif důn, weis aber nieman uiber wen es gon sol, dis
hab ich von eim gloubhafftigen man und wil mich keins
wegz zu im versehen, dass er mir liege, doch so ist er nit
der uiwer, dan sunder ist er fremd und nit in land doheimen
und murlett doch, das mich an siner red bedunckcet, das er
ein wenig wider wis, dan ich an im nit witter mercken kan,
dan ob es selt uiber Liestal oder Dornnach gon, witter kan
ich nit von im bringen, doch so hab ich nimer witter erfaren.
Begegnet mir uiczit witter, wil ich mich nit sparen. Ich
habcz ouch den von Liestal zu wisen thon, hab ouch die
uiweren in geheim bi einander, doch ob got wil, solcz nieman
erfaren, nit me ob mir uiczit witter not wer zů wisen, be-
denckt u. w. wol.

Geben in yl uff donstag zů mitternacht vor uinser lieben
frůwen der verkündung dag. — P. K 2, No. 310.

102. März 22. — Hans Brittswert aus Liestal an Basel.

Als ir mich denn gon Liechstall zů einem houptman
geleit hand, ich im worlich uff dise zitt zu dorechtig bin die

ding zů verwalten, denn eben selczam und sorgsam swer louff sind, und ziechen die obern eben vast herab, uff gester wol by 200 mit einem fenlin fürzogen und nacht und tag fur loůffen, und ist min .. bitt an u. w., ir wellend ein besser uffsehen zum stettlin haben und joch ein soldner oder 4 herusz schicken und ein andrn houptman, denn die armen lůtt gend in die reben und ist nieman by der statt und wasz gelouffs keme, were nieman under den toren, den die so do hütten, und ist ouch darumb der obern ist eben vil herab und wenn sy wider heim ziehen, besorg ich ein anjochlen; ouch sind vor zitten 3 bolwerck am stettlin ussen vor gsin, ist yetz en keisz und wasz unsz nott angieng, hette man kein streiff-werenen uff dem herd.... Ir hand ettwen soldner har ussen gehept do man ir nit alsz wol bedorfft alsz yetz.

Fritag vor dem balmtag. — P. K 2, No. 226.

103. März 22. — Statthalter, Feldhauptmann und Räte des Feldlagers zu Altkirch an Basel.

Wir vernemen, das etliche der unseren in dem schar-mützlen yetz zu Dornnach beschehen im veld tods bliben, das uns nit lieb, jedoch so ist unser begeren, disen personen vergünstigen, die so sy erkennen mögen, zů besůchen und zu ůwer statt zů füren und in kirchen oder klester, do inen das bescheiden, zu der erden zu begraben.

Datum vast ylends uff frittag vor dem sondag palmarum. — P. K 2, No. 3.

104. März 24. — Basel an Statthalter, Feldhauptmann und Räte des Feldlagers zu Altkirch.

Regest bei Witte 22 m 84. — M. 19, pag. 207.

105. März 25. — Basel an die Boten der Eidgenossen zu Luzern.

Regest bei Witte 22 m 84. — M. 19, pag. 208.

106. März 26. — Königin Blanca Maria an Basel.

Regest bei Witte 22 m 85. — P. K 1.

107. März 27. — Franz Schaler, Vogt zu Waldenburg, an Basel.

Regest bei Witte 22 m 85. — P. K 2, No. 348.

108. **März 27.** (?) — **Basel an die Königin Blanca Maria.**[1])

Als die kgl. mandata uszdrucken, das unser g. h. die
fursten und stette mit den iren zu rosz und zu fusz dem
durchluchtigen hochgepornen fursten herrn Albrechten pfaltz-
grafen by Rine und hertzogen zů Beyern, u. g. h. der r. k. m.
und des heil. richs obristen houptman gon Uberlingen oder
wo der sin wirdet, sollent zuziehen, etc. ist zu betrachten,
wie die Eidg. biszhar zu Dornach gelegen und noch zur zyt
in der gegne ligen, zu villmalen der k. m. undertonen zu
beschädigen bisz gon Basel und fur Basel herabgeruckt sint,
ouch nit wenig angriff und beschädigung geton haben und
wo der veldleger zu Altkilch nit besetzt gewesen, ungezwifelt
von den Eidg. wytter griffen und villicht das Suntkow mit
brant und nam were beschadiget wurden, so nu u. g. h. und
stett der vereyn die iren in das Hegow oder ander ende
usser landt schicken, stet zu bedencken, das dannenthin durch
die Eidg. oder iren anhanck das Suntkow und Elsas und
ander bezirck der vereyne dest furderlicher uberfallen und
beschadiget werden mocht; solich u. k. g. wir zu erkennen
geben und bitten, zusampt den k. houptlutten und ratten zu
betrachten, obe bemelter u. g. h. und stett reiszlute, so mit
andern des richs fursten und stetten uszziehen, dem veld-
leger zu Altkilch mochten zugeordnet werden, derselben
ende berurter bezircks uff bescheidt der k. houptluten zuge-
warten, das land helffen frombds uberfals, des man in sorgen
sin musz, verhuten und nit destminder die notturfft erhiesch,
sich das Hegow oder ander ort ordenen ze lossen, etc. daruff
u. k. g. derselben houptluten ratte, willen und gefallens wir
bitten, u. g. h. von Stroszburg etc. schriftlich antwurt zu uber-
schicken, den andern der vereyn verwandt furtter zu ver-
kunden. — P. K 2, No. 461.

109. **März 27.** — **Die Boten der niedern Vereinigung
zu Colmar an die Königin Blanca Maria.**[2])

Wie wol wir uff zinstag[3]) noch dem sontag judica uff
der r. k. m. mandata, ouch u. k. g. und derselben houptluten
und ratten des veldlegers zu Altkilch ervordern, antwurt ze

---

[1]) Siehe Ochs IV., pag. 549. — [2]) Ein gleiches Schreiben geht auch an die
Hauptleute im Lager zu Altkirch, siehe Ochs IV, pag. 547. — [3]) den 19. III.

geben gefast zu Colmar versamlet gewesen, und doch desz-
mols als u. k. g. in unserm schriben und entschuldigung der
zit bericht entpfangen hatt, beweglicher ursachen bisz uff
disen tag sint enthalten worden, habent wir usz bevehel
u. g. h. des bischoffs von Stroszburg, ouch u. h. und frunde
der stett niderer vereyne uns an hut datum angezeigter
antwurt eyntrechtlich mit eynander entslossen und fugen
u. k. g. mit demutigem herbietten bemelter u. g. h. und der
stett, ouch unser als geflissener underthonen gnediglich in
antwurt ze vernemen, das u. g. h. und die stett als furst,
glider und stende des heil. richs so ander fursten und stett
mit des richs fenlyn im veld sin werden, ergangner mandata
gehorsamklich zu erschynen, als sy verhoffen irer vermugen
der k. m. und u. k. g. zugefallen wellen bewisen, und sust in
ander wege, lut der verschrybner vereyne, wie sich geburen
wirdet, erzeigen und das u. g. h. der bischoff zu Basel, desz-
glichen die statt Basel in diser u. g. h. von Stroszburgs und
der stett antwurt nit begriffen, sint sy vorab dem heil. rich,
dem lobl. husz Osterrich, der nyderer vereyne und gemeynem
wesen, land und lutten zu gutt mercklich und unsers be-
dunckens als u. k. g. bygelegter nottilen vernemen wirdet,
gnugsamer beswerde geursachet, deszhalp an u. k. g. in namen
u. g. h. der fursten und stetten unser bitt, u. k. g. well solichs
beratlich zu hertzen fassen und erwegen, ouch ob nott sin
wirdet, an die k. m. und derselben houptlut gelangen lossen,
dadurch zymlich mittel betroffen, u. g. h. der bischoff zusampt
der statt Basel dirre zit, doch der vereyne unvergrifflich,
mit iren slossen, stetten, landt und lutten diser uffrur zu
beiden teilen still sitzende by dem heil. rich, dem lobl. husz
Osterrich und der vereyne, des sy emssiglich bitten und
begeren, behalten werden mugen und den vienden zu
sterckung von dem heil. rich nit hingezogen, ouch die nyder
vereyn, darinne die k. m. als regirender furst des husz Oster-
rich verwandt ist, berurter zertrennung noch, wo die durch
gott und u. k. g. betrachtlich nit verhutet wirdet, zu wider-
bringung deszselben mergklicher muhe und cost entsteen
mechte, gnediglich zu versehen, sol u. k. g. u. g. h. die fursten,
ouch u. h. und frunde der stett zusampt uns demutiger under-
tenigkeit geflissen und gehorsam ze verdienen befinden.

Geben und mit der statt Colmar secret insigel beslossen
uff mitwoch noch dem heil. palmtag. — P. K 2, No.459 (Kopie).

110. März 28. — Jorg von Sensheim an Basel.
Regest bei Witte 22 m 85. — P. K 1.

111. März 29. — Vogt zu Homburg an Basel.
Regest bei Witte 22 m 87. — P. K 2, No. 372.

112. März 29. — König Maximilian an Basel.

Wir Maximilian von gottes gnaden romischer kunig
zu allenntzeyten merer des richs, zu Hungern, Dalmacien,
Croatien etc. kunig, ertzhertzog zu Osterreich, hertzog zu
Burgundi, zu Brabant, zu Gheldern etc. grave zu Flanndern,
zu Tyrol etc. embieten den ersamen unsern und des reichs
lieben getrewen burgermeister und rate der stat Basel unser
gnad und alles gut. Ersamen lieben getrewen. Wir haben
euch hievor bey mercklichen penen ernstlich gebotten, den
Eydgnossen, iren anhenngern und helffern, noch den iren
samentlich noch sunderlich, alle dieweyl sy in irer freveln
mutwilligen handlung, darin sy als ir wisset wider uns und
die unsern steen, nichts zu zefurn, noch zufurn zu lassen oder
solichs den ewern zu gestatten in ferrerm inhalt unsers
kunigclichen briefs deszhalben ausgegangen und euch uber-
antwurt und verkundet, werden wir bericht, wie ir dannoch
daruber denselben Eydgnossen und den iren weyn, treyd
und anders für und durch ewre gebiet zubringen lasset, dar-
durch sy in dem obbestimpten irem unzimlichen posen fur-
nemen wider uns, das heilig reiche und unser erbliche fursten-
thumb und lande aufenthalten und gesterckht werden, das
uns, soferr dem also were, nit unbillich mercklich missfallet
und ir damit die pene in dem berurten unserm gebotsbrief
begriffen verwurckht hetten; und so nu die berurten Eyd-
gnossen und ire anhenger und helffer mit der obberurten
irer mutwilligen handlung wider den landtfriden, den wir
dem heiligen reiche, gemeiner cristenheit und deutscher
nation zu aufenthaltung und gutem mit unsrer und des hei-
ligen reichs churfürsten, fürsten, ewrer und andrer stennde
rate auf dem erstgehalten reichstag zu Worms aufgericht,

beslossen und allenthalben ausgeschriben, getan und deszhalben nach ausweysung desselben landtfriden in pene darin begriffen gefallen erkandt und erklert sein, darein wir sy auch denuncirt und verkundet haben, dardurch sy als unsrer und des heiligen reichs veind und freveln ungehorsame zu achten und zu halten sein, gebieten wir euch abermals bey den pflichten, damit ir uns und dem heiligen reiche verpunden seyt, auch primirung und entsetzung aller und yeder gnaden, freyheiten, privilegien und was ir und gemeine stat Basel von uns und dem heiligen reiche habt, und darzu vermeydung den penen des obbestimpten landtfriden und unsrer und des reichs ungnad und straffe von römischer kunigclicher macht ernstlich und wellen, das ir denselben Eydgnossen, iren anhengern und helffern, noch den iren in gemein noch sunderheit, so lang und alle dieweyl sy in der berurten irer unzimlichen, mutwilligen handlung gegen uns und den unsern steen und unser und des reichs huld und gnad nit widerumb erworben haben, weder weyn, korn, habern, frucht, noch sunst ichts anders, das inen zu aufenthalt, hilf oder gutem kumen möcht, nit zubringet, noch zukumen lasset, noch solichs den ewern oder durch ewre gebiete zu tund gestattet, weder heimlich noch offenlich dheins wegs, sunder euch gegen inen, iren anhengern, helffern und den iren als unsern und des heiligen reichs offembarn ächtern und frevenlichen widerwertigen haltet, wie ir ewern pflichten, ouch den obbestimpten des reichs ordnungen und landtfriden nach schuldig seyt, und das ferrer nit verachtet noch überfaret, dardurch deszhalben andrer handlung nit not werde, daran tut ir unser ernstlich meynung, dann wo ir euch hierin ferrer ungehorsam halten und hierüber den obbestimpten unsern und des reichs ächtern und widerwertigen mit zufuren oder in ander weyse einich beystand, fürschub, hilf oder zulegung tun oder den ewern oder andern von ewern wegen gestatten wurden, des wir uns doch billich nit versehen, auch frembd und unloblich zu hören were, wellen wir alsdann anstellung der obberurten ewer freyheitten, privilegien und anders, so ir und gemeine stat Basel von uns und dem heil. reiche habt, wie in dem obbestimpten unserm vorausgegangnen gebotsbriefen gesatzt, die wir alsdann hiemit bekrefftigt haben und darzu mit denunciation in pene des egemelten landtfriden, auch mit den obbestimpten und andern penen und ungnaden on aufhalten gegen euch handeln, furfarn und gestatten; darnach wisset euch zu richten.

Geben in unser und des heil. reichs stat Collen am newnundzwentzigisten tag des monets mertzen nach Cristi gepurt viertzehenhundert und im newnundnewntzigisten, unserer reiche des römischen im viertzehenden und des hungrischen im zehenden jaren. -- P. K 1.

113. März 29. — Liestal an Basel.

Demnach und uns u. w. zugesagt hatt, ettliche soldner harusz zu schicken under den toren zů hütten, ist noch nit beschehen, und were gůtt, dz sy hie ussen weren, denn wir eigenlich bericht werden, dz die obern uff mentag[1]) nechst kompt harab ziechen wellend und ire houptbuchssen mit inen bringen und fůren, wellen weg sy aber wellen, mogen wir nit wussen; do ist unser bitt an u. w., ob sy begeren würden mit den houptstucken oder andern buchssen durch unser stettlin zů faren, wie wir uns darinen halten sollen, unsz dz selb zu berichten, denn der alt weg, so sy ettwen, alsz sy in dz Sungöw zugen, abzugen, ist verritten.

Geben uff dem helgen carfrittag. — P. K 2, No. 225a.

114. März 30. — Königin Blanca Maria an Basel.

Regest bei Witte 22 m 88. — P. K 1.

115. März 30. — Landvogt im Elsass an Basel.

Regeste bei Witte 22 m 88 und Roder, No. 155. — P. K 2, No. 28.

116. März 30. — Basel an Zürich.[2])

Es haben nechst verruckter tagen die fursichtigen, er- samen, wisen gemeyner Eidg. botten zu Lutzern versamlet unser lieben puntgenossen ir treffenlich bottschafft mit namen unserer l. g. Eidtgenossen von Solotorn schultheissen und seckelmeister mitsampt andern ouch eynen credentzbrieff uff sy by uns gehapt und ein anbringen und werbung an uns

---

getan, als uns nit zwiffelt, u. l. des gut mitwissen hab, daruff wir nu ein bedanck genommen und darumb zem furderlichosten wellen furer antwort geben, als wir ouch das derselben zitt gemeiner Eidg. botten zůgeschriben hand, und wie wol zu erstattung desselben wir die unsern verordneten gern abfertigen wollten, so ist uns doch verborgen, an wellichem ennd bemelter gemeiner Eidg. botten und rätt diser zitt by einander zů tagen versamlet mogen sin. Harumb so ist unser bitt, u. l. welle uns by disem unserm botten geschrifftlichen ze berichten, an wellichem ort und wann derselben unser puntgenossen bottschafften zů ergaffen syen, die unsern verordnetten zu inen mogen abfertigen, uff die getane beger und anbringen an uns gescheen furer antwort inen zů endecken. Daran erwisen ir uns sonder fruntlicheit. Datum vigilia pasche. — M. 19, pag. 220.

117. März 31. — Zürich an Basel.

Uwer schriben[1] uns gethon mit beger uch wissen ze lasen, wa unser Eidgnosschaft poten zesamen komen, haben wir verstanden und fugen uch zu wissen, das sy uff jetz mittwoch[2] nechst künftig by uns nachtz an der herberg ze sind, treffenlich versamelt sin werden, wollen wir uch unverkundt nit lasen. Datum ostertag angender nacht. — P. K 2, No. 56.

118. Anfang April. — Uff die beschribung unser allergn. frowen der rom. kunigin uff den tag gen Ennsissheim ist geratschlaget.[3]

Item des ersten sich zů dem landvogt oder sinem stathalter und den kgl. reten ze fügen, mit beger, wie wol wir uff den angesatzten tag beschriben weren, yedoch vordert unser notturfft uns zůvor ze horen, mit beger uns gütlich wollen horen.

Item und nach solichem zůlassen, inen gutlich zu entdecken, uns zwiffle nit, sy haben bericht der mandaten vor und nach der gegenwurtigen kriegsubungen halb von unserm

---

[1]) Siehe No. 116. — [2]) Den 3. April. — [3]) Das Schriftstück ist nicht datiert, bezieht sich aber ohne Zweifel auf den von der Königin auf den 4. April nach Ensisheim ausgeschriebenen Tag der niedern Vereinigung. Siehe auch Ochs IV, S. 561, und oben No. 114.

a. g. herren dem r. k. ouch unser a. g. frouwen der kunigin
an uns usgangen, ouch des ersuchens durch sy an uns be-
scheen, daruff denn ir kgl. wirden dessglichen dem statthalter,
reten und houptluten ye zů zyten antwurt begegnet sye, ye.
nach gelegenheit der sachen und zu jungst u. a. g. frouwen
der r. k. deszglichen dem stathalter, reten und houptluten
uff die ussgangen mandat von der nidern verein bisz an
u. g. h. von Basel und uns begegnet, in massen sy denn
solich antwurt vernommen haben.

Nu sye war, dz wir nit minders gemüts und neygung
weren denn ander der vereynung und uns ungern von dem
heil. rich absundern, noch der k. m. ungehorsam erzoigen,
sunder alles unsers vermogens getruwlich anhangen wolten,
als wir ouch biszher ungespart libs und guts gutwilliclich
getan haben. Aber demnach und wir mit unsern schlosszen,
landen und luten on mittel an die Eidg. deszglichen sy her-
widerumb an uns stoszen sind, so ist der krieg uns anders
obgelegen denn der nideren verein, die gantz nutzit an sy
stoszen haben.

Und nit dz uns der krieg der maszen allein obgelegen
sye, sunder gemeiner landtschaft und ritterschaft, die da-
durch, wa wir uns des kriegs annemen und verfahen solten,
in unwiderbringklichen, verderplichen verlust und schaden
gewisen werden mochten, als sy das selbs wol mogen erwegen.

Denn offenbar kunt und wissen ist, wa wir uns des
kriegs verfahen und underziehen solten, dz dannethin die
Eidg. geursachet wurden sich on mittel, als sy ouch des
macht hetten ze tund, in die empter ze fügen und die under-
stan ze nottrengen, inen zem minsten ze hulden und ze
schweren, als wir denn mercklich fursorg haben möchten,
des nit unwillig sin, angesehen wie sy under einander ge-
seszen sind, under einander gewibet haben und einander
mit fruntschafft verwandt und sunderlich dz die unsern noch
uff disen tag gantz nutzit geflocht haben, sunder uff ein tag
uber umb 10000 gulden irs vihes halb komen mochten, ge-
schwigen ir husere und ander ir armůt, das sy nit klein zu
solichem abfall bewegen möcht.

Zů was schaden das nit allein uns sunder ouch ge-
meiner lantschaft mochte reychen, solten die Eidg. uber

1500 geruster knechten, die nit minder denn sy wollen ge-
achtet sin, gesterckert werden und sich wider uns und die
landtschafft setzen, ist alles guts ze denncken und ze erwegen.

Und wie wol dadurch unser schlosz nit erobert weren,
desterminder nit hetten die Eidg. macht, dem wir ouch nit
vorsin mochten, die schlosz mit den unsern ze belegeren
und also inzeschliesszen und ze verwaren, damit inen nutzit
zu noch von gan möcht und zu letzst on mercklich nott zů
iren handen bringen.

Wa denn solichs bescheen solt, was sterkerung nun
soliche schlossz den Eidg. beren und was schaden das diser
landtschaft bringen und dem nachvolgen mocht, ist alles nott
ze erwegen, denn die Eidg. zů denen schlosszen sy yetz am
Blowen[1]) haben dadurch iren fryen ingang dester crefftiger
unverhindert mengklichs in dise landtschaft haben sich darusz
und darinn sôlicher masze behelffen und ire lande beschirmen
mochten, desterminder in ire land mogen komen, das sust
nit ze gescheen, wa die schlosz in der stat handen weren
und deren nit entsetzt, als man denn das in vergangenen
kriegen geschen hatt, da sy ouch ettlich schlosz am Blouwen
inhatten und die landtschafft mit teglichem krieg eben mergk-
lichen schedigeten.

Zůdem ist ouch kuntlich, dz die hilff, so ein stat von
Basel in dem val der k. m. tůn mocht, gantz unerschieszlich
noch furtreffen were, denn ir me denn nott were, die iren
by ir stat, die mit wachten und hutten ze verwaren, ze be-
halten denn davon ze schicken, geschwigen anderer hilff, so
denn der stat ouch nott sin wurde.

Das alles betrachtet und erwegen wil ein statt ye
beduncken, wa die k. m. des so gruntlich und eigentlich be-
richt were, als das in warheit am tag lyt, ir k. m. were zu
den usgangen mandaten irthalb nit bewegt, sunder me ge-
neigt ein stat in dem val růwen ze lassen denn si in den
handel ze ziehen, in betrachtung was schadens nit allein ge-
meiner landtschaft und ritterschafft sunder ouch gemeiner
verein davon entstan und dem nachvolgen mocht.

Und wie wol gemein vereyn solich der stat obligen
ouch den kunfftigen schaden unser allergn. frouwen der k.

---

¹) Blauen, s. Anm. zu No. 70.

schrifftlich entdeckt hatt, deszglichen dem stathalter, houpt-
luten und reten, desterminder nit hab ein stat inen solichs
fur sich selbs ouch nit wollen verhalten, sunder usz getruwem
grund und in warnungs wise, als si das der k. m. pflichtig
sind, und dem land iren schaden ouch helffen ze bedencken
entdecken und ze erkennen geben.

Und sye uff das der stat innerlichste byt mit dem
hochsten flisz zum truwlichsten disz ir und der lantschaft
ouch gemeiner verein obligen und schaden ze bedencken
und zu herzen ze vassen und dem also vorzesind und ze be-
gegnen gegen u. a. g.˙frow der kunigin daran ze sin, ein stat
in dem vall gnediclichen rûwen ze lassen als denn ein stat
sich des und aller g. on mittel zû ir wirde, ouch gemeiner
ritterschafft und landtschafft halten und vertrosten wil.

Desterminder nit wil die stat ir statt und schlosze mit
gotlicher hilff dermaszen versehen und bewaren, der un-
gezwifelten zuversicht und verhoffens, dz weder der k. m.
der ritterschaft noch landtschaft darusz von den iren keiner-
ley schadens begegnen noch zûgefûgt werden sol.

Das alles begert ein stat in ander weg mit aller under-
teniger gehorsamer dienstbarkeit umb die k. m. alles ires
vermogens gutwilliclichen ze verdienen.

Und solich werbung nit allein vor den vorbestimpten,
sunder ouch vor gemeiner versamung wa des not ist ze tund.

Und sust by dem handel und anschlegen nit ze sitzen,
sunder daruff gnedig antwurt ze begeren.

Und nach dem denn antwurt valt, sich ouch darnach
ze richten, als die botten wissen.

Und sunderlich wirt nott, sich zuvor gruntlich mit u. g. h.
von Basel reten ze underreden, ob disz meynung vor der
pfaltzgrefschen werbung furzenemen sye, oder bisz nach der
werbung rûwen ze laszen und der antwurt zevor ze erwarten,
sich solicher antwurt nach dester basz in den handel ze wissen
ze schicken, damit ein werbung der anderen nit widerwertig
sye, oder doch ist on nott solichs den pfaltzgrefischen ze
entdecken. — P. K 2, No. 440.[1])

---

[1]) Das Schreiben trägt aussen folgenden Vermerk:

Sunder gunstiger lieber juncher und gebieter. Disz min gut beduncken
durch mich disen morgen uch fur ein gedenck zedel begriffen, wolt ich uch

Regest bei Witte 21 m 97. — P. K 2, No. 45.

120. April 4. — Vogt zu Homburg an Basel.

Also was ein red, das die Eidg. welten uf den oster
zinstag[1]) uszien turch uinser empter, also ward ich mit den
nochpuren zů rat inen ein frintschaft mit brot und win zů
bewisen, domit si des wol vil môchten geniessen; olso gefiel
der ratschlag inen wol und schickt ein worhafftigen botten
gon Luczern und do nit ze wichen; solt die rechti worheit
erfaren. Also ist er kon uf mitwuchen[2]) zů nacht und hett
geseit, das die von Luczern hend knecht mit einem fenlin
gon Meigenfeld[3]) geschikt und sind die von Underwalden
mit dem houptbaner usgezogen; also hett man si nit welen
us dem land lossen ziechen und ligen in einem dorf still,
heist Stancz (lit am Luczernse) und sind an der nechsten
mitwuchen zů nacht von allen orten zů Zurich bi einander
und uf donstag ein rotschlag, war si zum ersten wellen und
uf fritag zů nacht sol iederman wieder doheim sin, und uf
samstag nechst uszien; und han den bott wider usgeschikt
und nit hein kon, er sách den, welen weg si ziend und mir
das zů wissen thůn ... Er seit, das vast ein red ist, das die
von Bern und die von Friburg und die von Solenthor turch
uinser empter zien, si hent ouch ein rotschlag geton von
des kuing von Frankrich wegen, solten si in turch ir land
lossen ziechen, si enpfiengen sin ein grosen schaden; als
kunt der kung in 14 tagen unden herus in das land mit
18 stuck buischen.

Tonstag noch dem ostertag. — P. K 2, No. 367.

121. April 6.

Item (ausgegeben) 34 sh von 63 todten ze begraben,
so am nechsten erschlagen sind.[4])

Sabbato ante quasimodo. — Wochen-Ausgabenbuch,
pag. 513 (Woche vom 31. März bis 6. April).

---

nit verhalten, wie wol des alles minthalb on not were, doch miner herren
ratschlag und instruction unvergriffen, wollen von mir im besten als ouch das
bescheen ist, vermerken.
    [1]) Den 2. April. — [2]) Den 3. April. — [3]) Maienfeld, im Rheintal,
Kt. Graubünden. — [4]) Beim Treffen am Bruderholz vom 22. März.

122. April 8. — Basel an Solothurn.

Den nechsten abscheid nach yetz kurtzverruckter tagen
zů Zurich unser ratzbotschafft, so daselbst by unsern l. g.
puntgenossen gemeyner Eidg. botten gewesen, begegnet,
unser verordnette uff hinacht zu Solotorn ze haben, morndes
zinstags vor ratt unser antwort uff gescheen beger ... ze
eroffnen, etc. waren wir gantz willens bereit zu erstatten,
aber demnach mergklicher geschäfften und erhoischender
notdurfft halb wir daran verhindert worden sind und unser
verordnetten nit ee dann uff hutt spat abfertigen mogen,
die erst morndes zinstag zoben by uweri liebe sin wirt, so
bitten wir die, ... sy welle sollichs in keyner arger meynung
gescheen zu gedencken und guttlich geduilt bissz morn zinstag
ze nacht ze hallten, alsdenn unser ratzbotten in uwer statt
sin wirt und morndes mitwochen vor u. l. unser antwort
erscheynen.

Datum in yl mentags nach quasimodo geniti. — M. 19,
pag. 226.

123. April 9. — Feldhauptmann Friedrich Kappler an Basel.

Regest bei Witte 21 m 98/9. — P. K 1.

124. April 9. — Jakob Ysenle auf Farnsburg an Basel.

Die so her gon Sisach kemen von befel miner herren,
so fuieg ich uich im besten zů wisen, das mir aber hinachtt
vil luicz umb das hus gangen sind und wellend mir gantz
kein antwurtt geben noch kein bescheid; do megend ir minen
heren sagen, dasz ich wirtt zu inen schiesen, dan si gond mir
gering umb das hus do gantz weg nie gesin ist. Zů dem
so sind ettlich knecht von Eignosen bim senhus virgangen,
do haad min knecht geblosen, hand dieselben knecht, als
Hans Muiller von Olttingen,[1] und Hans Itten und Hans Sen
von Wenslingen[1] dorumb wisen, das si mir uibel geflucht
hand und retten, ich hab si verrotten und sig ein verretter
und hab den finden worzeichen gen, bin ich uf dieselbig
stund de nachtt am bett gelegen sol sich finden. Zudem
l. h. wed ir wissen, wer die sigend, do antragen haben und

---

[1]) Oltingen und Wenslingen, Dörfer im Kt. Baselland, Bezirk Sissach.

dovon gerett, man selle ein bottschaft ordnen zu m. h. und
inen ouch sagen, das si ir hercz zůn Eignossen haben und
witter, so nemen Hans Muiller zu Olttingen und Hans Muiller
zu Gellterkingen und den vogt zu Sisach in eid, uich die
din zu sagen, werden ir villicht etzwas heren, und frogen
Hans Muiller zu Olttingen, wer die sigend, so gerett han,
min herren fallen uf welle sitten si wellen, so wellen si zu
Eignossen fallen. Ich hab ouch minen herren geschriben
2 brieff, bederfft ich wol bescheid darumb. Es sin ouch
etlich user der grofschaft, die wisen wie mir getreuwt ist,
und ist in ouch befollen, mir zu sagen, hett mir ir keiner
noch uf disen dag kein wortt dovon geseit, wie wol ich
mein, si das schuldig weren, wil si ouch dorumb gestrofft
nit lossen.

Zinstag an der siben junckfrůwen dag. — P. K 2, No. 314.

125. April 10. — Lienhart Grieb, der jüngere, Hans
Hiltbrant und Walter Harnesch an Basel.

Regest bei Witte 21 m 99. — P. K 2, No. 46.

126. April 11. — Solothurn an Franz von Leymen,
Vogt zu Waldenburg.

Regest bei Witte 21 m 100. — P. K 2, No. 131.

127. April 11. — Statthalter, Feldhauptmann und Räte
zu Altkirch an Basel.

Regest bei Witte 21 m 100. — P. K 2, No. 10.

128. April 11. — Vogt zu Homburg an Basel.

Also g. u. l. h. als den die Eidg. bishar sind in wilen
gesin durch uiwer empter zien vir die statt Rinfelden, han
ich ein worhaft kuntschaft in dem land gehan und namlich
zů Luczern, do bishar ein gros trôwen ist und noch alwen
zů und reden, wellen m. h. nit mit inen zien, so solen si
des nit gniesen und reden das die herren selb, mit denen
diser bot issett und trinkt, das ir land môcht durch m. h.
land verroten werden, domit die gemein von den herren
vast gesterkt wirt gegen u. w. und zien die von Luczern

uf donstag in diser wuchen[1]) us mit dem kleinen baner und
mit 12 stuck buischen und ligen die von Friburg uf donstag
zů nacht zů Zofingen und die von Bern uf fritag[2]) zů nacht
ouch zů Zofingen und uf sunentag[3]) nescht zů obren Baden
al zusamen kon und mit einander zů rot werden, wie si das
welen angrifen; seit diser bott, das der herren von Luczern
rot also ist, das die von Solenthor solten doheim beliben vir
ein gewarsam, wen si iren nochburen nit wol truiwen und
welten si zum ersten vir Tuiengen[4]) und vir Walczhůt zien,
oder gefiel es den andren bas, so welten si ein andren rot
gen und welten so wit und nieman werti, so welten si
uiber den Schwarczwald abzien so wit si mὅchten in das
Brisgὅw und besunders des margrofen von Rὅtelen land, wen
si uiber si gezogen sind, und sind in wilen, land und luit
brenen und verwuiesten, domit si in den stetten nit lang
mὅgen bliben. Er seit ouch, das der kuing die buischen nit
inen welen schicken, si welten den ein zuig domit, reten aber,
wen min herren mit inen doran wer, so wer es minen herren
gar wol gelegen vir die statt Rinfelden sich zů legen und
nimpt si wunder, das m. h. sich so vast sperren gegen den
Eidg. und aber die stett am Rin m. h. fil smoch und wider-
dries hent erbotten, es mues vergulten werden.[5])

Tonstag in diser wuchen.[6]) — P. K 2, No. 377.

129. April 12. — Königin Blanca Maria an Basel.

Regest bei Witte 21 m 101.[7]) — P. K 1.

130. April 12. — Frantz Schaler von Leymen, Vogt
zu Waldenburg an Basel.

Ouch soll u. w. wússen, das miner herren von Solotorn
bott bestelt hatt im stettlin fur 40 oder 50 man houbtlůt
und ander ze kochen uf zystag,[8]) so wellents sy herab ziehen;
wie fyl aber daruber kắm, ist mir nit wússen; darumb lassz
mich u. w. wússen, wie ich mich in demselben halten soll,

---

[1]) Den 11. April. — [2]) Den 12. April. — [3]) Den 14. April. — [4]) Thiengen,
östlich von Waldshut, Baden. — [5]) Hs. Frey, Beiträge z. vaterl. Oesch. X,
S. 342; Ochs IV, S. 534. — [6]) Die Datierung auf den 11. April ergibt sich
aus dem Inhalt des Schreibens. — [7]) Fehlerhaftes Datum: April 11 statt 12.
— [8]) Den 16. April. Cf. Ochs IV, S. 564.

doch kumpt mir für, ir werdent under 3 oder 4000 nit sin, nit me nuzemal. Geben uf fritag noch dem achten der ostern. — P. K 2, No. 350.

131. April 13.

Uff samstag vor misericordia domini ist abermals erkannt, als vorher ouch erkannt ist, dz die unsern fürkoiffer in emptern ir korn, so sy feyl haben, nit hinuber gen Arow oder anderswo hinfieren sollen, sonder den veilen kouff by inen, wa yemand zů inen köme, vergönnen und inen zů kouffen geben und ein yeden selbs lassen sin korn kouffen und enweg füren. — Erkanntnisbuch I, S. 183 v.

132. April 13. — Vogt zu Homburg an Basel.

Also l. h. ich vormols geschriben hatt, wie die von den stetten am Rin (d)er statt von Basell uibel zů rett, wie die von Basell an der herschaft luit verråter sind und fleischverkôifer sind, also sind 4 wiber, die uiwer libeigen sind, mit ancken zů merkt gon Rinfelden kon, do hett man si nit welen inlon und hend gar vil uipiger worten brucht und hend gerett, was tuiend uiwer kuieg luit, sint si erschroken ab disen worten; do hett eini gerett, wo hent wir kuieg luit; gond lûgen wo si sint, hent si geret, es nochet fast, das wir bald wellen lûgen, wo si sind. Also hend si aber gerett, wen ir hein kômen, so griessen uins die kuieg luit, het die ein frow gerett, der tuifel gries dich. L. h. semlichs uibell zů hôren ist; wen ich als vil schriben kônd, als etlich, ich hett inen ein antwirt geschikt, die inen nit gefallen het und welt si nit gesmecht han, doch so miessen wir fil gott hein seczen, wen es miest ein junger wolf sin, der nie kein geschreig hort, wen das wir got zum helfer nemen und wir briederlich in truiw zůsemen seczen, wen man uf dem land ret, das man in der stat nit wol eins sig, des doch got nit triw, wen das min herren in der stat wol eins sind und ich si vast die uinsern abnim und si sond ouch den bösen zungen des nit gelouben, wen es reden die fremden reisknecht in des wircz hus; ouch l. h. han ich verstanden um der stat noturft wilen mir die boum an der rin halden ab zů houwen. L. h. ist u. w. des hus ouch noturft,

ein polwerck doruf zů seczen, so brechen das hus ab, wen
es doch nit fil wert ist, und wer es guldin, es solt mich nit
turen, wen ich um m. h. und der stat Basel wilen min lib,
min gůt zů inen tag und nacht wil getruiwlich seczen und
von dem slosz nit wichen, den mit dem tod. Wen des trôwen
zů beden siten so fil ist al tag in uinseren wirczhůsern und
aber ich nieman kein antwirt gib, wen solt ich ab irem
trôwen sterben, ich sturb all tag ein mol; lon ich dis u. w.
als ein getriwer Basler zů wissen.

Samstag fierczechen tag noch dem ostertag. — P. K 2,
No. 359.

**133.　April 14. — Statthalter, Feldhauptmann und Räte
zu Altkirch an Basel.**[1]）

Wir sind bericht, das ir gutte zitt har und noch teg-
lichen die Eidg. in ewer statt Basel us und in lossen und
us der statt vor den portten in ewerem etter an ewer arbeitt,
die selben und ander k. m. lütt beschedigt und nider werffen
von und in ewer statt geschetzt werden, und wider darin
und dorus iren fryen wandel haben, das uns befremdt, dann
die k. m. môcht dorby wol verstan, das ein statt Basel den
Eidg. ein offen statt were, der k. m. und den iren zů schaden;
wir vernemen ouch, das ir die Eidg. in ewer statt gleytten
und wider darus an ir gewarsami. Da ist unser beger, das
solichs fürbas von euch verhůtt werde.

Datum sonntag misericordia domini. — P. K 2, No. 11.

134.　April 14. — Basel an Rötelen.

Uns kompt für, wie dann in der marggroffschaft ein
landsred gange, dz wir uns zu den Eidtgenossen geslagen
und verpunden haben und des willens sollen sin, alles das
gůt, so us derselben marggroffschaft hinder uns geflocht
worden, wellen verputtigen und verganten, mit mer worten
nit not alle schriben, und solle sollich red Fridlin Schmids
frow zu Wyll[2]) usgespreit haben, sprechende, dz ir das eyn
ir nachpuren gesagt, dieselbe dis meynung von einer unsrer
burgerin und hindersassen gehordt habe. Dwil uns nun an

---

[1]) Cf. Ochs IV, S. 564. — [2]) Weil, Dorf im Badischen, eine Stunde
nordöstlich von Basel.

semlicher bezihung unguttlich geschicht und keins wegs uns ze gedullden und aber darneben nit wissen mógen, welhe unserer burgerin die mog sin, die sollich erdichtung uff uns gestifft hat, so ist unser bitt, du wellest ... diser dingen gruntlich erfarung tun ...

Sonntags misericordias domini. — M. 19, pag. 233.

135. April 14. — Jakob Ysenle auf Farnsburg an Basel.

Also fuieg ich uich zu wisen, das die von Bern mechtig us ziehen und mit vil buichsen und zuig und sind vil Franczosen ouch bi inen und ruckend ein deil gon Baden zů, der ander deil wil uiber den Houffenstein herkomen und ist das gemein geschreig vir Rinfelden und Walczhůtt zů. Zudem l. h. welt ich vast gern, welten ir uins me zuig und bulfer und ein buichsen herus schickten, ob ein beser geschreig wurde.

Sundag misericordiga. — P. K 2, No. 248.

136. April 15. — Jakob Ysenle auf Farnsburg an Basel.

Also vernim ich, wie das ettlich reden der uiweren, si besorgen, si werden ander heren uiberkumen und werde also zugon, do werde ein folck kumen, das werde si trengen inen zu schweren und mit in zu dienen und das selle vast bald beschehen; wo dem also wurtt, mines gott erbarmen, das das selt virgon, aber ettlich from luitt hand mir dovon geseit, denen es ouch leid wer, und wo ir dise rett wend erfaren, so beschicken Hans Muiller von Geltterkingen, der hatt die red usbrocht und zu andren gerett, als mir anbrocht ist; do sorg ich, als ich vernim, das ein folck gon Walden- burg kumen sol, als mir nit zwiflet, ir des ouch ein wisen haben, das dieselben dorumb in lancz kemen und selichcz mit allen uiweren emtren virnemen; doch welle gott, das ichcz erliege und gancz nůicz doran sige, als ichcz uich ouch nit vir wor schribe, den gancz user einer guten virsorg und red, als ir bas megend erfaren, gruntlich dan ich. Zudem so ist huit zu mir kumen Eberhartt Schmidle zu Ougst[1]), der uiwer libeigen ist, und hat mir clagt, das im huserthalb der nidern birsbruckg, als er user der statt Basel sig gefaren,

---

[1]) Augst, Kanton Baselland, oberhalb Basel am Rhein.

sind im 4 ros genomen, und dieselben hand rotte cruicz an-
gehept und hand in gefrogtt, ob er nienan hab die kuieg-
geschniger gesehen, und sind mit den rossen gon Sisach
kumen, als er mich bericht, und hand die rotte cruicz wider
ab thon und die wise cruicz wider an sich gemacht; los ich
uich ouch im besten wisen.

Mendag nach dem sundag misericordiga. — P. K 2,
No. 247.

137. April 15. (?) — Liestal an Basel.

Also hatt uns junckher Frantz der vogt[1]) enbotten by
Henman Muller, wie dz die von Solentorn zu Waldenburg
by 60 durzogen syend und ligend zu Hôlstein[2]) und sol-
lend noch by 40 har nochkomen und die selben bringend
ettliche wegn mit inen; hatt sy junckher Frantz gefragt, wesz
willens sy syend oder war sy wellend, habend sy im geant-
würt, si wellend an hulfften[3]) und die strassen rumen und
ire wegen dadurch gleiten, wasz sy danenhin witter furnemen
werden, mogend wir nit wussen.

Geben uff mentag in der nacht.[4])

Sy hand ouch Henman Muller gefragt, wesz willens
junckher Frantz sy gegen inen, hatt er inen geantwurt, dz
wüsse er nit und hatt geret uff dz selb, er wusse kein vigen-
schafft, so m. h. habend, so beschliessen wir vor niemans,
so beschliessen wir vor uch ouch nit und syend also dur-
zogen. — P. K 2, No. 239.

138. April 16. (?)[5]) — Liestal an Basel.

Wir hand u. w. gester geschriben, was uns junckher
Frantz enboten hatt und hand vergessen, ob sich begeben
wurde, dz die von Solentorn begerten durchzeiechen durch
unser stettlin oder sy essen oder drincken begeren wurden,
inen dz selb hinusz zu geben oder sy im stetlin zeren lassen,
wie sich dz begeben wurde, do begeren wir von uch berich-
tung, wie wir uns darinen halten. — P. K 2, No. 238.

---

[1]) Franz Schaler von Leimen, Vogt zu Waldenburg. — [2]) Höllstein,
Kanton Baselland, südöstlich von Liestal. — [3]) Hülften, siehe Anmerkung zu
No. 75. — [4]) Wegen des Datums siehe die Anmerkung zu No. 138. —
[5]) Wegen der Datierung siehe Witte 21 m 105 und 118.

139. April 16. — Statthalter, Feldhauptmann und Räte im Feldlager zu Altkirch an Basel.[1])

Ir sind uf nechst verschynen eynungstag zu Ensiszheim vor u. a. g. frowen der r. kunigin gehalten, der schwäbenden kryegslöuffen, so yetz vor ougen erschynen, ouch was r. m. u. a. g. h. als röm. könig, dem heil. rich, ouch syner m. als eynem ertzhertzogen zu Osterrych und derselben syner m. erblichen landen und andern daran gelegen sin wil gruntlich und darby irer k. gn. begeren, ervorderen und ermanen in namen und an stat k. m..irs abwesens eygentlich bericht, setzen ouch sollichs in dhein zwyffel, dan ir und andere haben sich demselben abscheyd nach als getrúw underthanen und glider des heil. richs, ouch verwannten der lobl. nidren vereyne mit aller gehorsame gericht und geschickt, der Eidg. als r. k. m., des heil. r. richs und des lobl. huwses Osterrych, ouch derselben zugewannten, erbfinden und derselben helferen und anhengeren frävelem, mútwilligem und unpillichem fürnemen mit hilf des almechtigen widerstand zu thún, der masz solichs künfftiglich verhüttet werde, und so wir aber glouplich und warlich bericht, das sich dieselben unser fynde uf das hochst stercken, ouch gegen uns und disem lande. mit bestellung, profand und in all ander wege zum überfal schicken, des gemuts, dis land zu überzyehen und, als wir uns versehen, mit allem frevel zu beschädigen und wir aber bishar wie uns gepúrt und wir ouch sollichs u. a. g. h. dem heyl. röm. rych, uns selbs landen und lútten in kraft unser pflicht, ouch inhalt berúrter vercynung ze thun schuldig, zu der gegenwer mit dem hochsten wir vermögt genähert, im veld eben gute zytt gelegen und noch also stercker und mit merer macht, dan noch ye gewesen und keyns andern willens sind, dan uns mit der hilf gots derselben unserer finden zů erweren. Die wyl ir nun in massen obangezeugt von r. k. m. u. a. g. h. ouch syner m. gemaheln u. a. g. frowen uns zů ze ziehen, land und hútte helfen zu retten und beschirmen, innhalt uszgegangner mandaten ernstlich ervordert und ermant, ouch verschyner tagen von uns angesúcht sind, demselben allem nach, so ist anstat k. m. ouch unser

---

[1]) Siehe Ochs IV, S. 565.

als statthaltern, houptlütten und rätten ernstlich und vlyssig
bytt an uch uff das hechst und in krafft·vor beschehener
gebotten und mandaten ermanende und in bedenck der vor-
gemelten vereyne begerende, ir wellend yllends und one alles
verziehen den glockensturmb in allen üwern stetten, her-
schafften und gepieten lassen angon, und üch mit gantzer
macht erhaben und mit allem dem, so in das veld und zum
stryt gehort uns zuziehen und bemelten u. a. g. h. des r.
kunigs, des heyl. rychs und derselben angehorigen, vynden
und widerwertigern helfen widerstand zu thünd und ze strafen,
als sich das lutt und inhalt k. m. gebottsbriefen, ouch landen
und lutten notturfft nach gepuren wyrt und ir usz obange-
reckten ursachen und pflichten ze thund schuldig sind; wir
uns ouch gantz ungezwyffelter hoffnung zů uch vertrosten
und versehen, das wellen wir in der glychen mererm und
minderm mit unsern lyben und güttern, wo dz daran langt,
harwideren und sunst ungesparts fruntlichs vlys umb uch und
alle die uwern haben zů beschulden und verdynnen.

Datum vast ylends uff zinsztag nechst nach dem sonn-
tag misericordias. — P. K 2, No. 6.

**140. April 16. — Basel an Statthalter, Feldhauptmann
und Räte zu Altkirch.**

Uwer schriben[1]) mit anzoigen, wie wir ein gute zitt
daher und noch täglichs die Eidg. inn unnser statt Basell usz
und in lassen und usz der statt vor den portten in unserm
etter an unnser arbeit die armen lüt beschedigen und nider
werffen und vor und inn unnser statt geschetzt werden und
wider darin und darusz iren fryen wandell haben etc. haben
wir gelesen.

[Da ist nit one die Eidg. inn und usser unnser statt
nitt alleyn sonnder ander ir widerparth in glicher mossz ouch
iren zů und abgang haben gehapt und noch täglichs üben,
angesehen demnach und wir uns noch bissher keynem teil
widerwertig sonnder unparthyesch erzoigt und noch zur zitt
unparthyesch uns achten, mussen wir das zů beder sitt nach-
lassen, wie wol in warheit das furnemen in der gestallt uns

---

[1]) No. 133 vom 14. April.

in trúwen leid ist. Das aber in disz wesen, so mit angriffen
uff bed sytten by uns geübt wirt, fürzekommen oder abze-
stellen in unserm vermögen on mergklichen nachteil stande,
ist nit, als ir wol selbs ermessen mögen. Das ouch wir ye-
manden von der Eidgenosschaft zů unser statt und wider
darusz geleiten, konnen wir nit wissen gescheen, aber wol
mocht sin, dz sich vergangen tagen begeben, dz von eyner
und der ander parthye zu zitten an uns begerdt worden
were, unser solldner nitt in gelcitens wise, sonder als mit-
ritter und zu berichtung der strassen zevergennen, die wir
inen usz gutlicher, fruntlicher neigung zugeordnet.]

 Die neue Fassung des eingeklammerten Teils lautet:[1]

 ‹ Und möcht sin, dz in disen schweren löuffen, denen
wir leider nit wissen ze begegnen, sich allerley hendel und
angriffe von einem und dem andern teil, so wir denn uff
bed sitten biszher als unparthysch in und uszgelassen usz
unser statt, begeben haben, das uns ganz widerig gewesen
ist und noch dz wir aber solichs by den zyten und nach
gestalt der louffen und unser sachen haben mogen vorsin
und nachmals wissen abzestellen ist leyder in unser macht
nit, als ir selbs bedencken mogen. Dz ouch yemand by uns
in unser stat geschetzt sye oder nachmals werde, deszglichen
wir yemanden von Eidg. zu und von uns geleitet haben,
ist uns gantz unwissen. Es mocht aber sin, dz ettlich von
beden parthyen vergangener tagen by uns gewesen syent
und uns umb unser knecht gebetten haben inen die ze ver-
gonnen mit ine, doch nit in geleits wise, ze ritten, sunnder
sy den nechsten und den sichersten wege zu füren, das wir
also einem und dem andern teil gutlich zugelassen, dz wir
aber yemand in geleits wise weder den einen noch den
andern teil beleittet haben, wirt uns unbillichen zugemeszen. ›

 Und dwil das nun beden parthyen von uns usz guter
meynung gegönnt, haben wir keins wegs gehofft, dheinen
undanck dadurch ze erlangen, als wir nachmols hoffen nit
erlangt haben. Mit bitt disz unser entschuldigung in gutem
willen von uns anzunemmen etc.

 Datum zinstags nach misericordias domini. — M. 19,
pag. 234.

---

[1] Neue Fassung auf einem Zettel.

141. April 16. — Basel an die 7 Geordneten des Kriegs in der Stadt Metz.

Was ir uns geschriben hannd diser schweren kriegs-loiffen halb, so zwuschen dem grossen pundt und den Eidg. sich hallten, mitt beger uch anfangs und ursprungs der hen-dell und gestalt diser zitt uch so ferr moglich sye, wissen ze thund, haben wir gelesen und fur war wir gantz geneigt weren, uwerm begeren ze begegnen, dwil aber der ursprung disz kriegs eben wyts lannds von unnser gegne sich erhept und vil und mengerley sich an dem ort begeben und darneben eyner disz, der ander das ein ander unglich formig zů zitten dar-tund, wissen wir uch den anfang noch mittells disser uffruren nit wol zů erkennen geben. Aber nit one ist diser händell und uffrur zů beder sytt sich eben mergklichen mit grymi-keit geen einander ingelegt hatt und von tag zu tag ye mer und mer inslichtet, dadurch zů beder sytt grossz samlungen, uffruren und starck angriff gescheen, damitt blůt vergossen, slosser und dorffer gewonnen, verbranndt und verherget, ouch überzugk, yetz von disem, dann von dem andern teil furgenomen und noch täglichs geübt werden, des fugen wir uch zu wissen ...

Datum ut supra (= zinstag nach misericordia domini). — M. 19, pag. 235.

142. April 18. — Basel an Statthalter, Feldhauptleute und Räte des Lagers zu Altkirch.

Uns langt an, wie dann etlich der herschafft verwandte unsern metzgern, so zu notdurfft der statt ir vich by uns ze slahen und ze metzgen im Oberland und der Eidtgenoschaft erkouffen, ser und hoch trowen, uff sy ze halten und stroiffen und wa sy die ergriffen, inen den seckehl leren und umbkeren wellen. Wie wol wir nun keynen glouben geben, sollichs uwer noch uwern verwandten gemüt sin, so haben wir doch uch disz nit mogen bergen, sonder offenbaren der zuversicht, ob etwas daran sellte sin (das wir dennocht nit vertruwen) uch wol wissen darinn ze schicken, damitt sollichs gen den unsern ze gebruchen abgestellt und zu vermidung schwerers ver-mitten blibe.

So denn hat sich begeben diser wuchen, dz der vest
Thiebolld von Pfirt und ander uwere verwandte in unser
statt güttlichen ingelassen und gritten ist, und als der wider
hinuss wellen abscheiden, mit uffgespannen armbrost durch
unser statt getrapt, usz was grunds ist uns verborgen, aber
gantz kein gefallen, und ir selbs ermessen mogen keins wegs
von im noch andern uns lidsam sollichs zu gedullden, desz-
halben wir úch gar fruntlich mit allem flisz bitten, in und
ander uch verwandte ze underrichten, wa die by uns hin-
furme komen in noch durch unser statt in so gestalten mit
uffgezogenen armbrosten nit ze traben, dann uns sollichs ze
erliden keyns wegs von eynem noch dem andern teil nach-
zelassen fugsam ist. Und wie wol wir keinen zwiffel setzen,
disz unser schriben und beger in uch gebildet, billichen ge-
scheen und deren gewillfaret werde, so ist doch unser frunt-
lich erfordern, uwer verstentlich antwort hierinn by disem
botten.[1]

Datum dornstag vor jubilate. — M. 19, pag. 236.

143. April 19. — **Statthalter, Feldhauptmann und Räte
im Lager zu Altkirch an Basel.**

Regest bei Witte 21 m 105. — P. K 2, No. 8.

144. April 19. — **Liestal an Basel.**

Regest bei Witte 21 m 105. — P. K 2, No. 189.

145. April 19. — **Der Bischof zu Basel an die Stadt
Basel.**

Uwer schriben mit meldung letster abredt nach zu
k. mt, so die gen Friburg kome, zů beider sidt unser ver-
ordneten zu senden, daruff die uwern uff morn sampstags
abgevertiget, mit bitt die unsern uff das lengst sondtags zu
rechter zitt ouch zu Friburg zu haben, welhe schrifft wir
gehört und des willens sind die unnsern zu schicken, aber
in solher yl . . . können wir nit thun, dann us zufallenden
mercklichen gscefften die uns in unser zukunfft begegnen,
wie ir die harnach vernemen werden, haben wir ettlich der

---

[1] Die Antwort s. No. 143.

unsern, so wir zu k. m. gen Friburg geordnet, an ander end gevertiget, deshalb wir diser zytt nitt schicken mögen, aber diese kunfftige wuchen ... wellen wir die unsern gen Basel abvertigen furer mit uwern geordneten dahin zu k. m. zu keren und handlen.

Pruntrut uff fritag nach dem sondtag misericordia domini. — P. K͛ 1.

146. April 19. — König Maximilian an Basel.

Wir Maximilian von gottes gnaden, römischer kunig zu allentzeiten merer des reichs, in Hungern, Dalmacien, Croacien etc. kunig, ertzhertzog zu Osterreich, hertzog zu Burgundi, zu Brabant, zu Gheldern etc. grave zu Habspurg, zu Flandern, zu Tyrol etc. embietten den ersamen unsern und des reichs lieben getrewen burgermeister und rate der stat Basel unser gnad und alles gut. Ersamen lieben getrewen. Wir zweiveln nicht, ir seidt des grossen uberdranngs und belesstigung, so die Aidgenossen in vergessen irer eren und pflicht, auch wider alle pillicheit und recht wider uns, das heilig reiche und unser erblande muttwilliclichen úben, berichtet, dardurch wir uns versehen, das ir uns als römischem kunig und darzu der newen veraynung nach, darinne wir und unser vorder land mit euch steen, und besonnder auf unser kuniclich gepot deszhalben vormals an euch ausgegangen, nicht verlassen, sonnder die ewern unsern hauptlewtten zugesannt hetten, daz aber, als uns furkomen, biszher durch euch nicht beschehen ist. Nu sein wir in willen, uns hie auf moren zu erheben in meynung derselben Aidgenossen unbillich, muttwillig furnemen mit Gottes, ewer und ander unser und des reichs undertanen hilf gewaltigen widerstandt zu tund, und ermanen euch darauf der pflicht, damit ir uns und dem heiligen reiche verbunden seidt, auch der gemelten veraynung, gepieten euch auch darauf abermals bey denselben ewern pflichten, glubden und eyden, auch privirung und entsetzung aller ewer zöll, fryheiten, privilegien, und was ir von uns und dem heiligen reiche habt, von römischer kuniclicher machtvolkomenheit ernstlich und wellen, daz ir zustund angesicht diss unsers briefs zu rosz und fusz auf das sterckist und maist mit wegen,

puchsen und anderm getzewg gerůsst als in veld gehört, auff
seyet und dieselben on vertziehen zu uns, wo wir sein
werden, under unserm und des reichs panir, daz wir dann
auf tůn und fliegen lassen wellen, senndet und in keinen
weg lenger vertziehen noch annders tůn, und uns mitsambt
unsern und des reichs churfürsten, fürsten, graven, herren
und andern stetten und underthanen helffen den obgenannten
Aidtgenossen ires muttwilligen fürnemens gewaltigen wider-
stanndt zu tund, in massen ir des uns als römischem kunig
ewerm rechten herren denselben ewern pflichten nach zu
tunde schuldig seidt, und euch hierinne nicht ungehorsam
ertzaiget, als lieb euch sey unser swere ungnad und straffe
zu vermeiden. Daran tut ir unser ernstlich meynung.

Geben zu Straszburg an freitag vor dem sonntag ju-
bilate nach Cristi gepurt viertzechenhundert und im newnund-
newntzigisten, unser reiche des römischen im viertzehennden
und des hungrischen im zehennden jaren. — P. K i.

**147. April 19. — Instruktion zu der r. k. m. gen Fry-
burg uff fritag vor jubilate unseren botten gegeben.**[1])

Des ersten k. m. in gantzer demut uns ze erbieten....
Demnach zu dem handel griffen und anfang und ur-
sprung diser uffruren wie sich die erheppt, und uns angelangt
ist, etc. zu erzalen, namlich wie ein stat Basell vernommen,
die uffruren und erheben zwischen dem bischoff von Chur
und den Enngendineren mit sampt irn verwannten eins, und
denen in der graffschafft Tiroll anders teils etc. uff dz ein
statt mitsampt u. g. h. von Basell understanden die Nydern
verein zusamen ze beruffen und ze bringen ze verhelffen,
sollich uffruren und dz ubell so darussz entspringen mocht
ze stillen und abzewenden.

In sollichem botschafft kommen, die sachen bericht und
vertragen worden, desszhalb die verein wider abgescheiden,
sich des vertrags haltende.

Item unlangest darnach wider usszgieng und verkundt
wart, das der krieg sich wider erheppt und offen were etc.,
wart durch uns mit hillff als obstat, die verein wider ze-

_____

[1]) Siehe Ochs IV, S. 568.

sammen besammelt und in unser statt beschriben und mit
vollem gewalt abgefertiget hinuff ins land ze beden par-
thyen am nechsten ze keren und allen flissz und ernst ze
bruchen, damit dis uffruren und schaden, so darusz ent-
spriesszen mocht, zwischen den parthien fruntlichen betrag
ze besuchen und die uffruren ze stillen etc. solhs durch die
botten in mercklicher mûe gesûcht und ein gute zytt, dann
by disem, dann by dem andern teil furgenommen, aber kein
volg konnen erlangen.

Item in mitler zytt dis gesuchs syen einer statt B.
mandata von r. k. m. desszglichen von der r. kunigin ouch
stathalter, houptlut und retten zu Alltkilch versammelt zu-
komen, allerley gepot inhaltende.

Deszglichen gemeyner verein ouch einem jeden glich-
formig mandata zugesant, desszhalb die selb gemein nider
verein sich abermols zesamen getan und dwil ir botten da-
zemol usszgesannt in disem fall zu friden dienen arbeiten
sollten, in hoffnung zu gutem friden erschiessen und aber
noch nit wider komen waren, müsten wir deren erwarten,
dann den mandaten ze willfaren, besorgten wir sollichs ze
zerrütten unsers furnemens ouch ze nochteil und schaden
unser bottschafften dienen möchte, als dz clarlicher und
luterer vermollen ouch unser a. g. frouwen der kunigin und
den ratten erzalt ist etc. und von gemeiner verein und uns
zugeschriben worden.

Item wie darnach unser botten harheim kommen und
vernommen worden, die sachen zerschlagen, und nit zû
rachtung sich geneigt etc. sich die verein abermols zusammen
getan und was furer ze handeln sye uff die mandata und
was sy geratschlagt und wie sy u. a. g. frouwen schrifftlich
geantwurt haben etc. ist ir k. g. unverborgen.

Item wie die kongin demnach die gemein verein ouch
ander zusammen beschriben gen Ensshein und was uns da
furgehalten und zu antwurt geben wart, ouch unser beswert
dazemol erzalt, als dann ir m. h. die botten dz wol wissen,
wie die erzalt sind.

Und dwil nun erzalung unser beswerdt nit uffgenommen
und verfangen, sonder uns fur und fur dann dis dann die
mandata, es sye von k. m., u. a. g. frouwen der kunigin von

statthalter und retten zu Altkilch zugesannt worden, syen wir bewegt unser verordneten selbs zu k. m. ze senden, in hoffnung etc.

Und damit der k. m. ze erzalen alle unser beswerden und besorgnusz wie die vormolen ze tagen u. a. g. frouwen der r. k. ouch statthalter und retten erzalt sind.

Ouch demnach ze erzalen, wie in mitler zytt gemein Eidg. ir treffenlich botschaft by uns gehappt und uns hoch angestrengt und angewennt inen anzehangen, unser statt inen ze offnen, inen ze vergonnen mit einer macht in und durch ze ziehen, aber sollichs noch zur zytt bisszhar durch uns inen keins wegs wollen zusagen noch bewilligen, daby wol abzenemmen sye, uns an dem anziehen, wir Eidg. sollen sin, ungutlich geschee.

Und daruff k. m. ze bittende, ein statt von B. in gnaden und nochmolen ze bedencken, damit sy dest basz by dem heil. rich bliben möge. . . .

Und ob uch von k. m. furgehallten wurde der zugefurten probannd etc., ouch dernhalb so in unsern crützsteinen der gärten und by den thoren nidergeworffen werden, da wissen ir wol dieselben stuck ze verantworten. — P. K 2, No. 446.

148. April 20. — **Liestal an Basel.**

Regest bei Witte 21 m 106. — P. K 2, No. 204.

149. April 22. — **Friedrich Hartmann und Tenge Spengler aus Liestal an Basel.**

c est bei Witte 21 m 107. — P. K 2, No. 228.

150. April 22. — **Basel an B. M. Hans Imer von Gilgenberg, Peter Offenburg, Zunftmeister und Michel Meyger, des Rats, zur Zeit zu Freiburg i. B.**

Unser ratzbotschaft, so by gemeynen Eidg. gewesen, (ist) uff gestrigem tag vesper zitt komen und standen die sachen daruff, daz wir uf fritag[1]) nechstkunftig widerumb zu Zurich erschinen und on alls mittels verstentlich antwort geben, wessz sy sich on furwort zu uns versehen sollen, des wellen

---

[1]) Den 26. April.

sy kurtz ein wissen han. Thund wir uch im besten kunt, mit beger, ilends von stund an uns by disem unserm botten zů wissen tůn, was ir da unden erlangt hand und wie die sachen standen uns dest bas konnen darin richten.[1]

Datum ilendes mentags nach jubilate. — M. 19, pag. 242.

151. April 23. — Hans Imer von Gilgenberg, Peter Offenburg und Michel Meiger an Basel.

Regest bei Witte 21 m 109. — P. K 2, No. 149.

152. April 23. — Bischof Albrecht von Strassburg an Basel.

Regest bei Witte 21 m 109. — P. K 1.

153. April 23. — Dr. Thüring Frick an Basel.

Regest bei Witte 21 m 110. — P. K 2, No. 52.

154. April 29. — Friederich Hartmann[2] von Liestal an Basel.

Also ist uff hütt datum disz brieffs denen von Oltingen,[3] Wenszlingen[3] u. a. ir vech genomen von den Osterrichern und louffen die von empteren alle hin nach und unser knecht usser Liestall ouch, denn ich kond sy nit behalten und wend underston inen dz vech widerumb ab zu ylen; wie es inen ergon wirt, mag ich nit wůssen; bitten u. w. mich witter zu berichten, wie ich mich halten solle . . .

Geben uff mentag vor dem meigentag.

Zeddel.

G. l. h. wellend mich ein antwůrt wůssen lassen, wesz wir unsz nun hinfür zu den Osterrichern versehen sollend. — P. K 2, No. 196 und 196[a].

155. April 30. — Friedrich Hartmann von Liestal an Basel.

. . . Ich losz u. w. wissen, dz etlich knecht, so do siczen zu Wittnow[4] und aber der herschafft sind, und enthalten

---

[1] Die Antwort der Ratsbotschaft s. No. 151. — [2] Friedr. Hartmann von Basel, des Rats und Hauptmann zu Liestal. — [3] Siehe Anm. zu 124. — [4] Wittnau, Kt. Aargau, Bez. Laufenburg.

sich aber jecz zu Seckingen; ... die haben iren nochburen
zů Wittnow und Oltingen dz fiech genomen; àber von stund
an haben die von Oltingen und etlich usz Honburger ampt
hin noch geylt und haben inen dz fiech wider genomen, und
ist aber ein sôlich grosz geschrey hie zů unsz kumen, do mit
sy gar noch all usz der stat gelůffen sind und nieman hie
bliben, dz unsz nit het wellen gůt beduncken, ... doch haben
wir es nit môgen weren, und sind nechten erst umb die
nůne wider kumen und hand ein grosz geschrey gemacht in
der herschafft, dz man allenhalben gestůrmpt het, ... und so
bald sy herheim kumen sind, so haben wir vernomen, wie
die ůwern ze Magten überfallen sind und sy geschlagen und
dz fiech genomen ... Sust hand wir allerley mangel hie;
uns wirt aber gantz nůt, domit wir gedencken môchten, u. w.
hab uns hie gantz verschetzt.

Geben uf huit frů umb die 6. stund.[1]) — P. K 2, No. 197.

156. April 30. — Rheinfelden an Basel.

Die ůwern von Liestal und usz Varnsperger ampt sind
gestert mit einer mercklichen anzal in u. g. h. des r. k. herli-
keiten gezogen und die lůt, ... so an ir arbeit gewesen sind,
darvon gejagt, etlich erfordert, sich gefangen ze geben; zu-
dem sind ettlich under inen mit wissen crůtzen bezeichnet
gesehen, deszhalb man gemeint hat, es weren Eidg., desz-
halb im land gestůrmpt und ein grosz uffrůr worden ist ...

Zinstag am meyen abend. — P. K 2, No. 71.

157. April. — Uff gemeiner Eidg. angesinnen und beger verruckter tagen ettlicher hilff und bystands halb etc. an einen rat gelangt, ist geratschlaget inen ze antwurten.[2])

Item dz ein rat solich ir angesinnen und beger gutlich
gehort und vernomen habe, und dz inen biszher nit entlich
antwurt begegnet, sye usz keiner verachtung, sunder der
ursachen halb inen vornaher erscheint bescheen, warlichen
mogen glouben und wissen was widerwertikeiten inen in disen
gegenwurtigen kriegshendlen begegnet sind, dz die einer

---

[1]) Das Datum ergibt sich aus No. 154. — [2]) Das Schriftstück ist nicht
datiert; wegen der Zeit vgl. Ochs IV, S. 558; die drei letzten Absätze sind
wieder durchgestrichen.

stat in volkomenen gantz truwen und billich leidt syent, haben ouch solichen leydt derglich getan und biszher ungespart mue costen und schadens allen vermuglichen flisz gen beden parthyen ankert die sach zu guttem ze bringen und dz sy leider nutzit haben megen erlangen, sye ein stat nit klein sunder mercklich bekumbert.

Nu sye war, demnach und sich die erhepten kriegsübungen ingerissen haben, dz nit ein sunder me mandaten von der k. m. ouch von u. a. g. frouwen der kunigin deszglichen dem statthalter, houptluten und reten hievor zu land an ein stat uszgangen sind, ir gebiettende by pflicht des heil. richs, by entsetzung der stat regalien, fryheiten und gnaden, ouch by der acht und peen in dem gemeinen landtfriden begriffen, deszglichen der k. m. straff und schwer ungnad uns ze erheben und dem heil. rich mit unser macht und hilf zu rosz und ze fusz ouch dem gezug in das veld gehörende zů ze ziehende und uns darin gantz nutzit verhindern ze laszen.

Und wie wol solich mandat an uns uszgangen sind, und in keinen zwifel setzen, wa deren nit gelept werden solt, darumbe fur ungehorsam und pflichtbruchig an der k. m. und dem rych geachtet mogen werden, unser fryheiten entsetzt, peenfellig erkant und in schwer ungnad und straff der k. m. gefallen sin erclert werden, das alles einer stat nit zu kleinem schaden reichen were, so hab doch ein stat sich solich mandat gegen inen keins wegs wollen laszen bewegen noch deszhalben wider sy tůn, als sy ouch gar ungern wider sy tun welt sunder altzyt gefliszen inen geneigten willen ze bewisen.

Und nachdem ein statt nachmals gegen k. m. in werbung stat der ungezwifelten zuversicht und hohens vertruwens ir k. m. werd ein statt gnediclichen bedenken mit hohem flisz bittende, dise antwurt im besten anzenemen und ze bedencken.

Wa aber die Eidg. an der antwurt nit benugig sin, sunder uff entlich antwurt tringen wolten, alsdenn inen ze antwurten, ein stat lasze das by ir gegeben antwurt bliben der zuversicht etc. ut supra.

Wa aber die k. m. ein stat von Basel ye nit bedencken wolt, wurd ein rat witter daruber sitzen und sich dermasze halten, sy hofft ir unverwissenlich wesen, item sy von ir antwort ze buten und ze erkenen geben den andern ouch etc.

Denn sich noch zur zyt ze entschliessen wil die geordenten ye bedunken on nott, sunder die notturfft vorderen, die entlich antwurt noch ze verhalten sin bisz uff witter bericht, wie sich die k. m. und ander stend des richs in dem handel schicken wolten.

Und ob daruber die Eidg. ein statt irs eigen furnemens, uber das ein stat inen nutzit pflichtig ist, beschedigen wolten, als sy sust leider macht haben ze tunde, muͤst ein stat got bevelhen als ander die ouch wider er und recht biszher geschediget worden sind und nachmals werden.

Doch were not, ee es daran kome, uns der antwurt gen der k. m. und der verein ze entschliessen, dann wir uns ir hilff nit begeben und zwuschen zweyen stuͤlen nideseszen. — P. K 2, No. 455 a.

158. Anfangs Mai. (?) — Instruktion für die Botschaft an König Maximilian nach Überlingen.

Tatarinoff, Urk. No. 47. — P. K 2, No. 444.

159. Mai 1. (?) [1] — Hans Imer von Gilgenberg aus Rheinfelden an Basel.

Ich wird durch bed hern von Tierstein und ander gloublich bericht, wye sie uff gester selb 16 gerust an der statt Lielstall hingetrabt, des willens in Hulftergraben [2] zu ritten; do sind sy zu Liestal harusz geloffen, doruf sy zu inen geschickt und gesagt, sy syen von Rinfelden und Tierstein, haben sy gesprochen, so sind wyr von Liestal und on alle ursach uff sy abgeschossen eben fyl schutz und sy zur flucht getrengt, und do sy durch den Hulften hindurch haben wellen, haben sy ob 150 Swytzer do gefunden und mit nott, doch on schaden, von in kumen, des sy sich eben hoch beklagen.

Datum mitwoch in der sybenden stund noch mittag. — P. K 2, No. 150.

---

[1] Das Datum lässt sich bestimmen aus der Tagesangabe und auf Grund der in den No. 156 und 160 angegebenen Ereignisse. — [2] Siehe die Anmerkung zu No. 75.

160. Mai 2. — Liestal an Basel.

Regest bei Witte 21 m 118. — P. K 2, No. 201.

161. Mai 2. — Hofmarschall, Hauptleute und Räte im Feldlager zu Therwil an Basel.

c est bei Witte 21 m 118. — P. K 2, No. 7.

162. Mai 2. — Basel an Rüdi Ammann zu Summiswald, jetzt im Lager zu Dorneck.[1])

Uns bringt für unser l. ratzfründt meister Walther Harnesch der metzger, wie ein red uff in uszgangen und zum teil durch dich mit worten usgedruckt syc, wie er geredt solle haben, die grüben zu sannt Jocob an der Birsz, darinn die Eidg. vergraben gewesen, syen ler, die müsse wider gefüllt werden etc.

Ist unser beger, den gedachten unsern ratzfründt in der gestalt verantwurt und fur entschulldiget ze haben etc.

Datum dornstags nach Phillippi und Jacobi. — M. 19, pag. 249.

163. Mai 3. — Vogt zu Homburg an Basel.

Regest bei Witte 21 m 120. — P. K 2, No. 355.

164. Mai 3. — Berner Hauptleute und Räte aus Waldenburg an Liestal.[2])

Uwer bôtschafft ... habend wir verstanden und dancken uch der liebe, ... und mogend wüssen, dz wir den nechsten zů den unsern werden keren und unser vigend wellen süchen, dz wir yetzmal nit zů uch mogend komen, aber üwer beger und willen geren wir im leger zů vernemen, oder komend zu unsz uff der strassen, wasz wir denn u. l. gûtz tůn connen, sol ungespart nit bliben ...

Wir dancken úch ouch des gutten, so ir dann den unsern im feld tûnd und bitten uch fürer bevôlhen und ein uffsehen zu uns haben ...

Datum zu Waldenburg in der 12. stundt crucis (inventio?). — P. K 2, No. 199.

---

[1]) In der gleichen Sache gehen Schreiben an Bern und Solothurn. —
[2]) Cf. Ochs IV, S. 583; siehe auch No. 165.

165. Mai 3.· — Liestal an Basel.

Uwer schriben uns geton uff unser schriben der von
Bern[1] halb haben wir verstanden und von stundt an einen
botten dem her engegen obsich gesant, und alsz dieselb
gen Waldenburg komen ist, hatt derselb bott doselbs funden
die houptlütt von Bern, sunder her Aderion von Bubenberg
und inen daselbs endeckt unser beger, doruff ein antwurt
geben haben nach inhalt diser copye, so wir uch hiemit
senden. Do so ist unser bitt an u. w., dwil sy begeren, in
dz leger zu inen ze komen oder uff der strassen, do wellend
sy uns verhoren, ob wir demselben statt tun sollend oder
nit, uns des eigenlich zu berichten; demselben üwerem willen
wellend wir gehorsam und gewerttig sin.

Geben ylentz uff des helgen crútz tag. — P. K 2, No. 200.

166. Mai 3. — Liestal an den Vogt auf Farnsburg (Jakob Ysenle).

Wir werden bericht durch junckher Frantzen von
Leimen,[2] wie die obern eben starck herab ziechend und ir
meinung sy, durch unser stettlin zů ziechend, da so ist u. h.
meinung, sy mit gütten worten neben für zů wisen, wie die
von Solentorn, und ob sy des willens nit sin wolten, sunder
durchziechen, dz wir sy denn durch lassen sollend mit frunt-
licher bitt one schaden, wir in hoffnung sind, sy tůn werden;
darumb wellend in ouch mit gütten worten engegen gon,
domit sy ouch durch die grâffschafft den ůwern one schaden
ziechen werden.

Uff des helgen crütz tag im meigen. — P. K 2, No. 253.

167. Mai 3. — Jakob Ysenle, Vogt auf Farnsburg, an Basel.

Also schribend mir die von Liestal,[3] als ich uich hie
ouch zůschick dieselbig geschrift. Nun ist mir bisher so
mengerleig in geschrift und sust mit worten begegnet und
noch und weisz ganz kein wort noch geschrift von uich.

---

[1] Kopie des Berner-Schreibens == (P. K 2, No. 199) No. 164. —
[2] Vogt auf Waldenburg. — [3] Siehe No. 166; H. Frey, Beiträge z. vaterl.
Gesch. X, S. 343.

Dorumb so ist min bit, mir doch ouch zum deil zů verston geben, was doch uiwer wil und meinung sig, domit und ich nit verfuiert werde, den mir worlich so vil red begegnet, ich mich ganz nit weis, wo noch zu richten, das selt man mir wis zeuigen und wer schwarz, mecht mir zů verwisen kumen, welt ich ouch gern wisen, was ich handlen selt, domit und ich nit aber uich unruewig macht, als do ich im besten umb murer und anders den lonheren geschriben hat, do mir getreuwt ist von etlichen mich dorumb in durn zu legen, wer mir nit wol gelegen gesin, deshalb můs ich mich besorgen. Dorumb bit ich u. w. mir von stund an ein antwurt zu schicken wellen, noch lut minem beger, den wo mir kein antwurt wurd, als mir bisher vil begegnet ist und ich von den von Liestal und den uiweren uiczit verhandlet user thorheit und der welt beschiddikeit oder undreuw, welt ich uichcz vorgeseit haben, dan wo ir mir gůtten bescheid gend, wil ich, ob got wil, nuczit versumen und minen lib und gut ee ferlieren dan das uiwer. Aber mir begegnet so vil, das ich sorg, ich gar vil mundren nit wiczig sig, dorumb wer not, ir mir me der untruiwen leuiffen halb schriben, dan bisher, dan das sag ich uich, wan ir mir nit schriben, so wil ich weder mim schwoger Franczen[1]) noch den von Liestal noch niemancz truiwen, wie wol die uiweren ondes reden, ich sig nit ein guter schwiczer, los ich sin, dan was ir min heren sind und wellend, das bin ich, wil ouch ein guter Basler sterben. Hie bin ich, hie fint man mich, so lang uiwer wil ist, und derfen des hus halb sust kein sorg han.

Geben uf des heilgen cruicz tag. — P. K 2, No. 254.

168. Mai 4. — Liestal an Basel.

Regest bei Witte 21 m 121. — P. K 2, No. 195.

169. Mai 4. — Jakob Ysenle auf Farnsburg an Basel.

Also fuig ich uch zu wisen, das die Eidg. do her ziehen mit 5 oder 6 zeichen und wend hinach in der grofschafft ligen.

Samstag zu mitdag noch crucze. — P. K 2, No. 258.

---

[1]) Franz von Leymen, der Vogt auf Waldenburg.

170. Mai 5. — Niklaus Rusch, Michael Meiger und Heinrich von Sennheim an Basel.

Regest bei Witte 21 m 122/3.[1]) — P. K 2, No. 143.

171. Mai 5. — Hofmarschall, Feldhauptmann und Räte im Lager zu Platzheim[2]) an Basel.

c est bei Witte 21 m 124. — P. K 2, No. 15.

172. Mai 6. — Basel an Hofmarschall, Feldhauptmann und Räte im Lager zu Platzheim.

Regest bei Witte 21 m 124. — M. 19, pag. 256 und P. K 2, No. 480.

173. Mai 6. — Basel an kgl. Majestät, Hofmarschall, Feldhauptleute etc.

Es haben die edlen etc. h. Hans Imer von Gilgenberg und herr Hartung von Andlo bed rittere u. l. nuw und allt burgermeister unns ein brieff lassen sehen, darmitt ir sy erfordern, uff morn zinstag ze nacht zů Habkissen[3]) in eigener person zů erscheinen, mit uch und anndern stennden grossen rittern und knechten schliesslichen verhellffen handlen zu gegen were den Eidtgenossen etc....; aber dwil und sy bede houptere unnser statt und ein lange zitt hinder und by uns seszhafft gewesen und noch sind... und wir noch bissher unns mit den unsern der kriegsübung entzogen haben und dheinen teyl darinn nit angehanget sonnder still gesessen und unns für unpartiesch gehallten und nochmols hallten, wa dann die gedachten h. Hans Imer und her Hartung uwerm beger er-statten sollten, wurde eyns wider das ander dienen, desz-halben unser bitt, ir wellen unsern nuw und allt b. m. als unnser houptere ... rüwen und sy lassen by unns bliben etc.

Datum mentags nach vocem jocunditatis. — M. 19, pag. 255.[4])

---

[1]) Die Anzahl der Luzerner beträgt 300 und nicht 500. — [2]) Blotzheim im Elsass, nordwestlich von Basel. — [3]) Habsheim, im Elsass, östlich von Mülhausen. — [4]) Am Rande steht der Vermerk: non hæc progressa, ist durch botschafft geendt.

174. Mai 7. — König Max an Basel.

Maximilian von gots gnaden romischer künig zu allenntzeiten merer des reichs etc. Ersamen lieben getrewen. Uns ist glouplichen angelanngt, wie bey euch in der statt Basel zwischen ettlichen zünfften aufrûr gewesen seyen, daraus, wo solichs durch euch nicht fürkomen worden, den lewffen nach, so yetzo vor augen mit den Aydtgnossen, die uns, das hailig reich und unser erblande on all ursach und wider recht als ir wisst muetwilligklichen bekriegen, sein, mercklich zerrüttung erwachsen wer und begeren darauf an euch mit besonderm und ernstlichem fleiss, ir wellet allen getrewen und müglichen fleiss und ernst ankeren, damit ferrer bey euch keinerlay aufrür mer beschech, euch auch gestalt derselben eigentlich erkundet und uns die fürderlich berichtet und darzu euch derselben Aydgnossen unzimlich anfechtung, so verr die an euch durch sy beschehen, wider uns und das heilig reiche nit bewegen lasset, wellen wir euch mit gottes und hilf des heiligen reichs, so yetzo in mercklicher antzal bey uns versamelt sein, vor solhem der Aydgnossen muetwillig anfechtungen eylends retten, beschützen, beschirmen und in keinen weg verlassen, sonder euch bey uns und dem hailigen reiche behalten, darnach wisset euch gentzlich zu richten und ir tuet auch daran unser ernstlich meynung..

Geben an zinstag nach dem sontag vocem jocunditatis. — P. K ı.

175. Mai 8. — Rheinfelden an Basel.

Uwer schriben der uwern von Liestal halb, haben wir gehört und wil uns eben beduncken, die uwern von Liestal uns in solichem vorfaren wöllent, dann uns anbringens und clagens biszher gar vil nöter getan hette als wir zum teil getan und uch geschriben haben, wie dieselben von Liestal und Varsperger ampt in u. h. des r. k. hohe und nider herlickeiten hochmûtiglich gezogen sien und lut unsers vorigen schribens gehandelt haben, konnen aber nit spuren, yemans darumb gestrafft sin; darzû so bezeichnen sich ettlich der ûwern mit unser vyenden zeichen und rechtvertigen die unseren mit hohen worten und bösen schwüren, wir syen

die, so des kriegs ursecher syen, das uns nyemer wol er-
schiessen werde, des sy wol abstünden und uns vertrügen.
Datum mitwochen vigilia asscensionis domini. — P. K 2,
No. 107.

**176. Mai 11. — Basel an Hofmarschall, Feldhauptleute
und Räte, jetzt im Feldlager.**

Die unsern uns mit lipeigenschafft verwandt zů grossen
Hůningen gesessen bringend uns fur, wie die von Barthen-
heyn[1]) und Blotzheyn inen tröwen thügen, ouch dem glich
ir vich ze nemmen und uff sy angriffen wellen usz ursach,
dz wir sollen Switzer worden sin. So langt uns ouch in
warnungswise an, wie die landschaft sich in gestalt mercken
lasse, wa sy die unsern burger oder verwandten ussterthalb
unser statt betretten oder ankomen, sy vom leben zem tod
wellen bringen; wellicher unwarlicher anziehung und fur-
nemen von denen zu Barthenheyn und Blotzheyn, ouch von
der landschaft, wa dem also wäre, uns nit unbillichen be-
fröndte, vermeinend wir und die unsern von inen des billich
vertragen bliben, dann uns an sollicher anzihung ungüttlichen
geschieht.
Datum samstag vor exaudi. — M. 19, pag. 261.

177. Mai 12. — Liestal an Basel.

e rest bei Witte 21 m 132. — P. K 2, No. 194.

**178. Mai 13. — Heinrich von Fürstenberg an Hartung
von Andlau.**

e rest bei Büchi, No. 287. — P. K 2, No. 39.

**179. Mai 13. — Hofmarschall, Feldhauptmann, Konrad
Sturtzl, Kanzler, Statthalter und Räte zu Ensisheim an Basel.**

Regest bei Witte 21 m 133.[2]) — P. K 2, No. 16.

180. Mai 13. — Bischof Albrecht von Strassburg an Basel.

Regest bei Witte 21 m 133. — P. K 1.

---

[1]) Bartenheim und Blotzheim, im Elsass, nordwestlich von Basel. —
[2]) Irrtum bei Witte: Die von Barttinhin und Blatzen drohen, ihnen
‹ir fich› (= ihr Vieh) zu nehmen, und nicht ‹ihre Fische›.

181. Mai 15. — Vogt zu Homburg an Basel.

Als ist mir ein gewissi kuntschaft kon, als den die Eidg. in dem land sind gesin und sagen fil gûts von minen herren, das inen beschen ist, und aber si nuit in dem land geschaft hend und reden, hettens die von Basell mit inen, so welten si bald ein gûten friden machen. Wen si den zuig wol hetten, domit si stett und slosz welten gewinen und man understand si mit dem zennen mied zů machen und reden vir wor der gemein man, miessen si wider herab, so miessen die von Basell mit inen zien oder si wellen das land in nen und môgen inen die slosz nit werden, so welen si minen herren das land verbrenen und das land uncz gon Strosburg und wellen lûgen, wer inen das weren wôll. L. h. als mir u. w. verschriben het der wachten halb, die uinseren sollen uf dem Howenstein gewacht han, wil ich mich des wol erfaren, wen wir uins argwenig gnûg halten, wen ich u. w. gern geschriben hett, forcht ich der botten, domit u. w. nuit widerfuier, wen als den die Eidg. herabzugen, do kam ein amtpfleger zů mir und rett, herr, man wil die Eidg. zů Liestall inlossen und solten ir si nit ouch in das slosz lon, so werden wir des engelten; do hat ich ein missfallen ab sinen worten und rett zů im, das well got nit, das ich ieman inlos, der nit m. h. sig, wen diewil lib und sel bieinander ist, so wil ich herr sin, wen ich des von m. h. kein bevelch han, und ob si mir es bevolen hetten, welt ich nit me inlossen, den ich môcht herr sin, wen der welt ungtriw gros ist; rett er aber, begerten si, das es ir offen sloss wurdi sin, rett ich, ker mich nuit doran; rett er aber, wurd man inen doch ein antwirt gen, rett, das wil ich tůn und nam den vogt von Tietken [1]) und ander uf das sloss, domit wir wissten ein antwirt zů gen, ass kam nieman; aber uf ein zit [2]) wolten si Buttken [3]) han verbrent, was gar ein wildin rott und hieschen das slosz, man solt inen das ufgen, gab ich inen ein antwirt, ich hett mich noch nit bedocht, ouch hett ich des von m. h. kein befel; goben si vil bôser worten, hett ich gern under si geschosen, wen wir do gancz under

---

[1]) Diegten, Kanton Baselland, 1 St. südlich von Sissach. — [2]) Hierbei steht am Rand die Bemerkung: ist nit uf disem zug beschen. — [3]) Buckten im Homburgertal, Baselland.

den wolfen ligen von beden siten, wir an dem ort grosi
sorg tag und nacht miesen han, bit uich l. h. in disem schriben
mich nit zů vermelden, wen wir fil kranker luiten hent, wir
werden den fols Schwiczer, wen ich besorg, das si uins
fascht in das·spil helfen, tůn ich dis uich in gůten triuwen
zů wissen, wen si tag und nacht dornoch stellen.

Geben uf mitwuchen vor dem pfinstoben. — P. K 2,
No. 354.

182. Mai 16. — Vogt zu Homburg an Basel.

Regest bei Witte 22 m 95.[1]) — P. K 2, No. 360.

**183. Mai 17. — Cedula zu einem Brief Basels an den
Bischof von Strassburg.**

U. f. g. soll uns warlich glouben, diser zitt nichts gloup-
lichs, doruff wir gründen getörren, deszhalben wissen usz-
schriben, wol langt uns an in lanndmerszwise, wie die Eidg.
in der obern Eidgenoszschaft abermols sich samlen und starck
uszziehen sollen, wahin aber und ob etwas grunds daran,
ist uns gantz verborgen.

Datum fritags vor dem heil. pfingstag. — M. 19, pag. 265.

184. Mai 20. — Jakob Ysenle auf Farnsburg an Basel.

e est bei Witte 21 m 135. — P. K 2, No. 275.

**185. Mai 22. — Basel an die 7 Geordneten des Kriegs
der Stadt Metz.**

Was ir uns geschriben, haben wir gelesen und sollent
ungezwiffelt steen unsers gemůts wol sin, uch in dem und
mererm, wa unns moglichen wäre, fruntlich gefallen zu er-
zoigen. Dwil und aber sich die kriegsübung eben swärlichen
von tag zu tag inflicht und mercklich hendell da oben im
lannd umb Costantz und da umb sich zwuschen den parthyen
begeben und ein yeder die fliegend mären wie im dann die
zu hertzen gangen und wie im die geliepdt eröffnet, konnen
wir nit wol gruntlichen yemanden die zuschriben; wol ver-
nemen wir, dz die k. m. u. a. g. h. diser zytt zů Uberlingen

---

[1]) Irrtum bei Witte: ouch ziend die von Luczern uff donstag vor dem
pfinsttag us mit dem houptbaner = 16. Mai und nicht 18.

sin solle. Aber eyns fugen wir u. l. zu wissen, dz der wochen vor dem sonntag exaudi[1]) die yon Bern, Friburg und Solotorn mit einer guten macht, als man achtett ob 10000 man zu fusz mit iren houptpanern und mit kleynem geschutz zem stritt dienende sich harab in das lannd getan fur unnser statt hinab bissz gen Hapkissen[2]) gezogen, darzwúschen mit sampt Hapkissen etwan menge dörffer leider verbrandt und am dritten tag, usz was erwegnissz ist uns verborgen, wider gewenndt und hinuff in ir land gezogen und nachmols sich also daheymen enthallten uns unwissend wessz gemúts sy witter sin werden. Gott welle es zu allen gnaden und friden leyten. Wir haben ouch hievor vergangner tagen mitsampt andern u. g. h. den fursten und unsern guten frunden von stetten der nidern vereyn darinn gearbeittet und vil gesuch gehapt zú abstellung dienende, aber kein folg mogen behalten, dz uns furwar nit klein bekumbret. Uns ist ouch disz tag ein copie einer geschrifft, wie dan die Eidg. u. g. h. dem Pfaltzgroffen tund schriben und wie sin furstl. gnaden inen wider geantwurt hat, zu handen komen, dero form wir uch hieby senden.... Und demnach ir uns verkunden, wie uch mandatta von k. m. zugesandt werden etc. ist nit one, uns derglichen vergangner tagen ouch zugetragen sind und als wir vernemen, andern unsern nachpuren und herren ouch zukomen, wollten wir uch nit verhallten.[3])

Datum mitwochen in den pfinstfirtagen. — M. 19, pag 271.

186. Mai 28. — Basel an Graf Heinrich von Fürstenberg.

Regest bei Büchi No. 351. — M. 19, pag. 278.

187. Mai 28. — Solothurn an Basel.

Regest bei Witte 21 m 140. — P. K 2, No. 124.

188. Mai 28. — Heinrich von Fürstenberg an Basel.

Regest bei Büchi No. 352. — P. K 2, No. 39[a] und 40.

---

[1]) Woche vom 5.—11. Mai. — [2]) Habsheim im Oberelsass, 1 St. von Mülhausen. — [3]) Siehe Ochs IV, pag. 590 ss.

189. Mai 28. — Jakob Ysenle auf Farnsburg an Basel.

Also schrib mir der schultheis zů Liestal, wie das uff
hinachtt ob 6000 Estericher ligen zů Brattlen und verneme
wie das si hinachtt wellen ein anreiczung thůn und mich ge-
betten, illencz inen 30 knechtt zů schicken, hab ich im besten
verschafft und weis doch nit, ob ich doran recht hab gethon
oder nit, deshalb so ist min flisig bitt an uich, ob mir her-
noch selichs wurd me begegnen, was ich darin handlen sel,
domit und ich alweg handle, das uich nit misfellig sig u. s. w.
Zinstag zů nacht, uf die 8 vor mitter nachtt noch Ur-
bane. — P. K 2, No. 339.

190. Mai 29. — Bern an Liestal.
Regest bei Witte 21 m 142. — P. K 2, No. 58.

191. Mai 29. — Bern an Waldenburg.
Regest bei Witte 21 m 142. — P. K 2, No. 59.

192. Mai 29. — Vogt zu Homburg an Basel.

Alsond ir wissen vir wor ein gros trôwung ist in Solen-
thorbiet und rett der gemein man, wir sôllen die empter
in nen und hett der weibel von bevel siner herren von
Solenthor den uinseren verbotten nit uiber den Howenstein
kon und wend uinser fûrluit nit heruiber lon und hett ge-
rett, die Eidg. hetten sich zu m. h. vil gůcs versechen, aber
sin herren hend einen botten gefangen, hinder dem hend
si funden, das alli frintschaft us ist und seit vir wor, das
des kings von Frankrichs houptman zu Luczern ist und er
in gesen hett und die Eidg. hinin sind und wend den zuig
in das land bringen und hatten die von Bern luit usgeschikt,
solten aber in das Oberland sin und sind um miner herren
sach, hett man si doheim beliben, wen es vast ein gros ge-
schreig ist uiber m. h. es ist noch alwen ein schinpf gesin.
Mi(t)wuchen des helgen blůcz tag zů nacht.[1]) — P. K 2,
No. 388.

193. Mai 30. — Basel an Graf Heinrich von Fürstenberg.[2])
c est bei Büchi No. 361. — M. 19, pag. 313.

---

[1]) Fronleichnam fällt zwar auf Donnerstag den 30. — [2]) Dieselbe
Klage wird auch an Graf Hans von Tierstein gerichtet, aus dessen Schloss
Pfeffingen der Anschlag geschah.

194. Mai 30. — Vogt zu Homburg an Basel.

c est bei Witte· 21 m 143. — P. K 2, No. 356.

195. Mai 30. — Liestal an Bern.

c este bei Witte 21 m 142 und Büchi No. 360. — P. K 2, No. 58ª.

196. Mai 30. — Liestal an Basel.

Alsz denn dz volck unden her uff zogen ist und sich ge-
legerett zů Ougst und ouch zů Rinfelden, kam uns eben grosse
warnung allenthalben har, wie dz sy under stan wolten ettwas
mit uns für zünemen, uns villicht nit wol erschossen hett;
uff dz selb habend wir enbotten in die empter umb 80 knecht
uns die zů schicken, des sy worlich gutwillig gewesen sind
und von stund an uns redlich zů zogen, die selben knecht
wir also uff hutt widerumb heim geschickt haben und sy da
by gebetten, ob uns ettwas witters an die hand stiesse oder
begegnen wurde, uns aber zů ze Iouffen etc. harumb bitten
wir u. w., ob ir ettwas vernemen uns allwegen zů warnen . . .
Wir vernemen ouch, dz der zug obsich gen Louffenberg
zieche, fügen wir uch ouch zů wissen, war sy aber wytter
wellen, wussen wir nit, denn dz man sagt, sy wellend oben
in die empter vallen und von dann gen Dornnach zů, ob
aber ettwas daran ist, mogen wir nit vernemen.

Uff unsers herren fronlichams tag. — P. K 2, No. 235.

197. Mai 30. — Brugg an Basel.

Uwer gnad meldet, wie wir des willens söllen sin, das
Friktal mit brand ze beschådigen, das aber in unsrem willen
nie gewåssen ist, dann wir haben in anfang disz kriegs mitt
hilff herrn Türing Frikers[1]) doctor der rechten so vil ge-
arbeyttet, das wir durch unser g. h. von Bern, derselben
bevelh och allwägen gewäsen ist, kein beschådigung des
brands mitt inen fürzůnämen, an u. g. h. den Eidg. erlangt
hatten, dz alle die so zwüschen Rin und Aren gesessen sind,
sólicher beschådigung vertragen wåren worden und hand
och uns des also versåchen, so hand das unser vygent nit

---

¹) Siehe Anmerkung zu No. 15.

gehalten, sunder sôlichs gebrochen und uns in anfang am
ersten mit brand beschâdiget.

Datum corporis Cristi. — P. K 2, No. 166.

198. Mai 31. — Basel an Luzern.

Basel bittet für die zu Luzern in Gefangenschaft be-
findlichen Edelleute Rudolf von Griessen und Poly von Ri-
schach, als die nechst zu Thüngen mit andren darnyder ge-
legen sind.

Fritags nach corporis Christi. — M. 19, pag. 285.

199. Juni 1. — Jakob Ysenle auf Farnsburg an Basel.

Regest bei Witte 21 m 144. — P. K 2, No. 338.

200. Juni 1. — Peter Offenburg an Basel.

c est bei Witte 21 m 144.[1]) — P. K 2, No. 151.

201. Juni 1. — Vogt zu Homburg an Basel.

Also ist mir ein bott geschikt von dem vogt von Ann-
wil,[2]) das im enbotten ist, das der zuig, der den Rin uf ist
zogen, wider herab ziet und hend uins enbotten, si wellen
in uinser land zien und wellen uins schedgen an lib und
an gût.

Samstag nechst nach corporis Christi. — P. K 2, No. 392.

202. Juni 1 oder 8. (?) — Vogt zu Homburg an Basel.

Regest bei Witte 22 m 26.[3]) — P. K 2, No. 390.

203. Juni 2 oder 9 (?).[4]) — Vogt zu Homburg an Basel.

Also sind wir alenthalben usgezogen in das Friktal zû,
wen uins vir wor botschaft ist kon, das si uf huit sunentag
zû Loufenberg us wend zien in uiwer land, loss ich uich

---

[1]) Unrichtig datiert auf den 31. Mai statt 1. Juni. — [2]) Anwil, Basel-
land, Bezirk Sissach, hart an der Grenze von Aargau und Solothurn. —
[3]) Witte gibt als Datum: Juli; richtiger wäre meines Erachtens zu schreiben:
Juni; denn ein Vergleich mit No. 212 (Witte, Regest 22 m 25) und die
Datierung des Schreibens: samstag nechst vor dem sunentag, machen mir
als Datum den 1. oder 8. Juni wahrscheinlich. Ochs IV, S. 601, bringt das
Schreiben unter dem 22. Juni. — [4]) Über das Datum vgl. No. 202.

wissen. Ouch ist mir gewissi botschaft kon, das die Eidg.
hein ziend und von stund an vir die stett wend zien am Rin.
Ilend uf sunentag frieg nescht. — P. K 2, No. 391.

204. Juni 2. — Liestal an Basel.

Also ist uns hutt gegen tag grosse warnung komen,
wie dz die Östericher uff hutt wellend zů Gelterkingen ze
morgen essen und danenhin witter rucken, da inen denn
geliept; nu werden sich die empter do oben züsamen halten,
dz derselben keiner zů uns komen mag, bitten u. w. unz zů
genen, 30 knecht von Muttetz zů unsz zů nemen, damit wir
dennocht knecht by unsz haben, wil uns beduncken not-
wendig sin.

Suntag nach unsers herren gotz tag. — P. K 2, No. 231.

205. Juni 2. — Basel an alle Ämter.[1]

Wir vernemen in warnungs wise und ouch usz dinem
schriben, wie die Osterrischen wider harab ziehen und
den kopff inn unnser empter keren und villicht dardurch
ziehen wellent. Ob nun etwas daran sin wirt oder nit,
mogen wir nit wissen, aber wa das fürgang gewunne, so
mogen wir das nit abstellen und mochten achten, sy unns
oder den unsern nit zů schaden zugen. Darumb ob sy also
in das ampt komen wurden, so wellest mit den unsern
allenthalben schaffen, wa sy etwas spisz umb iren pfennig
begerdten, inen guttlichen mitzeteilen und inen kein an-
reitzung ze geben. Und ob joch etwas von spisz als hüner,
gensz und derglich zimlichen genommen wurde, darumb
keyn uffrůr noch arges geen inen furzenemen, daran thůnd
du und sy unnser meinung der hoffnung, sy werden sich
gen den unsern gutlich und fruntlich bewisen und erzoigen.

Sust so wellest ouch gut hut und sorg zum slossz haben
und das best tůn als wir dir getruwen und din erfarung fur
und fur ze haben und was dir begegnet uns alzit verkunden.

Datum sontags nach corporis Christi. — M. 19, pg. 282ᴬ.

---

[1] Im Konzept ist das Schreiben gerichtet an Jakob Ysenlin, Vogt
auf Farnsburg.

206. Juni 3. — Liestal an Basel.

Demnach und ir unsern houptman Friderich Hartman mit sampt ettlichen knechten von Muttentz her usz geschickt hand, nu ligend die Osterricher zů Rinfelden und dar vor still und kompt unsz grosse warnung, wie dz sy uns wellend schedigen an lip und an gůt etc.... Nu ist nit win hie ussen ... ist unser bitt an uch, ir wellend 1 fasz win oder 2 herusz verttigen ... denn sol man den win an den wirten nemen, so ist er zů důr und keme uch costlich an.

Mentag nach unsers herren gotz tag. — P. K 2, No. 233.

207. Juni 4. — Jakob Ysenle auf Farnsburg an Basel.

Ich hab uich uff gestern ein brieff zůgeschickt, der anzeuiegtt, wie die Estericher wider gon Rinfelden herab geruckt sigend und uins doch kein schaden zůgefuiegt haben... und demselben noch so kumt mir uff disen dag von uiwerem vogt Geldle[1]) warnung user der stat Seckeingen, wie das si hinacht wellen uins an lib und guet schedigen ... Witter g. h. so wellen mich die sachen nit wol ansehen user der ursach, das man je eim deil geneigtter ist den dem andren, und sorg uibel, wo die Estericher wurden vir oder durch ziehen, ob si schon wol nit vil schadens detten, wurde denacht eczwas mit in virgenomen, do mir nit gezwiflett, uich m. h. noch allem uiwerm schriben kein gefallen wurden doran haben.

Zinstag noch corporis Cristi. — P. K 2. No. 336.

208. Juni 5. — Liestal an Basel.

Regest bei Witte 22 m 6. — P. K 2, No. 193.

209. Juni 5. — Jakob Ysenle auf Farnsburg an Basel.

Wie min nechtten schriben anzeuicg, also ist es noch, das mir ein warnung uiber die ander kumt und so vil mer, das die Estericher sind wider gon Ougst geruckt und hand hinachtt 2 von Arenstorf[2]) uf der wachtt erstochen... Nun wil mir u. w. nuczit schriben und sind doch die uiweren allenthalben so gancz unruiewig, das ich worlich besorg,

---

[1]) Vogt zu Frick. — [2]) Arisdorf, Baselland, nordöstlich von Liestal.

wo irs nit virkumen, werde eczwas gehandlett, uich nit
eben wurd sin ... Es werden die uiweren useren emptren
sich hinacht al zusamen thůn, mechtt ich wol liden, ir von
stund an in der sach iltten mit geschrifft, dan schlechtt
wil mich je beduncken, werden die Estericher gen uns her
rucken, so sorg ich, si werden von den uiweren angekertt.
Mitwuchen noch corbris Cristi. — P. K 2, No. 337.

210. Juni 5. — Frantz Schaler von Leymen, Vogt zu Waldenburg, an Jakob Ysenlin, Vogt zu Farnsburg, seinen Schwager.[1]

Lieber swager wüss das der muller von Dietken[2]
kommen ist zů minem meyer gon Benwil[2] louffen, derselb
mich wytter soll berichten, das ich warnung schiess, denn
es fast not, da hab ich warnung geschossen und die minen
zesamen versåmlet und sind zesamen komen im stettlin[3]
und hand aber wytter gewarttet, was botschaft du uns thůn
wellest. Do ist komen in der nacht Heinrichs brůder, der
ouch ze Dietken by der müli sitzet, ist komen louffen ouch
gon Benwil zů dem amptman, der ist von stund an geloufen
in das stettli[3] zů dem houbtman und zů den xellen und
hat derselb bott angerůft, man sôll von stund an gon Gelter-
kinden zů ziechen. Do hat der houbtman von stund an in
sc(h)los geschickt, was er furnemen sôll, do hab ich enpholen
von stund an zů dir gon Gelterkinden ze ziechen in der
nacht. Also hat es sich begeben, dass der Eidg. knecht by
100 im stettli[3] waren, wôlten mit den unseren ziechen, dasz
aber der houbt und die minen nit gestatten wolten uf das
anbringen miner herren. Uf das hand die minen des tags
gebeyttet und die Eidg. knecht von inen gewiset zů irem
houbtman ze ziechen. Uf das sind die minen dohin gon
Sissach und Gelterkinden gezogen. Do wůss, dass sy eben
unfruntlich von den dinen enphangen sind, usgenommen
den vogt von Sissach und Hans Muller von Gelterkinden,
die hand sy gar fruntlich und wol enphangen mit iren
gůtten wortten: die dinen in der grofschaft hetten billich be-

---

[1] Cf. Ochs IV, S. 599. — [2] Diegten und Bennwil, Kt. Baselland,
Bezirk Waldenburg. — [3] Gemeint ist das Städtlein Waldenburg.

trachtet, wie ich und ein gantz ampt von Waldenburg sy
gar fruntlich zů uns gezogen hand und frunt(lich) gehalten
in vergangnen kriegen. Ouch ist das nu das dryttmal, dasz
die minen uf sind gsin und hinuber zů uch gezogen und
das ir verzertt hand und ze grossem kosten komen und sind
den dinen darzů unwert, das inen eben hert anlyt und be-
sorg, sölt es me darzů komen, dass die minen fast gemach
thun wurden, das verstand im besten.

Geben uf mitwuchen nach corporis Christi. — P. K 2,
No. 340.

211. Juni 5. — Liestal an Basel.

Demnach und uns teglich grosse warnung komen sind
von den lütten, so zů Rinfelden gelegen sind, wie sie uwer
armen lut inn emptern, desglichen uns ze Liechstall schedigen
wellend, ... hatt sich begeben, uff hinnacht vergangen sind
die von Arenstorff[1]) uff der hůt gewesen ob Gibnach[1]) by
6 knechten, sind die von Rinfelden sy ankomen und einen
erstochen genant Hans Brattler, so gen Liechstall gehort,
und als sy zusamen gestossen sindt, hand die von Rin-
felden sy gefragt, wer sy syend, hand sy gerett, wir sind
gůt Basler, do ha(n)t sy geret, so sind wir gůt Rinfelder und
daby einander angeschrůwen, schiessen in sy und stechen
in die boswicht, sy sind recht schuldig etc.

Mittwoch nach unsers heren gotz tag. — P. K 2, No. 234.

212. Juni 6. — Vogt zu Homburg an Basel.

Regest bei Witte 22 m 25[2]) — P. K 2, No. 386. —
Cedula, Witte 22 m 25/6. — P. K 2, No. 387 und 387 a.

213. Juni 6. — Liestal an Basel.[3])

Glauben die ihnen von Muttenz zugeschickten Knechte
nicht mehr nötig zu haben, da das volck verruckt und hinweg
ist; doch bitten sie um Nachricht von Basel, das vielleicht mehr
wisse, als sie.

Uff unsers herren achtsten. — P. K 2, No. 230.

---

[1]) Arisdorf und Giebenach, Baselland, Bezirk Liestal. — [2]) Irrtum bei
Witte: tonstag noch des helgen blutz tag = 6. Juni und nicht 6. Juli. —
[3]) Urkunde No. 41 bei Tatarinoff (Schreiben Liestals an Solothurn) ist un-
richtig auf den 4. April statt 6. Juni datiert.

214. Juni 6. — Liestal an Basel.

Also ist uns uff hutt warnung komen von eim fromen man von Rinfelden usz der statt, dz wir uns sollend versehen und versorgen mit essender spisz und wasz wir an der ringmur notturfftig syend, denn sy ye des willens syend Liestall zu erobern; darzů sol der graff gerett han, er habe sich so vil erkundet, dz er den Eidg. vor Liestall stark gnug sin welle, darzů sol er me gerett han, die von Mele [1]), Zeningen [1]) und usser dem Fricktal bederffen iro nit besorgen, dz man sy brene, er welle inen so vil vor Liestall zů schaffen gen, dz man ir vergesse und wellend ein strasz fur unsz uff machen. Harumb l. h. hab ich u. w. vor betten der murer halb, wir meinten ein bollwerk zů machen, ist abermolsz unser bitt an uch sy uns zů schicken, wellend wir gar bald ein bolwerk gemacht han, dz zer were an dem end vast gůt were und uns darůsz weren ..., wellend uns ouch nit am bulffer verlassen.

Illends uff donstag nach des helgen blutz tag. — P. K 2, No. 244.

215. Juni 9. — Solothurn an Basel.

Regeste bei Witte 22 m 8 und Tatarinoff Urk. No. 77. — P. K 2, No. 114.

216. Juni 11. — Bischof Albrecht von Strassburg an Basel.

Regest bei Witte 22 m 9. — P. K 1.

217. Juni 14. — Hans Imer von Gilgenberg an Basel.

Regest bei Witte 22 m 9. — P. K 2, No. 145.

218. Juni 14. — Liestal an Basel.

Regest bei Witte 22 m 10.[2]) — P. K 2, No. 192.

219. Juni 16. — Instruktion an den kgl. hoffmarschalck und andere der K. M. anwelt und rete gen Ensisheim.[3])

Uff die manigfaltig warnung und tröuwort, so einer stat von Basel von gemeiner landtschaft teglichs anlangen, ouch

---

[1]) Möhlin und Zeiningen, Kt. Aargau, östlich von Rheinfelden. — [2]) Statt «Pentriorn» ist zu lesen: Penteljon (Pantaleon im Kt. Solothurn.) — [3]) Siehe Ochs IV, S. 610 ff.

dic rechtfertigung und bescheedigung den iren bisher begegnet, ist eins rats bevelh, diss nachfolgend oder derglich meynung uff das schriben hievor an die kgl. hoffmarschalck, anwelt und rete usgangen an sy ze bringen und ze werben.

Des ersten, so sye nit one, es syent bissher allerley trouwort, warnung, beschedigung und rechtfertigung durch die landtschafft bescheen und den iren allenthalben begegnet, sunder wa sy die betretten vom leben zum tod wollen brin-gen, als sy ouch gegen ettlichen derglich getan und gerecht-fertigt haben, an einen rate gelangt, deren sich ein rat eben . hoch befrömbdt habe, in ansehen dz ein rate in diesen ge-genwurtigen kriegslouffen, so leyder vor ougen schweben, anfangs der landtschaft ir stat uffgetan und vergont hatt, ir lib und güt in ir stat mogen flechten, wolle ein stat sy und das ir nit minder denn sich selber mit gottlicher hilf schirmen und wenn der krieg gericht werde, ir das ir on engeltnusse gutlich und fruntlich wider lassen volgen, doch dz sy schweren in mitler zyt lieb und leydt mit der stat ze liden und dz solicher eyde nach irem abscheid sy nit witter solle binden.

Item dz uff solichs sich über 500 von der landtschaft mit iren wiben, kinden, vihe und güt in ir stat getan, weliche ein stat von Basel bisz uff disen tag uss getruwem mitliden und·erbermbde gehuset, gehoffet und nit on kleinen der gemein schaden des weidgangs halb enthalten und inen iren fryen zů und abgang gónt habe nit minder denn an-dern iren burgeren. Zůdem hab ein statt von Basel noch biszher keynerley beschwert uff sy, es sye der wacht, der thorhut noch anderer beladnúsze halb, damit der gemein burger beladen ist, uff sy geleit, sunder sy gantz frye gelaszen, sich des iren mogen gebruchen nach irem willen und gefallen.

Zůdem sye kuntlich und wissen der getruw flisz, so ein stat von Basel nit on kleinen costen, můe und arbeit in disem fal gegen dem einen und dem andern teil gutt-williclichen und nach allem vermogen ankert hatt und under-stand die gegenwurtigen kriegsübungen mit gotlicher hilff zů gůtem ze bringen, also dz an ir nutzit erwunden noch leyders ist, denn dz ir můe, arbeit und getruw suchung nit zů frucht ist erschossen.

Deszglichen sye nit minder, so hab ein stat von Basel sich yetz am letzsten, als die Eidg. iren zug in das Suntgouw und dise landtschaft leider furgefasst haben, als getruw nachpuren abermals erzoigt und ir treffenlich ratzbotschaft zů den Eidg. abgefertiget und kommen laszen und nach hoher vermanung und byt allen vermuglichen flisz ankert, dise landtschafft nit wollen schedigen, sunder ir vergonnen noch hutt by tag gutlich in dem handel ze suchen, damit die landtschaft unbeschediget blibe, wolt ein stat von Basel sich darunder weder mit cost noch arbeit beduren laszen, als denn das alles den kgl. marschalck, anwelten und reten unverborgen ist.

Dem allem noch ein stat von Basel sich solicher unfruntlicher nochpurschafft, so ir denn von den landtseszen unverschult begegnet, keins wegs zu inen versehen noch verhofft hette, sonder vermeint, umb ir guttet danckberkeit und nit unwillen ze erlangen, denn was schadens der lantschafft leyder begegnet, ist der stat in volkomenen truwen, als sy mit got bezugen mag, leid und me denn leyd, wol konnen ermessen, dz solicher schad der stat nit minder denn der landtschafft zu schaden ouch reichen ist, da sy wol wolt und wolte got dem vor mogen gewesen sin.

Und dwil ein rate in keinen zwifel setzt, den kgl. marschalck, anwelten und reten solich der lanntseszen unbillich furnemen gegen einer stat von Basel widerig und leydt wesen, so sye ein rate und nit unbillich bewegt inen das ze entdecken und darumbe ze schriben und ze bitten, sunder gegen der landtschafft darob ze sind und ze verfůgen, die iren unbeschediget und ungefecht ze laszen, deszglichen ettlichen den iren, denen denn ir rosz, schaff und ander von der welschen garde genommen sin sol, wider ze keren, wie denn das schriben darumbe an sy uszgangen, das anzoigt. Da sye eins rats noch hutt bytage fliszig und fruntlich byt, zu dem truwlichisten nachmals darob ze sind, damit die iren witter unbeschediget und ungefecht bliben, ouch inen das ir gekert, als sy selbs achten mochten nit unbillich wesen; das alles beger ein stat mit aller gutwilliger dienstbarkeit zůvor umb die k. m. ouch ir person unverdrossen ze verdienen.

Deszglichen ob ein stat von Basel oder die iren gegen
inen oder den landtseszen verclagt oder verunglympffet weren,
solichs den botten ze entdecken, solle inen allwegen solich
zimlich antwurt begegnen, dz ein rat verhofft, sy solicher
antwurt benügig sin sollen.

Und uff solichs der anwelten und reten antwurt ze
erwarten, und nachdem solich antwurt falt, daruff witter zim-
lich antwurt ze geben, ye nach gestalt der sach, als denn
die botten dem und mererem wisz und vernünfftig gnüg sind.

Und so verre den botten furgehalten würde, dz der
stat verwanten den Eidg. profiant zůgefürt hetten, ouch in
dem nechsten zug gewesen weren etc.

Als denn sollen die botten zů entschuldigung der stat
disz antwurt geben, nemlichen was durch die iren über eins
rats wissen, verbott und bevelh bescheen, dz solichs einem
rate gantz widerig und nit lieb were, wolte ouch darin
handlen, damit die anwelt spuren solten, im das leydt wesen
und mocht sin ein rate und die iren weren witter verclagt
denn sy schuld hetten, darumb denn eins rats begerung
were, ir antwurt gutlich ze vernemen.

Und sye das die antwurt, des ersten des zůfürens halb
der profyant, da sye nit one, nachdem die Eidg. sich zu-
nechst by der stat gelegert haben und mit einer merck-
lichen macht bisz an die grendel komen sind und da in
begert haben, inen ouch spisz und tranck mitzeteilen und
zůkommen ze laszen mit allerley ungestümen worten und
geberden und ein rate hab gesehen solich ir wesen, ouch
ermeszen die sorg und was der stat begegnet sin mocht,
damit sy denn die Eidg. von der stat und von iren grendlen
bringen möchten und damit witterem schaden vorsin, da
sye war, dz ein rate einem dem iren uff beger deren von
Bernn verwilliget habe, inen ein wagen mit win mogen zů-
füren in den leger gen Hegenhin doch nit witter, wie denn
iren leger hievor zů Oberwiler, Terwiler[1] und darumbe ouch
zugefurt worden ist, des die von Bern sich benugen laszen
haben und damit die iren furgewisen, dz sy aber yemanden
der iren daruber witter haben verwilliget, sye nit und setzen

---

[1] Oberwil und Therwil, im Leimental, Kanton Baselland.

in keinen zwifel, wa einicher stat im land deszglichen be-
gegnet, ir were zu danck gewesen, solicher lutten gar vil
witter denn mit einem wagen mit win mogen abkomen.
Und wie wol dem unsern nit witter vergönt sye, yedoch
werd ein rate bericht, als die Eidg. den leger zu Hegenhin
gerumpt, dz sy in zwungenlich darzů gehalten haben, uber
sin willen witter müssen faren und in also fur und fur bi
inen behalten.

Deszglichen sye den uberigen den unsern, die uner-
loupt und on wissen eins rats inen win und brot zůgefürt
haben, ouch begegnet, und dz sy wissen krutz an sich ge-
macht haben, sye keiner andern meynung bescheen, denn
allein ir leben damit under inen ze fristen; dz sy aber der
lantschaft einichen schaden zůgefügt oder zůzefügen begert
haben, sye nit, sunder hetten nit witter begert, denn sich
wider anheimsch ze fügen, wa solichs unsicherheit halb hett
mogen gescheen.   Doch so hab ein rate dieselben in hafft ge-
nomen, sy darumb zů sinen zyten ungestrafft nit wollen laszen.

So denn der uberigen der stat verwanten halb, so denn
in disem zug gewesen sin sollen, etc. da vernem ein rate
sinem erfaren nach, dz deren uber ein schilling knechten
uff das hochst nit gewesen syent, und hab aber die gestalt,
demnach ettliche derselben knechten, so der stat mit lib-
eigenschafft verwant, hinder den Eidg. in iren hohen und
nideren gerichten geseszen, ouch wun, weid, holtz und veld
nyessen sind, deszglichen die iren inen mit libeigenschafft
verpflicht und hinder uns geseszen, so haben dieselben knecht
mit inen müssen reysen und nit usz eigenem willen noch
furnemmen, sunder von inen darzu gez(w)ungen, dz aber
yemand der stat verwanten witter mit inen gereiszt haben,
ist einem rat unwissen und uber ir verbott bescheen.   Zu
dem mocht sin, dz ettlich der stat burgere uff disen tag, so
man wol wiszte ze nemmen, uff der herrschafft sitten weren,
das ein stat biszher den louffen nach hette müssen laszen
gescheen, als die dero unmüglich ist, all die iren mogen
meistern als wol als andere, die sich dirre zyt liden und
gedult haben müssen ergers ze furkommen.

Dem allem nach sye eins rats gar emsig und flissig byt
wie vor, disz eins rats entschuldigung im besten ze ver-

nemmen und sich deren gutlichen benügen ze laszen und
damit gegen gemeiner landtschafft, ritterschafft und noch
hutt by tag darob sin und verfügen, die sinen witter un-
beschediget ze laszen, das ire ze bekeren und deszhalben
mit dem iren frye und sicher on einich sorg oder vechtung
laszen wefferen und wandlen, wie denn die notturfft ir das
vordert, ein rat ouch achten mocht nit unbillich bescheen.

Und darin ze bedencken, der statt geneigten gutten
willen und getruw nachpurschafft, so sy denn zu der landt-
schafft gar gern haben wolt, ouch sich gar ungern wider
die k. m. noch das heil. rych in einich weg hab wollen
setzen, noch den Eidg. sich anhennig machen, sunder nach
allem irem vermogen gegen einem und dem andern teil
glilich halten und erzoigen und demselbèn nach biszher allen
vermuglichen fliss ungespart einiches costen, mùe oder arbeit
in der sach als getruw mittler ankert, damit die sachen zu
guttem hetten mogen bracht werden, und nachmals ze tund
.geneigt weren; das alles beger ein stat von Basel etc. Und
nachdem den botten witter begegnet, daruff ouch zimlich
und guttig antwurt ze geben zum besten irs gut bedunckens
und verstentnúsze. — P. K 2, No. 449.

**220. Juni 16. — Hofmarschall, Landvogt, Hauptleute
und Räte auf dem Tag zu Ensisheim an Basel.[1])**

Uff zinsztag nach sanct Johanns Baptisten tag[2]) schierist
kunftig sol man nachts zů Colmar an der herberg sin mornds
mitwochen unsers herren von Basel ouch der stat Basel ant-
wyrt uff das furhalten, so der boder bottschafften uff hutt
gehaltnen tag zů Ensiszheim beschehen, zů vernemen, was
man sich zů inen versehen solle mit der zůversicht, ob sich
mitler zyt ichts von fynden begeben, das sie sich dan lut
und inhalt niderer vereyne gegen derselben zůgewanten
gepurlich darunder halten wurden.

Actum uff sonntag nach sanct Vitt und Modesten tag.
— P. K 2, No. 447.

**221. Juni 20. — Graf Heinrich von Fürstenberg und
Friedrich Kappler an die Untertanen der Herrschaften Pfirt,
Tierstein u. a.**

Regest bei Büchi, No. 443. — P. K 2, No. 34.

---

[1]) Cf. Ochs IV, S. 609. — [2]) Den 25. Juni.

222. Juni 20. — Erkanntnis des Basler Rats.

Uff dornstag vor Johannis baptiste ist durch bede ratt einhelleglich erkannt, demnach und eben ein mergklich somm erbar lütten harinn geflöcht und iren schirm hinder uns genomen und gesucht hand, und aber keins wegs sy ze gepruchen syen ze wachten oder hüten, dwil aber wir sy also beschirmen und eben mercklichen costen und beschwärnisz mit hüten und wachen und ander dingen haben müssen, dz denn ein yeder zer wochen 1 sh geben solle und sollen sollich gelt von denselben erbern lutten inziehen und samlen namlich meister Hans Bogkli und den dryen herren überantwurten. — Erkanntnisbuch I, fol. 184.

223. Juni 21. — Graf Heinrich von Fürstenberg und Friedrich Kappler an Basel.

Regest bei Büchi, No. 445. — P. K 2, No. 33.

224. Juni 22. — Basel an Solothurn.

Regest bei Witte 22 m 13. — M. 19, pag. 320.

225. Juni 22. — Basel an Graf Heinrich von Fürstenberg und Friedrich Kappler.

Regest bei Büchi, No. 447. — M. 19, pag. 325.

226. Juni 23. — Graf Heinrich von Fürstenberg an Basel.

Regeste bei Büchi, No. 449; Witte 22 m 16. — P. K 2, No. 35.

227. Juni 24. — Jakob Ysenle auf Farnsburg an Basel.

Regest bei Witte 22 m 17. — P. K 2, No. 277.

228. Juni 25. — Jakob Ysenle auf Farnsburg an Basel.

Regest bei Witte 22 m 18. — P. K 2, No. 292.

229. Juni 26. — Basel an Graf Heinrich von Fürstenberg.

Regest bei Büchi, No. 452. — M. 19, pag. 328.

230. Juni 26. — Erkanntnis des Basler Rats.

Uff obgenant tag ist erkant, demnach biszher edel und unedel und sust von der gepursami und der landschaft harin komen und hinder uns geflocht hand etc. ist erkant, wer der sye, do wider von uns hinus begerdt mit dem sinen ouch enweg ze füren, dz man sollichs mengklichen zůlassen und vergonnen solle.[1] — Erkanntnisbuch I, fol. 183.

231. Juni 27. — Basel an Solothurn.

Regest bei Witte 22 m 20. — M. 19, pag. 329.

232. Juni 27. — Boten der Eidgenossen zu Baden an Basel.

e est bei Witte 22 m 20. — P. K 2, No. 153.

233. Juni 28. — Solothurn an Basel.

Regest bei Witte 22 m 20. — P. K 2, No. 134.

234. Juni 29. — Basel an Solothurn.

Basel ersucht um Verschiebung des für Sonntag, den 30. Juni nach Solothurn angesagten Tages bis zum 4. resp. 5. Juli.

Datum Petri et Pauli. — M. 21, pag. 1.

235. Ende Juni. (?)[2] — Basel an Solothurn.

Durch u. l. wird angeregt, wie die unsern von Muttentz die uwern by inen sesshaft von inen usz dem kilchhof daselbs vertriben und iren vigenden an die hand geben ... aber wyt anders ... geben uns die uwern, die im kilchhof gewesen sind ..., ze erkennen; es sye nit one demnach und inen allerley warnung der widerparthye halb begegnet und sy uff ir wart gewesen syent und gesehen haben ir vyend sich dem dorf neheren, haben sich die uwern und die unsern im dorf zůsamen getan und syend vorgender vereynung nach in dem namen gottes samenthaft in den kirchhof getreten vermeinende sich darin ze enthalten. Also syent die rütter me denn an einem ende in das dorf gefallen und iren zůker zů dem kirchhof genommen und unsern vogt daselbs by sinem eide ersucht, inen ze sagen, wer in dem kirchhof were.

---

[1] Laut Öffnungsbuch VII, fol. 65, haben folgende Edelleute mit lib und gut die Stadt verlassen: Hermann von Eptingen, der von Wamerků, Friedrich von Lowenberg, Arnold von Rotberg, Heinrich von Baden, Eglin von Wessenberg, Marx Rich von Richenstein, Penthali von Flachsland, Jacob von Eptingen. Siehe auch Ochs IV, S. 602. — [2] Das Datum lässt sich ungefähr aus der chronolog. Reihenfolge der Missivenkonzepte erschliessen.

Und als er inen antwurt, dz nyemand darin were denn die
unsern und sy im zůmütteten, wa er das by sinem eide
behalten mochte, dz keiner ir vyend darin were, da ...
habe er solichs nit mogen behalten ..., und als die vyend
solichs vermerckt, da haben sy nach dem uberigen zug ge-
schickt des gemüts, den kirchhof wollen stürmen; da ... so
haben sich die uwern hinder dem vogt, sinthalb unwissende
von in selbs, von nyemand der unsern darzu genottiget, us
dem kirchhof getan und das holtz und gebirg an die handt
genommen, under welichen zwen der uwern inen alters halb
nit haben mogen nachfolgen, die von den vyenden betretten,
gefengklich angenommen und zuletzt durch zutun eins unsers
dieners der gefengknis ledig gezalt, doch mit behaltnis irs
gurtelgewands.

Datum fehlt. — M. 19, pag. 308/309.

**236. Juni 30. (?)[1] — Jakob Ysenle auf Farnsburg
an Basel.**

Si sind mit 300 knechten gon Meisprach[2] kumen und
hand do alle huiser dur luiffen, doch so hand si niemancz
nuczit genomen und hand mit den uiweren gesen und truncken
und hand si gesichertt libcz und gutcz, do sind 12 knecht
oder me gon Bus[2] von disen geluiffen und hand Bentele ...
wol 6 stier genomen und die vir das derflin hinus getriben,
wes si sich besint hand, si hancz wider losen gon; noch dem
allen so sind si wider gon Bus gangen und hand 3 huiser
verbrent; do ich das geschen, hab ich warnung geschosen,
do hat der huf gesehen, das die iren Bus angestosen hand
und hand sich zůsamen thon, und do die von Meisprach hand
gehertt warnung schiesen, hand si zum schlos ge wellen, die
wil und si si getrestett hatten, uiber das ouch si mit in gesen
und getruncken hand, so hand si zů inen vast geschosen und
uff ir drig vil schuczen gethon, doch von den gnoden gocz
so ist nieman am lib geleczt. Nun l. h. so hand si uins
witter getreuiwtt, si wellen uins gancz verbrenen; nun sind
die zum deil, so noch husen sind, bi mir gesin, noch vil

---

[1] Das Datum ergibt sich aus dem Inhalt des Schreibens, verglichen mit
No. 240. — [2] Maisprach und Buus, Kt. Baselland, südöstlich von Rheinfelden.

wortten so wend si nuczit anfochen on uiwer wisen und
wille, wie wol uinser ettlich vast gewertt hand, so sind si
al einhellig, ich selle uich m. h. schriben, wie man sich nun
fuirer halten selle, diewil si uins schaden zugefuiegt hand
und witter wartten sind; gott geb was man uich m. h. zů
sage, so wer es doch nit an uins gehalten und begerend
dorumb von stund an antwurt. Ich hab ouch gon Honburg,
Waldenburg, Liestal enbotten, wir · wellen nuczit witter
handlen, dan wir haben uich m. h. geschriben, der antwurt
wellen wir wartten.

Geben in yl sundag uf die 6. stund noch mitag. —
P. K 2, No. 284.

**237.   Juli 1. (?) [1] — Jakob Ysenle auf Farnsburg
an Basel.**

Also langt mich an, wie das ettlich von Rinffelden
hinacht noch bettzit herus sigend und ziehend gen der groff-
schaft Farsperg zů, wie wol ir noch keinen gesechen hab;
zů dem so send ettlich von Sollendur ziehen, als ich berichtt
wird, gon Ougst zu, wo oder warhin si wellend, mag ich
noch diser zeit nit wisen.

In yl uf mendag vor mitnachtt umb die i 1. stund. —
P. K 2, No. 323.

**238.   Juli 1. — Schultheiss und Gemeinde der Basler
Ämter an den Rat von Basel.**

Regest bei Büchi, No. 463. — P. K 2, No. 209.

**239.   Juli 1. — Basel an Friedrich von Lowenberg,
Eglin von Wessenberg und Penthali von Flachsland.**

Uwer schriben, darin ir begeren uch ein sicher geleit
harby unns ze komen ze geben . . . haben wir gelesen und
mocht unns dieselb uwer beger zem teil befromden, dann
wir ganz achten uch keins geleits unserthalb noch der unnsern
halb notdurfft wesen, deszhalben wir uch das zuzeschriben
nit bedorffen, sonnder mógen ir on geleit wol ob uch ge-
lieben will als ander diser zitt zů und wider von unns riten.

Datum mentags vor visitacionis Marie. — M. 21, pag. 1.

---

[1] Die Datierung ist blosse Vermutung auf Grund der in No. 236 und
240 erwähnten Tatsachen.

240. Juli 1. — Basel an Rheinfelden.[1])

Uff gestrigen tag ist durch die uwern und usz uwerer statt ... inn unserm dorff zu Bussz[2]) under Varnsperg drye gehusz angezundt und verbrannt worden und ander mutwillikeit mit den unsern begangen, das uns hoch befrombt, ... ouch die wile und dieselben uwern uff obgenanten tag by den unsern zu Meysprach[2]) gewesen und von inen güttlich gespiset und getrenckt und daruff durch die uwern libs lebens und gûts getrost und gesichert worden, so ... ist unser beger an uch, ... den unsern abtrag zu thund, ouch die getätter ze straffen.

Datum mentag vor visitacionis Marie. — M. 21, pag. 2.

241. Juli 1. — Rheinfelden an Basel.

Rh. entschuldigt sich wegen der Brandstiftung zu Buus, die ohne sein Wissen und Befehl geschehen und verspricht die Täter bestrafen zu wollen.

Mentag vigilia visitacionis Marie. — P. K 2, No. 85.

242. Juli 1. — König Maximilian an Basel.

Wir Maximilian von gottes gnaden römischer kûnig zû allen zeyten merer des reichs zû Hungern, Dalmacien, Croacien etc. kûnig, ertzhertzog zû Oesterreich, hertzog zu Burgundi, zu Brabant, zu Gheldern etc. grave zu Habspurg, zu Flandern, zu Tyrol etc. embieten den ersamen unsern und des reichs lieben getrewen burgermeister und rat der stat Basell unser gnad und alles gût. Ersamen, lieben, getrewen. Euch und meniglichem ist unverborgen, das die Schweytzer, so sich nennen Eydgenossen, in kurtzverscheyner zeyt, on all redlich ursachen und allein ausz aygem freventlichem mûtwillen uns, auch des heiligen reichs und unser erblichen lande underthanen und verwanten heimlichen und zu der zeyt, als wir in unsern Nyderlanden bey unserm lieben sün und dem land von Gheldern mit kriegen und andern mercklichen hendlen, daran dem heil. reich und teutscher nacion vil gelegen ist, verstrickt gewesen sein

---

[1]) Ein gleichlautendes Schreiben wird an Graf Heinrich von Tierstein gerichtet. — [2]) Buus und Maisprach, siehe No. 236.

ubertzogen, etlich schlosz im Hôgew, so unsern und des
reichs underthanen und verwandten zugehören, erobert und
die mitsambt etwovil dôrffern verbrennt, auch unser land
das Walgew in ir gehorsam, darausz wir dasselb Walgew
widerumb bracht, gedrungen und das gegen unser stat Veld-
kirch mit belegerung und in anderweg zů thůn und ynen
damit zů solchem irem durstigen furnemen eingang in unser
inner lande der graffschafft Tyrol ze machen understanden.
Des alles sein sy nit gesettiget beliben, sunder haben daruber
zwen graven und ainen comanthůr, so uns und dem heil.
reich on .mittel underworffen und zůgehôrig sein, vertriben,
inen ir schlosz und stette abgewunnen, die auch mit allen
iren dôrffernn und gůttern verprent und verderbt und mit
solchem irem geschwinden furnemen auch draworten und
andern erdichten anzaygungen die, mit den dieselben schlosz
und stett besetzt gewesen sein, dermassen in forcht und
schrecken bracht, dardurch sy ynen die ôn alle not uṅ-
beschossen und ungesturmbt ubergeben haben und steen
fur und fur in ubung uns und das heil. reich, auch desselben
underthanen und verwandten gleicherweyse ferrer zů uber-
ziehen und zů beschedigen, alles wider unsern künigklichen
auffgerichten landfriden, auch des heil. reichs ordnung nechst
zů Worms beschlossen. Deszhalben wir uns eylends her-
gefůgt, unser und des reichs panir auffwerffen unnd fliegen
lassen und unnser und des reichs churfursten, fursten, euch
und annder verwanndten auff das hôchst in solchem umb
hilff, rettung und beystandt ersůcht. Wir haben aber noch
biszher kainen tapffern trostlichen zůzug, als die notturfft
erfordert, gefunden, das die veinde in irem furnemen stercket
und unser leut, underthanen und verwandten in merern
schrecken bringet. Darzů langt uns gleuplichen an, das
dieselben unnser und des reichs veinde des alles von dem
künig zu Franckreich und andern frembden treffenlichen na-
cionen trost, hilff und schůb gewarten sein, dardurch inen
nů zůmal mit einer grossen macht widerstandt geschehen
můsz, darinn wir dann unnser leib und gůt nit sparn wôllen.
Diewyl aber unnser aygen vermůgen in solchem schweren
handel wenig erschiessen mag und vor augen ist, wo den
veinden eylends ee und inen von frembden nacion merer

hilff zůkummet, nit ausztreglicher widerstannd beschicht, das sy ausz dem syg, den sy wie obsteet mit irem schnellen geschwinden furnemen erobert haben, auch mit irer aygen und irer helffer macht, wo sy die also erlangen, in das heil. reich so tieft und weyt einreysen, und damit die gegenwere gegen den Turcken auch andern frembden nacion, so bisz-her das heil. reich und gemeine cristenheit schwerlich an-gefochten haben, und die dazwischen in denselben iren an-fechtungen nit still steen, gentzlichen abstricken werden, das dardurch gemeine cristenheit und das heil. reich, so unser aller vordern mit manichen teuren ritterlichen tatten und schweren blůtvergiessen zu teutscher nacion erobert haben, in abfall und zerstörung bracht wurde. Wann nun ir und ein yeder, der got unnd eer vor augen hat, solchen schweren sorgfeltigen handel billichen zu hertzen fasset und wider die natur und alle cristenlich ordnung ist, den groben erstockten leuten den Schweytzern in irem fůrnemen und frevenlichem můtwillen, so sy wider got, unsern heil. gelauben, alle eer und erberkeit üben, also zůzesehen, demnach ermanen wir euch der pflicht, gelůbdt und eyde, damit ir uns, dem heil. reich und gemeiner cristenheyt verbunden seyt, abermals bey privirung und entsetzung aller ewr privilegien, freyheiten und genaden, so ir und gemeine stat von uns und dem heil. reich haben und darzů vermeydung unser und des reichs schweren ungenaden und straff von rômischer kůnigklicher macht ernstlich mit diesem brieff gebietend und wôllen, das ir von stund zů angesicht disz briefs durch die ewren mit aller macht zů ross und fůss, auch wagen, geschutz und anderm als in velde gehôrt, auff das hôchst und sterckist eylends zů uns in velde unter unser und des reichs panier und daneben auff unsern und des reichs tag, so wir von Worms gen Coln und nachmals von dannen ausz den vor-erzelten ursachen her gen Uberlingen verruckt haben, ziehet und uns mitsambt andern unsern und des reichs stenden und underthanen helffet in unsern, des heil. reichs und ge-meiner cristenheyt obligenden sachen und geschefften zů handlen, auch den obgemelten unsern und des reichs veinden den Schweytzern und iren helffern auszdreglichen widerstand zů thůn, das heilig reich bey teutscher nacion und gemeine cristenheyt zů behalten und zů retten und die Schweytzer dermassen zů straffenn, damit hynfur wir und das heil. reich solchs hochmůts und uberfals von inen vertragen beleiben, das alles mit gottes und ewr aller hilff nochzůmal wol beschehen mag und ye in solchem auff nyemands waigert noch verziehet noch hierinn ungehorsamlich erscheinet, dardurch euch nit zůgemessen werde, das ir des heil. reichs und gemeiner cristenheyt abfall und vertilgung lieb sey, und ir uns nit ursach gebet, mit den obgeschriben penen, straffen und bůssen gegen euch furzünemen und zů handlen, sunder euch gehorsamlich ertzaiget und beweiset als ir den obberůrten ewrn pflichten nach, auch zu handthabung des vorbestymbten landtfridens und des heil. reichs ordnung uns, dem heil. reich teutscher nacion und euch selbs zu thun schuldig seyt, und wir uns gentzlichen zu euch versehen; daran thut ir unser ernstliche manung und sunder gefallen, das wir gnedigklichen gegen euch und gemeiner stat erkennen und zů gutem nit vergessen wöllen.

Geben in unser und des heil. reichs stat Uberlingen am ersten tag des monets Julij nach Cristi geburt vierzehennhundert unnd im newnundnewntzigisten, unser reiche des römischen im vierzehenden und des hungrischen im zehenden jaren. — P. K 1. (Gedrucktes Mandat.)

243. Juli 3. — Basel an Solothurn.
Regest bei Witte 22 m 23. — M. 21, pag. 4.

244. Juli 3. — Graf Heinrich von Fürstenberg an Basel.
Regest bei Büchi, No. 467. — P. K 2, No. 41.

245. Juli 4. — Basel an Graf Heinrich von Fürstenberg.
Regest bei Büchi, No. 468. — M. 21. pag. 5.

246. Juli 6. — Jakob Ysenle, Vogt auf Farnsburg, an Basel.

L. h. also samlen sich die Eidg. aber vast und ist noch das altt geschreig, sy wellen vir Walczhütt; ob dem also sig, mag ich noch nit wisen, megen ir bas wisen dan ich.

Samstag noch Ulricze. — P. K 2, No. 245.

247. Juli 9. — **Vogt zu Homburg an Basel.**

Regest bei Witte 22 m 26. — P. K 2, No. 361.   .

248. Juli 10. — **Boten des Königs und der niedern Vereinigung zu Neuenburg an Bürgermeister Hartung von Andlau in Basel.**

Regest bei·Witte 22 m 29. — P. K 2, No. 142.

249. Juli 10. — **Rheinfelden an Basel.**

Regeste bei Büchi, No. 478; Witte 22 m 27. — P. K 2, No. 73.

250. Juli 10. — **Jakob Ysenle, Vogt auf Farnsburg, an Basel.**

Regest bei Witte 22 m 27. — P. K 2, No. 250.

251. Juli 11. — **Instruction an gemeyne Eidtgenossen zu Lutzern dornstag vor Heinrici imperatoris.**

Item des ersten uff das·trostlich zůschriben von gemeynen Eidg. uns bescheen, uns nit wellen verlassen etc. sollen ir uns entschulldigen, dz wir so lanng verhallten haben dancksagung, dann sollichs in arger ineynung nit gescheen, sonnder wir sidher nit gewiszt und erwartet, wa sy wurden zesamen komen etc.

Und darnach inen mit hohem flisz und ernst ze dancken und mit erbietung, das ouch zů hertzen fassen und umb sy ungespart libs und gůts verdienen wellen mit den besten worten, als sich zů sollichem gepůrt.

Item darnach mit inen zů reden des niderwerffens halb und angriffens, so durch die iren und andren geschicht innerthalb unsern crützsteynen und gärten, wie man dasselb abstellen mocht etc. als dann sollichs by unsern Eidg. zů Solotorn ouch gesůcht worden ist.

Item ouch anzezoigen, wie die unsern burger, hindersässz, dienstknecht etc. von den iren angriffen, gefangen und geschetzt werden, das uns keinswegs lidlichen mag sin.

Item wie sy besonnder die dienstknecht by uns da ettlicher ein gůt zal jaren by uns gedient befechden, wa sy die ankomen berouben, fahen, schetzen, etc. und mag sy ir lang

dienen, so sy hinder uns sind gewesen, und wir sy als ander
unser burger achten, nit beschirmen, etc. und damitt anzoigen
den iren von Brugk der zwirent gefangen worden durch
die herschafft und doch in crafft sins langen dienst und by-
wonung hinder uns lidig widergelassen etc.

Item ouch anzezoigen, was die iren innerthalb diser
tagen mit sollichen knechten zů Muttentz furgenommen, sy
gefangen gen Burren[1]) gefurdt, geschetzt etc. ettlich darzu
wonnd geschlagen und vil mutwillens handlen und fürnemmen.

Item wie der veyl kouff unsern metzgern des fleischs
halb abgeslagen ist, sollich abzestellen in ansehen, dz wir
zu beder sytt einander den veylen kouff zů lassen gan sôllen;
ouch dwil und unser metzger das vich selbs by inen koufen
und suchen. etc.

Item ze verantworten, dz angezogen wirt, wir disz jar
me vichs dann andre zitt geprucht sollen [geprucht] haben.

Item ouch ze verantworten, dz unser metzger gezugen
werden, sollich vich so sy da oben erkouffen, anderswo dann
in unser statt füren, da metzgen, sonder den vigenden zů
kouffen geben.

Und uff disz vorgeschriben stuck alle gemeynen Eidg.
zů erkennen ze geben, wa nit in dissen handell sehen, damit
das abgestellt und ouch der veyl kouff, es sye fleisch, ancken,
käss, stachell und anders zůgelassen werden sollt, so sye zů
besorgen, dz unser gemeyn dadurch gantz entsetzt und inen
keins wegs zů liden das gedullden etc., mit mer vernunfftiger
erzalung, als ir von gots gnaden dem vernunfftig gnůg sind.

Item von der unsern wegen, so unverzeichnet mit
wissen crützen nit under sy wandlen sollen, inen ze eroffnen,
unns keins wegs fůgsam, das sollen tůn, und uns und den
unsern zu grossrem schaden dienend were, wie dann vor-
molen zu Solotorn ouch angezogen ist.

Daruff ouch anzoigen, wie sich die iren louffend knecht
ungezeichnet der wissen crützen by uns wandlen und also
ungezeichnet und unerkannt furnemen etc. nit alleyn wider ir
vigend, sonnder wider uns und die unsern, und damit weg
ze finden, dz sollichs abgestellt wurde, oder uns vergundt,

---

[1]) Büren, Kanton Solothurn, Bezirk Dorneck-Tierstein.

wa wir sollich offenthürer ankament, zů inen mogen griffen und sy straffen, dann sust sollich ir fürnemen keins wegs mag gelitten werden.

Item von unser botten wegen, dz die mit keyner holtzen buchsen, dann alleyn mit silberbuchsen under und zů inen wandlen sollen, dz sye biszher nit also geprucht.

Item uns zu·verantworten desz, das ein red usgeschollen ist, wie der unsern 300 sollen by dem brannd inn Münstertall gewesen sollen sin, dann nichts daran ist.

Item deszglichen der geschicht zů Sewen[1]), Bürren, uns ouch ze verantworten inn gestallt, wie dann zů Solotorn gescheen ist.

Item als der wirt zů Wyetlispach[2]) im ansprach fürnimpt wider uns, wie wir in zu Bern verclagt sollen haben, und dwil wir in desz nit entslahen, so welle er uff uns angriffen; ouch was daruff gegen unsern botten und den unsern nechst zu Balstall[3]) gehandlet ist, und daruff sy ze bitten, sollichs abzestellen.[4]) — P. K 2, No. 451.

252. Juli 13. — Liestal an Basel.

Also hatt unsz junckher Frantz von Leimen enbotten, wie dz die von Solenturn und ander Eidg. by 6000 uff morn sontag by unsz zu Liechstall ligen wellend; wasz witter ir furnemen ist oder sin wirt, mogen wir nit wussen, bitten u. w. unsz wussen lassen, wie wir unsz mit inen halten sollend. Geben uff sant keiser Heinrichs tag. — P. K 2, No. 211.

253. Juli 14. (?) — Vogt zu Homburg an Basel.

Mir ist min kuntschaft kon und seit mir, das ist gesin in dem her von Bern, das lit mit dem baner zů Arow uf samstag zů nacht mit 5000 manen und hett mit dem weibel von Bern zů nacht gessen; do ist ein ander weibel ouch kon, hett gerett, das ein bot sig kon, der seit, das si vast ziechen in das Oberland, wen es tůt not; si heigen ein schaden enpfangen, un(d) si zů nacht hent gessen, do ist aber

---

[1]) Seewen, Kanton Solothurn, Bezirk Dorneck-Tierstein. — [2]) Wiedlisbach, Kanton Bern, Bezirk Wangen. — [3]) Balsthal, im Solothurner Jura. — [4]) Siehe Ochs IV, S. 615.

ein bot kon, seit es gang wol, si heigen das feld behalten
und hent wol 8 stuck buischen gewunen und 4 schif und
sond vascht zien, wen si gar machtlos sind, er seit, grosi macht
ziet us alem land on die von Solenthor, send doheim bliben.
Er het von houptluiten gehôrt und von den weiblen, das
die von Bern 3000 man usgezogen, wo min herren inen nit
ein entlich antwirt gend, domit si ein beniegen hend, so
sond dieselben 3000 uf zinstag[1]) nechst us zien und gon
Waldenburg und die von Solenthor turch Leifelfingen[2]) und
Butken[2]); domit sigen si den von Basell starck gnûg; sie haten
uf tonstag nechst zû Tringbach[3]) sich gesemlett uins zû be-
rouben. Also wurden si gewengt und wend der entlichen
botschaft warten. Also ist der bot uf sunentag als huit von
inen kon und seit, das si sich zû Baden nit welen sumen,
si welen zû dem obren zuig zien.

Sunentag als huitt.[4])

254. Juli 14. — Solothurn an Basel.

Regest bei Witte 22 m 32. — P. K 2, No. 132.

255. Juli 14. — Liestal an Basel.

Witter hatten wir uch nechst geschriben, wie 6000 mann
von Eidg. uff sontag zu nacht ze Liestall ligen solten, hatt
unsz ein bott von Solentorn gesagt, sy syend gewent und
ziechen ins Münstertall ire vigend doselbs ze sûchen; aber
uff zistag oder donstag ze nacht sollend sy by unsz sin zu
Liestall.

Geben uff sontag vor sant Margretten tag. — P. K 2,
No. 212.

256. Juli 16. — Lienhart Ysenle, Vogt zu München-stein, an Basel.

Regest bei Witte 22 m 33. — P. K 2, No. 409.

---

[1]) Den 16. Juli(?) — [2]) Läufelfingen und Buckten, im Homburgertal,
Kanton Baselland. — [3]) Trimbach bei Olten. — [4]) Das Datum habe ich zu
bestimmen gesucht auf Grund von Büchi, No. 479 und 482 und des Schreibens
Liestals an Basel vom 14. Juli, unten No. 255.

257. Juli 16. (?) — Jakob Ysenle, Vogt auf Farnsburg, an Basel.

Also fůg ich uich zů wisen, das ein gros volck der Eidg. ligen zu Frick und die uiweren usgestosen wib und kind und genumen was si hand, wol ettliche ros wider geben, aber vast wenig und hand Witnow[1]) ouch verbrent, als ich wen, und sind die houbtluit nit meister s(o)nder si gend nuczit umb kein gebott. Zůdem so reden si eigklich, si wellen in alle uiwer empter ziehen und so wit und die uiweren inen nit schweren wellen, so wellen si alle uiwer empter verbrenen und nemen was si finden. Demnach so ist min beger, mir so bald und das gesin mag knecht zů schicken, den worlich so wirt mir geseit, es sig ein anschlag uiber Farsperg.

Zinstag vast fruig.[2]) — P. K 2, No. 291.

258. Juli 17. — Jakob Ysenle auf Farnsburg an Basel.

... Das folck, so zů Frick lit, wirt morn donstag gen uich herab rucken, als man mir seitt.

Mitwuchen zů nachtt noch Margretta. — P. K 2, No. 290.

259. Juli 17. — Liestal an Basel.

Ouch fůgen wir uch zů wussen, dz uff disse zitt niemans by unsz zu Liechstall litt, denn iren by 20, sind von Olten, warten deren von Solentorn, sollend uff disse zit alsz wir vernemen zu Nunnigen[3]) und zů Gilgenberg[3]) ligen.

Geben uff mittwoch nach Margrette. — P. K 2, No. 210.

260. Juli 18. — Jakob Ysenle, Vogt, Jakob Brattler, Schultheiss und Jos Isenflamm an Basel.

Regest bei Witte 22 m 35. — P. K 2, No. 296.

261. Juli 19. — Kgl. Feldhauptleute und Räte an Basel.

Regeste bei Büchi, No. 503; Witte 22 m 35. — P. K 2, No. 36.

---

[1]) Wittnau, im Fricktal, Kanton Aargau. — [2]) Wegen des Datums vgl. No. 258. — [3]) Nunningen (Dorf) und Gilgenberg (Schloss) im Kt. Solothurn, nahe der basellandschaftlichen Grenze.

262. Juli 19. — Graf Heinrich von Fürstenberg an Dekan und Kapitel zu St. Peter in Basel.

Regest bei Büchi, No. 507. — Kloster-Archiv St. Peter. Papierurkunden I.

263. Juli 19. — Graf Heinrich von Fürstenberg an Basel.

Und als ir uns ferrer schreibt[1]) ewer metzger halb, wie die als ob sy Sweytzer weren, geachtet sein und dabey in sorgen sten muessen, . . . wisen wir von solichen handel ouch nichts . . . Doch so wellen wir euch in guttem ver- trawen auch nichts verhallten, das uns glawplichen furkumpt, wann der k. m. lewt zu rosz und fusz aus oder in die statt ziehen, das sonnderlich die metzger und etlich ander sich mit etwas unzimlichen spottworten gegen inen mercken lassen, das leyden wir ouch gedultigclich der zuversicht, ir werden das mit der zeyt wennden.

Geben im closter zu sannt Appolinaris.[2]) — P. K 2, No. 38.

264. Juli 19. — Vogt zu Homburg an Basel.

Regest bei Witte 22 m 35. — P. K 2, No. 358.

265. Juli 20. — Rheinfelden an Basel.

Auf Basels Klagen, dass seine Bürger und besonders seine Boten nicht seien eingelassen worden, dass sie den Torhütern Geld geben müssen, damit ihre Briefe dem Rat überantwortet würden und dass Basels Fischer seien an- gewiesen worden, nicht mehr nach Rheinfelden zu kommen, um Fische zu kaufen, antwortet Rheinfelden: was uwer botten halben beschehen ist, sollent ir glouben, dz sólichs . . . usz guter meynung beschicht, dann solte úwern botten durch die frömbden, so by uns zů rosz und fusz (als ståtig by uns sind) ützit mit worten oder wercken begegnen; . . . uwer burger halb ist uns nit vil zů wüssen, es mag aber ouch geschehen sin der ursach, dz sólichs by uch angefångt was und die unsern nit ingelassen wurden, sy wölten dann ir zeichen, die rotte crutz, abtrennen und die pfauwen federn

---

[1]) Am 16. Juli; s. M. 21, pag. 19. — [2]) Das fehlende Datum erschliesse ich aus der Ortsangabe; cf. Büchi, No. 503 und 507.

verbergen, weszhalb sy uningelassen widerum heimkeren
musten; ... das die thorhütter lon von uwern botten ge-
nommen haben, wüssen wir nit; ... der vischern halb wüssen
wir gantz nützit von, wir haben ouch keinen vischer bi uns,
dem ützit verbotten sye durch uns, uwern vischern nützit
zů kouffen geben ...

Sambstag vor Marie Magdalene. — P. K 2, No. 82.

**266. Juli 23. — Hauptleute der Eidgenossen im Felde
an Basel.**

Tatarinoff, Urk. No. 154; Büchi, No. 535. — P. K 2,
No. 173.

**267. Juli 24/26. — Basel an die Hauptleute der Eid-
genossen im Feld zu Dornach.**

Uwer schriben ... mit beger von unns enntlich luttrung
in geschrifft ze wissen, ob wir Eidg. sin und uch unsere trost-
lich hilff und dampfren zůstannd in disen kriegsloiffen bewisen
wellen etc. mit wittern innhalt; ||[1]) desselben uwers schribens
haben wir vernommen, und ist minder nit, nachdem u. g. f. ge-
meyner Eidg. ersam ratzfrund mit nammen der schultheis von
Lucern und N.[2]) von Schwitz in nammen gemeiner Eidg.
obangerürter sachen halb zů uns abgefertiget gewesen und
bisz gen Olten kommen sind und sich ettlich tag da ent-
halten besorgende unsicherheit halb des wegs zů uns nit
mogen kommen und deshalb an uns begert, inen unser
ratzbotten zůkommen ze lassen, unser fründen gemeiner
Eidg. beger ze vernemmen; also haben wir demselben nach
inen in ansehen ir beger unser ersam ratzfründe zůgeschickt,
weliche ir werbung gütlich vernommen und uns die anbracht
haben und sunderlich zwuschen beder teilen ratzbotten ein
abred bescheen, dz wir uff u. f. gemeiner Eidg. beger zu
nechst verruckten tagen antwort geben solten, und doch
unsern botten kein nemlich stat wissen ze bestimen, wa
gemeiner Eidg. botten zůsamen komen würden, denn ir
botten des selbs nit gruntlich wissen gehept haben; wa aber
solicher tag durch uns kurtze halb der zyt nit erlanngt werden

---

[1])´Veränderte Fassung vom Doppelstrich an siehe unten. — [2]) Vogt
Flückli, s. Büchi, No. 489.

mocht, dz wir desterminder nit, demnach unser botschafft gen
Zurich oder an ein ander ort, so erst das wesen komen laszen
mochten, dieselben alsden die andern orter ze stund zu inen
beschriben wurden und an dem end unser antwurt empfahen,
welicher abredung und abscheids wir uns biszer gehalten
haben, des geneigten gutten willens unser botschafft dahin
kommen ze laszen. Aber war ist und lyt am tag, dz mitler
zyt und solich inrisends von einem und dem andern teil
zuziehens wegen und sust zůgestanden sind, derenhalb wir
unser bottschafft nit getruwt haben sicher dahin ze bringen;
desterminder nit haben wir derselben abredung nach unser
ratzbotschafft gen Zurich abgefertiget, an dem eñd uff ge-
meiner Eidg. anwerbung inen als uwern obern gutlich ant-
wurt ze geben der massen wir ungezwifelter zuversicht leben,
sy an unser antwurt gut benügen haben werden. Dis wolten
wir uch uff uwer beger gutter meynung nit verhalten, der.
gutten und ungezwifelten zuversicht, ir diser ouch unser
hievor gegebener antwurt gemeinen Eidg. vergangener tagen
Zurich begegnet, welicher wir ungern widerig sin wolteñ,
gutlich benůgig stannden mit ... beger, die im besten von
uns ze vermercken etc.

    Datum.

    Das Schreiben lautete vom || an im ersten Entwurf
folgendermassen:

    Zusampt was ir mit unser botschafft huttigs tags bi
uch gewesen ferrer gredt, haben wir vernommen und
zwifflet uns nit, u. l. hab gůten bericht, wie dann uwere
oberkeiten, unser und uwere lieben und getruwen eidt und
puntgenossen gemeyner eidtgenoszschafft, ir ersam treffenlich
botschafft vergangner tagen abgefertiget, die bisz gen Ollten
komen und mergklicher sorgfalltikeit halb volls by uns ze
ritten nit statt gehapt, sonder an uns begerdt, ettlich unser
ratzfründt ze verordnen, von inen ir empfelhen ze vernemen,
das ouch bescheen und nach empfahung der beger und em-
pfelhen ein abscheid verfangen, in gestallt dwil und wir nit
haben megen wissen, was ir anbringen gewesen und unser
anwällt nit witter inn empfelhen dann das beger und an-
bringen ze vernemmen und dannthin wider hinder sich bringen
und darumb von uns zů nechstkunftigen tagen antwort und

luter entscheid geben werden solle. Uff das so haben wir
uns darin beraten und einen entlichen antwort verfaszt und
unser ersam ratzbotten zu unsern und uwern lieben getruwen
eidt und puntgenossen gen Lutzern lut letsten genomen
abscheids verordnet und abgefertiget, unser antwort daselbst
sollen geben, ungezwiffellt sy nit miszfallen, sonder benugen,
als wir hoffen, daran empfahen werden. Und ist demnach
zu u. l. unser getrungenlich bitt mit hohem flisz und ernst,
uwer beger an uns gescheen diser zitt gedullt ze haben, in
rûweu ze stan und uff unser entslossen antwort derselben
uwer und unser l. g. eidt und puntgenossen bescheids gutt-
lichen ze erwarten und zů empfahen. Sind wir der hoffnung
sollichs zu fruntlicheit und guter neigung dienen und witters
ersuchens deszhalben nit not werden. Dann derselben u. l.
und den iren all liebe, fruntschafft und guten willen, so wytt
in unserm vermogen statt, ze bewisen, sind wir unverdrossen
gut willens bereit.[1] — M. 21, pag. 32.

**268. Juli 25. — Hauptleute, Venner und Räte von
Bern, Freiburg und Solothurn bei St. Jakob im Feld an Basel.**

Als u. l. uns hütt muntlich enbotten, von uns orten
yedem 2 man uwer botschaft harusz zů begleiten, uwer ant-
wurt uff unser anmüttung schrifftlich und muntlich an uch
getan, deszhalb zu geben, und nachdem unser l. Eidg. nit by
uns, sunder under uwer statt ligende sind, so wellent uwer
antwurt, die wir nit anders dann userm begern nach statt
und vollg gut hoffend, in schrifft angendts zusenden, so wend
wir dieselben antwurt den andern u. l. und g. Eidg. ouch zu-
schicken. Wir hetten uns ouch wol versächen, die were uns
ee dann so lang verzogen worden, doch darumb wir uwer
antwurt in schrifft begerent, tûnd wir das die unsern vest
vor uwer statt und úch zů vil unrúwig sind oder môchten
unrúwig machen, wo man vil usz und inlasszung sôlich ant-
wurt zů erreichen durch die uwern und unsz mûszte bruchen;
dann fûrwar u. l. trostlich und fruntlichen willen zů bewisen
sind wir allzit geneigt.

Datum ylendts ipsa Jacobi. — P. K 2, No. 171.

---

[1] Siehe Ochs IV, S. 654 ff.

269. Juli 25. — Jakob Ysenle und Jakob Brattler an Basel.

Regest bei Witte 22 m 41. — P. K 2, No. 295.

270. Juli 26. — Basel an Caspar von Mörsberg.

Tatarinoff Urk., No. 160. — M. 21, pag. 34.

271. Juli 26. — Wilhelm von Rappoltstein, kgl. Statthalter aus Ensisheim an Basel.[1]

Uns langt in landtmans wise an, wie dasz sich gemeiner Eidg. bodten yetz by uch gefüegt der meinung, uch diser ergangnen geschicht noch von der r. k. m., dem heil. rich und der lobl. nydern verayne, darin ir nit minder dan andre verwant sin, unangesehen des alles understanden abzesondern und vonn dem ze ziehen. Wie wol wir nun wissen tragen, dasz sich ein ersame stat Basel bisszhar langzitt und ior des heil. richs gehaltten, und aller der verpflicht, so sy sich mit veraynung und sunst behaft, eerlichen und wol gehalten hat, deshalben witterer ermanung nit nott oder bedorflichen, solte nun bemelte stat durch ein soliche kriegshandlung und geschicht, so von den gnaden des allmechtigen noch wol zü verkiesen, abscheiden lassen, das wolte unsers bedunckens kein ursach noch verantwurtten uff im tragen. Harumb so ist an stat k. m. ouch von wegen des heil. richs und der lobl. verayne unser ermanung, begeren und bitt, ir wellend uch in kein weg von dem heil. rich und den verwantten der bemelten verayne wisen lassen. Ob uch aber ye gewaltiger getrang unsers widerteils der Swytzer zusten woltte, des ir uch wol ein zit uffhaltten, des mögen ir der k. m. und uns als derselben irer m. zugewanten verkunden, so sein wir ungezwifelt, ir werden von irer k. g. dem heil. rich und derselben anhengern getrwlich gehandthabt und mit nichten verlassen. Dorzu so wellen wir unser getrw hilf alles unsers vermogens ouch keren, dann wir uch tröstlichen histand zu bewisen mit hilf des allmächtigen noch guts vermogens by uns selbs und sunst, wol wissend vermoglich sein.

---

[1] Siehe Ochs IV, S. 659; Hs. Frey, Beiträge X, S. 348.

Datum uf fritag noch Jacobi vast ylends umb drü uren noch mittag. — Original P. K 2, No. 2, Kopie No. 429.

272. Juli 27. — Caspar von Mörsberg an Basel.

Regest bei Witte 22 m 43. — P. K 2, No. 30.

273. Juli 28. — Graf Wolfgang von Fürstenberg an Basel.

Regest bei Büchi, No. 548. — P. K 2, No. 37.

274. Juli 28. — Jakob Ysenle, Jocob Brattler, Jos Yssenflam an Basel.

Das folck, so by uich gelegen ist, sind zum deil heruf geruckt on uinser wisen, hetten wir uns wol versehen, uins wer doch uiczit enbotten worden; aber wie dem, so hand wir 6 knecht noch zu uins heruf genomen, bis das folck verruckt. Geben uf sundag noch Jacobe. — P. K 2, No. 297.

275. Juli 28. — Liestal an Basel.

Dennach und die Eidg. von uch heruff gon Liechstall geruckt, sind sy uff hütt wider hinwege güttlich und tugentlich ob sich gerückt, denn dz sy unsz grossen schaden an garttenzúnen und höw geton etc. witter sond ir wussen, dz des kúngs von Frankrichs geschutz zu Sollentorn ist namlich 8 grosse stük, 900 isen klotz, 250 zentner bulffers, 15 buchssenmeister und 50 graber etc. Ouch wellend unsz meister Antonii Spengler den houptman widerumb her uss schicken, denn wir sin basz bedorffen denn ye, denn die welsche gard ist uff hutt am Hulfften[1]) gewesen; desselben müssen wir all tag warten sin und unsers vechs dennocht in sorgen sin, sy uns dz selb nemen.[2]) ·

Geben uff sontag nach sant Jacobs tag. — P. K 2, No. 208.

276. Juli 30. — Caspar von Mörsberg an Basel.

Regest bei Witte 22 m 43. — P. K 2, No. 19.

277. August 1. — Liestal an Basel.

Regest bei Witte 22 m 44. — P. K 2, No. 213.

---

[1]) Siehe No. 75. — [2]) Siehe Ochs IV, S. 643, 661.

278. August 1. — Basel an Rheinfelden.

Zudem langt uns an, wie die uwern (als unnser nechst schriben uch zugetragen sye) an der porten vil und mengerley schmachworten geprucht und geredt, wir syen meyneidig schelmen und böszwicht an inen worden, unns und den unsern inn emptern trowende, sy wellen beschädigen, verbrennen und wa sy das nit selbs tun mogen, ander wellen besollden, das ze vollbringen, das uns furwar nit unbillichen eben hoch beschmacht und gantz unwilliget.

Datum dornstags vincula Petri. — M. 21, pag. 40.

279. August 2. — Rheinfelden an Basel.

Regest bei Witte 22 m 44. — P. K 2, No. 108.

280. August 2. — Basel an Caspar von Mörsberg.

Wir haben kurtzvergangner tagen durch unnser botschafft an uch lassen begeren eyn tagsatzung zem furderlichosten, wollten wir unnser verordnetten dahin sennden und ettlich unnser anligend geschäfft uch und der k. m. rätten eroffnen etc. und wie wol sollichs ir bewilliget haben ze thund und unns das wellen unverzogenlich zu kunden, so wirt doch das verzogen usz was verhindrung mögen wir nit wissen. Wir bitten aber uch, ir wellent nochmals zem furderlichosten die k. rätt zesamen schriben und uns tag und molstatt hie by diesem botten verkunden; sind wir willens unnser ratzbotschaft dahin sennden und unnser anligen endecken.

Datum in yl fritags nach vincula Petri. — M. 21, pag. 43.

281. August 3. — Basel an den Landvogt zu Röteln.

Wir sind bericht als ouch das am tag lyt, wie die von Wyll[1]) und ir anhenger unserm burger und ratzfrunden .. Ludwigen Kilchmann in sinem gehusz garten und räben zu Wyl ... sich unnachpurlichen bewisen, dann sy im die gartenzun verprannt, daby ettlichen böumen die est abgehowen und damitt gefüret, die venster zerslagen und das gehusz verwustet, und so er sich geen inen ... erclagt,

---

[1]) Weil, in Baden, 1 Stunde vor Basel.

sind sy im mit hohen tratzlichen worten begegnet, und besonnder eyner mit namen Rich der brotpeck ... vil böser red getriben under anderm sprechende, im were als mer, daz wir vigend werent dann ir frund.[1])

Datum samstag nach vincula Petri. — M. 21, pag. 43.

282. August 7. — Basel an Graf Wolfgang von Fürstenberg.

Regest bei Büchi No. 555. — M. 21, pag. 39.

283. August 7. — Basel an Rheinfelden.

Uwer antwort ... haben wir gelesen und demnach ir anzoigen, wie die uwern in eynem hallt by Wisen [2]) ein nacht und tag über gelegen und so sy keinen manns namen frund noch vigend gesehen, haben sy gedacht die unsern by den Schwitzern ze sin und dwil nyemands von mans namen daheym gewesen sye, hand sy den unsern ir rossz genomen und so nun denselben rosszen nit nach gefollgt, sonnder uber den andern oder dritten tag by uch gestannden und darnach vertriben, wissen ir nyemanden ze trengen die widerzegeben, wie dann sollichs uwer schriben witter innhalt, kan uns nit klein befrömden, dan ... das die unsern by den Eidg. danzemol gewesen syen, erfindt sich in warheit ouch nit, dz sy ouch iren rossen nit nachgefollgt haben, ist nit, dann als die unsern uff den oben ze husz komen ... ilten sy hinnach gen Arow zu, dadannen gen Seckingen ... und als sy die rossz daselbs ouch nit erfunden ... haben sy sich letsts zu uch gefüget und so sy die von uch erfordert hannd, und ir und die uwern inen ... mit worten begegnet, dz inen zu danck komen, on die rossz harheym mögen keren etc. ... Von der schmachworten wegen uns durch die uwern zugetrochen, haben wir uwer verantworten ouch vermerckt, aber wie wir úch hievor deszhalben geschriben hand, also ist es, dann die schmachwort durch die uwern nit uff die unsern in emptern gelut, sonnder mit lutern uszgedruckten worten geredt, die von Basel syen meyneidig, boszwicht und schelmen an inen worden etc. Nun zoigen ir uns witter an, wie durch unser allt zunffmeister Petter Offenburg ein

---

[1]) Siehe Ochs IV, S. 673. — [2]) Siehe Anmerkung zu No. 81.

abred gescheen, dz die unsern inn emptern mit einem blyen schiltlin unnd darinn ein baselstab etc. bezeichnet gan sollten und wellich die nit an inen trügen oder mit crützen bezeichnet wurden, geen denselben als vigend mogen handlen, da ist nit one, wir derselben schiltlin ein mercklich zal haben lassen giessen und mocht sin, das ettlich der unsern die an inen trügen und villicht ettlich nit, dz aber darumb eyner der das schiltlin nit an im hette fur vigend geacht werden sollt, beducht uns unbillich etc. Dz ir ouch die unsern haben gesehen mit wissen crützen bezeichnet, mocht ouch sin, dann als die Eidg. im Fricktal und hie unden by uns gewesen und mit macht durch unser emptere gezogen und darin gelegen, ist den unsern not gesin zu befristung irs leben sich mit der Eidg. crutz ze bezeichnen, aber uch noch den uwern zu keinem schaden dienende, dann ettlich der unsern in glichem fall zu zitten mit dem rotten crutz tund ouch befristen.... Und als ir mellden, wie vil der unsern usz den emptern by der getat zu Dornegk gewesen solle sin und Penthely Muller von Aristorff unnser hindersasz einen arm voll kleyder und Petter Struby ein wiss rossz darvon bracht und wie die zu Liestall uwer vigend enthallten, die tag und nacht uff uwern schaden gangen, da ist uns darumb nichts wissend, yemand der unsern by der getatt uff der Eidg. sitten gewesen, wa es aber gescheen, were uns nit gefellig etc. Strübin war nach seiner Aussage zur Zeit der Schlacht 30 Meilen weit weg und Penthelin Müller bestreitet, Kleider davon getragen zu haben; wol sye war, als die Eidg. wider heymwerts gezogen, hab ein guter gesell frys willens sinem kind eyn libröckly geschenckt etc.

Datum mitwochen vor Laurenci. — M. 21, pag. 45.

284. August 8. — Caspar von Mörsberg an Basel.

Der r. k. m. stathalter und rätt zu Friburg haben uf anpringen Hansen Pesserers[1] in ewirerm namen beschechen einen tag angesetzt und denselben gon Nüwenburg bescheiden. Demselbigen noch ist min beger, ür wellendt uff yetz sambstag[2] nechstkunfftig zu frügem ymbis ewer

---

[1] Des Rats zu Basel, s. Witte 22 m 43. — [2] ꞊ den 10. August.

treffenliche potschafft gen Nüwenburg verordnen und furtter ewer anligen anpringen und wellendt nit auspliben, dann doselbs k. m. rått treffenlich erschinen werden.

Datum dornstag noch Petri ad vincula. — P. K 2, No. 31.

285. August 9. — Liestal an Basel.

Also kompt uns eben grosse treffenliche warnung, wie man unsz verbrenen, verschlemen und verdemen welle und ob ihnen gott den sig gebe, unsz wib und kind verderben. Darzu wirt unsz für war gesagt, wie aber ein grosser zug von volck zu Hesingen, Hegenhin[1]) und da umb ligen solle. Demselben nach haben wir den empteren geschriben umb funffzig knecht uff niorn zimisz by unsz zu sind, wie esz joch gienge, dz wir ettwer by unsz im stettlin hetten und bitten u. w. ir wellend uns 2 fasz winsz schicken, damit dennocht die knecht zu drincken hetten und ouch unsern houptman Anthenie Spengler.

Geben in yl uff sant Lorentzen oben. — P. K 2, No. 214.

286. August 11. — Jakob Ysenle, Jakob Brattler und Jos Ysenflamm an Basel.

Regest bei Witte 22 m 35. — P. K 2, No. 298.

287. August 11. — Liestal an Basel.

Also kompt unnsz eben treffenliche grosse warnung und eben treffenlich uff uns angriffen, us was ursach dz beschicht, mogend wir nit wûssen, von denen von Rinfelden, sonder an donstag[2]) eim von Liestall einen knaben gefangen und 2 rosz und die gen Rinfelden gefürt, und hand uff hut die gemeind zu Liestall by einander gehept und mengerley zû råt worden und angeschlagen, sonder fur das ein fil ber-boûmen umb die statt zû ring umb abhöwen müssen, des dennocht die armen lût, so denn sollichs ber nôt, gut willig sindt und kein widerwort do nit ist, sonder zû tûnd alles dz so u. w. geliept, und ob ir meinten nit not were, si danen zû tûnd, uns des zu berichten. Und uff dz ist unser bitt,

---

[1]) Häsingen und Hägenheim im Ober-Elsass, 1 Stunde von Basel. —
[2]) Den 8. August.

ir wellend uns 2 buchssen nit bim besten in die nwen boll-
werk schicken, ein tonen bulffers ... und darzu 4 buchssen
schutzen, die do gut syend zum grossen geschützt, darzu 8
oder 10 lidren eimer zu lihen.

Geben uff sontag nach Lorentzii. — P. K 2, No. 215.

288.   August 13. — Liestal an Basel.

Also habend die buchssenmeister unsz zugesandt be-
sichttiget buchssen und anders und ist brüst an hagenbüchsen;
bitten u. w. ir wellend unsz noch har usz schicken 4 hagen-
büchssen nach inhalt der klötzen, so wir uch hie mit schicken
und ein gůt bůch bappier zu ladungen und 30 oder 40
hartzring.

Geben uff zistag nach Lorentzii. — P. K 2, No. 219.

289.   August 13. — Eidg. Boten zu Schaffhausen an Basel.

Wir haben der r. k. m. zu eren gewillget, in ůwer
statt Basel ze komen und diser gegenwirtigen kriegclichen
uffrur halb red zu hören, demnach uff ein gleit von der-
selben k. m. uns zugesandt die tagsatzung uff suntag[1] nechst-
komend nachts in uwer statt an der herberg ze sin ver-
vanngen. Wie wol wir nu aller früntschaft zu u. l. usz aller
gutwillickeit bysshar erzoigt versechen, yedoch so wir nit
wůssen mogen, wie starck unser vygennt zu solichem tag
inkeren oder mit was macht sy von u. l. ingelassen werden
und wir deshalb bescheids und versichrung not sind, so ist
an dieselben u. l. unser bitt, uns zů berichten, ob wir in ůwer
statt Basel sichern enthalt haben und was wir uns deszhalb
zu u. l. versechen söllen, uns darnach wůssen zu richten.[2]

Datum zinstag nach Laurenty. — P. K 2, No. 156.

290.   August 15. — Vogt zu Homburg an Basel.

Also lieben herren, als den zů Schoffhusen von der
herschaft und der Eignosschaft gehalten ist, han ich min
ku(n)tschaft in dem Gôw gehept, zů vernemen, was ir vir-
nemen wel sin. Also ist er kon uf donstag uinser l. frowen
tag und seit, das der tag in die statt Basell geleit ist, und

---

[1] Den 18. August. — [2] Siehe Ochs IV 665.

des herczogen bottschaft uss Meigland uf tonstag unser l. frowen tag zů Olten mit 60 pferden ingeritten und sind in wilen uf fritag zů nacht gon Liechtstall oder gon Basell zů riten und wend inen die Eidg. 300 knecht zů gen, si in die statt Basell ze gleiten.

Tonstag uinser frowen tag zů nacht. — P. K 2, No. 363ᵇ.

291. August 15. — Heini Strübin, Schultheiss zu Liestal, an Basel.

Demnach und mir u. w. enbotten hand, min erfarung zu habend der Eidg. halb, ob sy herab gon Basel uff ein tag komen wellend, uch dz selb zu enbieten, dz selb hab ich nu ·erfaren, dz sy uff samstag nechst kompt¹) stark hinab komen sollend, ist mir eigenlich zu wüssen ton und villicht 4 oder 500 knecht mit inen bringen werden, so sy geleiten und sollend ettlich boten von Eidg. heim sin.

Donstag unser lieben frowen tag. — P. K 2, No. 220.

292. August 15. — Basel an herren Philipsen graven zu Nassow, herren zu Yttstein, r. k. m. camerer, herr Paulsen von Liechtenstein, marschalck, und herr Cyprian von Serntheim, k. m. prothonotari.

Uwer schriben, uns durch der k. m. u. a. g. h. undermarschalck uberanttwurtt, haben wir vermerckt und mochten achten, uch by uns in unser statt geleits nit durfft sin, aber nutzit desterminder, uwer beger ze wilfaren, so sagen und trosten wir uwer edelkeitt sampt und sonders uff 150 pferdt, 10 oder 12 trabanten, so ir ungefarlich mit uch bringen werden, mit hab und gutt sicher har by uns in unser statt Basel ze komen, darin so lang das die notturfft erfordert ze bliben und dannethin von uns wider an uwer gewarsamy ze ziechen ... mit gantz vlissiger bytt, uwer edelkeitt welle die loyff, so by den zytten vor ougen sweben bedencken und verschaffen, damit die uwern, so ir also mit uch bringen werden, sich ouch geleittlich und zuchtenclich halten, als wir uns denn des ze geschcen versechen.

Donrstag unser lieben frowen tag assumpcionis. — M. 21, pag. 61.

---

¹) Den 17. August.

293. August 16. — Basel an die eidg. Boten zu Schaffhausen.

Uwer schriben unns zugetragen, wie uff ein geleit von k. m. uch zugesandt ir die tagsatzung uff sonntag ze nacht an der herberg inn unnser statt zů sin suchen werden, mit beger, ir gern wissen wollten, wie starck uwer vigennd zu sollichem tag by uns inkeren ... werden, und daby bittende uch ze berichten, ob ir in unnser statt sichern enthallt finden ... sollen, etc. ... haben wir gelesen und fůgen u. l. zů wissen, dz uff unser l. frowen assumpcionis oben nechstverschinen [1]) unns von k. m. anwällt mit namen herrn Philippsen groffen zů Nassow, chamerern, herrn Paulsen von Liechtenstein marschalk und herrn Ciprian von Serntheyn, k. m. prothonotarien ein geschrifft zukomen, darinn wir obbestimpten tag zum teyl vermerckt. Sy haben ouch daruff den undermarschalk in unnser statt gesandt; derselb herberg und stallung uff 150 reissiger pferden hatt tun verfahen; also haben wir ir beger nach (wie wol inen desz nit not gewesen were) uff 150 pferd und 10 oder 12 trappanter fuszknecht und nit höher unnser sicher .. geleit zugeschriben. Ob sy aber stercker komen werden, ist uns noch zur zitt nit wissend. Und demnach u. l. begerdt, von uns ze wissen, ob sy in unser statt sichern enthallt haben, und wesz sy sich deszhalben zu uns versehen solle etc. da mag sy sich nit anders denn aller fruntschafft und liebe zu uns frolich vertrosten und sichern enthallt nach allem unserm vermögen erfinden.

Ilends fritags nach assumpcionis Marie in der 6. stund nach mittag. — M. 21, pag. 65.

294. August 17. — König Maximilian an Basel.
Regest bei Witte 22 m 48 [2]). — P. K 1.

295. August 17.
Item 14 sh etlich min hern die ratt inn Storcken by den Eidg. verzert.

Sabbato post assumptionis (Marie). — Wochenausgabe-Buch pag. 553, (Woche vom 9.—17. August).

---

[1]) Den 14. August. — [2]) Druckfehler bei Witte: Es sollte heissen 600 Knechte, statt 500.

296. August 18. — Hansz Hiltprand und Lienhart Grieb junior aus Liestal an Basel.

Uff gester sint der Eidg. gar schier von allen orten mit sampt der stifft Chur, Schoffhusen und Appentzel botschafften vor dem nachtessen gen Liechtstall komen und uff hut zu dem imbis soll noch Luczrn, Ury und Zug und villicht sant Gallen mit sampt etlichen des growen Punts komen.... Uff gester an der nacht habend die von Zurich disz meynung mit unsz geredt, sy werdent gewarnet, wie wol sy von der r. k. m. geleit bysz uff 100 pferd habend, nicht desterminder so sollent doch ire fyend in den dörffern und haltstatten zwischen Basel und Liestall ligen und sich gegen den Eidg. so sy uff hutt hinab ryttend, wellent lassen sechen; nu sigend sy desz willensz sich desz gleits ze halten und doruff ir vil on harnest ryttend, wellent ouch keinen abweg, sunder die rechte strosz rytten, so fur aber ire fyend an den enden alsz ob stott sin und nit abruken woltend, so woltend sy den tag nit sůchen, sunder wider heim rytten etc. und wie wol wir inen gesagt, dz wir von niemands vernommen haben, dz yemands in dem feld sig, desterminder nit ist ir bitt, vermeinend ouch dwill uff ir fürstlachen die k. m. den tag gen Basel ze legen bewilget hab, dz u. w. sollichsz billich tůn soll, nemlich dz u. w. ze stund an 2, 3 oder 4 knecht heruff schike, do ein teil durch Mutetz und Brattelen, die andern uff der andern syten an dem holtz auch durch bed hulfften[1]) bysz gen Liestall rytten und wo sy yemanden fundend zů demselben ze rytten ... und sy bytten sollent, dwill die Eidg. geleit habend, dz sy den hinder sich ruken wellent, denn wo dz nit geschech, so wurdent die Eidg. nit zu dem tag komen etc. und dz dieselben knecht zů unsz gen Liestall komend und sagen sollent, wz sy fur antwort im feld erlangt habend.... Sodenn g. h. sint die zwen frantzösyschen byschoff[2]) noch ze Olten und werdent noch nit komen, dann sy in der Eidg. geleit von k. m. gegeben nit begriffen sind, so hat die k. m. inen noch zur zit kein eygen gleit vergönt und habend gester ze nacht

---

- [1]) Siehe die Anm. zu No. 75. — [2]) Der Erzbischof von Sens und der Bischof von Castres, cf. No. 297.

durch ir botschafft an unsz begert, ein gleit für 120 pferd
zů zesagen in der stat Basel und in Liechstall ..., dwill
wir nun verstanden, dz die k. m. sy noch nit begeleittet hat,
habend wir on wyter befelch nit wellen zů sagen, sunder
mit inen verlassen, wann wir heim ryttend, dz sy dann
einen botten mit unsz schiken, so wellent wir dz u. w. an-
bringen und irem botten antwort verschaffen.... Sodenn
sint gester zoben etlich von Rinfelden gen Fülystorff[1])
komen und gefordert 10 pfund für einen brandtschatz oder
sy wellent des knechts, so gen Soloturn gehört, husz an-
stossen, die andern huser gangend ioch ouch an oder nit,
und habent ze lest dz selb husz angestoszen, do hat dz fur
überhand genommen und sint 7 hüser verbrent und hat man
ze Liestall nieman gewolt ussz lassen ussz fürsorg, dz esz
möht ein anslag uff Liestall gewesen sin.[2])

Datum uff sundag frug vor Bartholomei. — P. K 2, No. 49.

297. August 18. — Salvus conductus pro ambasiata regis Francie.

Nos Hartungus de Andlo miles, magister civium et con-
sulatus civitatis Basiliensis universis notificamus quod ad pe-
ticionem reverendissimi reverendique in Christo patris nobi-
lium et eximii dominorum domini archiepiscopi Senonensis
Galliarum et Germanie primatis, domini episcopi Castrensis
domini comitis de Granmont domini Ludwici Voguilii regni
capitanei et Petri Johannis de Chastrauxdreus magistri
hospicii regni et domini doctoris Neapolitani consiliarii et
magistri requestarum etc. cristianissimi domini Francorum
regis domini nostri gratiosissimi oratoribus nunciis et legatis
et eorum familiaribus personis et eorum cohorti ad centum
et viginti equestris attinentibus cum bonis eorundem dedimus
atque presentibus damus securitatem et liberum salvum con-
ductum in nostras civitates Basiliensem et Liestal usque ad
revocationem illius prefati salvi conductus quam nobis in hac
parte reservamus per nostra territoria veniendi in predictis-
que civitatibus nostris moram trahendi et post revocatas
litteras a nobis regrediendi in suam securitatem pro nobis

---

[1]) Füllinsdorf, Kt. Baselland, Bezirk Liestal. — [2]) Siehe Ochs IV 667.

nostreque iurisdictioni subiectis specialiter in civitatibus nostris predictis pro quibuscumque, dolo et fraude semotis, tali tamen condicione adiecta quod ipsi et sui complices et servitores è converso salvum observent conductum; in cuius rei robur et testimonium has litteras sigillo nostre civitatis secreto fecimus communiri.

Datum XVIII mensis Augusti. — M. 21, pag. 70.

298. August 20. — Liestal an Basel.

Also ist uff hinnacht vergangen Heiny Nebel von Ober Olsperg[1]) sin husz durch die Eidg. knecht verbrennt, nu ist er der, so die von Arenstorff[2]) schuldiget, sy syend die so inn verratten haben ... und tröwt inen ire huser ouch zů verbrennen ... Bitten u. w. mit dem schultheis von Rinfelden zů verschaffen ..., daz dennocht denselben von Arenstorff kein schad oder schmoch ... erbotten wurde, denn. sy in worheit kein schuld daran haben.

Geben uff zistag vor sant Partlomes tag.. — P. K 2, No. 222.

299. August 21. — Erkanntnis des Basler Rats.

Ist erkannt, wie vormolen angesehen und erkannt worden ist mit dem inlassen, es sye von reissigen und fuszknechten, darumb denn zeddel under die thor den houptlutten geben sind, dz es dann daby bliben und bestan solle und mit der erlutterung, ob yemand harkâme, der zu dem tag gehort oder in botschafftswise hargesanndt und das gewissz und kuntlich were oder sust botten mit buchsen oder trumpetter, geleits lûtt und derglich hergeschickt wurden und harinn begerdten, die soll und mög man lossen; wa aber sust ander an die thor kâment, wêren joch edle oder unedle, lanndszlûtt oder nitt etc. sollich sollen nit ingelassen werden, sonder an die hoipter lassen langen, wellich hoipter alsdenn das dannthin an die 9 bringen sollen und lassen darumb erkennen.

Mitwochen ante Bartholomei. — Erkanntnisbuch I, fol. 186ᵛ.

---

[1]) Olsberg, Kt. Aargau, Bez. Rheinfelden. — [2]) Arisdorf, Kt. Baselland, Bez. Liestal.

Regest bei Witte 22 m 50. — P. K 2, No. 299ᶜ.

302. August 22. — Liestal an Basel.

Die Frenkendörfer u. a. klagen bei Liestal, dass ihnen
täglich die Rheinfelder drohen, ihnen ihre Häuser zu ver-
brennen oder 20 Gulden verlangen, auch wollten die Rhein-
felder die 3 Häuser, die noch zu Füllinsdorf[1]) stehen, ver-
brennen, daher bittet Liestal, Basel möge verfügen, dass ihnen
solches nicht begegne; denn sol es beschehen, hand wir ein
sorg, dz wir sy lenger nit enhalten mogend, sonder mit den
füsten darin schlahen werden; witter sind iren uff. gestern
vergangen by 27 von Rinfelden zu Laugsen[2]) ob Liestall
gewesen und hand einen gefangen, so ouch u. w. ist und
gon Liestall gehört, heist Fridlin Brattler und alsz si inn
gefangen hand, zuckten iren drü ire tegen usz und woltten
im den kopff abgehöwen haben, also wasz dennocht ein alter
man, der rett, es were nit redlich etc. und bevolhen inn
iren dryen solten in gen Rinfelden füren und bliben die
andern in der halt still ligen und alsz sy mit im komen bis
gen obern Olsperg,[3]) sassen si mit im nider zu rôwen und
sy entschlieffen alle drú, do lúgt er siner schancz und kam
von inen wider heim. Nu hand sy demselben vorher ouch
ein brúder erstochen, nú sindt der brúder noch 5 und sindt
ganz erzürnt und vast unrôwig, bitten sy u. w. dorinen zu
handlen zum allerbesten, umb dz nit grôssers dovon uff-
erstandt, denn wir hand kein rôw me vor inen.

Donstag vor sant Partlomesz tag. — P. K 2, No. 223.

303. August 23. — Geleitsbrief Maximilians für Basel.[4])

Wir Maximilian von gots gnaden römischer kunig zu
allenn tzeiten merer des reichs, zu Hungern, Dalmacien

---

¹) Füllinsdorf, siehe die Anmerkung zu No. 296. — ²) Lausen, ½ St.
östlich von Liestal. — ³) Olsberg, siehe die Anmerkung zu No. 298. — ⁴) Auf
der Rückseite steht: Rᵒ k. geleyt und trostung unnser botschafft gen Straszburg
ze schicken.

Croacien etc. kunig, ertzhertzog zu Osterreich, hertzog zu Burgundi, zu Brabant, zu Ghelldern etc. grave zu Habspurg, zu Flandern, zu Tirol etc. bekennen, alls die ersamen, unnser und des reichs lieben getrewen, burgermaister und rat der stat Basl auf unnser begern ir botschaft zu unns gen Straszburg schicken werden, daz wir demnach denselben gesanndten und geschickten und allen denen, die sy ungeverlich bey inen haben werden, daselbsthin gen Straszburg zu komen, alda solanng bis wir sy abvertigen zu beleiben und darnach widerumb an ir gewarsam zucziehen unnser und des reichs frey gestracks sicherhait und glait gegeben haben, geben inen daz auch also von römischer, köniclicher macht wissentlich in craft dicz briefs und gebieten darauf allen und ygklichen unnsern und des reichs churfursten, fursten, gaistlichen und weltlichen prelaten, graven, freyen, herrn, ritern, knechten, haubtleuten, viczthumben, vogten, phlegern, verwesern, ambtleuten, schulthaiszen, burgermaistern, richtern, raten, burgern, gemainden und sonst allen andern unnsern und des reichs auch unnsern erblichen furstenthumben und lannden underthanen und getrewen, in was wirden, stats oder wesens die sein, ernnstlich und wellen, daz sy solich unnser und des reichs frey gestrack sicherhait und glait an den berürten geschickten und denen die sy bey inen haben werden, vesticklichen hallten und sy dawider nit beswern, beschedigen oder in einich weis bekumern, daz mainen wir ernnstlich, mit urkundt dicz briefs, geben zu Straszburg an freytag vor sant Bartholmes tag, nach Cristi geburt vierczehenhundert und im newnundnewnczigisten, unnsers reichs im vierczehenden jaren. — P. K 1.

304. August 23.

Item 14 sh verzert ettlich miner herren der ratten by den Eidtgnossen zum Storcken.

Veneris pro festo Bartholomei. — Wochenausgabebuch pag. 555 (Woche vom 18. bis 23. August).

305. August 24. — Basel an Liestal.

Was uwer schultheis durch unsers vogts sun von Homburg unns hatt lassen anbringen diser loiffen halb uch ze

warnen und wesz ir uch zu unns demnach versehen sollen
etc. haben wir uwer meynung verstanden. Und ist nit one
vil und sältzamer red diser zitt gangen mit hohen tröwen
under anderm, man achten möcht anzoig gescheen eyns teils,
uff unnser emptern und besonnder uff uch sollen dienen; wie
wol wir nu nit wellen hoffen unns noch uch oder den emp-
tern eynich widerwertikeit in der gestallt zugefügt oder also
schwerlicher furgenomen, sonnder mit gots hillff fridlichen . . .
abgestellt werden soll, so ist doch notdurfftig, sich an den
hymell nit ze verlassen und alzit gut sorg ... zu uwerm stettlin
ze haben, damitt uch nichts args ... widerfare; aber uff das,
uwer beger ist, gern wissen empfahen, wessz ir uch (wa es
darzu käme) zu unns vertrosten und versehen sollten, mocht
unns zem teil uwer anmütung befromden, dann wir uns,
noch bisszher nit annders dann wie eyner herschung und
oberkeit gegen iren undertanen gezimpt gegen uch erzoigt
haben und furer thun wellen . . ., inn gutem vertruwen, ir uch
nit anders dann als gehorsam undertanen in unsern gepotten
und gefallen ouch willig erzoigen werden; damitt so haben
alzit güt hüt und was uch ye begegnet fur uch selbs nit den
rechen bruchen, sonder uns ze wissen thun und uns lassen
handlen.[1]

Datum Bartholomei. — M. 21, pag. 77.

**306. August 24. — Jakob Ysenle, Jakob Brattler und
Jos Ysenflam an Basel.**

Also fuiegen wir uich zu wisen, das uinser Eidg. user
uiwer stat Liestal gezogen sind und hand Melle [2] verbrennt;
ob si uiczit mer fuirnemen, megen wir nit wisen. Fuirer so
ist der uiwer Hans Muller von Olttingen [3] kumen und brint
ein gros geschreig, wie das die Eidg. so zu Basel sind 5 ritten
botten hindersich geschickt hab und selle man in allen
steden und lendren von stund an ylentz herab ziehen. Nun
ist wor, es ligen ouch neuiwas lütz zu Rinfelden, aber wie
vil mag ich nit wisen.... Ouch l. h. so sind die uiweren vast
unruiewig und besorgen uibel das wir der von Liestal uibel

---

[1] Siehe Hs. Frey, Beiträge z. vaterl. Gesch. X, S. 341. — [2] Möhlin,
Kanton Aargau, Bezirk Rheinfelden. — [3] Oltingen, Baselland, Bezirk Sissach.

engellten werden. Ouch wisen wir alnit, wohin wir mit dem
fich und andrem hin sellen, den uiñs komt al dag mercklich
warnung, es selle uiber uins gon, dorumb l. h. so wellen uins
schriben, wes wir uins halten sellen.

Samstag an sant Barttlomeus dag. — P. K 2, No. 302.

307. August 27. — Basel an den Landvogt im Elsass.

Wir zwifflen nit uch unverhallten sye die abredung
nechstverruckter tagen in disen schweren uffruren und kriegs-
übungen zu fridlichem bestannd dienende abgeredt und be-
slossen, daruff dann die Eidg. geschrifftlich gepott und sust
an die iren uszgan haben lassen sollen, angriffs und wider-
(wer)tikeit uff ir widerparth diserzitt bissz nativitatis Marie [1])
müssig zu steen etc. Nun lanngt unns an, wie sontags ver-
gangen deren von Rinffellden verwanndten zu Nugler [2]) und
sannt Pantheleon [2]), so denen von Solotorn zu steet, inge-
fallen, da das vich und anders genommen, deszglichen zu
Frenkendorff [3]) 5 rossz ouch genommen haben sollen, und
als das der geschädigeten oberkeiten von Solotorn fürkomen,
haben sy den iren befolhen, geen Rinffellden ze keren und
das ir fruntlich ze erfordern; wa das inen widerkert werde,
sye mit heil, wa des nit, haben sy den iren erloupt, uff die
von Rinffellden mogen angriffen etc., werden wir bericht,
das nit widerkert sye, sonnder mit scharpffen, herten worten
versagt worden, sprechende, der frid gang sy nichts an, sye
inen nichts davon wissen, under anderm ungepürlich wort
den schultheissen von Solotorn berürende geprucht, da wir
besorgen nichts guts bringen werde, dann die Eidg. besonder
Bern und Solotorn das zu grossem verdriessz empfangen und
sich widerumb erheben sollen in willen mit rach dem ze
begegnen etc. Bitten um des Landvogts Vermittlung.

Datum ylends zinstags zu zweyen uren nach mittags
nach Bartholomei. — M. 21, pag. 78.

308. August 28. — Vogt zu Homburg an Basel.

Als den mir u. w. verschriben hett, wie den ein sem-
lung in dem Oberland sol sin, ist wor; aber in der gestalt,

---

[1]) Den 8. September. — [2]) Nuglar und Panthaleon, Kanton Solothurn,
Bezirk Dorneck-Tierstein. — [3]) Frenkendorf, Kanton Baselland, Bezirk Liestal.

als den etwas zuig sol sin gezogen in die stett am Rin, do
ist inen und uins merklich warnung kon, wie die stett am
Rin us weren zogen und wôlten das Gôw verbrenen. Also
ward ein semlung; also ligen noch bi den 400 knechten zů
Olten mit einem fenlin und hend al nacht bi den 200 knechten
uf dem Howenstein und alenthalben zů wachen, wen die
Östericher tag und nacht do wandlen .. Ouch hett inen der
kuing von Frankrich 400 der wâlschen gard geschikt zů rosz
wol geruischt, wôlen si 100 gon Tornach und Ramstein[1])
legen, wen man nit vermeint, das es sol gericht werden.
L.. h. mich ist angelangt, wo der krieg nit gericht wirt,
das es der statt von Basell uibel môcht· erschiesen und zů
grosem schaden und des ich gott nit getriuw, das wir sem-
lich luit in der statt hend, und tar es der geschrift nit ge-
triwen uch das zů schriben, wen die botten ouch nit sicher
sind, wen man iecz ein geschworen botten het gefangen und
so wit uiwer wisheit vermeint, das es nit nicz sig mir gon
Basel ze riten, ob den mir u. w. ein tag gon Liechtstal saczt
und u. w. ieman dar ordnet dis zů vernemen, und so bald
das mag sin, wen wo es nit gericht wurd, môcht es uich zů
grosem schaden dienen. Thůn ich dis u. w. in gůten triwen
zů wissen und warnen und hend ein ufsechen, wel sich zů
semen roten zů etlichen der frômden knechten.

Geben uf mitwuchen noch sant Bartholomes tag. — P. K 2,
No. 366.

309. August 30. — Liestal an Basel.

Regest bei Büchi No. 582; abgedruckt bei Hs. Frey, Bei-
träge zur vaterländ. Geschichte X, S. 340. — P. K 2, No. 221.

310. August 31.

Item 53 $\hbar$ 12 sh 6 δ verzert unser burger zum Saffren[2])
geruft in der stat umbgegangen uff dem gehalten tag fur
uffrůr; item 49 $\hbar$ 12½ sh umb 6 fasz win, tund 27½ soum,
so gen Liestal komen sind den knechten, so in zusatz ligen;
item 70 $\hbar$ 2½ sh umb 25 sôm, 17 vierzel, so verschenkt sind

---

[1]) Ramstein, Schloss bei Bretzwil, Bezirk Waldenburg, Baselland. —
[2]) Stube einer E. Zunft zu Saffran.

den bottschafften und sust vertrunken, ouch fur 12 viernzel habern, mit allen uncosten daruff gangen.

Sabbato ante Verene. — Wochenausgabebuch S. 556 (Woche vom 24. bis 31. August).

311. September 3. — Basel an Friedrich den jüngern, Markgraf von Brandenburg, Philipp,[1]) Graf zu Nassau, Herrn zu Yttstein, Paul[2]) von Liechtenstein und Ciprian[3]) von Sernthein.

Also haben wir von unsern ratzbotten, so yetzo by k. m. zu Straszburg und by siner k. wird reten zu Friburg gewesen sin, vernomen, wie u. g. uff moren har by uns komen und alda allerley in k. m. gescheften handlen werden, deszhalb an sy begert sye, u. g. mit geleit uff 150 pferrdt ze versechen und solich geleit uff hutt disen tag gen Nuwenburg[4]) zum Hasen in die herberg ze senden; dwile wir nu achten mochten, daz u. g. geleits by uns nit durfft were, aber nutzit desterminder k. m. vorab und dannethin u. g. ze willfaren, so sagen und trosten wir u. g. sampt und sonders uff 150 pferdt und 10 oder 12 trabanten, so u. f. g. mit iro bringen werden, mit hab und gutt sichher har by uns in unser stat Basel ze kommen, darinn so lang das die notturfft erfordert ze bliben und dannethin widerumb von uns an u. g. gwarsami ze ziechen, fur uns, die unsern und die so uns versprechen standen und in unser statt fur mengklichen ungevarlich, mit underteniger vlissiger bitt u. g. welle dis loiff bedencken, verfugen und verschaffen, damit die uwern, so also mit uch by uns komen werden, sich ouch gleittlich und zuchtenclich halten, als wir uns des ze (ge)scheen versechen, begeren wir umb dieselb u. f. g. u. e. deren wir zu dienstlicher willfer geneigt sind, zu der billicheit megen gedienen.

Datum zinstag nach Verene. — M. 21, pag. 90.

312. September 3/4. — Instruction by den k. ratten zu Ensshein ze hanndeln.[5])

Des ersten irs schribens unnd erbiettens unns nechst zugesannt danck ze sagen.

---

[1]) kgl. Kämmerer. — [2]) kgl. Marschall. — [3]) kgl. Protonotar. — [4]) Neuenburg a. Rhein, Baden. — [5]) Siehe Ochs IV, S. 620, 649; Hs. Frey, Beiträge zur vaterländ. Gesch. X, S. 647/8.

Darnach inen zu eroffnen, wie gemein Eidg. uff dem
tag zu Lucern in willen komen sind, ein botschaft abze-
fertigen und die zu uns senden, an uns etwas ze bringen und
mit namen den schultheis zu Lucern den Sonnenberg und
einen ratzfrund von Schwytz ussgesant, Item und als die biss
gen Olten komen, haben sy sich besorgknuss halb nit wytter
wollen wagen und zu uns vollrytten, sonder begert ein bot-
schaft von uns zu inen ze komen gen Olten und ir anbringen
und werbung ze vernemen. Item wie uff sollichs wir unser
verordnet ratzbotten gen Olten abgefertiget, die haben ir
beger und meinung gehort, die daruf gestanden und gelendet
hat, ungeforlich dis meinung der substantz nach inhaltend:
Wie vormolen von gemeinen Eidg. ein beger an uns ge-
scheen, daruff wir antwurt gegeben, daran sy biszhar ein be-
nügen hetten gehappt, aber denen louffen nach wern sy an
sollicher antwurt nit benügig, sonder begerten gemein Eidg.,
das wir inen anhangen sollten und mit inen in den krieg
tretten, den durchzug inen vergonnen, ouch zug und bichsen
inen lyhen etc. mit mer worten, als dz die botten wol wissen
ze erzalen. Item wie sollichs die botten genomen haben
hinder sich zu bringen und zu nachgenden tagen gemeinen
Eidg. wollen furer antwurt geben. Item wie in mittler zytt
die Eidg. als man fur Dornegk geruckt was, sich erheppt
und harabgezogen und uns einen brief zugeschriben, wie
dann der luttet, dz ze eroffnen, und wie sy entlich antwurt
darumb begert haben. Item wie sich die Eidg. in dem und
wir unser antwurt beraten wollten, und vor und ee unser
antwurt inen hat megen werden, sich mit macht von Dornegk
getan und har fur unser statt zu sant Jacob gelegert, aber-
mols muntlicher antwurt ylentz begert, uff ir schriben und
anbringen ein wissen wollen haben.

Item wie wir unser botschaft treffenlich hinussz zu inen
verordnet und inen geantwurt und enteckt mit erzalung, was
zwischen ir geordneten botten zu Olten und unser botschaft
beschlossen were, dem wollen nachkomen etc. besonder
iren obern darumb vollkomen antwurt wollen geben. Item
wie sy daran kein benügen gehappt, sonder begert für ein
ersam ratt, ouch die gemein, die man nempt den grossen
ratt wollen kommen und daselbs ir beger wollen eroffnen.

Sollichs wir inen nit haben mogen abschlahen, sonder be-
willigen. Item wie sy daruff vor einem ratt erschinen, ir
beger anpracht, in mossen die botten dz wol wissen ze er-
zalen; wie die antwurt gescheen ist etc. Item wie daruff
ein ratt ir verfasst meinung und antwurt den Eidg. erscheint
und gegeben hat, daran sy keins wegs benûgig gestanden,
sonder fur den grossen ratt, den man nempt die sechs,
begert, das inen ouch zugelassen wart,¹) und als sy vor den
sechsen abermols ir beger wie vor tetten mit ermanung und
tratzlichen worten uns wellen erwegen, inen anzehangen und
mit inen in den krieg ze tretten. Item wie demnach wir
uns weder eins noch dz ander lassen irren noch abwenden,
wie wol gemein Eidg. Liestal ingehappt und besatzt etc.
item wie wol die sorg unser empter zu verlieren daruff
stand, item wie wol der uberlast hieby der statt mit irm
belegern was und trowen. Sollichs alles hat sich ein ratt
nit lassen irren noch erwegen, von dem heil. rich sich ab-
zetrennen oder darwider ze tund, oder wider k. m. gemein
ritterschaft und landtschaft wollen furnemen, sonder damit
ein statt in dem fall by dem heil. rich mechte bliben, und
darwider nit handlen noch darvon absundern, oder wider
k. m. und dis landtschaft ze tund, hat ein ratt mit ver-
nûnftiger betrachtung wie vormolen ouch ir gemein dahin
geneigt, keinem teyl in kriegsubungswise anzehangen, sonder
Basler ze belyben und beden teyln lieb und fruntschaft zé
erzoigen.

Item ouch anzuzoigen, damit wir unser gemeind uff
disem weg dest bassz behalten mechten, wie wir denn inen
zum deyl entteckt und entwent haben in hoffnung so wytt
by der herschaft ouch zu erlangen, die unsern gefrydet
und gesichert und dz inen bisszhar begegnet, abgestellt solle
werden.

Item so nŭ dis unser meinung und abred. gen den
Eidg. beschlossen, k. m. landen und lutten und gemeiner

---

¹) In der ersten Fassung lautete der folgende Satz: und was da ent-
lichen entslossen und inen zu antwort gegeben worden und besonnder Baszler
wellen bliben, keynen teyl anhangen noch bistenndig ze sin etc. als das die
botten mit wittern und lutern bescheid wissen, wie das derselben zitt ge-
handlet ist etc.

ritterschafft und den iren zu beden lannden des Rins zu
gutem und zu uffenthalt gescheen, als dz kuntlich ist, inen
nit ubel erschossen sin, so were gut, das in der mossz gen
uns und den unsern auch wider erkennt wurde.

Aber unser truw mug und arbeit, und was wir desszhalb erlyden etc. wirt gen uns vergessen, ouch dz fruntlich
zusagen, uns zu vill moien gescheen, gantz verachtet, dann
die unsern destminder nit gefangen werden und berouppet,
darzu uns getrouwt, wa ein Basler der welschen garde oder
andern werde, darumb mussen sterben, als dz hernach in den
artickeln anzebringen geschriben steet.

Item wa dz und derglich furnemen hinfuro nit abgestellt,
sonder mit den unsern wie daher gepruwcht, mocht in die
harr keins wegs erlitten werden, und zu besorgen, dz unser
gemein, die wir mit grosser arbeit und suptiler vernunfft,
wie vorstatt, by uns behalten hand, ganz unruwig sin wurde
und villicht etwas anders an die hand nemmen.

Item dem vorzesind und damit wir, wie daher, in disem
fall belyben, und by dem heil. rich beston, ouch k. m.
gemeiner ritterschaft, lannden und lutten zu uffenthalt erschiessen, so sye unser beger und bitt ze verfugen, ze verschaffen und darob ze sin, es sye by der welschen garde
oder andern iren verwannten und anhengern, uns und die
unsern unbeleidiget und unbeschediget ze lassen und die
unsern ze sichern vor sollichen biszhar gepruchten furnemen
geen den unsern.

Item alls disem wesen nach harin verzugk nit erlyden
will, sonder die notturfft erfordert, ettwas wissen ze haben,
so sye unser ernstlich beger, gnediger gutiger antwurt
harumb, doch mit mer und vernunfftiger wortten, sich desszhalb gepurende und die botten sollichs wol wissen ze handeln.

Sodenn wellen angedenck sin anzebringen des geleits
halb, saitz ussz Lottringen und anderswo har durch der
herschaft land megen bringen und furen, desszglichen des
kloffter holtz halb, uns megen uff der Birssz zu flossen und
furen.

Item von des brands wegen zu Bussz durch die von
Rinfelden den unsern zugefugt, darumb denn min h. graff
Heinrich marschalck selig vermeint tag anzesetzen.

Item von des trouwens halb Muttentz dz dorff wollen brennen.

Item von der unsern wegen, so gefangen sind, ouch der rossen halb, so den unsern genommen worden durch die garde und die von Rinfelden.

Item von Hannsen Meigers eins knaben, der zu Rinfelden lytt gefangen und unser eigen ist, und sy in nit lidig lassen wollen.

Item als den unsern gedrouwt wirtt, wa sy die ankommen, wollen erstechen und erwurgen, das sollichs ouch abgestellt werde.

Item unser wercklut ze sichern, und geleit ze gehen ettlich holtzer in unsern welldern zu Muttentz mogen houwen und harheym fûrn.

Item als unser koler noch ettwas kols ze Gemppen uns ze machen hett, denselben ouch wollen befristen, daselbs mogen volls brennen und machen.

Item das die unsern all befristet und besichert werden, ir korn, habern, und anders mogen schnyden und infurn. — P. K 2, No. 426 und 432.

313. September 4. — Geleitsbrief Basels für die eidgen. Bevollmächtigten.[1])

Wir statthallter des burgermeisterthums und der ratt der statt Basell thund kund, dz wir der fursichtigen, ersamen und wisen unserer guten frunden und getruwen lieben eidt und puntgenossen von stetten und lendern gemeiner Eidtgenoschafft senndbotten, so har by uns komen sollen, unser fry sicher trostung und geleit zugesagt und gegeben haben, trosten und sagen sy sicher mit sampt iren dienern har in unser statt ze komen, darin so lang die notdurfft des tags halb erhoischet das erfordert ze bliben und dannthin von uns wider an ir gewarsami fur uns, alle die unsere und die uns zu versprechen standen, ungefarlich und in unser statt für all mengklichen, doch dz sy und die iren sich ouch gleitlich und zuchteglichen hallten und erzoigen. Des zu

---

[1]) Wie die Bemerkung am Rande des Konzepts «non haec progressa» andeutet, ist der Brief nicht abgefertigt worden.

warem urkund haben wir unser statt secret insigel zeruck gedruckt uff disen brieff. Geben uff mitwochen vor nativitatis Marie. — M. 21, pag. 92.

314. September 4. — Geleitsbrief Basels für die französischen Gesandten.[1])

Nos vicegerens burgimagistratus universis notificamus nos ad peticionem reverendissimi in Christo patris eximiorum, nobilium et magnificorum dominorum domini Tristandi de Salazar[2]) archiepiscopi Senonensis Galliarum et Germanie primatis, domini Michahelis Ritii[3]) utriusque juris doctoris, domini Ludovici de Fogelii[4]) et domini Johannis de Arifoglie[5]) christianissimi et serenissimi domini domini Ludovici Francorum regis domini nostri gratiosissimi oratorum nunciorum et legatorum eisdem cum familiaribus personis rebus et bonis suis ad numerum 50 equitum salvum conductum et securitatem nostram dedisse et presentium scriptorum patrocinio confitemur dare et concedere pro nobis subditis et familiaribus nostris ita ut predictus dominus reverendissimus aliique domini cum comitura corum hoc salvo conductu gaudeant hanc civitatem nostram Basiliensem per opida districtus et dominia nostra salvi et securi ere et corpore a nostrantibus ingredi et ibidem tute manere usque ad revocationem huiusce salvi conductus quam nobis in hac parte reservamus et post revocationem huiusmodi redire valeant absque molestia in suam securitatem pro nobis nostre jurisdictioni subjectis et familiaribus nostris specialiter in civitate nostra Basiliensi pro quibuscumque dolo et fraude semotis tali tamen condicione adiecta ut ipsi sui complices et servitores e converso salvum observant conductum in cuius rei testimonium et robur etc.

Datum 4 Septembris. — M. 21, pag. 92.

315. September 7.

Item 35 sh verzert herr Lienhart Grieb und Hanns Hiltprand den Eidtgnossen entgegen geritten.

---

[1]) cf. Ochs IV 691 Anm.; Büchi pag. 445 Anm. 1. — [2]) Tristan de Salazar, Erzbischof von Sens. — [3]) Dr. jur. Michael Riti. — [4]) Ludwig de Vögeli. — [5]) Johann de Arifoglie, alle 4 franz. Gesandte; siehe auch oben No. 297.

Sabbato ante nativitatis Marie. — Wochenausgabe-Buch pag. 557 (Woche vom 1.—7. Sept.).

316. September 18. — Liestal an Basel.

Also hatt sich nechten begeben, dz die von Rinfelden denen von Frenckendorff alle ire rosz uff der weid genomen haben, sy syend u. w. oder deren von Soloturn und darzu understanden dz dorff zu verbrenen, nü sind wir die so bisz har allwegen uwern gebotten gelept und geton haben alsz die do gern zufrieden weren; nü sehen wir wol, dz esz nützit gegen inen beschiessen wil, denn ye lenger ye beser esz wirt, und bitten u. w. ir wellend verfügen, dz den unsern ir rosz widerkertt werden on alle engeltnusz; denn wo dz nit beschicht bi dissem tag, wellend wir selber lügen, dz den unsern dz ir wider werde, oder alles daran hencken, dz unsz gott verlihen hatt, denn unsz wil beduncken zit sye.

Geben uff mitwoch vor sant Matheus tag. — P. K 2, No. 190.

317. September 19. — Conrad Schütz[1]) an Basel.

Uwer schriben, die 20 guldin berürend, so die k. m. uwern burgern, so die welsch gard gevangen gehebt, zu stur an ir schatzung zu bewilligt, hab ich vernomen und sollt ungezwiffelt sein, wo ich jezt einicherley gelts in handen hett, so wolt ich den uwern dz geschickt haben, ich hab aber jezt gar nicht in der hand und noch dem ir wiszt, dz diser kriegsgeschefft halben menglichen geistlichen und weitlichen personen, so dz ir in k. m. land haben ein anlehen zu thun uffgeleit, in dem dan die karthuser by uch ouch umb ein suma angeslagen und dz noch schuldig, . . . do mogt ir solh 20 gulden von k. m. wegen an die gemelten karthuser ervordern, uch die zu bezallen . . . und bin ungewifelt, wo ir by inen vlies ankeren, ir wiszt den uwern solh gelt wol herusz zebringen etc.

Datum dunstag nehst noch exaltacionis crucis. — P. K 1.

318. September 20. — Vogt zu Homburg an Basel.[2])

Als ich den u. w. verschriben han von der botschaft us Meigland, wie si gon Basel welen, ist wor und warten

---

[1]) Conrad Schütz, Sekretär des kgl. Hofs zu Ensissheim. — [2]) Cf. Ochs IV 691.

der Eidg. und hend uf samstag nechst zů nacht Liechtstal
herberg bestelt und ist Cůnrat von Olten 100 knechten
houptman; het ouch zů Liechtstal uf samstag zů nacht her-
berg bestelt und het gerett, das der Eidg. 400 zůsemen
kômen, die al gon Basel kômen. L. h. es gond gar selczam
red fir von den selben knechten; kômen si gon Basel, si
welen mit den pfowen federn unsufer umgon. L. h. es reden
etlich der besten, die ich wol wist zů nemen, und wor ist,
weren sie herren uiber die von Basel, si wisten die Östericher
wol uszelesen; si welen den kopf nit zů inen han. L. h.
thůn ich u. w. zů warnen, wie man die fůsknecht von beden
partygen möcht duslossen, domit u. w. nuit widerfar, wen
die knecht zů Olten in des wirczhus zum Lôwen vil von
disen dingen geret hend, wie si welen mit inen machen.

Fritag sant Thodorus tag zů nacht. — P. K 2, No. 364.

319. September 21. — Erzbischof von Sens[1]) an Basel.

Magnifici spectabilesque viri plurimum honorandi co-
mendationem. Erat quidem nobis animo in senatu vestro
gratias vobis habere inmortales, quod tot honoribus totque
beneficiis nos fueritis prosequuti veniaque petita ab urbe
vestra discedere, sic enim merita in nos vestra deposcebant,
sed cum intellexerimus insidias nobis parari exeuntesque ex
ipsa urbe vestra et si hostes etiam vestri sint, cursorem
christianissimi regis non longe ab ipsa urbe disrobasse, duxi-
mus sic repente abire ne multis discessus noster innotesceret,
quod ut ne moleste feratis rogamus, id vobis persuadentes
christianissimum regem gratias vobis relaturum pro ipsis
honoribus et beneficiis nobis impensis, nosque perpetuo
illorum memores erimus et si qua in re tum toti rei publice
vestre seu particularibus obsequi poterimus illud quam liben-
tissime facturos perspectum habeatis. Ben'e valete. Ex oppido
Olten die sabati XXI[a] Septembris hora nona post meridiem.

Admodum vester archiepiscopus Senonensis Galliarum
et Germanie primas christianissimi regis orator Tristandus
de Salazar. — P. K 1.

---

[1]) Siehe die Anm. 2 zu No. 314.

320. September 22. — Liestal an Basel.

Also habend die von Rinfelden der uwern von Walden-
burg uff hut am morgen zwen erstochen und den müller von
Niderdorff[1]) verwunt, zu besorgen ist, er ouch sterbe, und
iren drü gefangen und hinweg gefürt und sindt der unsern
ob hundert hin nach gezogen, was sy aber schaffen, mogen
wir nit wussen, verkunden wir uch im besten, uch darnoch
wussen zü richten.

Geben uff sontag noch Mathei. — P. K 2, No. 191.

321. Undatiert. 1499. (?)[2]) — Mülhausen an Basel. (?)

Frommer, ersamer, fürnemer, besunder günstiger lieber
herr, uwer ersamkeit syen min gantz gutwillig dienst allzit
bereit. Uff uwer beger hab ich üch unsern stattschriber
tûn schriben, was im und den andern jetz nechst zů Ensisz-
heim begegnet sye etc. Ist die meinung, dz sy sich vor
herr Ludwig von Maszmünster[3]), statthalter, herr Cristoff
von Hattstat[4]), herr Martin Stôr[5]), jungherr Hannsen vom
Huse[6]), jungherr Diebolt von Pfirt[7]), jungherr Morant von
Watwiler[8]), ouch dem alten lanndschriber und dem jungen,
sinem sûn von wegen miner herren merglich und swerlich
erclagt, wie dz ettlich ritter und edel yetz am pfingstzinstag
uff unserm jarmargt gewesen, ettlich unser burger zu red
gestelt, beredt und gefragt haben, was ir uff das mol by
uns und vor unserm rat; der uch zu lieb, so bald ir komen

---

[1]) Niederdorf, nahe bei Waldenburg. — [2]) Ob das Schriftstück in das
Jahr 1499 gehört oder in ein früheres, konnte ich nicht bestimmen; bekannt-
lich sind ein Christoph von Hattstatt und Martin Stoer in der Dornacher-
schlacht gefallen. — [3]) Ludwig von Maasmünster, Statthalter a. 1488,
s. Fürstenberg. Urk.-Buch VII, pag. 123, ebenso a. 1498, s. Rappoltstein.
Urk.-Buch V, pag. 516 und a. 1511 (?) Gerichtsherr zu Wittelsheim (Elsass,
Kreis Thann), s. Cartulaire de Mulhouse IV, pag. 469. — [4]) Christoff von
Hadstatt, s. Büchi No. 531; kgl. Rat a. 1498, s. Rappoltstein. Urk.-Buch V,
pag. 516; er selbst oder ein Sohn a. 1501 Vogt zu Landser, s. Cartulaire
de Mulhouse IV, pag. 390. — [5]) Martin Stoer, s. Büchi No. 531; kgl. Rat
a. 1498, s. Rappoltstein. Urk.-Buch V, pag. 516. — [6]) Hans vom Haus, kgl.
Rat a. 1494, s. Rappoltstein. Urk.-Buch V, pag. 464. — [7]) Diebolt von Pfirt,
österr. Hubmeister und Rat a. 1494, s. Rappoltstein. Urk.-Buch V, pag. 464
und 465. — [8]) Morand von Watwiler, kgl. Rat a. 1498, s. Rappoltstein.
Urk.-Buch V, pag. 516.

syen, mit zunfftmeistern und der gemeind versampt worden,
gehandelt und geworben und wir haben getan oder wöllen
tun, dz inen und uns nyemer gůt tůn werd, namlich dz wir
uns durch uwer bewegung und überredung zu der statt
Basel und den Eydtgnossen tůn und verbinden wöllen wider
das heilig rich und min herren haben nach uch geschickt
und der zit gefåret, dz jungherr Hanns Ulrich von Pfirt[1]) nit
anheimsch sye, und ir söllen in acht tagen da vor ouch by
unns gewesen sin etc. an dem allem uch ouch minen herren
gentzlich unrecht und ungůtlich beschehen, denn solichs sye
weder von úch noch andern an mine herren nye gesonnen
noch gesůcht, sy haben ouch das nye gedacht noch zů synn
genommen, sunder an solher unwaffter, erdichter beschuldi-
gung nit kleinen verdriesz, unwillen und befremden, wöiten
ouch die gern erkennen, die solichs von inen fúrgeben, etc.
mit vil meren und andern worten, so zu erlicher und war-
haffter entschuldigung und verantwurtung üwer und unsern
halb not was; man hat ouch den stattschriber gnügsam nach
aller notdurfft reden lassen, und sy daruff heissen usztretten
und nahe by zwein stunden sich daruff bedacht, und als sy
wider ingenommen, sind sy vast erlich und früntlich mit
worten begrüszt und gehalten als der statthalter wol kan und
durch inn geredt, es sye nit on, es syen ettliche wort in
landtmer wise uszgeschollen, wie ettwas an min herren der
sachen halb gesucht sin soll, des sy aber inen nit vertrüwen
dem volg ze geben, yedoch hab er willen gehebt, mine herren
umb das und anders zu beschriben, und sy haben sunder fröud
und gefallen dz an den dingen nützit sye, und min herren
söllen sich aller eren und guts zu inen versehen dz sy inen
mit lib und gut bystendig und hilfflich sin wollen etc. mit vil
und grosser erbietung etc. und damit herrn Cristoff von Hat-
stat und jungherr Hannsen vom Huse geheissen, sy sollen
sagen, wie die sach sich irenthalb begeben hab, hat jung-
herr vom Huse angehebt zů reden, die meinung, er sye am

mentag zü abend darkomen, da syen von stund an rat und
zunfftmeister żüsamen berüfft und ir zů inen in den rat
besandt, was ir da gehandlet, hab nyeman wissen mögen,
usz dem hab er geargwont, dz ir villicht ettwas von üwer
herren und der statt wegen an mine herren süchen und die
bewegen wurden, denen wider die ritterschaft und land-
schaft anzehangen oder deszglichen etc. sye daruff zü Conrat
Enderlin der snyder zunftmeister komen, den gefragt, und
an im wöllen erkennen, was ir da geschafft oder geworben,
der hab im gesagt, dz ir nye für rat komen syen und gantz
nutzit da geworben haben, wenig noch vil und er tug uch
und minen herren unrecht, dz er uch und sy also verdenck.
etc. Deszglich hab er der smyd zunfftmeister Melchior
Armproster ouch deszhalb besprochen, der hab im glicher
mosz antwurt geben, er sye aber da vor zů herr Cristoff
von Hatstat komen und dem ouch gesagt, wie er gehört,
dz ir vor rat gewesen und egemelter masz gehandelt und
haben sy zwen usz fürsorgen die ding überslagen und da
von geredt, dz nit schedlich were, dem statthalter die ding
zu endecken, ob den gut bedunckte, mine herren mit ge-
schrifft zů begegnen, und zů erkennen, ob ettwas an der
sach were oder nit. Deszglich seit herr Cristoff ouch dz
er ding hab hören gedencken, und mit jungher Hannsen
vom Huse der masz geredt wie obstat, ouch jungher Batten
von Pfirt gefragt, ob der ützit da von vernomen, der hab
geredt, er glob nit dz ützit daran, oder dz die von Mülhusen
des willens syen etc. nit deszminder so sye allerley red
deszhalb wider und für gangen, darumb er dem statthalter
selber geschriben, den nit anheimsch funden, darnach so
hab er im die ding ettlicher masz anbracht, als er meint
eyds und eren halb schuldig sin, wie sy minen herren nit
anders denn eren und gůts vertrüwen etc. Herr Cristoff
seit ouch, ir söllen by 8 tagen vor pfingsten gesehen worden
by Landser uff und abe rytende und überslagen, ouch zu
Mülhusen gewesen sin, dester ee solicher argwon in inen
und andern erwachsen sye etc. — P. K 1.

Schenkenberg im Aargau.

Von

Walther Merz.

In einem Seitentale der Aare im Angesichte der Habsburg ragt auf steiler Kuppe weitausschauend die Ruine Schenkenberg in die Lande. Scharf heben sich die gewaltigen Mauerzacken vom blauen Himmel ab, um in dem dichten Grün zu versinken, das sie rings umgibt. In weitem Bogen hat die Natur hohe Berge um sie aufgetürmt; drunten im Dorfe am Fusse der Gislifluh, um die die Legende fromm ihre Fäden gewoben, blickt das Kirchlein von Talheim aus schattenden Bäumen heraus und weiter ostwärts taucht terrassenartig das Schloss Kasteln aus sonnentrunkenem Gelände empor.

Hier hatte das Grafengeschlecht, das sich später nach der Habsburg benannte, schon im X. Jahrhundert angestammten Besitz,[1]) hier hauseten seine Schenken[2]), für sie ward die Burg erbaut, und sie gaben ihr den Namen, denn Schenkenberg ist der Berg des Schenken.[3]) Wann dies geschah, ist nicht bekannt; als erster Bewohner der Veste, von dem der Nachwelt Kunde erhalten ist, erscheint jener dominus *H. de Schenkenberc,* der im Jahre 1243 zu Bremgarten bei den Grafen Rudolf und Hartman von Habsburg

Textabbildung 3:
Siegel Berchtolds des Schenken
von Kasteln 1301.

sich befand und mit den Herren von Balbe und Schnabelburg, dem Truchsessen von Habsburg und dem Herrn von Wulpisberg den Verkauf eines Lehens an das Kloster Wettingen durch

den Ritter Heinrich von Schönenwerd bezeugte.⁴) Näheres
über ihn und seine Familie ist nicht zu ermitteln; erst nach
Jahrzehnten erscheint ein zweiter Herr von Schenkenberg,
der aber zum ersten in keiner verwandtschaftlichen Beziehung
steht. Denn *Albrecht von Schenkenberg* ist der ausserehehliche
Sohn des Grafen und späteren Königs Rudolf von Habsburg
und einer sonst nicht weiter bekannten *Ita*.⁵) Auch er sollte
indes nicht der Stammvater eines Geschlechtes werden, das
nach der Schenkenberg sich benannte. Sein Vater König
Rudolf schenkte ihm die im Jahre 1281 von Bischof Berch-
told von Wirzburg erkaufte Grafschaft Löwenstein mit den
reichslehnbaren Burgen Löwenstein und Wolfsölden und den
zugehörigen Ortschaften, namentlich Affaltrach, Mainhard,
Sulzbach und Murrhard mit der dortigen Klostervogtei,
worauf er sich Graf von Löwenstein nannte und das calwisch-
löwensteinische Grafenwappen⁶) (Löwe auf Dreiberg) an-

nahm. Von ihm und seiner 1284
heimgeführten Gemahlin Liutgart
von Bolanden stammt das zweite
Löwensteiner Grafengeschlecht,⁷)
das in der fünften Generation er-
losch.⁸) Albrecht selbst, der im Jahre
1282 zum letzten Male von Schenken-
berg heisst,⁹) starb im Mai oder
Brachmonat 1304. Die Schenken-
berg wurde an habsburgische Dienst-
leute als Lehen ausgetan, an die
Schenken von Schenkenberg, von

Textabbildung 4:
Siegel Rüdegers des Schenken
von Schenkenberg 1344.

denen *Rüdeger* seit dem Jahre 1312 bis zur Mitte des Jahr-
hunderts oft erscheint und viele Jahre Schultheiss in Brugg
war.¹⁰) Von ihm ging die Burg an den
Ritter *Rudolf den ältern von Schönau
genannt Hürus* über, wann und wie ist
nicht bekannt; doch wird man kaum fehl-
gehen, wenn man die Handänderung um
die Mitte des Jahrhunderts ansetzt und
Erbgang ausschliesst. Von Rudolfs 3 Ge-
mahlinnen stammt nämlich, wie nach-
stehende Stammtafel dartut, keine von

Textabbildung 5:
Siegel des Ritters Rudolf d. ä.
von Schönau, gen. Hürus 1372.

Heinrich vom Stein, Ritter.
† 24. XI. 1284.

Rudolf	Heinrich
1301, tot 1303.	1301—1325.
	1303 Ritter.
	ux.: Katharina
	von Hünoberg.
	1316—1318.

Tochter	...... von Schönau

(Hans) Rudolf von Schönau, gen. Hürus
der ältere, Ritter.
1353—† 9. VII. 1386 bei Sempach.
ux.: 1. Agnes (II.) von Landenberg-Greifensee,
2. Ursula von Ramstein, 1371,
3. Anna von Klingenberg, 1382 – 1400.

1	1	2	3
(Hans) Rudolf	Walther	Else	Albrecht
der jüngere Hürus	gen. Hürus	1369—1385.	1400—1429.
1364—1388.	1382—1401.	mar.: Hartman	ux.: Osanna von
1372 Ritter.	ux.: Elsina vom	von Eptingen,	Hohenlandenberg
ux.: Elisabeth von	Hus von Isenheim	Ritter, 1371.	(heir. in 2. Ehe
Liele, 1364.	1401.		Ludwig Zehender,
			Schultheiss zu
			Aarau), tot 1455.

Jakob	Hans	Kaspar	Heinrich
1455—1479	gen. Hürus	1455—1479.	1455—1482.
Ritter.	1455, tot 1479.	ux.: Beatrix	Junker.
ux.: Kunigunde	ux.: Elisabeth	von Utenheim.	
von Rinach.	von Sengen		
	1453—1487,		
	tot 1489.		

Agnes	Eva	Balthasar
	1479—1495.	

mar.: 1. Hans von Utenheim
1479—1482, tot 1491.
2. Jakob von Rinach
1486 minderj., 1491 ledig,
1493 verehelicht, 1498.

Rüdeger dem Schenken ab, und seine Mutter war eine
Tochter des Ritters Heinrich vom Stein; andrerseits sprechen
am 9. VIII. 1373 Ritter Rudolf von Schönau der ältere ge-
nannt Hürus und sein Sohn Rudolf, als sie der Bauersame
des Dorfes Schinznach die an die Burg zinspflichtige Buch-
matte verleihen, von der Schenkenberg bereits als von
hergebrachtem Besitze.[11]) Am 7. IX. 1384 trat sodann Ritter
Rudolf der ältere seinem Sohne Ritter Rudolf dem jüngeren,
ebenfalls Hürus genannt, die Veste Schenkenberg mit allen
Zugehörden, Leuten und Gütern, Twing und Bann auf den
nächsten zwölften Tag (6. I. 1385) ab und zwar samt einem
Fuder Wein und dem in diesem Jahre an die Burg fallenden
Korngelte und dem Bettzeug und Hausgeschirr, das von der
ersten Gemahlin des Vaters, einer von Laudenberg, her-
stammte; dem Vater soll die Veste stäts offen bleiben und
ohne seine Einwilligung nicht verkauft werden, der Sohn hat
Vater und Brüder zu Gemeindern an dem österreichischen
Lehen anzunehmen und ihnen zu Erkenntnis dessen einen
Saum Wein zu zinsen. Überlebt er den Vater, so soll er
200 Mark Silber auf der Veste haben, «und darnach sol
man die egenante veste werden und schetzen und waz si
dann besser funden wirt dann die zweihundert mark silbers»,
das soll der jüngere Hürus seinen Brüdern «erfellen vor us
von anderm gut» des Vaters. Will der Sohn die Veste
verkaufen, so haben seine Brüder ein Näherkaufsrecht um
10 Mark Silber.[12]) Infolge dieses Vertrages sandte der Vater
das Lehen der Herrschaft auf, und Herzog Leupold verlieh
am 16. IX. 1384 zu Brugg die Veste Schenkenberg dem
jüngeren Hürus.[13]) Kurze Zeit nachher versetzte dieser das
Leben seiner Schwester Elisabeth von Eptingen geb. von
Schönau zu unabniessendem Pfande, und Herzog Leupold
gab am 26. III. 1385 zu Brugg dazu Willen und Gunst.[14])
In rascher Folge wechselte die Burg nun Herrn und Hand.
Schon vor 1387, vielleicht nach dem auf dem Felde ob
Sempach erfolgten Tode des älteren Hürus, muss sie als
Pfandschaft für 2100 Dukaten und 100 rheinische Gulden
an *Wilhelm im Turn* übergegangen sein.[15]) Denn zum
Ersatze für die grossen Verluste, die er im Kriege gegen
die Eidgenossen erlitten, verschrieb im Jahre 1387 Herzog

Leupold dem Peter von Torberg die Veste Schenkenberg samt dem Amte auf dem Bözberg, zu lösen von Wilhelm im Turn, um den Pfandschilling von 2100 Gulden, dazu als Leibgeding das Amt im Fricktale, das die von Eptingen und Hartman Räz inne hatten, und eine jährliche Rente von 200 Gulden auf dem Salzbergwerk zu Hall im Inntale, bis er wieder in den Besitz aller jener Güter gelangt sei, die ihm die Waldstätte weggenommen hatten. [16]) Die Lösung der Veste von den Herren im Turn erfolgte indes nicht, noch bis zur Wende des Jahrhunderts erscheinen sie im Besitze der Herrschaft und des Amtes auf dem Bözberg, [17]) die hierauf an die Gessler übergingen und zwar infolge eines Tauschvertrages zwischen *Herman Gessler,* Pfleger zu Gutenburg, der dafür die Veste Gutenburg, ein Pfand Diethelms von Krenkingen, abtrat, mit Walther vom Turn. Der Tausch wurde von Herzog Friedrich von Österreich unter Vorbehalt des jederzeitigen Lösungsrechtes der Pfandschaft am 21. II. 1405 bestätigt, [18]) muss aber schon ein Jahr früher abgeschlossen worden sein. Denn am 26. VII. 1404 hatte Herman Gessler die Veste mit Zustimmung des Herzogs bereits an Jakob Ziebol, Bürger zu Basel, weiter verpfändet. [19]) Von Ritter Herman Gessler ging das Lehen an dessen Schwester *Margarita* über, die mit dem Ritter Hans *von Fridingen* verehelicht war. [20]) Ihr bestätigte, nachdem sie Witwe geworden, der römische König Sigmund, der Land und Leute des geächteten Herzogs Friedrich von Österreich ans Reich gezogen hatte, das Lehen des Schlosses Schenkenberg mit aller Herrlichkeit und des Amtes auf dem Bözberg für sie und ihre Kinder Wilhelm, Gretlin und Magdalena, deren Lehentrager Ritter Ulrich von Fridingen, Bruder ihres Vaters, wurde; das Schloss sollte künftig dem Reiche und dessen Landvogt stäts offenes Haus sein, ebenso die Jagd in der Herrschaft ihnen offen stehen; nur mit Einwilligung des Reiches darf das Lehen und zwar nicht an jemanden jenseits des Rheins verkauft werden. Frau Margarita und ihre Kinder erhielten die Erlaubnis, wieder an sich zu lösen, was die Herzoge aus Herrschaft und Amt versetzt hatten. [21]) Im Jahre 1423 hatten sie Anstände mit den Leuten des Amtes Bözberg, die Bünde und Satzungen aufgerichtet hatten;

Schultheiss und Rat zu Bern schlichteten die Streitigkeiten, ordneten das Recht zur Eichelweide und auf die Wälder, die Ernennung des Amtmanns und die der Herrschaft zu leistenden Dienste und erklärten als unstatthaft, dass die Herrschaft jemanden gefangen setze, der Bürgschaft leisten könne, ausser um Sachen, womit einer seinen Leib oder ein Glied verwirke.[22]) Sieben Jahre später aber verkauften die Fridinger Schloss und Herrschaft dem Freien *Türing von Arburg,* dessen Gemahlin Gräfin Margarita von Werdenberg und ihrer Tochter Verena; am 19. J. 1431 bestätigte ihnen König Sigmund das Lehen unter den nämlichen Bedingungen wie früher den Verkäufern und verlieh dem Käufer zudem noch den Blutbann in den Herrschaften Schenkenberg und Bözberg.[23]) Türing von Arburg, ursprünglich zum geistlichen Stande bestimmt und bereits nach der übeln Sitte jener Tage mit einer ansehnlichen Pfründenzahl bedacht — er war Kaplan in Büren, Chorherr und später Propst zu Beromünster, Propst zu Ansoltingen und Domherr zu Strassburg und Konstanz —, musste wie einst schon sein Urgrossvater wegen des frühen Todes seines einzigen Bruders im Jahre 1424 die sämtlichen Pfründen resignieren und mit päpstlichem Dispense zur Ehe schreiten, um den Stamm fortzusetzen. Allein die Tage seines Geschlechtes waren gezählt; dem Ehebunde mit der Gräfin Margarita von Werdenberg-Heiligenberg entspross eine einzige Tochter, die in der Blüte der Jugend vor ihrem Vater starb.[24]) Dieser hatte sein ganzes Leben lang mit Schulden zu kämpfen. Seine Herrschaften im Oberaargau musste er nicht zum mindesten der drückenden Schuldenlast wegen verkaufen; er erwarb dafür Schenkenberg und nahm Burgrecht zu Brugg. Allein die Geldnot wich nicht. Im Jahre 1436 wurde durch Berns Vermittlung in Basel ein bedeutender Pfandschilling[25]) auf Schenkenberg aufgenommen,[26]) allerdings teilweise zur Erwerbung der Pfandschaft von Klingnau vom Bischof von Konstanz bestimmt; schon zwei Jahre später aber musste die Herrschaft dem Kloster Klingental für weitere 400 Gulden verschrieben werden.[27]) Dazu hatte der Freie langwierige Streitigkeiten mit den Leuten des Amtes Bözberg der Fuhrungen wegen.[28]) Im Jahre 1447 lieh der Rat zu Bern

noch 400 Gulden auf die Herrschaft,[29]) nahm aber das
Unterpfand bis auf Wiederlösung in Besitz[30]) und verpfändete
es seinerseits mit dem übrigen Besitze im Aargau vorüber-
gehend an die VI Orte.[31]) Türing von Arburg kam nicht
mehr dazu, die Herrschaft zu lösen; er trat sie am 11. XI. 1451
an die Brüder Hern *Markwart und Hans von Baldegg,* den
Gemahl seiner einzigen kurz vorher verstorbenen Tochter
Verena, gegen Übernahme der Pfandsumme von 5000 Gulden
und der Summe, die an Bern für den Abkauf des Udels und
Burgrechts bezahlt werden musste, ab und entliess die Herr-
schaftsleute ihrer Eide.[32]) Sobald die Zahlungen an Bern
geleistet waren, empfingen die beiden Baldegger Veste und
Herrschaft von Herzog Albrecht von Österreich als Mann-
leben in der offenbaren Absicht, sie wieder dem Hause
Österreich zuzuwenden: als sich vor jaren begeben hat in
zeiten weilend unsers vettern hertzog Fridrichs loblicher
gedechtnus, sagt die Urkunde, daz durch die aydgenossen
das land Ergaw von dem haws Osterreich emphrembt ward
und damit uns herschaft und gslos Schenkemberg mit aller
zugehorung zu frömden handen kame und nachmals in der
aydgenossen gewaltsam etwelang ist gewesen und syder her
nw unser getrewer lieber Markhart von Baldeck, unser rate,
nach userm wissen und willen fleis getan hat, damit er
dasselb unser gslos Schenkenperg mit seiner zugehorung
wider zu uns mit sibentausent und hundert guldein reinisch
bracht hat, also bedenken wir die gelegenhait der wider-
wertigen louff, so noch vorhanden sind, derhalben uns nit
wil fügsam bedunken, yetz dasselb unser sloz und herschaft
für uns selbs inzenemen und zehalten. Zum Lehen gehörte
ausser Schloss und Herrschaft Schenkenberg auch das Amt
auf dem Bözberg und das Burgstall Besserstein auf dem
Geissberg.[34]) Im Jahre 1458 erwarb Ritter Markwart von
Baldegg auch die Gülten und Nutzungen des Klosters Königs-
felden in der Herrschaft Schenkenberg und im Amte auf
dem Bözberg um 700 Gulden.[35])

Die österreichische Gesinnung sollte ihm aber bald
verhängnisvoll werden. Als nämlich im Jahre 1460 die Eid-
genossen gegen Herzog Sigmund von Österreich ins Feld
zogen und ihm den Turgau wegnahmen vnd darneben H.

Marquart von Baldegk, vber dass er deren von Bern Burger
war, wider sie zum Hertzogen reit, haben bemelte Berner
Schenkenberg eingenommen, wirt volgender Zeit durch ein
Landvogt von Bern verwalten.[86]) Die Burg wurde aus-
gebrannt,[87]) aber offenbar bald wiederhergestellt und zwar
von den Bernern, die Schloss und Herrschaft an sich zogen.[88])
Wenn daher Markwart von Baldegg am 13. I. 1465 das Schloss
Schenkenberg mit Zugehörden von Herzog Sigmund von
Österreich, der den Brief seines Vetters Herzog Albrecht
bestätigte, als Mannlehen empfing,[89]) so lag darin nur eine
erneute Hervorhebung der Ansprüche auf die Herrschaft und
des den Bernern feindseligen Standpunktes des Ritters, dessen
Erbitterung durch den 1464 versuchten Handstreich einiger
Berner Söldner auf Rheinfelden, wo er Pfandherr und Haupt-
mann war, neue Nahrung erhalten hatte.[40])

Die 700 Gulden, die der Ritter dem Kloster Königs-
felden aus dem Kaufe von 1458 schuldete, waren auf der
Herrschaft Schenkenberg versichert. Als nun im Jahre 1469
Äbtissin und Konvent zu Königsfelden von Hans Arnold
Segenser das Schloss Habsburg mit Zubehörden um 1050
Gulden erwarben, wiesen sie den Verkäufer vor allem auf
jene Forderung an, und Bern, das den Kauf vermittelt hatte,
erklärte sich mit der Anweisung auf «seine» Herrschaft
Schenkenberg einverstanden mit dem Versprechen, die Herr-
schaft weder zu verkaufen, noch sonst zu verändern, bevor
der Gläubiger befriedigt sei, und mit der Erlaubnis, bei
säumiger Zinszahlung die Herrschaft und ihre Zugehörden
anzugreifen, zu verkaufen oder an sich zu ziehen.[41]) Das
zeigt deutlich, dass Bern nicht gewillt war, die Herrschaft
wieder herauszugeben. Markwart von Baldegg aber fuhr
fort, sich Herr von Schenkenberg zu nennen,[42]) und war
wohl damit einverstanden, als 1470 die Amtleute des Her-
zogs von Burgund, zumal Peter von Hagenbach, sich im
Schenkenberger Amte Übergriffe erlaubten und Fähnlein
aufsteckten.[43]) Die Berner dagegen freiten die Eigenleute
der Herrschaft gegen Bezahlung von 200 Pfund.[44])

Derweilen starb der streitlustige Ritter, und seine An-
sprüche gingen über auf seinen Sohn Johan von Baldegg,[45])
der Amalie von Falkenstein, die Tochter des Mordbrenners

von Brugg Thomas von Falkenstein und der Amalia von Weinsberg, zur Ehe nahm. Er liess es nicht an Versuchen fehlen, die Ansprüche zur Geltung zu bringen, allein ohne Erfolg. Zuerst sandte er eine Botschaft nach Bern, um zu erfahren, wie die Berner die Herrschaft Schenkenberg zu ihren Handen gezogen hätten. Die Antwort liess an Deutlichkeit nichts zu wünschen übrig: Bern liess den Junker am 2. IX. 1485 wissen, dass wir Schenkenberg die herrschaft der zyt, do wir mit dem durchlüchtigen hochgebornen fürsten herren Sigmunden, herzogen zu Österrich, uß mahnung und ersuchen unser eydgnossen der jahren des herren gezahlt tausend vierhundert und sechszig zu vechd sind komen und die der zyt in hand des edlen strengen herren Marquarten von Baldeck, ritters, gestanden und der demselben unserem gnädigen herren vorgenant verwandt und zuständig gewesen ist, derselben und dheyner sondern vechd halb, so wir zu demselben von Baldeck ghept, ingenommen und begriffen haben. [46]) Das hinderte ihn nicht, schon im folgenden Jahre sein Begehren zu erneuern; Bern wies ihn mit Berufung auf die mit Österreich abgeschlossene ewige Richtung, die beiden Teilen den damaligen Besitzstand gewährleistete, energisch zurück. [47]) Darauf empfing er im gleichen Jahre von den Herzogen von Österreich die Herrschaft Schenkenberg, die bisher seines Vaters Pfandlehen gewesen, als freies Eigentum, nachdem er ihnen gegenüber auf alle von seinem Hause herrührenden Geldforderungen verzichtet hatte. [48]) Bern dagegen wies seinen Vogt zu Schenkenberg an, mit den vndertanen zu verschaffen, sand zu mh. schloss vnd buw zu vertigen, [49]) und schlichtete am 22. III. 1487 die langjährigen Streitigkeiten zwischen der Herrschaft Schenkenberg und den Herren von Mülinen wegen der Gerichtsbarkeit zu Schinznach und Oberflachs. [50]) Im Jahre 1490 erneuerte Hans von Baldegg seine Ansprüche: Item so hiesch junkher Hans von Baldeck von einer stat Bern das schloß und herschaft Schenkenberg, so sines vaters gsin, mit aller genoßner nutzung, oder recht darum. Ward im ze antwort, si wäre in ofnem ufrechten krieg mit der hand erobret und gwunnen, also müeste si ouch mit der hand behalten werden und kein anders. Also in nachgendem jar durch werbung sines veters

her Adrian von Bůbenberg ward im uf verzůhung siner
ansprach begert burgrecht von einer loblichen stat Bern
zůgesagt.[51]) Allein Hans von Baldegg dachte noch nicht
an einen Verzicht auf seine Forderungen. Drohend wieder-
holte er sie im Jahre 1497. Der Rat zu Bern wies deshalb
den Vogt zu Schenkenberg an, das schloß in gůter hůt zu
haben in ansechen der trôwungen des von Baldek,[52]) und
überschrieb «dem edlen vesten vnserem gůten frůnd Hansen
von Baldegk» folgende Antwort:[53])

Vnser fruntlich grůs vnd alles gůt zůuor. Lieber frůnd,
din schriben jetz an vns gelanget mit beger, das schloß
Schenkemberg mit ingenomener nützung vnd zůsambt erlittnem
costen zů dinen handen veruolgen zů laussen, haben wir ver-
standen vnd daran sunder befrômbden gehebt, dann sollich
jetzgemelt schloß Schenkemberg ist in offnem krieg, so wir
vnd ander vnser lieben eidgnossen mit dem hus Österich gehebt
haben, in vnser gewaltsame kommen, also das wir sollichs dem-
nâch bys zů diser stund ingehebt, beherscheft vnd verwaltet
haben vnd so uil billicher ouch, so der ewig friden, mit dem
löblichen hus Osterich vnd der eidgnoschaft getroffen, einen
jeden by ingenommen vnd erobreten landen, slossen, stetten,
dôrfern vnd merkten nu vnd hienâch gerůwigot vnd vnange-
sprochen lâst beliben. Vnd diewil nu dem also vnd ouch allzit
vnsers gemůts gewesen vnd noch ist, sollichem jetz gemelten
ewigen friden anzůhangen, begeren wir an dich, dis fürnemens
harin abzůstân vnd vns fürer obbemelter sachen halb gerůwiget
vnd vnangezogen beliben zů laussen, dâmit nit not werde, dir
vnser nottůrft nâch ouch zů begegnen. Das vermerk in bestem,
stât vns vmb dich zů verschulden. Datum zingstag vor Johannis
Baptiste anno etc. [mcccc] lxxxx vij°.

Schultheis vnd rät zů Bern.

Der Schwabenkrieg gab dem Junker noch einmal Hoff-
nung, seine Ansprüche zur Anerkennung bringen zu können.
Wie erzählt wird, drohte er, wie er die Ků (verstand den
Bären im Waapen), so sie ihm an sein Hauß gemaalet, wider
wôlte abtilcken, mit vil schmâchlichen Worten.[54]) Allein es
kam anders. Wohl unternahm der österreichisch gesinnte
Adel einen Einfall ins Schenkenberger Amt[55]), allein die
Berner hatten ihren Vogt Benedikt von Wingarten ange-
wiesen, «versehung, sorg und hůt zetůn»,[56]) und der Vogt
kam dem Auftrage nach. Den Baldegger aber erreichte
das Geschick: im Städtchen Thiengen wurde er zum Haupt-

mann gewählt, musste jedoch kapitulieren und kam in die
Kriegsgefangenschaft der Eidgenossen, die ihn, obschon er
nur «ans schwert ufgenommen» worden,[57]) dennoch seines
Lebens begnadeten, aber zu Baden in den Turm warfen
und in harter Haft hielten.[58]) Für ihn verwandten sich
Walther von Halwil und Adrian von Bubenberg um Mil-
derung der Gefangenschaft oder Auferlegung einer Schatzungs-
summe;[59]) die Verhandlungen darüber zogen sich indes in die
Länge, weil zu grosse Summen verlangt wurden oder die
Boten nicht gehörige Instruktionen besassen.[60]) Erst am
27. VI. 1499 wurde Hans von Baldegg freigelassen gegen
Bezahlung von 2000 Gulden, sowie Ersatz aller über ihn
ergangenen Kosten und Verzicht auf alle Ansprüche auf
Schenkenberg.[61]) Schon am folgenden · Tage gelobte er
mit seiner Gemahlin Amely geborener Freiin zu Falkenstein
und seinen Kindern, die Stadt Bern «Schenckenberg halb und
allem dem darzů ghörig si darumb nimmer mer zů ersůchen
mit sampt allen briefen und gewarsame, so ich bis uff den
hüttigen tag darumb ingehept hab». Sie entzogen sich aller
Ansprache und Forderung an die Herrschaft und versprachen,
allfällig weitere Briefe noch an Bern auszuliefern.[62]) Von
den 2000 Gulden Schatzgeld wurden 1000 Gulden sofort
bezahlt, die Erlegung der zweiten Hälfte übernahm durch
Beibrief zum Friedensvertrage vom 21. und 22. IX. 1499
Joh. Galeazzo Visconti namens seines Herrn Lodovico Maria
Sforza, Herzogs von Mailand;[63]) da dieser aber bald darauf
seine Herrschaft verlor, fiel die Verpflichtung wieder auf
Hans von Baldegg zurück. Er bezahlte die Summe auf den
25. XI. 1499, worauf die Eidgenossen sie verteilten; gleich-
zeitig aber nahm er seine Ansprüche auf Schenkenberg
wieder auf[64]) und forderte die Eidgenossen zum Rechte
vor den Bischof von Basel. Sie gaben ihm zur Antwort,
sie glaubten ihm wegen des Schatzgeldes weder im Recht
noch ausser Recht etwas schuldig zu sein; Schenkenberg
aber gehe sie nichts an, wolle er deswegen jemand zum
Rechte fordern, so möge er sich an Bern wenden.[65]) Mit
diesem Bescheide· nicht zufrieden, schloss der Junker ein
Bündnis mit Graf Heinrich von Tierstein, Herrn zu Pfeffingen,
Ritter Friedrich zu Rhein und Wendel von Homburg gegen

die Eidgenossen; in ihrem Namen verlangte Balthasar Gut am 26. VII. 1501 neuerdings Rückerstattung des Schatzgeldes, Rückstellung der Herrschaft Schenkenberg und Entschädigung,[66]) und Hans von Baldegg erneuerte seine Begehren am 22. XI. 1505 mit dem Erbieten, vor dem Bischof von Basel Recht zu nehmen,[67]) worauf ihm zur Antwort ward, dass man nicht vermeine, ihm etwas schuldig zu sein.[68]) Ebenso ging es am 10. V. 1507.[69]) Am 8. VI. 1507 wurde beschlossen, die Angelegenheit auf der Jahrrechnung in Baden zu erledigen,[70]) auf dem Tage zu Luzern am 7. VIII. 1507 endlich erboten sich die Eidgenossen, ihm des Schatzgeldes wegen Geleit zum Recht vor ihnen zu geben, bezüglich seiner Ansprache auf Schenkenberg möge Bern mit ihm handeln nach Gutfinden.[71]) Der Rechtstag ward auf 30. VIII. 1507 nach Zürich angesetzt.[72]) Der von Baldegg aber beharrte auf seinem Begehren, dass man ihm auch wegen Schenkenberg zu Recht stehe.[73]) Bern erklärte sich endlich auf Ansuchen der eidg. Boten einverstanden, vor gemeinen Eidgenossen deswegen Recht zu nehmen;[74]) man sandte dem Junker einen Geleitsbrief und setzte Tag an. Er antwortete aber mit den Räten zu Ensisheim, er sei übereilt worden und begehre Ansetzung eines andern Tages. Bern meinte, da er auf dem Tage nicht erschienen, solle man ihm keine Antwort mehr geben.[75]) Dabei hatte es auch offenbar seine Bewenden, denn bald rief der Tod den Baldegger, den letzten seines Geschlechts, aus dem Leben ab.

Burg und Herrschaft Schenkenberg verblieben also Bern. Statt des ehemaligen Herrn machten nun die Untertanen der Obrigkeit zu schaffen. Denn zum Jahre 1513 wird berichtet: In dem hatten ouch die ufrüerischen undertanen der herschaft Schenkenberg sich wider iren vogt von Bern, Hansen Kutler, als wider einen Franzosen erhäpt und nachdem si im alles, was er ussert dem schloß hat, genamend, müst er zů recht, das er als ein gůter Berner anrüft, verbürgen und zů siner hůt im schloß knecht verkosten und halten. Kam der sach zů merklichem schaden und sin érliche husfrow des schreckens in tötliche läme und langen siechtag.[76]) Im Jahre 1529 uf den 26. tag Julii am morgen zum 6. erschlug der donder im schlos Schenkenberg Uol.

Meggers des vogts husfrowen und junkfrowen eins streichs grůlich.[77])

Am 28. VI. 1544 beschloss der Rat zu Bern: an vogt zu Schenckenberg, er den hoffmeister [zu Königsfelden] zů im nåme, den heim am thurn abzebrächen, mit zynnen ze machen verdinge, wie im h. Haller anzðigt.[78]) Die Arbeit wurde ausgeführt, der Burgturm erscheint in der Folge auf den ältern Ansichten ohne Dach, aber mit einem Zinnenkranze. Mit dem Jahre 1555 beginnen die Landvogteirechnungen von Schenkenberg [79]) und geben Aufschluss über die vorgenommenen Bauten und den ältern Baubestand. Die Orientierung ist aber recht schwierig, da ein älterer Plan, wie er für andere bernische Burgen vorhanden ist, hier fehlt und aus dem gegenwärtig ersichtlichen Grundrisse die frühere innere Einteilung nicht mehr erschlossen werden kann.

Das Schloss diente vor allem als Amtssitz des Landvogts und zur Unterbringung des Getreides; die Bewirtschaftung des Schlossgutes und anderer Domänen erforderte zahlreiches Dienstpersonal und Ökonomiegebäude, die vielfach im Schlosse selbst sich befanden. Für die Untersuchungs- und Strafgefangenen waren eine Anzahl Gefängnisse nötig. So werden denn in den ersten Rechnungen genannt das Kornhus' und Pfisterstübli, der Saal, die grosse Stube, das Badstübli, die Zisterne und der Sod, der Rosstall und die Schweineställe, der untere Keller, das Fleischhaus (für Rauchfleisch) und Hühnerhaus, die Kefi und Lauben, das Waschhaus und Brotgaden, Heuhaus und Wachtelhaus; zum Schlosse gelangte man über die lange mit Schindeln gedeckte Treppe und die Fallbrücke durch das untere und obere Tor, eine Treppe führte in den Graben, die gezinnte Ringmauer umschloss einen terrassierten Garten mit Treppen, einen Hof und kleinere Hofräume (das nüw hofli, den Misthof). Beim Schloss d. h. bei den heutigen Burghöfen lag eine mit Stroh gedeckte Scheune. Besondere Arbeit und Kosten verursachte die Wasserversorgung. Ausser der 1555 neu angelegten Zisterne, wofür später eine Pumpe angeschafft wurde, war noch ein Sod vorhanden, dessen Wasser in Eimern heraufgewunden werden musste. Dazu leitete man einen Brunnen ins Schloss, der in hölzerne Röhren gefasst, aber stets reparaturbedürftig war wie die Zisterne auch. Im Jahre 1604/05 wurde ein Brunnen von der Scheune her durch den Burggraben ins Schloss geleitet. Trotzdem musste für Bauarbeiten das Wasser in Bütten herbeigetragen werden.

Die Bauarbeiten beschränkten sich wesentlich auf Erhaltungsbauten; das Schloss scheint verwahrlost und stellenweise baufällig gewesen zu sein. Sehr oft fielen Mauern ein und mussten neu aufgeführt werden. Auch der Berner Schild an den Mauern und die Sonnenuhren verlangten regelmässige Erneuerung. Das Haupttor hatte wie dasjenige in Lenzburg eine kleine Öffnung (das clein dürli 1569/70), durch die eine Person knapp schlüpfen konnte. Die Fallbrücke befand sich bei einem Rundturme, der 1569/70 neu eingedeckt wurde. Ein anderer Turm hiess «Geissturm», er erhielt 1570/71 drei neue Böden; der Name wird später nicht mehr gebraucht, wahrscheinlich ist der westliche Rundturm gemeint. An der Ringmauer zogen sich südlich und östlich Wehrgänge (louben) hin, die 1571/72 in Fachwerk neu erstellt wurden und ein Laubensäli enthielten. Im gleichen Jahre stürzte eine Mauer zusammen und riss die beiden Mauern des Gartens samt dem untern Tore mit sich; das Tor wurde mit Strebepfeilern «unterfahren», die Mauer von Grund auf neu aufgeführt und mit Steinplatten gedeckt. Im folgenden Jahre liess der Vogt den alten Bergfrid, der unten Gefangenschaften enthielt, bis auf den Felsen vom Unrate säubern, was lange Jahre nie geschehen war und jedenfalls auch jetzt nicht geschehen wäre, wenn nicht der «gar böse Geschmack» dazu gezwungen hätte. Ob den Gefangenschaften befand sich bloss eine hölzerne Decke. In der Rechnung von 1581/82 wird ein Pulverturm genannt, der Zimmermann legte dort einen neuen Boden; er wird mit dem «Geißdurn» zu identifizieren sein. Im Jahre 1589/90 fiel infolge eines Erdbebens eine Mauer ein, 1596/97 die Mauer unter der Fallbrücke, Schloss, Türme und Ringmauer wurden neu eingedeckt; 1605/06 waren die obere Wehr- und Schutzlaube, die untere Laube und die Santinelle vor dem Schloss faul und zusammengefallen, sie wurden wie die lange Laube ob dem Tor in Fachwerk wieder erstellt und mit Doppeldach d. h. ohne Schindeln eingedeckt. Im folgenden Jahre mussten auf Befehl des Seckelmeisters Augsburger diejenigen Gefangenschaften, die sich oben im Schlosse neben den andern Gemächern befanden, in den untern Turm am Garten verlegt und hier deswegen drei neue Böden gelegt, zwei starke eichene Kästen mit eichenen Türen angebracht und der Dachstuhl ausgebessert werden. Der grosse Schlossturm ward vorübergehend mit Schindeln gedeckt, die obere Wehrlaube mit Estrichsteinen besetzt und hier wie an der untern Laube gegen den Hof das Fachwerk rot angestrichen. Der zusammengefallene Torbogen bei der Fallbrücke, wie man vß dem schloß die lange stägen abgath, wurde wieder aufgerichtet und verschiedene Gemächer von Hans Ulrich Fisch [80]) mit Malereien verziert.

Zur Aufbewahrung des Reisgeldes der Landschaft und der Kleinodien in Feuersgefahr liess der Vogt im Jahre 1608/09 unten im Bergfrid ein dickes Gewölbe erstellen, woran die Landleute 25 Gulden bezahlten; auf das Gewölbe ward Erde geschüttet und hierauf der Boden mit Estrichsteinen belegt; dieses obere Gemach diente fürderhin als Zeughaus. Der gewölbte Raum verdrängte die Gefangenschaft; nach ihrer Beseitigung musste das «Stübli» erweitert und mit «Bodenthili» besetzt und das daneben befindliche «Läubli», das zur Hälfte in den Zwingelhof gefallen war, unterstützt, der Dachstuhl verbessert und nach aussen verlängert werden. Meister Friedrich Lang malte das Gemach mit Blumenwerk aus, und Meister Jakob Fischman der Tischmacher fasste das Türgestell mit «kalunen und kragsteinen» säuberlich ein.[81]) Die Fenster wurden mit Waldglas verglast, in der grossen Stube das Berner Wappen eingesetzt und rings um den Ofen verschliessbare Banktröglein angebracht. Am grossen Turm war «gegen allem ghüs» auch die Mauer oben gespalten; die beiden Berner Werkmeister Daniel Heintz und Hans Düring ordneten deren Abbruch auf 12 Fuss Tiefe und die Neuerstellung mit Zinnen an. Der Rat zu Bern befahl weiter die Erstellung eines Treppentürmchens (Schneggen) mit 74 Tritten und zuoberst einem Stübchen am Bergfrid ob dem Graben; infolgedessen mussten in den Turm Türöffnungen eingebrochen werden. Auch das Burgtor ward seitlich verlegt und eine neue aufziehbare Fallbrücke

erstellt. Die Ringmauer nach dem untern Turme wurde
1622/23 erhöht, zehn Jahre später die Zisterne in den Felsen
gegraben, überdacht und von sämtlichen Dächern die Kännel
eingeleitet. Worin der 1624/25 mit ziemlichem Aufwande
ausgeführte « nüwe buw » bestand, ist nicht zu ermitteln.
Im Jahre 1636/37 ward im Turme ein Fenster ausgebrochen
und die Öffnung überwölbt,[82]) der Rat zu Bern liess 1639/40
eine « vorporthen sampt notwendiger muhr bis ans schloß »
aufbauen, für das neue Portal malte Hans Jakob Dünz das
Berner Wappen auf Stein. In den folgenden Jahren enthalten
die Rechnungen wohl ˙zahlreiche Ausgabeposten an Hand-
werksleute, es ist aber nicht ersichtlich, ob sie sich auf das
Schloss oder die Höfe oder die Häuser in Brugg oder
endlich auf Pfrundhäuser beziehen. Dagegen ist erwähnt,
dass während des Bauernkrieges zehn Soldaten von Basel
zwei Monate lang im Schlosse lagen und während des Vil-
merger Krieges 28 Mann ebenso lange dort verpflegt werden
mussten.

Aus der zweiten Hälfte des XVII. Jahrhunderts hat
sich eine wahrscheinlich von Albrecht Kauw selbst oder nach
einer Vorlage von ihm gezeichnete Ansicht des Schlosses
erhalten,[83]) die es von allen vier Seiten darstellen will. Allein
ausser der Ansicht « gegen Aufgang » kann keines dieser
Bilder auf Richtigkeit Anspruch erheben, wie eine Ver-
gleichung mit dem Grundrisse (Tafel II) auf den ersten
Blick ergibt. Die sogenannte Ostansicht dagegen scheint
auch in Einzelheiten zuverlässig zu sein. Die Ansicht
« gegen Mitag » ist indes nicht so fehlerhaft, als man
bei flüchtigem Zusehen annehmen möchte; sie kann mit
einer starken Korrektur als annähernd richtig anerkannt
werden; der Mauerzug zwischen den beiden Rundtürmen
sollte nämlich nicht parallel mit Turm und Palas und in
gleicher Flucht mit der durch Strebepfeiler gestützten Mauer
gezeichnet sein, sondern mit der letztern einen rechten
Winkel bilden und senkrecht zu Turm und Palas verlaufen,
daher in starker Verkürzung dargestellt sein. Die Ansicht
stellt also tatsächlich zwei Seiten des Schlosses dar, umge-
kehrt scheint die Westseite in die beiden Bilder « gegen
Nidergang » und « gegen Mitnacht » zerlegt zu sein. Denn

nach dem heute noch feststellbaren Grundrisse, der damals in gleicher Weise vorhanden war, kann das Schloss nirgends so sich dargeboten haben; vereinigt man aber beide Ansichten derart, dass der Rundturm gemeinsam ist, so ergibt sich eine im ganzen richtige Westansicht.

So blieb das Schloss im wesentlichen bis zu seinem Zerfalle, denn die seitherigen Bauten änderten wenig an seinem Bestande. Landvogt Samuel Thorman liess 1673/74 eine neue Audienzstube erstellen und 1675 die Fallbrücke erneuern. Unter seinem Nachfolger Beat Ludwig Mey brach anfangs Weinmonat 1676 in der Nacht, als die Gesandten der IX Orte zur Besichtigung der Grenzen anlässlich der Annäherung der kaiserlichen Truppen im Schlosse übernachteten, auf dem Estrich Feuer aus und äscherte den Dachstuhl teilweise ein. Im Jahre 1694/95 sind noch einmal erhebliche Auslagen für Ausbesserungen verzeichnet, 1696/97 ward der Gatter und das innerste Tor neu erstellt und 1706/07 ein « Schlossmantel » gemacht. Von da an aber unterblieben grössere bauliche Vorkehren und das Schloss geriet so in Verfall, dass seit 1718 in Bern die Frage besprochen werden musste, ob man es von Grund aus wiederherstellen oder dem Schicksal überlassen und für den Landvogt das Schloss Wildenstein erwerben wolle. Ob dieser Frage erhitzten sich die Gemüter in Bern stark, denn die regierenden Familien hatten gegenteilige Interessen. Ein damals erschienener gedruckter Bericht des Landvogts [84]) orientiert im Eingange gut über die Sachlage wie über den Zustand des Schlosses, indem er wesentlich folgendes ausführt:

Nachdeme die im Ambt Schenckenberg gelegene Herrschafft Wildenstein schon vor etlichen Jahren Mghrn. und Oberen zukauffen mehrmalen angetragen worden, ist endlich von dem höchsten Gewalt auß Mhghr. Teutsch Seckelm. und Vennern den 14. Januarii 1718 anbefohlen worden, zu überlegen, ob nicht besser gethan wäre, gesagte Herrschafft zu erhandlen als aber das kostbahre Schloß auf Schenckenberg wieder in währschafften Stand zu setzen, darüber ein Gutachten abzufassen und Mghrn. und Obern vorzutragen.

Wann aber diesem vom höchsten Gewalt auß mit bey nachem einhäliger Stimm ertheilten Befelch nicht genug

gethan, kein Gutachten abgefasset, viel weniger Mghrn. und
Obern vorgetragen worden und inzwüschen Mwghr. Alt-
Landvogt Sinner von Lausanne die Herrschafft Wildenstein
in Nahmen und zu Handen Hr. Sprünglin von Zoffingen
zukauffen bey dem Besitzer sich angemeldet, derselbe aber
sich erinneret, daß Mghrn. und Obern bereits deßwegen mit
ihme einicher massen im Märit stehen und selbige zu erhandlen
gedencken, hat er auch seiner Pflicht zu seyn befunden,
solches, daß nemblich ein Ausserer diese Herrschafft an sich
zu kauffen sich angebe, Mghrn. den Rähten zu eröffnen, umb
zugleich zu vernehmen, ob Mghrn. annoch in gleichen Ge-
dancken stehen.

Worauf hin Hochgedacht Mghrn. die Räht den 27. Aprilis
1720 Mhghrn. T. S. und Vennern der obvermelten schon den
14. Jenner 1718 von dem höchsten Gewalt auß ergangen
Erkantnuß erinnern lassen mit dem Ansinnen, ihr Gutachten
über sothanen Befelch Ihr Gnaden vorzutragen, über deß
Hr. von Wildenstein Anbringen aber den 29. dito erkennt,
daß Sie es bey den Mhghrn. T. S. und Vennern vom höchsten
Gewalt auß ertheilten Befelch bewenden lassen, das ist:
dass Sie vor erst das anbefohlene Gutachten, ob Schencken-
berg zu reparieren oder Wildenstein zu erhandlen, erwarten
wollend.

Weilen aber so wohl der Käuffer als der Verkäuffer
besorget, es möchte diß erwartende Gutachten auch noch
eben so lang außbleiben und inzwischen die Gelegenheit
versaumbt werden, hat Wohl-gemelter Hr. Landvogt Sinner
in Nahmen Hr. Springlings den Kauff beschlossen; da nun
zu gleicher Zeit etliche grosse Stuck auß der Haupt-Mauren
deß Schlosses Schenckenberg und zwar am gefährlichsten
Ohrt gefallen, also daß der völlige Einfall zu seyn deß
Ambts-Mann und der Seinigen größten Lebens-Gefahr alle
Augenblick angedräuet wird, hat er nicht ermanglet, Mghrn.
und Obern dieser Begebenheit ohnversaumt zu berichten,
welches dann so viel gewürckt, daß Mghrn. beyde Schlösser
Schenckenberg und Wildenstein in Augenschein zu nemmen,
Mwghrn. Werck-Meister Düntzen anbefohlen, auf dessen
Bericht und Raport hin Mhghrn. die Vennere alsobald nach
der Abreiß Mhghrn. Badischen Ehren-Gesandten mit Zu-

ziehung aller lebenden alten Hrn. Aambt-Leuth (!) von
Schenckenberg ein wohl motiviert Gutachten abgefasset
und auß darinn enthaltenen Gründen einhälig gefunden, daß
dem Hohen Stand weit nutzlicher und vorträglicher seyn
werde, die Herrschaft Wildenstein an sich zu ziehen als
aber das ruinierte Schloß Schenckenberg wieder aufzubauen
oder für eine kurtze Zeit zu plätzen.

Daß nun endlichen diß Gutachten abgefasset, haben
Mghrn. die Räht den Ambtsmann den 22. Julii letsthin be-
richtet, ihme zugleich bewilliget, wegen obbemelter Gefahr
seine Wohnstatt zu verlassen und selbige nach Brugg zu
versetzen, anbey anbefohlen, sich dieser Sachen wegen nach
den Ferien bey Mhghrn. T. S. und Vennern anzugeben.

Inzwischen aber und so bald der Innhalt deß Gutachtens
bekannt worden, hat man das Geschäft dahin verleitet, daß,
ohngeacht dasselbe auf deß Hoch-Oberkeitlich bestelten Hr.
Werck-Meisters Raport hin von Mhghrn. den Venneren und
alten Hrn. Ambt-Leuthen von Schenckenberg (dennen die
eigentliche Beschaffenheit beyder Ohrten am aller besten be-
kant) wohlbedacht und einhälig abgefaßt worden, Mnhghrn.
den Badischen Ehren-Gesandten beyde Schlösser mit und
neben Mhghr. Rahtsherr Tormann bey Ihrer Ruck-Reiß auch
in Augenschein zu nehmen und nach ihrem Befinden auch ein
Gutachten abzufassen aufgetragen worden, denen dann der
Ambtsmann den Etat und Zustand deß Schlosses schrifftlich
mit allen Umbständen eingehändet und die Wahrheit seines
Vorgebens von Puncten zu Puncten, von Ohrt zu Ohrt vor
Augen gestellt, also daß er nicht zweifflen können noch
sollen, daß Mhghrn. die Deputierte nicht werden überzeuget
seyn, daß das Schloß Schenckenberg anders nicht als selbiges
von Grund aufzubauen in rechten währschafften Stand könne
gesetzt werden, und hiemit nach Mhghrn. der Venneren und
Schenckenbergischen Hrn. Ambt-Leuthen wohl motivierten
Gutachten dem hohen Stand viel nutzlicher seye, Wildenstein
an sich zu bringen.

Als aber der Ambtsmann in Volgleistung obbemelten
hohen Befelchs dieser Sach wegen nach Bern sich begeben,
hat er zu seiner Bestürtzung vernemmen müssen, nicht nur
daß der eint oder ander Mhgh. zum Augenschein deputirten

Herren in widerige Gedancken gerathen, sondern auch Mgh.
Räth und Burger so irrig und zu offenbahren Nachtheil deß
Hohen Stands vorberichtet und eingenommen seyen, so hat
er als ein getreuer Burger und zu Erfüllung seines zu GOtt
geschwohrnen Eyds, Mghrn. Nutzen zu fürderen und Schaden
zuwenden, sich verpflichtet gesehen, einen aufrichtigen Bericht
der eigentlichen Beschaffenheit der Sachen zu ertheilen und
selbigen, weilen ihme wegen Kürtze der Zeit unmüglich
fallen will, allen Mghrn. und Obern Räth und Burgeren nach-
zutretten, in Truck verfertigen zu lassen: alles aber in dem
all-einigen Absehen und keinem anderen Interesse, wofür er
dann hiermit am allerfeyerlichsten protestirt, als, wie ge-
meldt, deß Hohen Stands Nutzen zu fürderen und seiner
Ambts-Angehörigen, deren Wohlfahrt ihme billich angelegen
seyn soll, völligen Undergang nach best seinem Vermögen
abzulehnen: Umb so da mehr, als er versicheret ist, daß
seine Gnädige Hohe Oberkeit ihne weder in dem einten
noch in dem anderen Fall schadhafft bleiben lassen werden.

Deme nach und zu Erörterung Anfangs bemeldter
Frag zu kommen, sagt und behauptet der Ambtsmann gleich
als alle seine Herren Vorfahren, daß mehrbemeltes Schloß
Schenckenberg von oben an biß unden auß, von aussen und
innen, von hinden und fornen, eine einzige Maur außge-
nommen, nichts nutz und nichts währschafftes daran repariert
werden könne, ohne selbiges von Grund aufzubauen.

Solches leget an Tag die obbemeldte den 8. Aug. 1720
Mhgh. Deputirten zugestelte Verzeichnuß der Mänglen deß
Schlosses. Dann erstlich die vordere Mauren in sölchem
elenden baulosen und entsetzten Zustand, daß es als ein
Wunder anzusehen, wie sie noch zur Stund stehen. kan,
deren Einfall aber augenblicklich zu beförchten.

Die andere Haupt-Maur ist nicht besser, sondern bau-
loß, gespalten und banget.

Die dritte ist ebenmässig faul, entsetzt, gespalten und
wirfft sich übersich.

Der Schnecken ist entsetzt, gespalten und fast aller
Orthen zerbrochen.

Die Böden vom obersten biß zum untersten sind gantz
loß, gantz faul und thun sich also sencken, daß ohngeacht

die Decke der Wohn-Stuben unterstützt, sie dannoch den Zapffen der Stützen krümmen mögen.

Alle Fenster sind verderbt, auch alle Thüren aussert fünffen. Item fast alle Oefen.

Die Garten-Maur, die auch das Schloß soutenirt, will gleichfalls fählen.

Auch die Ring-Mauer und sogenannte Litzin ist nichts nutz und muß ohne dem von neuem auff angelegt, wie auch ein andere Kefi oder Gefangenschaft gebauet werden.

Textabbildung 6:
Schenkenberg 1840 nach der Lithographie von Wagner.

Der Wein-Keller ist auch bey weitem nicht in gebührendem Stand, zumahlen auch dessen Boden höher als die Audientz-Stuben.

Wer wird nun nach solcher der Sachen Bewandnuß, dazu der Ambtsmann stehet, nit überzüget seyn, daß, um das Schloß wieder in behörigem stand zu setzen, man selbiges von Grund auff werde auffbauen müssen.

Der Bericht, der im weitern die grossen Baukosten und die schlimme Zufuhr der Materialien hervorhebt und dann die günstigen Verhältnisse von Wildenstein darlegt, tat seine

Wirkung: am 18. und 19. XII. 1720 beschlossen die CC zu Bern, Wildenstein anzukaufen und dem Landvogt zu überweisen. [85]) Schenkenberg blieb also dem Verfalle preisgegeben, doch war noch im Jahre 1763, als E. Büchel Kasteln mit Schenkenberg im Hintergrunde zeichnete, [86]) das Schloss von einem Landmann bewohnt, der die dortige Hochwache zu bedienen hatte. Dann aber nahmen die Nachbarn, was irgendwie zu gebrauchen war, an sich und benutzten die

Textabbildung 7:
Schenkenberg 1898. Bergfrid und Palas von Nordost.

Ruine schliesslich noch als Steinbruch. Eine eiserne Ofenplatte mit S. Michael und dem Raube der Amymone aus dem Anfange des XVI. Jahrhunderts, die in der Ruine ausgegraben wurde, kam ins Landesmuseum nach Zürich. [87])

Gegenwärtig stehen noch gewaltige Mauerzacken, die aber jederzeit den Einsturz drohen. Bei Turm und Palas bedeckt Mauerschutt den Boden, sonst ist die ganze Burg arg mit Gesträuch überwachsen. Was ohne Wegräumung des Schuttes und Beseitigung des Gesträuchs an Mauerzügen

hat ermittelt werden können, ist auf dem Grundrisse einge-
zeichnet; die Lücken, die er aufweist, sind ohne Schürfungen,
an die erst nach Freilegung des Platzes zu denken wäre,
nicht auszufüllen.

Die Burg steht auf dem Kamme des oben sehr steil
abfallenden Berges und senkt sich am Südhange hinab. Ein
künstlich angelegter Einschnitt im Grate bildet den Graben;.

Textabbildung 8:
Schenkenberg 1898. Südöstlicher Rundturm
und Ringmauer.

das Aushubmaterial
lieferte die Steine für
den Schlossbau. Ob
dem Graben erhebt
sich der Bergfrid, an
den sich noch Über-
reste des von den
Bernern angebauten
Schneggens lehnen.
Im Innern des Turmes
(Masse: aussen 10/8 m,
innen 5,3/3 m) sind
grosse quadratische
Löcher sichtbar, wo
die Balkenköpfe einer
ursprünglichen Decke
auflagen. Im anstos-
senden , erheblich
grösseren und mit
dem Turme nicht bün-
digen Palas (14,5/15m)
sind durch die Ver-
jüngung der Mauer
drei Geschosse zu erkennen, am südwestlichen Mauer-
zahne auch Fensternischen und im obersten Geschoss ein
steinerner Balkenkopf. Vor 15 Jahren waren oben noch
die Zinnen erhalten. An den Turm war offenbar das
„Stübli" mit dem „Läubli" angebaut, dessen Südwand mit
dem Palas eine Flucht bildete. Westlich vom Palas muss
sich ein weiteres Gebäude befunden haben, das nach der
alten Ansicht im Gegensatze zum gezinnten Turme und Palas
mit einem Pultdache abgedeckt war. Daran schloss sich

ein weiterer Bau mit vorspringendem Obergeschoss, dessen
Grundriss heute nicht mehr deutlich zu erkennen ist, so
wenig als der anschliessende Mauerzug, der zu einem Rund:
turme und dann zur Toranlage führte. Vom Tore gelangte
man in einen Zwinger; die nach der alten Ansicht dort
südlich und westlich erstellten Gebäude sind verschwunden,
dagegen hat sich die westliche Ringmauer mit einem Rund-
turme (Geissturm, Pulverturm) und nach dem Innern führenden
Mauerzügen in erheblicher
Höhe erhalten; wo sie in
rechtem Winkel umbiegt,
befand sich einst ein Ge-
bäude, vielleicht das Korn-
haus, während in den Häu-
sern bei der Toranlage die
Stallungen und Ökonomie-
gebäude zu erblicken sind.
Innerhalb der südlichen
durch Strebepfeiler gestütz-
ten Ringmauer befand sich
der Garten, der an dem
steilen Hange nur in Ter-
rassen angelegt werden
konnte, wobei Treppen die
Verbindung vermittelten.
Noch sind einzelne Stütz-
mauern zu erkennen. Im
südöstlichen Rundturme, in
den die Berner die Ge-

Textabbildung 9:

Schenkenberg 1898. Ostmauer des Bergfrids.

fangenschaften verlegten, sind durch die je etwa 25 cm
betragende Verjüngung der Mauer fünf Geschosse zu er--
kennen, wovon die beiden mittleren je 3 m hoch sind;.
beim Eingang im zweiten Geschoss beträgt die Mauerdicke
1,6 m, mehrfach finden sich Schlüsselscharten, im dritten
Geschoss noch Reste von Gerüststangen. Auch das unterste
Geschoss hat eine Scharte, von der aus die südliche Ring-
mauer bestrichen werden konnte. An den Rundturm schloss-
sich in seiner ganzen Höhe die östliche Ringmauer, oben,.
wo der Wehrgang sich befand, mit Schlüsselscharten; wie:

der Anschluss an den Bergfrid sich gestaltete, ist nicht mehr erkennbar. Jedenfalls befand sich hier auch eine Toranlage, da eine Treppe in den Graben zum Hühnerhause bezeugt ist.

Dem Bergfrid gegenüber auf der andern Seite des Grabens lag eine merkwürdige Befestigung: ob dem Graben zunächst ein viereckiges Türmchen (4/4 m), daran anschliessend eine Gratsicherung von 110 m Länge, bestehend aus zwei parallelen am östlichen Ende durch eine Quermauer mit davor liegendem Graben verbundenen Mauerzügen. Da der Berg beiderseits steil abfällt, sollte dadurch offenbar verhindert werden, dass ein Feind auf dem Grate sich festsetze. Aus welcher Zeit sie stammt, ist nicht zu ermitteln, überhaupt ist das gesamte Mauerwerk der Ruine, weil aus dem an Ort und Stelle gebrochenen Material ausgeführt, durchaus gleichartig und daher schwer bestimmten Perioden zuzuweisen.

Anmerkungen.

[1]) In comitatu Arnoldi comitis et in pago Frichgove Taleheim,. Fricho, Ramingen. Urk. 1. III. 1064 (Besitzbestätigungsurkunde Heinrichs IV. für das Kloster Othmarsheim, eine Stiftung der Habsburger), Mitteilungen d. Inst. f. östr. Geschichtforschung V, 405; *Al. Schulte*, Geschichte der Habsburger in den ersten drei Jahrhunderten 4, 21. — Der habsburgische Besitz umfasste indes nicht das ganze Tal bis an die Aare, jedenfalls aber das Dorf Schinznach; denn wie ein Gut in Talheim an die habsburgische Hausstiftung Muri vergabt ward (Urk. 18. III. 1179, Quellen z. schweiz. Gesch. III[3], 117, vgl. Urk. 26. IV. 1247 im U.-B. Zürich II, 162), so besass dieses Gotteshaus bereits am 13. III. 1189 predium Schincennacho (U.-B. Zürich I, 229, dazu Acta Mur. 88 f.) und zwar unzweifelhaft zufolge Schenkung der Stifterfamilie. Im XIV. Jahrhundert erwarb die Familie von Mülinen (über deren Anfänge vgl. Habsb. Urbar, herausg. von *Maag* II, 123. 179. 185. 602. 643 f.) Besitz in Schinznach und veräusserte ihn wieder: am 2. I. 1305 verkaufte Her Jacob der Vogt von Frauenfeld, Hofmeister des Königs Albrecht, der Frau Berhtûn von Mulinon und hern Bertolte, ir sune, rittere, ein Eigengut zu Schinzenach in dem Dorfe, und am 6. XI. 1332 verkaufte Ritter Berchtold von Mülinen unter Zustimmung seiner Söhne Albrecht und Johans vier Güter im Banne zu Schintznach an das Kloster Königsfelden (Familienarchiv von Mülinen, gef. Mitteilung von Hrn. Prof. Dr. W. F. von Mülinen; fehlerhafte Drucke der Urkunden im Sol. Wochbl. 1831, 550 ff.).

In Veltheim werden noch im Kiburger Urbar Güter dieser Herrschaft aufgezählt (Veltheim scoposse 6 mod. 15, avene maltra 3 et quart. 1. De navigio β 3, scapulas 12. Item Veltheim de decima tritici mod. 10, Habsb. Urbar, herausg. von *Maag* II, 5), und auf Kasteln und dem gegenüberliegenden Ruchenstein sassen kiburgische Dienstmannen und nahmen die Grafen von Kiburg selbst Aufenthalt (Urk. Graf Hartmans des ältern, datum Chasteli. 1257 [Font. rer. Bern II, 450], Urk. Graf Hartmans des jüngern, datum Kasteln 1. II. 1259, unter den Zeugen Egelolfus de Aspero Monte [Ruchenstein, U.-B. Zürich III, 134 n° 1049], Urk. desselben Grafen apud Casteln 7. XI. 1262 [das. IV, 283 n° 1194]). Über Wildenstein und Auenstein vgl. *Merz*, Ritter von Rinach 66[3], 74[51], 112[29], 121[62], 151 und *J. J. Huber*, Schloss Wildenstein, Brugg 1894, S. 10 ff; Habsb. Urb. II, 551.

[2]) Habsburgische Schenken sassen auf der Habsburg selbst und auf Wildegg (s. *Merz*, Die Habsburg 19 ff. und Stammtafeln IV und V), sowie

auf Brunegg (diese Zeitschrift II, 278), dagegen waren die Schenken von
Kasteln ursprünglich kiburgische Ministeralen. Das Nekrologium von Wettingen
erwähnt zum 5. IV. Johannes miles de Kastlen und zum 20. XII. Berchta de
Casteln (MGH. Necr. I, 592. 598). Her Berchtold der Schenk von Kasteln
wird als Schiedsmann im Nachteilungsbriefe zwischen den Grafen von Habs-
burg 1238 17. II./1239 23. III. (Kopp, Geschichtsbl. I mit Faksimile), ein
Ritter gleichen Namens, wohl sein Sohn, als Zeuge 1296 (*Merz*, Die Habs-
burg 21[64]) und mit seinen Kindern Berchtold, Johans und Lene in der Urk.
29. XI. 1301 genannt, da er «min burgstal ze Wildenstein vnd die ouwa,
wise, acher, holtz vnd veid, wünne vnd weide, vnd alles daz zů dem burstal(!)
höret, vnd ouch min lüte . . . . ze Obrenflacht» samt Twing und Bann ver-
kauft (Original, schon im XVIII. Jahrhundert stellenweise radiert und unrichtig
ergänzt, seit 1806 im Familienarchiv von Mülinen, mangelhaft gedruckt Sol.
Wochbl. 1831, 548 ff; das Siegel siehe in Textabb. 3). Am 24. XII. 1300 ver-
setzt Ritter Berchtold der Schenke von Casteln zu Casteln vf der burg mit
Hand und Willen seines Sohnes Berchtold dem Ritter Rudolf von Ruchen-
stein für eine Schuld von 70 *lī.* a. Pfg. seine Eigengüter und was ihn und
seine Kinder anhört von seiner Burg (St.-A. Aargau: Kasteln [Reg.]). Ein
Teil der Burg gehörte nämlich den Rittern von Ruchenstein, er kam durch
Clarita von Ruchenstein an deren Gemahl Rudolf Biber von Zürich. Denn
durch Urk. Aarau 21. VI. 1302 übergab Frau Anna, Gemahlin Hern Rudolfs
von Ruchenstein, mit Hand ihres Oheims und von ihrem Ehewirte gesetzten
Vogtes, Hern Hartmans von Baldegg, ihrer Tochter Clarita ihren Teil an
der Burg Kastein mit Zugehörden, ferner die Güter, dů uns von hern
Berchtolt dem Schenken von Kasteln stand in pfandeswise, dann die Güter
zu Togern, Pfand der Herrschaft Österreich, und die jährliche Gülte von
20 Stück im Banne Rinach, welche von Graf Rudolf von Habsburg für
20 M. S. versetzt war. Unter den Zeugen wird Ulrich von Ruchenstein genannt
(*Kopp*, Eidg. Bünde III[2], 302). Am 10. IX. 1309 verkaufte sodann Ritter
Berchtold der Schenke von Kasteln der Frau Clarita, Tochter des ver-
storbenen Ritters Rudolf von Ruchenstein, und ihrem Gatten Rudolf Biber
um 6 M. S. die Eigenschaft der Güter bei der Burg Chasteln, dů mich an-
horte, dů gůter phant waren hern Růdolfs sel. von Ruchenstein, Ritters.
Auch die Söhne Berchtolds des Schenken, Berchtold und Johans, gaben mit
ihrem Vater die Güter auf (St.-A. Aargau: Kasteln; *Kopp* a. O. IV[1], 100) und
entzogen sich derselben noch vor Abt Niklaus von Trub (Urk. Wolhusen
24. IV. 1310; St.-A. Aargau: Kast. Kopialbuch). Seinen Anteil an der Burg
samt einem Eigengute verkaufte Ritter Berchtold der Schenk an Ritter Johans
Vorkilchen, und dieser gab das Eigengut zu Kastel samt der Burg am
20. II. 1311 mit seiner Ehefrau Agnes und seinen Kindern Verena, Johans
Wernher und Elienta kaufsweise dem Ritter Berchtold von Mülinen (Familien-
archiv von Mülinen, Sol. Wochbl. 1831, 556 ff.). Am 18. IV. 1324 entzog
sich zu Schinznach bei der Kirche Ritter Wernher von Kienberg aller An-
sprache gegenüber Ritter Berchtold von Mülinen an die Güter, die dieser
von † Berchtold dem Schenken von Kasteln gekauft hatte, gegen Bezahlung
von 70 *lī*, und am 9. III. 1345 verlieh Graf Johans von Habsburg «die
hindern burg ze Casteln» und alle andern Güter, die Ritter Berchtold sel.

von Mülinen von ihm und seinem Bruder zu Lehen gehabt, dessen Söhnen
Albrecht von Mülinen, Kirchherrn zu Nûwenburg, und Egbrecht von Mülinen
(daselbst, Sol. Wochbk 1831, 626 ff.).

Über die Schenken von Schenkenberg siehe unten Note 10.

[3]) *P. L. Baumann*, Forschungen z. schwäb. Geschichte 382.

[4]) Urk. Bremgarten, 2. I. (in crastino circumcisionis domini) 1243:
St.-A. Aargau: Wettingen 19; Archiv des hochlobl. Gotteshauses Wettingen
(1694), fol. 1123; U.-B. Zürich II, 80 n° 575.

[5]) Vgl. *Christoph Jacob Kremer*, Abhandlung von den graven von
Loewenstein, ältern und mittlern geschlechts, aus urkunden, in den Acta
academiæ Theodoro-Palatinæ I, 322—373 (1766); *Chr. Fr. von Stälin*, Wirtem-
bergische Geschichte III, 682—684, wo das Material über diesen Spurius und
seine Nachkommen gesammelt ist. Er wird auch erwähnt in der sogenannten
Klingenberger Chronik, herausg. von *Henne*, S. 32. — Nach der Familien-
geschichte und Genealogie der Grafen von Mülinen, Berlin 1844, soll Ita,
doch offenbar irgend eine Eigenholdin, der Familie von Mülinen angehört
haben. Siehe die rührende Geschichte a. O. S. 7, Note **.

[6]) *Sattler*, Hist. Beschreibung des Herzogtums Württemberg II, 103.

[7]) Das erste war eine am Ende des XIII. Jahrhunderts erloschene
Nebenlinie der Grafen von Calw; das dritte Geschlecht, die heutigen Fürsten
von Löwenstein-Wertheim, stammt von einem kurpfälzischen Spurius ab,
Ludwig, dem Sohne Friedrichs I. von der Pfalz und Klara Dettin aus Augsburg.

[8]) Stammtafeln bei *Kremer* und *Stälin* a. O.

[9]) In der Urk. der Lucardis, Witwe Hern Philipps von Bolanden,
seiner Schwiegermutter, vom 2. XI. 1282; *Kopp*, Gesch. d. eidg. Bünde III², 12.

[10]) Urk. 30. III. 1312 (Rudgerus pincerna de Schenchenberch), Ge-
schichtsfreund I, 48; in Urk. 15. III. 1329 erscheinen der edel man Rûdger
der Schencke von Schenkenberg und Anna, sin elich wirtin, mit Chûnraden
des Schultheissen ire brüder [von Aarau], Argovia V, 45, XI, 36, vgl. *Kopp*,
Gesch. d. eidg. Bünde IV¹, 278 f., V¹, 345, wo Rüdeger jedoch mit Unrecht
als Ritter bezeichnet wird. Ferner Urkk. 8. VI. 1330 und 14. VI. 1331
(*Kopp* a. O. V², 198). Am 3. II. 1319 erscheint ein Rüdeger der Vogt, der
wohl mit dem Schenken identisch ist (*Kopp* a. O. V², 198 f., 202). Als Schult-
heiss zu Brugg wird er genannt: 1337 20. und 29. VI. (Staatsarchiv Aargau:
Königsfelden 160, 161 und 164), 1338 19. V., 28. VII. und 15. X. (Argovia
IV, 378; Staatsarchiv Aargau: Biberstein 7; *Kopp* a. O. V², 202, Note 2),
1341 27. VI. (Argovia XI, 58), 1342 20. III. (St.-A. Aargau: Muri 67), 1343
5. II., 11. VII. und 4. XII. (Argovia V, 87; *Huber*, Urkk. Zurzach 143, Arch.
Königsfelden 198 und St.-A. Luzern: Heidegg), 1344 26. III. (St.-A. Aargau:
Schenkenberg Y 40, hier heisst er ausdrücklich Edelknecht und siegelt [vgl.
Textabb. 4]), 1346 13. u. 25. II. (Argovia II, 196 und Arch. Königsfelden 211).

[11]) St.-A. Aargau: Schenkenberg Y 34; ich habe hier und überall, wo
(Reg.) nach der Archivsignatur angemerkt ist, die ausführlichen und vorzüg-
lichen Regesten von Herrn Staatsarchivar Dr. *Hans Herzog* benutzt, wofür
hiermit der verbindlichste Dank abgestattet wird.

[12]) Daselbst Y 5¹ (Reg.).

[13]) St.-A. Aargau: Leuggern 161 (Reg.).

[14]) Daselbst: Schenkenberg Y 5² (Reg.).

[15]) Die Pfandsumme ergibt sich aus der Urk. Schaffhausen 21. II. 1405, unten Note 18.

[16]) *Thommen*, Urkk. z. schweiz. Gesch. aus östr. Arch. II, 220 n° 232; *Th. von Liebenau* in der Sammlung Bern. Biographien II, 477.

[17]) So fertigt Kunrad Brümsy, Vogt auf dem Bözberg, namens des Hern Wilhelm zum Turne und siegelt am 20. IV. 1396, ebenso am 3. IV. 1397 (Argovia IV, 382), und am zinstag nach der heligen kindlin tag 1399 (= 30. XII. 1398) verkauft vor Kunrad Brümsi, Vogt zu Schenkenberg, der im Namen des Ritters Wilhelm im Turne zu Brugg vor dem niedern Tore zu Gericht sitzt, Ritter Henman von Rinach dem Johanniterhause Klingnau das Dorf Umiken mit Vogtei, Gerichten, Twing und Bann, der Mühle und dem Widem um 500 Gl. (St. A.-Aargau: Leuggern 182).

[18]) *Thommen* a. O. II, 415 n° 575.

[19]) *Thommen* a. O II, 395 n° 530; *Rochholz*, Die Aarg. Gessler 92. Im Namen Hern Herman Gesslers urkundet wiederholt Burkhart Buri, Vogt zu Schenkenberg, so am 4. XI. 1406 und 8. XII. 1407 (Argovia IV, 383).

[20]) Siehe die Stammtafel zu Brunegg in dieser Zeitschrift, Bd. II. Nach *Leu*, Lexikon XVI, 289 bestätigt ihr, bereits Witwe, sowie ihrem Sohne Wilheim Herzog Friedrich das Lehen im Jahre 1414.

[21]) Urk. tzu Costentz 29. III. 1417, St.-A. Aargau: Schenkenberg Y 1; *Rochholz* a. O. 123 ff. Am 14. I. 1418 urkundet für Frau Margarita zu Brugg vor dem niedern Tore ihr Vogt auf dem Bözberge Üly Vischer, *Rochholz* a. O. 126.

[22]) Urk. 19. II. 1423, St.-A. Aargau: Schenkenberg Y 7, *Rochholz* a. O. 138 ff.

[23]) Zwei Urkk. Costentz 19. I. 1431, Argovia XXIX, 156 n° 410 und 411; *Rochholz* a. O. 153; *Altmann*, Die Urkk. Kaiser Sigmunds (Reg. imp. XI) II, 148 n° 8230 und 8231.

[24]) *Merz*, Die Freien von Arburg, in Argovia XXIX.

[25]) 200 Gl. vom Steinenkloster, 200 Gl. von Peter Gatzen, Münzmeister der guldinen Münz zu Basel, 600 Gl. von Dorothea, Gattin des Friedrich Rotten, 500 Gl. von Thomas Hafengiesser, 200 Gl. von Hans Sigg.

[26]) Urk. 21. VI. 1436, Argovia XXIX, 174 n° 450.

[27]) Urk. 15. VI. 1438, das. 178 n° 460.

[28]) Urk. 29. XI. 1436, das. 175 n° 453.

[29]) Das. 186, n° 484.

[30]) Das. n° 485.

[31]) Urk. 27. XII. 1447, Eidg. Abschiede II, 224 n° 337; Argovia XXIX, 187 n° 485.

[32]) Zwei Urkk. 11. XI. 1451, Argovia XXIX, 187 n° 487 und 488.

[33]) Vgl. darüber *Merz*, Die Habsburg 12 f. und Note 38.

[34]) Urk. Wien, 23. IV. 1457; St.-A. Aargau: Schenkenberg Y 11 (Reg.); *Th. von Liebenau*, Gesch. d. Ritter von Baldegg 75, 82; über die Baldegger als Herren von Schenkenberg vgl. das. 78 N. 1, 79 N. 5, 81 N. 1 und 3 (dazu Berichtigungen), ferner Urk. 27. VIII. 1456 im St.-A. Aargau: Schenkenberg Y 85 (Reg.): Urfehde des Peter Ress, der wegen Schmähung des Peter

Gûsen, Vogtes der Kinder von Rinach zu Wildenstein, sowie der Frau von
Rinach von Ritter Markwart von Baldegg in Schenkenberg gefangen gesetzt
worden war. — Über seinen Streit mit Brugg wegen Heerfahrten, Reisen,
Weidgang, Markt, Gewicht und Mass u. s. w. im Jahre 1459 vgl. die Akten-
sammlung im Schenkenberger Aktenbuch A 1—91, über die Anstände von
1466 das Stadtrecht von Brugg, herausg. von *Merz*, S. 46, n° 20.

[35]) Urk. 19. X. 1458; St.-A. Aargau: Schenkenberg Y 14; *Th. von
Liebenau* a. O. 83.

[36]) *Stumpf*, Chronik, 3. Aufl., S. 571ʳ. Die von *Th. von Liebenau* a. O. 84
zu diesem Jahre angesetzte Äusserung wegen der von den Mauern zu tilgenden
Kühe, die unten zu 1499 zu erwähnen ist, wird auch von Stumpf wie von
Wurstisen nicht zu 1460 erzählt.

[37]) Laut Urk. 1470 quittert Markwart von Baldegg die Herzoge für
4000 Gl., die sie ihm schuldeten für seinen Dienst, als ihm die von Bern
sein Schloss Schenkenberg ausgebrannt haben. *Th. von Liebenau* a. O. 84 n° 4.

[38]) *Th. von Liebenau* a. O. 84 glaubt, die Berner hätten dem Bald-
egger die Nutzungen der Herrschaft ausfolgen lassen, er habe aber nicht in
Schenkenberg wohnen dürfen; er habe zwar die Berner vor dem Reichsgerichte
wegen Rückstellung der Burg belangt, aber in der Folge auf den Ausspruch
dieses Gerichts verzichtet. Als Beweis ist angerufen *Türing Frickers* Twing-
herrenstreit (Quellen z. schweiz. Gesch. I, 31): Wyter so wüsse man wol, als
min herren söltend antwort gen iren burgeren, denen von Brandis und von
Baldegk, [an dess rychs gricht] und ires rechten entsassend, sich vorhin mit
im vertrügend in der früntligkeit — —. Allein diese Stelle braucht nicht
auf die Verhältnisse des Jahres 1460 bezogen zu werden, und die Urkunden
zeigen wohl, dass der von Baldegg an seinen Ansprüchen festhielt, die
Berner aber nicht minder.

[39]) Urk. zu Radolfszell am Untersee 13. I. 1465; St.-A. Aargau:
Schenkenberg Y 13 (Reg.).

[40]) Argovia I, 136 ff.; Zeitsch. f. Oesch. d. Oberrheins X, 374 f.

[41]) Urkk. 4.—7. XII. 1469, *Merz*, Die Habsburg, S. 39—44.

[42]) So am 10. V. 1465 (Markwart von Baldegg, Ritter, Herre zu
Schenkenberg und Hauptman der Herrschaft Rynfelden), ZGOR. X, 374 f.;
ferner in der Urk. 19. X. 1470, dem Versicherungsbriefe für seine Gemahlin,
Frau Anna von Tengen, Gräfin zu Nellenburg, für ihre Heimsteuer und für
Widerlegung; Stadtarchiv Aarau: Urk. 523.

[43]) Die Berner-Chronik des *Diebold Schilling,* herausg. von *G. Tobler*
I, 108 N. 3; Schilling selbst sagt: Er [Peter von Hagenbach] understůnd
ouch denen von Bern an ir herschaft Schenkenberg und anderswo im Ergow
zů meren malen mütwillig intrege zů tünde, wann das si im des nit gesitzen
oder von im liden wolten, wie vast er inen und andern uf iren herren von
Burgunn trowte; si achtetet aber des wenig und understůndent als biderb
lúte, das ir zů behalten.

[44]) *Valerius Anshelm*, Berner Chronik I, 256.

[45]) *Th. von Liebenau* a. O. Stammtafel, die nach Massgabe der unten
zu erwähnenden Urkunden richtig ist, während der Text S. 87 den Hans von

Baldegg als Neffen Markwarts und Sohn des Hans von Baldegg und der Verena von Arburg bezeichnet.

[46]) St.-A. Bern: Spruchbuch d. ob. Gew. C 565; St.-A. Aargau: Schenkbg. Aktenbuch A 287.

[47]) Ratsbeschluss vom 15. VI. 1486 (R.-M. 52, S. 73): An den von Baldegg, m. h. haben sin schriben verstanden, das schloss Schenckenberg berürend, und nachdem das und anders in der bericht, zwüschen m. g. h. von Osterich und m. h. usgangen, begriffen und abgeslagen sy, wüssen im m. h. wyter nit zu antwurten, dann das er si unbekümbert lass.

[48]) Th. von Liebenau a. O. 88.

[49]) Ratsbeschluss vom 28. VII. 1488, R.-M. 58, S. 131.

[50]) St.-A. Aargau: Schenkenberg Y 63 (Reg.).

[51]) Val. Anshelm a. O. I, 372 f.; R.-M. 70, S. 39 (9. VII. 1490); Th. von Liebenau a. O. 88; Schweiz. Museum 1788, S. 805.

[52]) Ratsbeschluss vom 23. VI. 1497, R.-M. 95, S. 45.

[53]) St.-A. Bern: Teutsch Missivenbuch I 20^v. Über einen Straffall in Schenkenberg aus diesem Jahre, wie beim Urteilsvollzug am Galgen Kette und Strick zerrissen und der Dieb deswegen ledig ward, vgl. Anshelm a. O. II, 69.

[54]) Stumpf a. O. 571^r.

[55]) Joh. Lenz, Der Schwabenkrieg, herausg. von Diesbach, S. 79.

[56]) Anshelm a. O. II, 139.

[57]) Anshelm a. O. II, 186—188.

[58]) Tschudis Chronik in der Helvetia, herausg. von Balthasar IV, 532; Eidg. Abschiede III[1], 605 (19. IV. 1499).

[59]) Eidg. Abschiede III[1], 606 (2. V. 1499); Anshelm a. O.

[60]) Eidg. Abschiede III[1], 610 (27. V. 1499), 614 (10. VI. 1499).

[61]) Das. 618.

[62]) Urk. 28. VI. 1499, St.-A. Aargau: Schenkenberg Y 18 (Reg.).

[63]) Eidg. Abschiede III[1], 763.

[64]) Das. 650 und 651.

[65]) Das. III[2], 7. 12 (4. II. 1500); vgl. auch Abhandlungen des hist. Vereins. von Bern II, 276.

[66]) Eidg. Abschiede III[2], 129.

[67]) Das. 325.

[68]) Das. 338 (4. III. 1506).

[69]) Das. 371.

[70]) Das. 380, 385, 386.

[71]) Das. 388.

[72]) Das. 389.

[73]) Das. 403, 413.

[74]) Das. 414 (5. I. 1508).

[75]) Das. 432.

[76]) Anshelm a. O. III, 454.

[77]) Anshelm a. O. V, 397.

[78]) R.-M. 289, S. 63.

[79]) Diesen Rechnungen sind alle folgenden Angaben, wofür eine Quelle

nicht genannt ist, entnommen; der wesentliche Inhalt ist in der Beilage zu-
sammengestellt.

[80]) So ist statt Hans Jakob Fisch in der Jahrrechnung zu lesen; vgl.
März, Hans Ulrich Fisch, Aarau 1894.

[81]) d. h. er stellte in Holz auf flachen Rahmen Säulen (Kalune — Columna)
und Balkenköpfe dar.

[82]) Kurz vor dem Treffen bei Rheinfelden (18./28. II. 1638) liess Hans
Ludwig von Erlach durch Oberstlieutenant Wolf Friedrich Löscher seine
Familie der Sicherheit wegen von Kasteln nach Schenkenberg verbringen.
A. von Gonzenbach, Der General Hans Ludwig von Erlach I, 65 f.

[83]) St.-A. Bern: Kriegsratsarchiv, Befestigungspläne u. s. w. Tom. II.,
s. Taf. I.

[84]) Nothwendiger und Unvorgreifflicher Bericht über die waltende
Frag, ob: Dem Hohen Stand nutzlicher und vorträglicher seye, das Bauw-
fällige Schloß auf Schenckenberg wieder aufzubauen? Oder aber das im
Ambt gelegene Schloß und Herrschafft Wildenstein an sich zu ziehen?
O. O. Dr. u. J. (1720) 4°.

[85]) St.-A. Aargau: Schenkenberger Aktenbuch B 1193—1200.

[86]) Bleistiftzeichnung in der öffentlichen Kunstsammlung in Basel. —
Bemerkenswert ist, dass schon K. Türst auf seiner Karte (1495/97) Schenken-
berg in ähnlicher Weise darstellte.

[87]) Argovia XXX, 111.

Aus den Landvogteirechnungen von Schenkenberg im Staatsarchiv Aargau.

1555. Meyster Andresen dem tischmacher zu Brugg, das er das *zytglöggli* im schloß ingewandet hat j ₰.

Als Vly Wcniger selb dritt im schloß zehen tag im *kornhus* zween casten gemacht vnd ein kuchischaft, ouch die *vallbrugg* gebessert hat, dem meister ein tag fünf schilling, ein knecht vier β, thût als vj ₰ x β.

Es werden genannt: pfisterstübli, saal, baadstübli, sisternen (Neuanlage derselben).

Im landgerichts ring, da Hans Zuber vor recht gestanden, den jungen knaben von statt vnd ämpteren vmb mûtschellen iiij ₰.

1556. Es werden erwähnt: roßstal im schloß, schwynställ.

Als meister Bartli der murer zu Schintznacht bym schloß selb vyert dryssig vnd zween tag die *mur*, so nider gefallen, wider gemachet, ouch das *schloss* vnd *zynnen* teckt vnd gebessert, dem meister ein tag zween, eim knecht anderthalben batzen, thût xxvij ₰ xiiij β viij h.

1559. Seit 1555 finden sich jährlich Ausgaben für *tünkel* stoßen, in diesem Jahre werden tünkel gebort vnd der *brunnen* bym schloß gstoßen vnd gebessert.

Es wird genannt: *der nidere käller.*

1560. Es werden genannt: die *schür* bym schloß (war mit Stroh gedeckt) und ein *schwinstall* im schloß.

1561. Ein *fleischhus* gemacht vnd ein *hûnerhus.*

1563/1564 VII. 14. Das verding, die *vallbrugg* vnd die *stägen* in schloßgraben zemachen, ist viiij ₰ xij β.

1565 Jakobi/1566 Jakobi. Dem Hafner im Bözberg, den neuen *Ofen* in der *grossen Stube* aufzusetzen u. s. w. 10 ₰ 2 β.

1566 Jakobi/1567 Jakobi. Item Jacob Bruner dem maler zu Brug von *Bären schilten* zu maln vnd egen inzufassen geben viij ₰.

Item der maler, als er die Bären schilt molt, hatt an maln xxiiij, an abentbrot xij.

1568. Item vmb ein *schlüssel* zum *obern thor* zu Schenkenberg geben an pf. v β iiij $\mathfrak{d}$.

1569 Jakobi/1570 Jakobi. Item vß gheiß mins herren seckelmeysters von Graffenrieds han ich das *clein dürli am grossen* mit sampt dem arm am grossen thor vnd ein nüws krüz daran, dann es zergangen waß, meyster Albenn für iij tag syn lon, so er wider gemacht hat, xvj β, thůnd die mal ix. Item vß empfelch mins herren seckelmeysters von Graffenrieds den *runden thurn* doben *by der falbrugg* ynzedecken, dann das wätter die muren fült, iren zweyen, so das holz darzů ghouwen hand, für spyß und lon j $\mathfrak{\widetilde{u}}$ xv β.

Denne meyster Albenn vnd synem knecht einen tag ij bätzen zů zimmeren vnd vfzůrichten, hánd beid lxxxij tag ... xxij $\mathfrak{\widetilde{u}}$ xiij β iiij $\mathfrak{d}$.

Auf Anraten des Venners Willading beim Aufritt wird der *Saal* vertäfelt.

1570 Jakobi/1571 Jakobi. An Meister Jakob den Hafner zu Brugg, der einen neuen *Ofen* in die *grosse Stube* gemacht, 548 Kacheln, 42 $\mathfrak{\widetilde{u}}$ 13 β 4 $\mathfrak{d}$.

Item vß geheiß miner ghhh. dri böden im *geissdurn* zu Schenkenberg legen laßen, daran hant zwen zimermann v̆berall xx t[ag] gmacht, jedem 1 t[ag] 2 batzen, thuot an pf. v $\mathfrak{\widetilde{u}}$ vj β viij $\mathfrak{d}$.

Hans Juchli dem dischmacher ... kleine dürlin in die großen *keffindüren* zumachen, auch ein düren mit einer nüwen zu v̆berzichen ... vj $\mathfrak{\widetilde{u}}$ j β iiij $\mathfrak{d}$.

1571 Jakobi/1572 Jakobi. Item so han ich vßgëben den zimmerlüten, mureren vnd anderen, so die beid *louben* vß gheiß mines herren seckelmeysters das holz von wald gewerchet vnd sonst dürres eichins holz ... gebrucht ... an $\mathfrak{d}$ jᶜ $\mathfrak{\widetilde{u}}$ iij β iiij $\mathfrak{d}$.

Denne dem murer, so die löcher brochen vnd das grüst vfgerycht, die *louben* mit rigelgespanen gemacht, ouch den *thurn,* der sonderlich verbeßerens notwendig, bestochen ... iijᶜ xxx iiij tauwen, bringt an $\mathfrak{d}$ lvj $\mathfrak{\widetilde{u}}$ xj β.

Item so sind in dem nüwen *loubensëli* [= säli] vj nüwe fenster gemachet ...

Item han ich vßgëben dem schlosser von dem *nideren thor,* das die mur zerschlagen, die spangen vmb das schloß, ein nüwen vfzug, von beiden *gfengknussen thüren* zu beschlachen vnd nüwe schlösser darzu, denne von den thüren vf den *nüwen louben,* schloß, fallen, spangen vnd von den thürlinen an $\mathfrak{d}$ xxiij $\mathfrak{\widetilde{u}}$ xviij β.

Item vß geheiß miner h. schultheissen von Mülinen vnd herren Wurstenbergs die *muren,* so nider gefallen gsin by dem schloß vnd beide *muren des garten* mit sampt dem *portal am thor* vnd das *thor* zerschlagen, das ich hab müßen mit *sträb-pfileren* vnderfaren, ouch die alten muren abzebrächen vnd ein gut pfulment zesuchen vnd die stein zebrëchen, dan die alten stein vnden zu den zwöyen muren brucht worden, ouch oben mit steininen blatten deckt. vnd gar nüw gemacht, den hof mit grien v̊berschütt, deßglichen *känel* glegt, das wasser abzefůren, thut zwöyen meisteren jᵉlv touwen, eim ein tag ij batzen, bringt an ℔ xxxxj ℔ vj β viij ℔. Dazu 232 touwen der knechten 60 ℔ 13 β 4 ℔.

Item v̊ßgën vmb kalch, so zu beiden *louben,* zu zwöyen *kammeren,* ouch zu dem *thurn* vnd *ringmuren* samt den beiden garten muren vnd sonst allenthalben zewyßen vnd bestächen brucht worden, an malteren von Arouw, Effingen vnd Bengken lxxxj malter, ein malter ein frangkrycher, thut an ℔ lxxij ℔.

1572 Jakobi/1573 Jakobi. Burghut 40 ℔.

Im nüw in vier muren gemureten *wösch huss* . . .; das alte Waschhaus wurde geschleift.

Item so han ich den *durn* bis vf den boden vnd velsen hinab rumen loßen, dan der lange jar har nie gerumpt vnd von den gefangnen wuest gemacht worden, inmaßen das es gar ein böser geschmackt gsin, vnd ist die dillin gar nit guot, daruon geben vj ℔.

Vf der *langen stägen* im schloß werden Schindeln gebraucht.

Item als die rechte *schloss bruggen* vnd *thor* oben an der *langen stägen* ganz ful vnd kein *fleischhus* gsin, ist deßhalb die *valbrug* vnd thor vnd ein fleischhus vf die *pfistery* machen vnd ein kämin vom bachofen darin richten loßen . . . xv ℔ xiiij β viiij ℔.

1575 Jakobi/1576 Jakobi. Der *Weg* vor dem *obern Tore,* der lange Zeit nur mit «grund verschütt» gewesen und den Berg niederfallen wollen, sodaß man weder ein- noch ausfahren können, wird mit Holzwerk verbessert.

1578 Jakobi/1579 Jakobi. Ein Stück Mauer unter der *Bad-stube* ist hinweggefallen und wird untermauert, die *lange Stägen* mit Schindeln gedeckt.

1580 Jakobi/1581 Jakobi. Ein Ungewitter richtet grossen Schaden an. Die Rechnung nennt ein *brotgaden.*

1581 Jakobi/1582 Jakobi. Meister Bapisten(!) dem Stein-hauer von Brugg, die *Mauer,* so durch den Gewalt Gottes letztes Jahr im Schloss «verzert» worden, abzubrechen und wieder auf-zubauen, item den *bulfer thurn* zemachen, den *Sod* wieder zu säubern 12 ℔.

Dem Zimmermann, einen neuen Boden im *Pulverturm* zu legen, eine neue Türe zu machen 2 ℔ 8 β, 18 Mahle, 9 Abendbrot.

1589 Jakobi/1590 Jakobi. Infolge eines Erdbebens fällt eine Mauer ein.

1593 VII. 14/1594 VII. 9. Meister Peter Albrëcht dem Schlosser von Zürich vmb das *instrument in sod* alhie samt Zugehörden 87 ₰ 17 β 8 ♌.

Ziemlich bedeutende Auslagen für Ausbesserungen.

1594 VII. 9/1595 VII. 12. Meyster Vrban Alies dem murer, die *muren im burggraben* by dem *nüwen hünerhüsli,* item die muren vmb das *nüw hofli* vnd das trochen murli vmb den *misthof,* denne etliche verbeßerungen zethünd mit decken . . . an pf. xiiij ₰ iiij β iiij ♌, an malen jᶜix, abentbrot l.

Das nüw *sidelenwerk* in der *stuben* im schloß gefirnißet . . .

1596 VII. 10/1597 VII. 13. M. Joachim Eger der glaser von Brugg hat vj tag selb ander im schloß gearbeytet, die *fenster* etliche nüw zemachen vnd andere in die *nüwen fenstergstell* zeuerbeßeren, da er für syn arbeyt, nüwe fenster, waldglas, blyg vnd schyben geuorderet . . . an pf. xxxiij ₰ iiij β, malen xxiiij, abentbrot xij.

Mr. Vrban Alice der Maurer von Schinznach hat die anfangs Herbst unter der *Fallbrücke* eingefallene Mauer wieder aufgemauert, etliche *zinnen* am *thurn* inwendig gegem tach vfgmuret usw. 19 ₰ 13 β 4 ♌.

Derselbe, das schloß sampt den *thürnen* vnd *ringgmuren* vf ein nüws inzudecken, die Steine für die *neuen Fenstergestelle* zuzurichten usw. 200 ₰.

1602 VII. 17/1603 VII. 13. Sechs Kreuz- und 6 Vorfenster für die grosse Stube 72 ₰ 12 β 8 ♌, sowie 6 Wappen der gnädigen Herren 20 ₰.

1604. Eine neue *Stägen* im Garten.

1604 Jakobi/1605 Jakobi. Der eine *Brunnen* wird von der Scheune ins Schloss geleitet. Rings um das Schloss werden die Stauden gereutet, ferner der grund, so nach v̂ber die halbe ringmur gangen, nithsich zücchen laßen.

1605 Jakobi/1606 Jakobi. Demnach ist vß erlouptnuß vnd beuälch herren schultheyß Sagers vnd herren venner Stürlers m. Rüdolf Spießen dem zimberman zü Brugg die *obere wehr* vnd *schutzlouben,* ouch die vndere *louben* vnd *santynellen* vor dem schloß, so allerdingen fhul vnd vast mehrentheyls von wind vnd der fhüle nidergfallen, verdingt worden vnd darumb ime für spyß vnd lon von allen dryen stucken nüw zemachen mit tach vnd gmach vnd zeuerbeßern versprochen an pf. lxx ₰, den dieneren für ir trinkgält an pf. j ₰.

Weitere Kosten: 2 lange Rafenhölzer 2 ₰ 13 β 4 ♌; 20 Personen bei der Aufrichte 2 Tage 20 ₰.

M. Jacob Perring dem murer zü Thalheim han ich vorbenempte *wehr* vnd *schutzlouben,* ouch die *lange louben* ob dem *thor* vnd *santynellen* verdinget zü allen sithen zeuerriglen, orden-

lich bestächen vnd wyßgen, ouch allenklichen mit zwyfachem
tach zedecken, wie sich gepürt, vnd von allen dryen stucken
ime für spiß vnd lon versprochen an pf. lv ℔, den dienern für
ir tringkgält pf. ij ℔.

Zum Schloss wird ein neuer Karrweg erstellt.

1606 Jakobi/1607 Jakobi. Des ersten hat mir min gn. herr
seckelmeister Ougspurger beuolchen, die *gfangenschaften*, so
oben im schloss nebend allen andern gmachen gsin, hindan ze-
thůn vnd die mit zweyen eychenen starken kästen[1]) in dem
vndern thurn am garthen vfzůrichten; da han ich meister Marthi
Sutter dem zimberman zů Schintznacht von erst verdingot dry
nüw bödden zeleggen, den tachstůl zeuerbeßern, zwo nüw
eychin thüren zemachen vnd ime dauon versprochen an pf.
xxviij ℔, kernen ij müt.

Die beiden Kästen samt den Türen und Türchen Pf. 40 ℔,
Kernen 1½ Mütt, Roggen 1 Mütt.

Es werden genannt: houwhuß gegen dem hof, *wachtelhuss.*

Item die *hofmuren* am *hünergraben* ob dem garten, welche
allerdingen entdeckht vnd an etlichen orthen verfellt gsin, wider-
umb verdingot vfzůrichten vnd mit schifersteinen blatten ze-
decken vnd zeuerbeßeren, dauon ime [Mr. Jacob Perring] ver-
sprochen an pf. xv ℔, kernen 1 müt, roggen ij f.

Danne den *grossen schlossthurn* allerdings nüw mit schindlen
zedecken ime verdingot, wyl er gar fhul vnd bloß gsin, also
das gar dauon keyn waßer ist ghalten worden, ime vßgrichtet
an pf. xiij ℔.

Demselben, die *obere wehrlouben* mit esterrich steinen ze-
besetzen 7 ℔.

Demselben, an dieser Wehrlaube und der *untern Laube*
gegen dem Hof, die letztes Jahr gemacht worden, das Riegel-
holz rot anzustreichen und einen Bären zu malen 6 ℔ 17 β 8 ♄.

Demselben, einen *Torbogen* bei der *Fallbrücke*, wie man
vß dem schloß die *lange stägen* abgath, der zusammengefallen
war, wieder aufzurichten 4 ℔ 16 β.

M. Simon Schilpli dem maler von miner gn. herren ehren
zeychen vßzestrichen [für das Haus in Brugg] an pf. lx ℔ viij β
x ♄, kernen ij müt.

Vorbenemptem meister Simon Schilpli dem glaßmaler von
dem thor schwarzer farb anzůstrichen vnd drü vendlin zů malen,
zwey gan Bötzen vf die brunstöck, das tritth an den helm in
miner gn. herren huß [in Brugg] khommen, ime luth synes
zedels vßgrichtet an pf. ix ℔ ix β iiij ♄.

1607 Jakobi/1608 Jakobi. Hernach [nach dem wyßgen]
han ich Hans Jacob Fisch den maler zů Arouw bestelt, der

---

¹) Sie heissen nachher kefikästen.

mir die *gmach* hin vnd wider *mit farben* vnd etlichem *gmäl verziert*, dan alles gar schwarz vnd altfräntsch gewësen, daran er 3 wuchen gearbeitet, da han ich ime von jedem tag 5 batzen gëben one die spiß, thût an pf. xij ℔, mal mit dem an sontag zmorgen xxxix, abentbrot xviij, vnd für die farben, so er verbrucht vnd mir verrächnet, an pf. vj ℔.

Es werden erwähnt: *wöscherhuss, kässkammer.*

1608 Jakobi/1609 Jakobi. Danne so hat er [Hans Meyer der glaser zů Lëntzburg] den 29t. Decemb. mir gemachet zwey waldgleserni fänster in das *nüw gwelb*, item in den *spycher* ein waldglesin fänsterli, im *züghus* 7 stuckh waldglas yngesetzt, in die *grosse stuben* myner gn. hrn. schultheißen, seckelmeister vnd venner ir gn. ehrenwappen ingesetzt, dauon vßgericht an pf. v ℔ xv β, mal vj, abentbrot iij, wyn 3 maß.

Danethin so ist mir beuolchen worden durch hrn. seckelmeister Ôugspurger vnd myner gn. herren beiden werchmeistern m: Daniel HEintz vnd m: Hans Düring, welliche von ir gn. vß diser vrsach gan Schenkenberg geschickt worden, ein mur, so am *grossen schlossthurn* gegen allem ghüß gar bös ful vnd zerspalten gewësen, abzebrächen vnd hindan zethûn, weliches ich dem murer zů Sur m: Marthi Könng verdinget, vf 12 schů abzenëmmen vnd widerumb mit absätzen oder zinen verbeßeren, bestächen vnd decken, dauon versprochen an kernen j müt, roggen j müt, an pf. xxv ℔.

Item an gemëltem thurn ein stark vnd dickh *gwelb* vfzerichten, damit der landschaft reyßgëlt vnd andere kleinoten in fhürs noth verwart werde, vnd dauon ime versprochen nëben 25 guldi, so die landlüth deßhalben ime gestürt, an kernen ij müt, roggen j müt, an pf. xl ℔, vnd syner frauwen an pf. iij ℔.

An vier Personen, vier Tage lang den hërd vf das gwelb zetragen, den boden damit vßzefüllen ... 4 ℔ 17 β 4 ℈, 50 Mahle, 25 Abendbrot.

Item so hat obgemëlter murer das gmach, so grad ob dem gwelb dienet, allerdingen mit esteri steinen besetzen müßen, welliches jetzunder zů einem züghus gemacht worden, vnd dauon ime versprochen an pf. v ℔.

Alle schutzlöcher vf dem esteri zu verbessern 4 ℔.

Dannethin als das gwelb fertig gewësen, die gefangenschaft, so zůuor alda gesyn, hindan gethan, hat man das stübli auch ënderen vnd wyteren müßen, wie auch das löübli, so nëben dem stübli ist, welliches vf den halben theil in *zwingelhof* verfallen vnd ganz vnütz gewësen, verdinget, das stübli mit boden thili widerumb zebesetzen, das löübli vnderstützen, den tachstûl verbeßeren vnd wyter vßhin strecken ... an pf. xix ℔.

Dannethin so hab ich gemëlt stübli vnd löubli durch m: Friderich Lang dem maler ob myner spyß 12 tag erhalten,

dieselbigen wyßgen, anstrychen vnd etwz blůmenwerch malen
laßen, dauon versprochen für jeden tag 6 batzen, bringt an
pf. ix ₰ xij β, mal xxiiij, abentbrot xij, wyn 12 maß.

Wyters m: Jacob Fischman tischmacher zů Brugg ver-
dinget, ein thürgstel vnd thüren gêgen dem löübli mit kalunen
vnd kragsteinen süberlich ynzefaßen, wie auch die fänster vf
dem löübli, vnd ime darfür versprochen für spyß vnd lohn an
pf. ix ₰.

In der *grossen Stube* um den Ofen beschlüßige bankh-
tröglin zemachen viij ₰.

Dannethin so hab ich vß beuelch myner gn. hrn. vnd
obern inhalt ir gnaden gegenwürtig v̂berschickt schryben ver-
dinget m: Anthoni Barthiel vß Meylander gepiets, so jetzund
vf gefallen myner gn. hrn. zů Dalheim zů einem burger an-
genomen, einen *schnägen* mit 74 tritten von Mägenwyler ge-
steins mit sampt thür gstellen vnd fênstern glyches gesteins,
auch ynbrêchung der thüren durch die schloßmur für spys vnd
lon in synem costen (vorbehalten das ich ime supen vnd gmůß
wie auch das gliger dargêbe) allerdingen vfzefhüren, bestächen
vnd wyßgen vnd dauon versprochen an kernen iij müt, roggen
ij müt, an pf. iijᶜlxvij ₰.

Ferner wurde ihm verdungen, im Gang vor der Stube
und im Gang vor dem Saal durch die Schlossmauer je ein
« liecht oder fänster » einzubrechen und Fenstergestelle aus
Mägenwilergestein einzusetzen 30 ₰.

Item von zweyen simtzen oder absätzen vmb den schnägen
ringswyß von Mägenwyler gesteins sampt dem rych mit myner
gn. hrn. ehrenwappen zemachen, darumb versprochen an kernen
j müt, roggen j müt, an pf. xv ₰.

Weiter verdungen, . . . das *thor*, da die fallbrugg jetzund
inhangt, abzebrêchen vnd fherners an ein syten zeuerênderen
oder zeuerruckhen 50 ₰.

Dem Zimmermann Franz Sprênger von Frick wird der
Dachstuhl auf den Schneggen verdungen 73 ₰.

Ein *falbrugg*, so sich vfzüchen laßt, neu zu machen
u. a. 22 ₰.

Für 220 Fuhren von Mägenwil her, sowie für Kalk, Sand
und Holz, ferner für 1800 Ehrtagwan, Aufrichte u. s. w. gegeben
12 Malter Korn, 14 Malter 3 Mütt 2 Viertel Haber und um
Käse 176 ₰ 16 β.

1622 Jakobi/1623 Jakobi. Danne so hat der murer [Chri-
stoffel Kienberger zuo Arouw] gegen dem *vnderen thurn* die
muren höcher vfgefürt vnd sunst allenthalben im schloß mit
decken vnd verbeßeren verdient an pf. xxxviij ₰ viij β.

1624 Jakobi/1625 Jakobi. Vßgêben wêgen myner gnedigen
heren vnd oberen anbeuolchen *nüwen buws* ir. gn. schloß
Schênkenbêrg bethrêffende:

	an pf.	Kernen	Roggen	Haber	Erbs	Gerste	Bohnen
an Matheus Meyer den Steinhauer zu Remigen	900 ℔	5 Mütt	5 Mütt	2 Malter	1 Mütt	1 Mütt	1 Mütt
Adam Schlicher, Zimmermann, zu Talheim	400 »	4 »	4 »	2 Mütt			
dem Ziegler von Effingen um Kalk, Ziegel und Mauersteine	184 »						
16 Bäume Laden . .	128 »						
170 Latten	34 »						
16000 Schindeln . .	14 »	18 ß 8 ₰.					
Meister Heinr. Völckli, Schlosser, zu Brugg	169 »	10 » 8 »					
Balthasar Ruchenstein, dem Glaser . . .	13 »						
Kleinere Ausgaben .	177 »						

1625 Jakobi/1626 Jakobi. Auf die Ankunft der königlichen Majestät von Frankreich auf Befehl der Herren und Obern eine «yegi» angestellt und einen Hirzen gefangen, mit Fuhrlohn 32 ℔ 6 β 8 ₰.

1626. Von einem sonnenzyth ysenwerk vnd macherlon zalt an ₰ viij ℔.

1631 Jakobi/1632 Jakobi. Item so hab ich vß ü. myner gnedig herren vnd oberen beuelch dem steinhauwer von sampt vier knechten die mitleste muhr im *zwyngelhof* 14 klafter lang vnderfahren laßen vnd hat durchvß den fuß in die felsen gehauwen . . . an pf. liiij ℔ xvj ₰.

1632 Jakobi/1633 Jakobi. Item verdinget ich m: Adem Schläücher vnd Oberging sinem gspanen . . . ein tachstül vf die nüwe *sygsternen* zemachen, item vf alle dächer kännel, so das waßer in den sygsternen leiten sollen, vnd den tachstül ob dem thurn by der langen stägen zeuertäferen . . . . an pf. . xxx ℔ vi β viij ₰, kernen v müt.

Item m: Vli Rolandt dem muhrer von Oberflachs zalt wegen er vnd syn sohn ein systernen in felsen graben . . . an pf. xij ℔ xvj β, mahl lxxxxvj, abentbrot xlviij, wyn xx maß.

1633 Jakobi/1634 Jakobi. Item so zalt ich meister Samuel N. dem zimermann von Arouw, das er den bomppen in die sigsternen gemacht, an pf. ij ℔, mahl vj, abentbrot iij.

Den Zimmerleuten, die einen Aufzug in die *stregkhi* gemacht vnd etliche eichene Stüde gesetzt 2 ℔ 8 β, 12 Mahle, · 6 Abendbrot.

1634 Jakobi/1635 Jakobi. Item zalt ich Johann Augustin Äberli dem mahler, wegen er zwo *sun vhren* gemacht vnd das *schneggenstübli* ingefaßet vnd gemahlet hat, an pf. x ℔, an mahlen xxx, abentbroth xv, an wyn xxx maß.

Meister Hans Läüppi der Tischmacher von Brugg macht im schnegkenstübli ein thürgericht, ein sydelwergk sampt dem bangktrögli, eins buffet, ein bettstedt, ein fensterfůter, fünf bettschemel vnd im gwelb ein fensterramen u. s. w.

1636 Jakobi/1637 Jakobi. Item so zalt ich Heinerich, Casper vnd Peter Meyer den muhreren von Remigen, das sy im *thurn* ein bogen geschlagen, eins fenster inhin gemacht, die thür by der falbrug widerum gemacht u. s. w.

Item zalt ich meister Vsonius Zynion dem gipßer von Brugg, das er sampt synem knaben den *vnderen gang* by der falbrug gewyßget vnd das gwelb ingefaßet vnd auch gewyßget, hat jeder 6 tag gearbeitet, thůt an pf. viij ℔, mahl xxvj, abentbrot xiij, wyn xxx maß.

1638. Ein neuer Dachstuhl auf die lange Treppe.

1639 Jakobi/1640 Jakobi. Die Handmühle verbéssern.

So ist mir durch schryben von min gn. hn. beuolen worden, ein *vorporthen* sampt notwendiger muhr bis ans schloß vfzebuwen; von den steinen zebrächen, zemuren, das portal sampt zwey steinen tührgstel inzesetzen vnd alles das, was darzu zemuren nothwendig, lut verdings obigem meister [Heinrich Meyer zuo Remigen] bezalt an pf. v^c xxx ℔ xiij β iiij ₰.

Her [Hans Jacob] Düntzen zuo Brug von 3 fenlin, daruf ir gn. ehrenwappen gemalet, auch sonsten von zwen steinen vf die portal vnd zweyen blöchen, die er gemalt, vnd etlichs vergült, vmb sein lohn bezalt an pf. xlviij ℔ vj β viij ₰.

1641 Jakobi/1642 Jakobi. Zwei Sonnenuhren und am neuen Portal das Bernerwappen zu malen 30 ℔ 6 β 8 ₰.

1647 Jakobi/1648 Jakobi. Bestechen der Schloßmuhren durch die Lamparter 355 ℔ 9 β 1 ₰.

1651 VII. 16/1652 VII. 14. Mr. Hans Rudolph Fischman dem Schulmeister zu Schinznach für Erneuerung der beiden Sonnenuhren am Schlosse 2 ℔ 13 β 4 ₰.

1652 VII. 14/1653 VII. 17. Im Bauernkriege hatte der Landvogt 10 Soldaten von Basel 2 Monate lang im Schlosse 213 ℔ 6 β 8 ₰.

Eine Reihe sonstiger bezüglicher Ausgabeposten ist am Rande durch R (= Rebellion) kenntlich gemacht.

1655 VII. 9/1656 VII. 14. In letzter Villmerggischer kriegs vnrůhe waren 28 Mann 2 Monate lang im Schlosse, von den dafür berechneten Ausgaben von 763 ℔ 13 β 4 ₰ wurden dem Landvogt 120 ℔ = 36 ♃ gestrichen.

1673 Jakobi/1674 Jakobi. Item bezalte ich wegen der im schloß zůbewen bewilligten neüwen *audients stuben* lauth verdings den muhreren vnd zimberleüthen, auch für kalch vnd steinen zů den pfenster g'stellen von Mägenwyl her an ₰ iij^c xxxiij ℔ 6 β 8 ₰.

Item bezalte ich für 8 bäüm laden, waren 106 stuck, jedes
à 7¹/₂ bz., bringt an ℈ jᶜ vj ₰.

1675. Wieder eine neue Fallbrücke und Ausgaben für
die neue Audienzstube.

1675 Jakobi/1676 Jakobi. Ziemlich erhebliche Auslagen
für Materialien zu «reparationen», offenbar am Schlosse; Werk-
meister Dünz befand in besichtigung der gebäüwen wegen vil-
faltiger nothwendiger verbeßerung hin vnd her, daß man die
Arbeit nicht verdingen könne, sondern sie im Taglohn ausführen
lassen müsse.

1676 Jakobi/1677 Jakobi. Ausreuten des Gehölzes und
Gestrüpps um das Schloß 75 Gld. = 150 ₰.

· Als mnehh. ehrengesandten der 9 ohrten zů Schenkenberg
ynkehrt [anfangs Oktober, wegen bewußter vnrůh in der nach-
parschaft vnd annäherung der keyserischen völkeren, zu Be-
sichtigung der Grenzen; sie blieben — etwa 40 Mann — im
Schlosse übernacht] ist in der nacht auf dem esterig das feüwr
durch ein unbewußte öffnung im kamin in ein träm kommen,
dardurch der halbige theil des tachstůhls abgebrönnt worden,
Reparaturkosten 59 ₰ 17 β.

1678/79. Bei Beschiessung der statt Reynfelden vnd ab-
brönnung der statt Seckingen sind zů verwahrung des schloßes
u. s. w. 6 Mann yngenommen worden während 18 Tagen an
pf. 86 ₰ 9 β.

1680/81. So zalte ich hrn. Frey dem mahler in Arauw,
ihr gn. ehrenwapen an zweyen ohrten widerumb zuerneüweren
vnd zugleich die verblichenen sonnenvhren in dem schloß vnd
scheüren zuverbeßeren vermog vßzugs 81 ₰ 18 β.

1694 IV. 7/1695 V. 1. Für reparationen im schloß Schenken-
berg, bey der scheür, an dem kornhaus und in dem Kihlholz:

laut Verdings vom 8. III. 1694 mit Meister Jacob Rubli und Mithaften als Zimmer-leuten von Effingen, von Seckelmeister und Venner am 12. IV. gutgeheißen .	715	₰	9	β	4	℈
laut gleichen Verdings dem Maurer Buch-man zu Veltheim und Mithaften . .	564	»	10	»	8	»
zwey Gybseren	416	»				
weitere Auslagen	186	»	6	»	13	»
Hafner	137	»	13	»	4	»
Glaser	190	»				
Schlosser	402	»	5	»	4	»
»	30	»				
Kupferschmied	34	»	6	»	8	»
Schmied	138	»	8	»		
Tischmacher	487	»	1	»	4	»

1696/97. Lauth mgh. befelch den gatter und innerst tohr zu Schenkenberg neüw laßen machen, darvon dem h. Meyer schloßer in Brugg laut außzugs zalt 231 ₰ 10 β.

1706/7. Weilen das hinderste gemach im schloß voll der (s. h.) wentelen ware, haben müessen die wänd und boden weg gethan werden und durch angewendte mittel diese thier zu vertreiben, thut für den tischmacher und verbrauchte materi in allem und das gmach wider zu repariren 20 ₰ 6 β 8 ₰.

1707/8. Ausgaben «wegen deß befollenen Schloßmantels» 320 ₰ 2 β 5 ₰.

Johann Philipp Becker von Biel und die deutsch-helvetische Legion (1849).

Von

Albert Maag.

Am 7. September 1848 war der Aufstand der Sizilianer wider die Herrschaft des Königs Ferdinand II. von Neapel dank der Tapferkeit des 3. und 4. Schweizerregiments durch die Einnahme von Messina niedergeworfen worden. Die Tatsache, dass Frankreich und England schon vor der Revolution die fortschrittliche Bewegung Siziliens mit Wort und Tat begünstigt hatten und auch jetzt den Siegeslauf der Neapolitaner auf der Insel durch ihre Friedensvermittlung hemmten, sowie der unauslöschbare Hass der Besiegten wider die Bourbonen zu Neapel liess den Wiederausbruch des Krieges auf den Ablauf des Waffenstillstandes, Ende März 1849, voraussehen. In der Tat traf die republikanische Regierung zu Palermo, unterstützt durch die Waffenlieferungen aus jenen beiden Staaten, vom Beginn des Waffenstillstandes hinweg energische Massregeln zur Ergänzung der militärischen Ausrüstung. Zu diesen Massregeln gehörte vor allem die Herbeiziehung fremder Offiziere, aber auch von Soldtruppen. Eine Kommission für fremde Werbungen kam daher im Oktober 1848 nach Marseille, wo Leute der verschiedenartigsten Herkunft und Qualität, auch abgedankte Militärs der Pariser Mobilgarde und Fremdenlegionäre aus Afrika angeworben wurden. So wurde ein sogenanntes « fremdes Jägerbataillon » (cacciatori esteri) unter dem Kommando des Majors Marchetti formiert, das im neuen Feldzuge wider die Neapolitaner nach Catania und Palermo in Aktion trat und

aus Franzosen, Polen, Spaniern und auch vielen Schweizern
bestand. Der hohe Ruf schweizerischer Tapferkeit in frem-
den Diensten, welche die Sizilianer vor Messina zur Genüge
erprobt hatten, brachte die Regierung in Palermo von selbst
auf den Gedanken, auch in der eben zum Bundesstaat um-
gewandelten Schweiz mit Werbungen ihr Glück zu versuchen,
um so mehr als dieses Land der Einigung Italiens sympathisch
gegenüberstand. Die Ausbeutung der Schweiz lockte um so
mehr an, als sie ja das Asyl politischer Flüchtlinge, zumal
deutscher und italienischer Republikaner war, die für ihre
Zwecke eine ausgedehnte Propaganda entfalteten.

Ein Hauptherd revolutionärer Propaganda war die Stadt
Biel, die schon seit Jahren von politischen Flüchtlingen und
Abenteurern aller Nationen, namentlich von Deutschen, als
günstiger Zufluchtsort betrachtet war, und « in dem zwei
Stunden entfernten Bade Grenchen — auf dem Gebiete des
Kantons Solothurn — hatte Mazzini während mehrerer Jahre
sein Schloss Malepart gefunden, wo er allen bekannt und
nur der Polizei verborgen war ».[1]) Unter diesen deutschen
Flüchtlingen ist hier zuvörderst Johann Philipp Becker aus
Frankenthal zu nennen, der am 15. Januar 1847 als Unter-
nehmer einer Zigarrenfabrik um 150 Louisd'or in Biel als
Bürger angenommen worden war, im nämlichen Jahre das
bernische kantonale Schützenfest geleitet hatte und bei der
Abstimmung über die eidgenössische Bundesverfassung am
6. September 1848 unter den 329 abstimmenden Bürgern
Biels der einzige gewesen sein soll, der ein Nein in die Urne
legte.[2]) Wiederholt hatte, wie die « ehrerbietige Vorstellung
und Erklärung » der Einwohner Biels an den Bundesrat im
folgenden Dezember hervorhob, die Art der Propaganda
dieser deutschen Flüchtlinge das Einschreiten der Behörden
erfordert. So wurde der bekannte Savoyerzug in Biel or-
ganisiert, und dieselbe Stadt hatten sich die Komitees des
jungen Deutschlands und des jungen Italiens zu ihrer Bildung
ausersehen; politische, der europäischen Propaganda dienende
Zeitungen waren in Biel gegründet und von da verbreitet

---

[1]) Eduard Blösch und dreissig Jahre bernischer Geschichte, S. 229. —
[2]) Gustav Blösch, Chronik von Biel von den ältesten Zeiten bis zu Ende
1873, S. 234.

worden, welche im Vereine mit Flugschriften, Kreisschreiben und Proklamationen aller Art das Ausland zu revolutionieren suchten, sich aber Einmischung in die innern Angelegenheiten der Schweiz gestatteten, wie zum Beispiel im Jahre des Sonderbundskrieges, in dem ihnen die friedlichen Bürger Biels Ausbreitung des Hasses und der Verfolgungssucht zum Vorwurfe machten. Erst recht unerträglich war ihnen seit der durch die Februarrevolution bewirkten Gründung der französischen Republik das Treiben dieser Männer geworden, denn seitdem der Versuch, die Republik zu proklamieren, in einzelnen Teilen Deutschlands selbst mit Waffengewalt erfolglos versucht worden war, sammelten sich die fremden Abenteurer und politischen Flüchtlinge neuerdings in Biel und legten durch ihre Handlungen abermals deutlich an den Tag, wie wenig ihnen an der Aufrechterhaltung der schweizerischen Neutralität gelegen war und wie unwürdig sie im Grunde der gastfreundlichen Aufnahme waren.

Auch in den Grenzkantonen Basel, Schaffhausen und Thurgau benutzten Männer wie Hecker, Heinzen, Mögling, Siegel, Resina, Kaiser u. a. die Aufenthaltsbewilligung zur Werbung behufs Organisation von Freischaren und zur Aufreizung der württembergischen und badischen Grenzbewohner zur republikanischen Schilderhebung.

Dieser Propaganda wegen ordnete die deutsche Bundesversammlung am 30. Juni den Major von Liel mit einer Beschwerde an die Tagsatzung ab. Sie richtete sich im besondern auch gegen Johann Philipp Becker und die von ihm unterzeichnete Instruktion vom 27. März 1848 behufs Organisation und Bewaffnung der in der Schweiz befindlichen Deutschen, sowie gegen ein Rundschreiben des Zentralausschusses der Deutschen in der Schweiz vom 11. Juni an die Lokalvereine, welches vom Präsidenten Becker und seinem Sekretär, dem deutschen Lehrer Hattemer, unterzeichnet worden war. Seitdem diese Beschwerde von der Tagsatzung einer Kommission überwiesen worden war, hatte die Propaganda in Biel trotz des auch von der bernischen Regierung erlassenen Verbotes weitere Fortschritte gemacht. Becker organisierte dort die Gesellschaft « Hilf dir! », und am 1. Dezember erschien die Probenummer eines von ihm und Alfred

Michel von Freiburg i. B. geleiteten und von ihrem Gesin-
nungsgenossen, dem Chef der Buchdruckerei Schüler in Biel [1]).
herausgegebenen kosmopolitischen Blattes, die « Revolution »
betitelt, welches als einziges Mittel zur Befreiung — wört-
lich — « die vollständigste Vertilgung der Fürstengewalt >
predigte, dann aber am 27. d. M. zur Vermeidung der Straf-
verfolgung seinen Namen in « Evolution » umwandelte und
nun von Becker allein redigiert wurde. Gegen 300 Unter-
schriften aus der Einwohnergemeinde Biel begleiteten die
erwähnte Eingabe, deren Urheber dem Bundesrate erklärten,
dass sie « alle diese in ihren Mauern und in der nächsten
Umgebung stattfindenden Umtriebe, durch welche die Neu-
tralität der Schweiz gefährdet, die Ruhe fremder Staaten
gestört, die Einführung und Entwicklung freisinniger Ver-
fassungen gehindert werden, höchlichst missbilligen »; sie
forderten vom Bundesrate Massregeln gegen das Treiben
der Gesellschaft « Hilf dir ! », indem sie andernfalls gegen-
über der letztern. Anwendung ihres eigenen Grundsatzes in
Aussicht stellten.

Die hervorragende propagandistische Stellung dieses
Mannes im Dienste der Republik legte der Regierung des
aufständischen Siziliens den Wunsch nahe, gerade ihn als
Werkzeug zur umfangreichen Anwerbung von Schweizern
zu verwenden. Mit der ausdrücklichen Begründung, der
spärliche Zufluss französischer Soldaten nach Sizilien mache
es wünschbar, auch Streitkräfte zunutzen zu ziehen, welche
die Schweiz liefern könnte, beauftragte der Kriegsminister
La Farina am 9. Januar 1849 mit der Werbung von solchen
den Obersten Ludwig Ghilardi. Er wurde angewiesen, die
Angelegenheit im Einverständnis mit dem sizilianischen Ge-
schäftsträger bei der Eidgenossenschaft, Vito Beltrani, zu be-
treiben.[2]) Der letztere hatte noch im besondern die Mission,
vor dem Wiederbeginn des Krieges mit Neapel die Ab-
berufung der in dessen Dienst stehenden Schweizertruppen
zu erwirken. Das Ministerium befahl zugleich dem sizilia-
nischen Konsul Deonna in Marseille, Beltrani und Oberst
Ghilardi die nötigen Geldmittel zur Verfügung zu halten.

---

[1]) Vater des jetzigen Verlegers des « Schweiz. Handelskurier ». —
[2]) La Farina, Istoria documentata della Rivoluzione Siciliana II, S. 131—132.

So war also gerade diese Mission das ehrenvollste Zeugnis für die militärische Tüchtigkeit jener Schweizer, denn sie beweist, dass diese Gegner im Kriege gefürchtet waren, aber auch das, dass sich die sizilianische Regierung ohne die Werbung solcher Fremder der königlich-neapolitanischen Armee nicht gewachsen fühlte. Einem schweizerischen Obersten hatte Beltrani bereits das Anerbieten gemacht, das Kommando eines Hilfsregimentes in sizilianischen Diensten zu übernehmen, aber der Antrag wurde ohne Bedenken abgelehnt. Dagegen schloss der am 21. Januar in der Schweiz eingetroffene Oberst Ghilardi am 6. Februar mit Johann Philipp Becker eine Kapitulation für die Errichtung einer deutsch-helvetischen oder — offizieller — «germano-helvetisch-republikanischen Legion»; ja nach La Farina anerbot sich der «colonello Becker di Bienna» geradezu, eine komplette schweizerische Legion der sizilianischen Regierung zur Verfügung zu stellen.[1]) Dieser Vertrag wurde am 23. Februar vom sizilianischen Ministerium, aus dem Ghilardis Auftraggeber, La Farina, mittlerweile als Kriegsminister ausgeschieden war, genehmigt.

Infolge der Langsamkeit, mit der dieses Geschäft betrieben wurde, ging für Siziliens Rüstungen kostbare Zeit verloren, zumal in Anbetracht der grossen Entfernung von der Schweiz und der grossen Schwierigkeit der Verbindungen für Rekrutentransporte. Zum Eintritt in diese Legion zu ermuntern, wurden die glänzendsten Versprechungen gemacht. Vom savoyischen Gebiete, wohin das Werbedepot zur Vermeidung einer Kollision mit der Polizei verlegt wurde, erliess Becker einen Aufruf an die Demokraten in der Schweiz und in Deutschland.

Er war am 6. Januar 1849 vom Obergericht des Kantons Bern in Bestätigung eines amtsgerichtlichen Urteils zu einjähriger, Hattemer zu 6-monatlicher Ausweisung verurteilt worden, und auf sein Begehren, es möchte die Vollziehung der Strafe auf den 1. April hinausgeschoben und ihm «seiner vielen Geschäfte wegen» alle 6 Wochen ein eintägiger Aufenthalt in Biel gestattet werden, erhielt Becker

---

[1]) La Farina, a. a. O. II, S. 132.

ablehnenden Bescheid mit der Begründung, das gefällte
Urteil würde im andern Falle Kraft und Zweck verlieren.
Man darf wohl annehmen, dass die vielen Geschäfte Beckers,
der Werbungstätigkeit nicht ganz fremd waren. Nach dem
Aufrufe sollte die Legion vorläufig aus 3 Bataillonen Infanterie,
3 Scharfschützenkompagnien und 2 Artilleriekompagnien be-
stehen; es wurde streng militärische Organisation der Legion
und auserlesene Bewaffnung und Uniformierung verheissen;
überhaupt ward sie als Muster der Ordnung, als Vorbild im
Kampfe empfohlen, als ein Korps, in dem Brudersinn die
nötige Strenge in Subordination und Disziplin mildern und
das Band der Eintracht alle umschlingen werde. Für die
Fahne der Legion sah Becker die Farben Deutschlands und
der Schweiz vor. Jedem Legionär war das sizilianische und
italienische Bürgerrecht und Gleichstellung in allen Rechten
mit den Eingeborenen zugesichert! Ja, im Namen Siziliens
wurde Deutschland und der Schweiz freier Handel in Aussicht
gestellt! Jeder eintretende Offizier hatte sich nach diesem
Aufrufe einer Prüfung zu unterziehen. Jedem Legionär
winkte nach Massgabe seiner Fähigkeit und Auszeichnung
im Dienste die Aussicht auf Beförderung; Gehalt, Sold und
Pensionsverhältnisse wurden denjenigen der Schweizertruppen
in Neapel gleichgestellt; für den Fall, dass die Schweiz oder
Deutschland in einen innern oder äussern Krieg verwickelt
wäre, wurde der Legion, sofern sie nicht vor dem Feinde
stände, gestattet, heimzuziehen, während sie anderseits bei
Einführung der monarchischen Regierungsform sofort des
Gehorsams und überhaupt aller Verpflichtungen entbunden
sein sollte. Den im savoyischen Depot angekommenen
Offizieren war Gehalt und Sold und ebenso Vergütung für
die mitgebrachten und noch brauchbaren Monturstücke vom
Tage der Einreihung in die Legion hinweg zugesichert. Die
Einleitung des Aufrufs wies auf die langjährige künstliche
Trennung der Völker durch geistliche und weltliche Despoten,
auf ihre nunmehr zu gewärtigende Aussöhnung und Ver-
brüderung und auf den Kampf für die Freiheit der übrigen
europäischen Völker hin, der in Ungarn und Italien aus-
gefochten wurde, wobei betont wurde, dass seinem eignen
Volke und Vaterlande diene, wer in einem der beiden Länder

kämpfe. Das Oberkommando der Legion erhielt Becker; Karl Heinzen und Lommel, die beiden andern Chefs der Gesellschaft «Hilf dir!» waren zu höheren Offizierschargen in der sizilianischen Expedition ausersehen; auch sollten nach dem Aufruf in der Legion mehrere schweizerische Oberoffiziere zur Verwendung gelangen, die Scharfschützenkompagnien hauptsächlich aus den Neuenburger-Bergen rekrutiert sein und eine der schönsten Erscheinungen in dieser Waffengattung darbieten.

Oberst Ghilardi kam nie dazu, über die vom sizilianischen Ministerium angewiesenen Werbungsgelder auf schweizerischem Boden zu verfügen. Aus Palermo, wohin er sich zur Ratifikation des mit Becker geschlossenen Vertrages direkt aus der Schweiz begeben hatte, nach Marseille zurückgekehrt, erhielt er hier die Kunde, dass Beltrani die Schweiz verlassen habe, um sich nach Turin zu begeben, weshalb er die für die Werbungen bestimmten Summen nicht habe erheben können.[1]

Mag man nun auch diese Begründung glaubwürdig finden, so ist so viel gewiss, dass schweizerischerseits diese Gelder auf dem legalsten Wege dem von der sizilianischen Regierung ins Auge gefassten Zwecke sowieso entfremdet worden wären, nicht zu reden davon, dass schweizerischen Rekruten für Sizilien der Durchmarsch durch französisches Gebiet von der französischen Regierung verboten wurde. Die goldenen Berge, welche der Aufruf allen Bewerbern um Einreihung in die deutsch-helvetische Legion versprach, behielten nur auf dem Papier Bestand, insofern der zwischen Ghilardi und Becker abgeschlossene Vertrag eine Verletzung des Art. 11 der neuen Bundesverfassung bedeutete, die keine weiteren Militärkapitulationen gestattete. Gestützt auf diesen Umstand ward denn die militärische Unternehmung fast am Vorabend des Tages, an welchem der Waffenstillstand zwischen Sizilien und Neapel ausgelaufen war, von der Achterklärung der Bundesexekutive getroffen. Am 28. März richtete nämlich der Bundesrat an die getreuen lieben Eidgenossen sämtlicher Kantonsregierungen folgendes Kreisschreiben:

---

[1] La Farina, a. a. O., II, 132.

«Mehrere, sowohl schweizerische als fremde Zeitungen
berichten, es habe J. Ph. Becker, Präsident des Vereins
«Hilf dir!» mit den Abgeordneten der sizilianischen Regierung einen Vertrag abgeschlossen, laut welchem er sich
verpflichtet, eine deutsch-helvetische Legion zu stellen, welche
aus 3 Bataillonen Infanterie, 3 Kompagnien Scharfschützen
und 2 Kompagnien Artillerie, grösstenteils unter dem schweizerischen Militär geworben, bestehen soll. Die Legion würde
von Becker selbst befehligt. Zwei andere deutsche Flüchtlinge, Karl Heinzen und Lommel, würden bei der beabsichtigten Expedition höhere Offiziersstellen bekleiden. Obgleich
diese Legion, wie versichert wird, auf sardinischem Gebiet
gebildet werden und daselbst ihr Werbedepot haben soll,
so trägt dennoch Beckers Vertrag, wenn er wirklich existiert,
alle Merkmale einer militärischen Kapitulation an sich, wie
solche durch Art. 11 der Bundesverfassung, welche in dieser
Hinsicht für die Zukunft keinen Unterschied kennt, untersagt
werden. Die Werbung einer solchen Legion wird ferner verboten durch den vierten Artikel des Tagsatzungsbeschlusses
vom 13. Mai 1848, welcher also lautet: ««Die Kantone werden
eingeladen, die nötigen Massregeln zu ergreifen, damit auf
ihrem Gebiet keine Werbungen von Freiwilligen behufs
auswärtiger, nicht kapitulierter Militärdienste stattfinden, und
dass die Bildung bewaffneter Korps zu auswärtiger Hilfeleistung unterbleibe.»»
Wenn diese Kapitulation, wie die öffentlichen Blätter
melden, für die Schweiz Handelsvorteile und für die Legionäre
Militärgrade, Beförderung, Gehalte, Sold und Pension stipuliert,
sowie auch die Zusicherung des sizilianischen und italienischen
Bürgerrechts enthält, so haben J. Ph. Becker und Konsorten
sich Befugnisse angemasst, welche ihnen nicht zustehen, und
geben dadurch die Veranlassung, dass die Bürger irre geführt
werden, indem dieselben zum Glauben verleitet werden, es
habe diese Kapitulation einen gesetzlichen, einigermassen
ämtlichen Charakter und biete eine Garantie für die in
derselben gegenseitig eingegangenen Versprechungen dar.
Fernere Mitteilungen, welche uns aus anderen glaubwürdigen
Quellen zugekommen und welche geeignet sind, die oben
erwähnte Tatsache zu bestätigen, machen es uns zur Pflicht,

eine ernsteste Aufmerksamkeit auf diese Kapitulation und Bildung einer Legion au lenken, welches beides mit der Verfassung und den Gesetzen des Bundes in direktem Widerspruche steht, mit der Neutralität der Schweiz unverträglich und geeignet ist, ihre völkerrechtlichen Verhältnisse zu gefährden. Es ist übrigens notwendig, die Bürger vor den Täuschungen zu bewahren, denen sie durch das Stillschweigen der Behörden ausgesetzt wären.

Der schweizerische Bundesrat ladet daher in Anwendung des Art. 11 der schweizerischen Bundesverfassung und des Art. 4 des Tagsatzungsbeschlusses vom 13. Mai 1848 sämtliche Kantone ein, jede Werbung für die deutsch-helvetische Legion, wenn Becker eine solche wirklich zu bilden sucht, oder Werbungen für irgend eine andere Legion dieser Art zu verhindern, überall, wo eine solche Werbung versucht werden sollte, einzuschreiten und die Dawiderhandelnden den bestehenden Gesetzen gemäss bestrafen zu lassen.»

(Unterschriften.)

Da sich die drei Herren der Verletzung der Verfassung und der Gesetze des Schweizerlandes schuldig gemacht hatten, die der Bundesrat nicht mehr länger glaubte dulden zu dürfen, so verfügte er in Anwendung von Art. 57 der Bundesverfassung gegen den Flüchtling Karl Heinzen, der wegen Veröffentlichung und Verbreitung gefährlicher Schriften bereits von den meisten Kantonen ausgewiesen worden war, als nunmehriger Hauptredaktor der «Evolution» in Biel welche auf Umsturz der gesellschaftlichen und politischen Ordnung abzielende Grundsätze verbreite, die Ausweisung aus dem Gebiete der schweizerischen Eidgenossenschaft. Der Bundesrat lud in Bezug auf Lommel die Kantone ein, auf allfällige weitere bestimmte Nachrichten hin, dass er sich an Beckers Unternehmen beteiligt habe, denselben gleichfalls aus dem schweizerischen Gebiete wegzuweisen. So trat die deutsch-helvetische Legion gar nie ins Leben, und es mussten sich Bewerber um den sizilianischen Kriegsdienst, der im Kanton Waadt besonderer Sympathie begegnete, zu andern Korps melden, namentlich ins erwähnte französische Fremdenbataillon Marchetti, das während des neuen Feldzuges der Neapolitaner von Messina nach Catania vorzüglich hier und zum letzen Mal in den Bergen südlich von Palermo gegen die Schweizertruppen — also teilweise Schweizer gegen ihre Landsleute — sich geschlagen hat.

Die Tatsache, dass die deutsch-helvetische Legion als solche im sizilianischen Heerkörper gar nie bestanden hat, hindert nicht, dass neapolitanische Historiker oder auch Verfasser von Aufzeichnungen persönlicher Erlebnisse in jenem Kriege konsequent immer wieder von den « Legiönlern » im Dienste der Sizilianer sprechen. Es liegt eine Verwechslung vor, denn unter diesen sind die Angehörigen jenes französischen Fremdenbataillons zu verstehen. Das Schicksal, das diesem letztern zuteil ward, als Palermo dank der Tapferkeit der gegnerischen Schweizertruppen den Neapolitanern in die Hände fiel, gibt uns einen Begriff von dem Lose, das der Mannschaft der deutsch-helvetischen Legion zuteil geworden wäre; denn dasjenige der Schweizer unter Marchetti war geradezu furchtbar. Die unglücklichen Kriegsgefangenen des Fremdenbataillons harrten nach der Kapitulation von Palermo der Einschiffung nach Genua zum Zwecke ihres Heimtransportes. Ende Mai langte ein von Palermo kommendes Segelschiff, die « Adelaide », das mit mehreren Hundert Flüchtlingen aller Nationen beladen war, im Hafen von Genua an. Nachdem Römer, Toskaner und einige Spanier schon in Civitavecchia gelandet worden waren, wurden hier die übrigen ans Land gebracht. Unter diesen Unglücklichen befanden sich 10 Schweizer, nämlich Jakob Aspari von Olivone (Kt. Tessin), Jakob Bonguiglielmi von Brusio (Graubünden), Johann Ludwig Perreten von Saanen (Kt. Bern), Johann Jak. Franz Buchwalder von Bourignon (Kt. Bern), Franz Lauber von Escholzmatt (Kt. Luzern), Jean Frédéric Pache von Servion (Kt. Waadt), Pierre Gaudard von Semsales (Kt. Freiburg), Ludwig Eberle von St. Gallen, Jakob Thalmann von Freiburg und ein Johann Glatt. Mit Mühe gelang es dem schweizerischen Konsul Notz in Genua, sich an Bord der « Adelaide » mit den armen Opfern des Krieges, seinen Landsleuten, zu verständigen. Er fand sie wie das Vieh auf dem Fahrzeug zusammengepfercht. Dem Wunsche des Kapitäns der « Adelaide », die Flüchtlinge landen zu dürfen, widersetzte sich die Polizei von Genua.

Sowie sich der Konsul der Namen und der schweizerischen Nationalität dieser Leute versichert hatte, wovon nur 4 Pässe schweizerischer Behörden und nur 2 (Buchwalder und Thalmann) von schweizerischen Behörden ausgestellte Heimatscheine, Gaudard und Perreten aber weder das eine noch das andere Ausweispapier besassen, sandte er zum ausserordentlichen Kommissär, General La Marmora, mit dem Gesuche, er möge ihre Freilassung und unverzügliche Weiterreise nach der Schweiz anordnen, für deren Kosten er aufzukommen versprach. An Stelle des in Turin abwesenden Kommissärs genehmigte sein ihn vertretender Bruder, Generalmajor La Marmora, das Gesuch, aber gleichwohl erhob die Polizei den Anspruch, die Leute bis an die Schweizergrenze zu eskortieren. Der Konsul protestierte gegen derartige Massregeln wider Menschen, die sich auf sardinischem Staatsgebiet keines Fehlers schuldig gemacht hatten. Die Erlaubnis wurde übrigens infolge einer mittlerweile in Turin stattgefundenen grossen Volksdemonstration und der Rückkehr des Kommissärs La Marmora sowieso hinfällig. «Eines schönen Morgens» — am 13. Juni — wurden die Schweizer, ohne dass das Konsulat Nachricht erhielt, auf Anordnung der Polizei an Bord der «Adelaide» zurückgebracht, die von einem sardinischen Dampfer ins Schlepptau genommen wurde, um die Leute bei Gaeta an der neapolitanischen Küste ans Land zu setzen. Dasselbe Schicksal traf alle andern Flüchtlinge, 6—7 Franzosen ausgenommen, die unterdessen ihre Überführung auf ein eben nach Marseille fahrendes Schiff ihrer Nation hatten erwirken können[1]). So wurden also diese Leute, grösstenteils Deutsche, an den Grenzen jener Staaten, in denen sie vorher als Freiheitskämpfer gefeiert worden waren, gleich Aussätzigen zurückgewiesen, ohne auch nur die geringste Unterstützung in ihrem Elend zu finden; sie hatten den Dank der Republiken geerntet! Im bedauernswertesten Zustande wurden sie zunächst nach Neapel und von da als Flüchtlinge ins Staatsgefängnis nach Avellino gebracht. Nach der Darstellung des schweizerischen Generalkonsuls

---

[1]) Bundesarchiv, Akten Genua 1848—1855, Konsul Notz an den Bundesrat, Genua, 13. und 26. Juni 1849.

Mörikofer in Neapel wurde die Internierung aller dieser Leute lediglich als Polizeimassregel betrachtet, denn obschon sie alle gegen die neapolitanische Regierung auf dem von ihr in Anspruch genommenen Boden Siziliens die Waffen geführt hatten und daher von Rechts wegen den für diesen Fall massgebenden Strafgesetzen verfallen waren, hatte sie die Regierung amnestieren lassen und über sie um ihrer Antezedentien willen zur Vorsicht so lange Haft verhängt, bis ihr sicherer Rücktransport nach der Heimat vom schweizerischen Konsulat in Genua erwirkt sein würde. Auf die Kunde von der Ankunft der Landsleute im Gefängnis zu Avellino verfügte sich Mörikofer dorthin. Sie beklagten sich zwar über die Art ihres Transports von Neapel nach Avellino, aber dennoch gewann er die Überzeugung, dass sie wenigstens im Verhältnis zum gewöhnlichen Régime neapolitanischer Gefängnisse human behandelt worden seien. Ausser den genannten Individuen befanden sich laut dem Berichte des Ministeriums des Äussern noch zwei andere Schweizer, Louis Grignolli, Sergeant, und François Borla, beide Tessiner, in Haft in der Zitadelle von Messina, die gleichfalls der sizilianischen Armee angehört haben sollten und für deren Abreise die Vermittlung des Generalkonsulats in Neapel nachgesucht wurde.[1]) Angesichts der Werbenot, welche das Werbeverbot der schweizerischen Bundesversammlung vom 20. Juni 1849, aber noch mehr einzelner Kantone und besonders des Kantons Bern verursacht hatte, gab der unfreiwillige Aufenthalt von Flüchtlingen der ehemaligen sizilianischen Armee den Schweizertruppen und zwar vor allen dem 4. oder Bernerregimente Veranlassung, seine gelichteten Reihen aus deren Mitte zu ergänzen und an den armen Opfern des Krieges, die im erbärmlichsten Elende ihrem weiteren Schicksale entgegensahen, Barmherzigkeit zu üben. Da die von aller Welt verlassenen Kriegsgefangenen wiederholt beim König Ferdinand II. um Aufnahme in seine Armee nachgesucht hatten, traf eines Tages beim Chef des Bernerregiments unversehens des Königs Befehl ein, einen Stabsoffizier nach Avellino zu senden und alle zum Militär-

[1]) Bundesarchiv, Konsulate in Italien, Neapel Korrespondenz 1849—1869, Mörikofer an den Bundespräsidenten, Neapel, 31. Juli 1849.

dienste tauglichen und dazu sich freiwillig meldenden Individuen anzuwerben und im Regimente unterzubringen. Als sich einer der Berner Bataillonschefs in Avellino einfand, soll er noch 63 Mann vorgefunden haben. Die Berner warben 44 Mann an; darunter befand sich nur einer der aus Genua zurückgewiesenen Schweizer, der Freiburger Thalmann. Allen angeworbenen Leuten wurde, obschon sie nicht in der Schweiz angeworben worden, das ausgesetzte Handgeld bezahlt. Unter den übrigen Gefangenen waren solche, die zum Militärdienst nicht brauchbar gefunden wurden, und andere, Korsen und Brasilianer, deren Annahme verweigert ward, während die Schweizer alle bis auf Thalmann die Rückkehr nach der Heimat vorzogen. Ihnen allen liess der Verwaltungsrat des Bernerregiments mit Rücksicht auf ihre Notlage aus seiner Werbekasse eine vorläufige Unterstützung zukommen. Jedem Schweizer wurden 3 Piaster und jedem Fremden 1 Piaster zugesprochen, und zudem verhiess ihnen der abgeordnete Offizier, sich bei den Konsulen des Heimatlandes eines jeden für ihren Rücktransport verwenden zu wollen, eine Zusage, deren sich das Bernerregiment beim Generalkonsul Mörikofer entledigte. Dem schweizerischen Konsulat in Genua war es endlich gelungen, den Durchpass der Unglücklichen in Avellino, wie auch ihrer zwei Leidensgefährten zu Messina durch Sardinien zu bewirken, der ohne jede Eskorte erfolgte. Von Mörikofer mit den nötigen Mitteln zur Fahrt nach Genua ausgerüstet, langten 7 Schweizer, nämlich Johann Ludwig Perreten, Johann Jak. Franz Buchwalder, Pierre Gaudard, Franz Lauber, Jakob Aspari, Jakob Bonguiglielmi und Jean Frédéric Pache am 11. September mit dem Paketboot «San Giorgio» in Genua an. Hier versah das schweizerische Konsulat jeden Mann mit einem der Eidgenossenschaft verrechneten Betrage von 15 Fr., um ihnen am folgenden Tage die Fortsetzung der Heimreise zu ermöglichen. Die beiden in Messina untergebrachten Schweizer konnten, da ihren Papieren das sardinische Visa fehlte, erst am 3. Oktober nach Genua eingeschifft werden, nachdem vom schweizerischen Vizekonsulat in Messina zur Deckung der Kosten ihrer Überfahrt eine Subskription eröffnet worden war. Damit fand die hier in aller Kürze erzählte Leidens-

geschichte von Schweizern ihren Abschluss, deren Solddienst
wahrlich nicht von den verpönten Militärkapitulationen ver-
ursacht worden war.

Unermesslich wäre der Jammer gewesen, wenn nach
Beckers Vorhaben eine deutsch-helvetische Legion inmitten
der Sizilianer den Krieg gegen die Neapolitaner mitgemacht
hätte, denn angesichts der Verlotterung des Militärwesens
auf Sizilien, der Untauglichkeit der meisten Führer und der
bodenlosen Korruption in der Zivil- und Militäradministration
würde ihre Mitwirkung sicher am Ergebnis des Krieges kein
Jota geändert haben. Der Bundesrat hat sich somit im Jahre
1849 das Verdienst erworben, durch Unterdrückung der
Formation jener Legion viele Hunderte von Schweizern vor
dem Schicksale ihrer Landsleute vom französischen Fremden-
bataillon bewahrt zu haben.

Zur Baugeschichte des Basler Münsters.

Von

Albert Rieder.

Wie Stehlin in seiner «Baugeschichte des Münsters im Mittelalter» unwiderlegbar nachweist, ist festgestellt:

1. dass der Georgsturm in seinen untern Teilen noch der einzige Überrest der dem XI. Jahrhundert angehörenden früheren Kirche ist, die wir mit dem Namen «Heinrichsbau» bezeichnen,

2. dass dieser Heinrichsbau seine nördliche sowie seine westliche Hauptschiffmauer an derselben Stelle hatte, wie das heutige Münster,

3. dass der Neubau der Kirche von Westen aus begann, mithin das Langhaus zuerst, dann das Querschiff, nachher der Chor und zuletzt die Westfassade aufgeführt wurde,

4. dass bei diesem Neubau die westliche Abschlussmauer des Hauptschiffes zuerst hinter dem Georgsturme in der Linie A B lag (Fig. 1); während, wie unter 2. bemerkt, sowohl an dem Heinrichsbau, als bei der heutigen Fassade diese Abschlussmauer in der Flucht der Westseite des Georgsturm sich befand, bezw. befindet, also in der Linie C D.

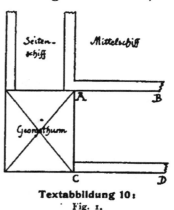

Textabbildung 10:
Fig. 1.

Hinsichtlich der Zeitbestimmung dieses Neubaues fehlen uns urkundliche Nachweise gänzlich. Konstruktive und dekorative Bauglieder ermöglichen es uns jedoch, diese Bauzeit in relativ enge Grenzen einzuschliessen, was wir in folgendem versuchen wollen.

Der Grundriss der Schiffspfeiler mit Halbsäulenvorlage
.zur Aufnahme der Diagonalrippen der Gewölbe beweist uns,
·dass von Anfang her Rippengewölbe vorgesehen waren, was
für unsre Gegend frühestens in dem letzten Viertel des
XII. Jahrhunderts möglich war.

Betrachten wir das Innere des Münsters, so wird uns
·sofort klar, dass die Bauherren von den neuen Bauregeln,
die, von Frankreich ausgehend, nun in allen Ländern bahn-
brechend wirken, am Münster nur das Konstruktive mit seiner
strengen Konsequenz aufnehmen, nämlich das Rippengewölbe
und den dadurch konstruktiv bedingten Spitzbogen in den
Archivolten, den Gurt- und Schildbogen und später dann den
polygonalen Chor mit polygonalem Chorumgang, ebenfalls
·als Konsequenz der Rippenwölbung. Hingegen bleiben die
dekorativen Motive am ganzen Baue ausschliesslich romanisch;
·wir finden an demselben nirgends solche, welche an den
Übergang zur Gotik erinnern. Zieht man nun in Betracht,
dass die Mitte des XIII. Jahrhunderts in Deutschland, und
speziell am Rheine, schon als Abschluss der Übergangszeit
angenommen wird und dass gleich nach 1250 die in unsrer
nächsten Nähe sich befindenden gotischen Langhäuser der
Münster von Strassburg und Freiburg i. B. begonnen und
1275 resp. 1265 vollendet werden, so kann unmöglich an-
genommen werden, dass über die Mitte des XIII. Jahrhunderts
hinaus an unsrem Münster in rein romanischen dekorativen
Formen gebaut werden konnte.

Aus dieser Darlegung ergibt sich, dass *der Neubau
des Münsters nicht vor dem letzten Viertel des XII. Jahr-
hunderts beginnen konnte und dass derselbe (exkl. Fassade)
spätestens Mitte des XIII. Jahrhunderts zum Abschluss ge-
langen musste.* Dass der Neubau mit dem Langhause be-
gann, lässt darauf schliessen, dass dieser Neubau infolge
eines Brandes unternommen werden musste. Bekanntlich
beginnt der Bau einer Kirche, im Prinzip, stets von der
Chorseite, also von Osten her, aus dem einfachen Grunde,
·weil nach Vollendung des Chores und der dadurch ermög-
lichten Aufstellung des Altars dieser Teil der Kirche für sich
·eingeweiht und zu Kultuszwecken verwendet werden konnte,
·während am Quer- und Langhause oft noch viele Jahrzehnte

weiter gebaut wurde. Wird deshalb ein Neubau, wie an unsrem Münster, mit dem Langhause begonnen, so ist das ein Beweis, dass der alte Chor noch vorhanden und soweit intakt war, dass er während des Neubaues der übrigen Kirche für den Kultus verwendet werden konnte.

Wenn wir uns den aus dem XI. Jahrhundert stammenden Heinrichsbau so vorstellen, wie die Kathedralen jener Zeit beinahe ausschliesslich gebaut waren, so bestand dieser Bau aus einem gewölbten Chor, aus einem Langhaus und Querhaus, die ungewölbt, mit Holzdecken versehen waren (höchstens können wir die Seitenschiffe als gewölbt annehmen) und aus einer Westfront, bestehend aus zwei Türmen in der Verlängerung der Seitenschiffe (wovon, wie bereits erwähnt, der Nordturm in seinen untern Teilen noch vorhanden), sowie der zwischen beiden Türmen liegenden Fassade mit Hauptportal als Abschluss des Mittelschiffes. Der vorderste Teil des Mittelschiffes zwischen beiden Türmen war gewöhnlich auch eingewölbt.

Vom Jahre 1185 wird von einem grossen Brande unsres Münsters berichtet; wie gross seine Bedeutung war, wird zwar nicht angegeben; wenn wir uns jedoch an die oben festgelegten Grenzen der Bauzeit halten, so müssen wir annehmen, dass der Heinrichsbau durch dieses Feuer so stark beschädigt wurde, dass an eine Reparatur desselben nicht mehr zu denken und man genötigt war, zu der grossen Arbeit eines Neubaues zu schreiten. Vom alten Heinrichsbau waren mit höchster Wahrscheinlichkeit noch intakt vorhanden: Der Chor, welcher ja, wie schon erwähnt, während des Baues des Langhauses zu Kultuszwecken dienen musste; ferner die beiden sehr massiven Türme, welche in ihren untern Geschossen keine bemerkenswerten Öffnungen hatten, somit dem Feuer weder Zutritt noch Nahrung gewähren konnten; drittens die relativ kurze, zwischen beiden Türen eingespannte Fassade mit ihrem Portale.

Aber nun stehen wir vor einer wichtigen Frage. Wenn wir annehmen, dass von dem Heinrichsbau sowohl der Chor, als die Westfassade mit ihren beiden Türmen vom Feuer verschont blieben, wie kommt es, dass entgegen dem konservativen Sinne jener Zeit sowohl der Chor als die West-

front mit dem Südturme abgebrochen wurden und nur der
Nordturm in seinem untern Geschosse erhalten blieb? Wären
wir 100 Jahre später, so könnten wir einfach erklären, dass
die Vorliebe für neue Bauformen so stark war, dass der
Wille vorherrschte, mit dem gesamten romanischen Baue
aufzuräumen.. Aber wir sind erst am Ende des 12. Jahr-
hunderts und der ganze nun beginnende Neubau zeigt, mit
welcher Vorliebe den alten, ehrwürdigen romanischen Formen
gehuldigt wird, sodass ohne eine absolute konstruktive Not-
wendigkeit sicher die erwähnten noch bestehenden Bauteile
dem Neubau einverleibt worden wären.

Diese Notwendigkeit lag in dem Bedürfnis nach einem
grössern Raume, als der beinahe zwei Jahrhunderte alte
Heinrichsbau geboten hatte. Bei den grossen Kosten eines
Neubaues konnte nicht ausser Auge gelassen werden, dass
derselbe nicht nur für die gegenwärtigen, sondern auch für
die zukünftigen Bedürfnisse gross genug zu gestalten war;
die Kirche musste grösser angelegt werden als der Heinrichs-
bau wahrscheinlich war.

In welcher Richtung fand nun diese Vergrösserung
statt? Dass dieselbe weder in nördlicher noch westlicher
Richtung erfolgte, beweist uns der vorhandene Nordturm
des Heinrichsbaues. In östlicher Richtung war an eine Raum-
gewinnung nicht zu denken, da, wie Stehlin in seiner Ein-
leitung nachweist, man schon beim Heinrichsbau mit dem
Chore an die äusserste Grenze der Rheinböschung gerückt
war. Eine Vergrösserung war also nur an der Südseite
möglich; in welchem Umfange dieselbe erfolgte, könnte
durch Aufsuchen der Fundation des Südturms des Heinrichs-
baues leicht festgestellt werden. Einstweilen genügt es uns
zu wissen, dass die Vergrösserung der Kirche nur in süd-
licher Richtung möglich war und in dieser Richtung erfolgen
musste. Nun wird uns sofort klar, warum die erwähnten
Bauteile des Heinrichsbaues unbedingt verschwinden mussten
und allein der Nordturm beibehalten werden konnte. Durch
Vergrösserung der Kirchenanlage nach der Südseite wurde
die Längenaxe der Neuanlage um die halbe Vergrösserung
mehr nach Süden verlegt. Der alte Chor konnte demnach
nicht mehr beibehalten werden und da die Fassade der

neuen Kirche sich nun breiter gestaltete, so mussten Sud-
turm und Fassade des Heinrichsbaues ebenfalls verschwinden,
sobald die Fassade des Neubaues in Angriff genommen
wurde; denn dass diese Bauteile erst recht spät abgebrochen
wurden, werden wir im folgenden nachweisen.

Wie schon erklärt, begann der Neubau vom Georgs-
turm aus und zwar wurde die provisorische westliche Ab-
schlusswand provisorisch in die hintere Flucht des Georgs-
turms gerückt, während dieselbe am Heinrichsbau in der
vordern Flucht dieses Turmes lag (siehe Fig. 1). Wir sagen
provisorisch; denn es ist nicht anzunehmen, dass es in
der Absicht der Bauherren liegen konnte, Raumfläche der
früheren Kirche unnötig aufzuopfern, da ja im Gegenteil Be-
dürfnis nach mehr Raum vorherrschte und zur Geltung kam.
Die Abschlussmauer in der hintern Turmflucht konnte also
nur als ein Provisorium gelten und wir können uns leicht
in folgender Weise erklären, durch was diese provisorische
Baulinie bedingt war.

Der Neubau an der Westseite konnte nämlich auf zwei
verschiedene Weisen in Angriff genommen werden. Denk-
bar war zunächst die sofortige Errichtung einer neuen West-
front auf der bisherigen Flucht, nach vorherigem Niederlegen
des Südturms und der Fassade des Heinrichsbaues. Diese
Lösung der Aufgabe hätte einen ganz unnötigen, grossen
Zeitverlust für den Bau des Langhauses nach sich gezogen.
Nach dem Brande war das Hauptbedürfnis nicht, so schnell
wie möglich eine neue Fassade aufzuführen, wohl aber, mög-
lichst bald ein gedecktes Langhaus benutzen zu können, da
der Chor allein nur sehr ungenügend Raum für die Kultus-
bedürfnisse gewähren konnte. Der praktische Sinn unsrer
Vorfahren musste von selbst eine solche Lösung zurück-
weisen. Der Ausbau der Fassade konnte späteren Zeiten
vorbehalten bleiben, jede augenblicklich unnötige Arbeit
musste möglichst vermieden werden, um alle Hände für den
Ausbau des Langhauses benützen zu können. Man entschloss
sich deshalb, eine provisorische Abschlussmauer aufzuführen
*und dieselbe so weit nach hinten zu verlegen, dass die West-
front des Heinrichsbaues mit ihren beiden Türmen durch
den Neubau unberührt blieb und bis zum Ausbau der neuen*

Fassade stehen bleiben konnte. Dadurch erreichte man ferner, dass die Fassade nicht während beinahe eines Jahrhunderts durch eine mächtige, hässliche, formlose, provisorische Abschlussmauer entstellt war, da nun diese Abschlusswand durch die alte Fassade des Heinrichsbaues verdeckt war. Der Grundriss der Fassade während des Neubaues der Kirche war demnach so, wie nebenstehende Figur 2 angibt.

Dass dieser Zustand der Westseite wirklich existierte, wird sozusagen urkundlich nachgewiesen; denn jetzt wird die Urkunde vom Jahre 1231 (Urkundenbuch der Stadt Basel I, No. 119) klar und verständlich. Die Einwohner von Altkirch hatten sich gegen den Bischof von Basel irgendwie

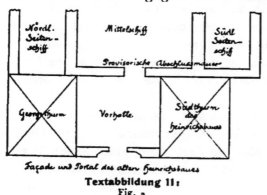

Façade und Portal des alten Heinrichsbaues
Textabbildung II:
Fig. 2.

vergangen und nun wurde ihnen auferlegt, sich zum Münster zu begeben « in porticum et ante portam beate Marie », um Busse zu tun. Betrachten wir den Grundriss (Fig. 2), so sehen wir gleich, was unter dem Satze « in porticum et ante portam » zu verstehen ist. Es ist die Vorhalle, welche zwischen dem alten Portal des Heinrichsbaues und der provisorischen Abschlussmauer des Langhauses sich von selbst ergab. Wäre die Fassade des Heinrichsbaues nicht beibehalten worden, so wäre eine Vorhalle im Jahre 1231 noch gar nicht denkbar; denn eine Vorhalle vor einer nur provisorischen Abschlussmauer zu errichten, hätte keinen Sinn gehabt und im Jahre 1231 war der Chorbau noch nicht fertig (wir werden in einer speziellen Abhandlung nachweisen, dass der Chorbau mit der Krypta erst nach 1225 beginnen konnte), so dass der Fassadenbau noch nicht in Angriff genommen sein konnte.

Wenn wir, aller Wahrscheinlichkeit gemäss, das provisorische Beibehalten der alten Westfassade annehmen, so kommen auch verschiedene noch dunkle Punkte der mysteriösen Baugeschichte der Galluspforte in ein besseres Licht und wird manches erklärlich, was bis heute vergebens auf plausible Erklärung wartete.

Der Reichtum dieses Portales, das eines der schönsten ist, welche die romanische Kunst hervorgebracht hat, lässt die Annahme zur Gewissheit werden, dass es von Anfang an nicht einer beliebigen, sondern einer ganz bedeutenden Kirche hat angehören müssen. Die Darstellung des jüngsten Gerichtes im Tympanon lässt mit Sicherheit darauf schliessen, dass die Galluspforte in ihrer ersten Aufstellung ein Haupt-eingangs-Portal sein musste; denn diese Darstellung, nebst derjenigen der klugen und törichten Jungfrauen im Architrav, war stets, sowohl in der romanischen als in der gotischen Epoche, mit Vorliebe für den Haupteingang vorbehalten. *Wir haben also in der Galluspforte das Portal des Haupt-eingangs einer bedeutenden Kirche der romanischen Zeit zu sehen.* Dieses Portal kann aber nicht für den Neubau unsres Münsters erstellt worden sein; denn es war schon im 12. Jahrhundert vorhanden. Ohne hier auf stilistische Beweise eingehen zu wollen, möchten wir nur daran erinnern, dass die höchst originellen Kapitäle der Galluspforte an dem Ende des 12. Jahrhunderts gebauten Portal der Kirche von Sigols-heim getreulich kopiert worden sind.

Für den Nordeingang des Querschiffes, wo sie gegen-wärtig steht, kann die Galluspforte ursprünglich unmöglich bestimmt gewesen sein; denn als das Querhaus gebaut wurde (unmittelbar vor dem Chorbau) wurde ein viel schmä-leres Portal an dieser Stelle eingesetzt, und als später dieses erste Portal durch die Galluspforte ersetzt wurde, mussten, um die nötige grössere Breite zu erlangen, an der Innen-wand des Querhauses sehr unliebsame Veränderungen vor-genommen werden, die nahe an Pfuscherei grenzen. Dieser Sachverhalt ist von Stehlin in seiner Baugeschichte des Münsters untrüglich festgestellt worden und ist heute noch zu erkennen. Stehlin weist ausserdem (Seite 91 der Bau-geschichte) mit grösster Bestimmtheit nach, dass bei der Auf-stellung der Galluspforte am Querschiffe eine grobe Ver-wechslung der richtigen Höhenlage zweier Steinplatten statt-fand, welche bestimmt waren, die Höhe der Kapitäle aus-zugleichen. Statt dass diese Platten über den dritten Baldachinen sich befinden, wo sie unstreitig hingehören, wurden dieselben irrtümlicherweise über den zweiten Baldachinen aufgestellt, wo sie nicht nur zwecklos sind, sondern noch die Einheit des Aufbaues der Baldachine zerstören. Hierin liegt ein untrüglicher Beweis dafür, dass die Galluspforte nicht an ihrem ersten Aufstellungsorte steht, demnach nicht für das neue Münster angefertigt, sondern von einem andern Baue herübergenommen wurde.

Nun stellen wir uns folgende Fragen: Woher stammt die Galluspforte? Warum, wenn dieselbe älter ist als der Neubau des Münsters, warum wurde zuerst ein andres Portal am Nordeingang des Querhauses aufgestellt und die Galluspforte erst später unter teilweiser Verunstaltung der innern Querhausmauer eingebaut? Diese Vorgänge erklären sich äusserst leicht, wenn wir auf unsern Nachweis zurückkommen, dass Fassade und Portal des Heinrichsbaues bis zum Ausbau der neuen Westfront stehen geblieben sind und wenn wir aller Wahrscheinlichkeit gemäss, die wir noch weiter verstärken werden, annehmen, *dass die Galluspforte nichts andres ist, als das alte Hauptportal des Heinrichsbaues.*

Wir möchten die erklärenden Vorgänge folgendermassen entwickeln. Beim Beginn des Neubaues der Kirche steht dieses Portal an seinem alten Platze in der Fassade des Heinrichsbaues; es war noch für jene Zeit (Ende des 12. Jahrhunderts) eine Glanzleistung erster Grösse, und es konnte damals kaum daran gedacht werden, dasselbe durch ein andres zu ersetzen, da etwas Reicheres in dieser Hinsicht kaum im Bereiche der Möglichkeit lag und sicher durch kein gleichzeitiges Beispiel nachgewiesen werden kann. Wir können demnach. mit Bestimmtheit annehmen, dass bei Beginn des Neubaues die Absicht der Bauherren sein musste, dieses Portal wieder als Hauptportal der neuen Kirche zu verwenden, was eine weitere Ursache war, das Portal so lange wie möglich an seinem Platze eingebaut zu lassen, da es auf diese Weise am besten erhalten blieb und es der Gefahr entging, im Laufe der langen Jahre von seinen Bestandteilen zu verlieren. Dieser Gedanke, das Portal wieder zu verwenden, musste umsomehr vorherrschen, als wir Bau-

herren vor uns haben, die durch und durch romanisch ge-
sinnt sind, den romanischen Formen mit Exklusivität huldigen
und von den neuen Formen absolut nichts verwenden, als
was von konstruktivem Vorteile ist. Diese Bauherren, denen
der romanische Stil in Fleisch und Blut übergegangen war,
konnten unmöglich zum Gedanken kommen, dies kostbare
und wirklich grossartige Portal durch ein Portal neuerer
Richtung zu ersetzen; sie müssen unzweifelhaft den Willen
gehabt haben, dasselbe wieder als Hauptportal aufzustellen.
Als gegen Ende des ersten Viertels des 13. Jahrhunderts
das Querschiff erbaut wurde, müssen unsre Bauherren,
resp. ihre unmittelbaren Nachfolger, noch gleichen Sinnes
gewesen sein; denn das zähe Festhalten an den romanischen
Formen erkennen wir nochmals an dem nun beginnenden
Chorbaue.   In das nördliche Querschiff wird eine relativ
schmale Türe eingesetzt, ohne dass der Gedanke auf-
kommen konnte, das kostbare Portal an dieser Stelle zu ver-
wenden.   Nun rückt der Bau der Kirche immer weiter voran
und gegen Mitte des 13. Jahrhunderts steht der neue Chor
vollendet da und mit ihm die ganze Kirche mit Ausnahme
der Westfront.   Ob wir nun annehmen, dass jetzt, wie bei den
meisten Kirchenbauten üblich, eine mehr oder weniger lange
Pause eintritt, um besonders den durch die grosse Anstrengung
erschöpften Geldbeutel wieder tüchtig füllen zu lassen, bevor
man den immer sehr teuren Fassadenbau in Angriff nimmt,
oder dass sofort nun mit dieser letzten Arbeit begonnen
wird, bleibt für unsre Darstellung belanglos.   Wir sind mit
der Mitte des 13. Jahrhunderts an das alleräusserste Ende der
romanischen Bauweise, soweit dieselbe noch im Übergangs-
stile vorhanden, angelangt.   Bezeichnet doch die Mitte des
13. Jahrhunderts in der ganzen Rheingegend den Abschluss
des Übergangsstiles, jedenfalls für alle bedeutenderen Kirchen-
bauten.*)

----

*) An kleinern Kirchen wird allerdings selbst bis Ende des 13. Jahr-
hunderts noch, fast handwerksmässig, im romanischen Baustil weiter gebaut
(Beispiel unter anderen die kleine Martinskirche in Worms im Jahr 1265).
Man darf bei Beurteilung dieser Tatsache einen Punkt nicht vergessen, der
sozusagen nie erwähnt wird und doch bei kleinern Kirchen sehr massgebend

Frühestens in der Mitte des 13. Jahrhunderts, vielleicht
noch einige Jahrzehnte später, stand man vor dem Problem
des Fassadenbaues unsres Münsters. Die alten Meister vom
Ende des 12. Jahrhunderts waren längst nicht mehr da, selbst
ihre direkten Nachfolger hatten wahrscheinlich schon das
Zeitliche gesegnet. Wir haben nun Bauherren vor uns,
die sich wohl oder übel den überall sich verbreitenden
gotischen Bauformen anfügen müssen, und eine Zeit, in
welcher mit den romanischen Formen überhaupt aufgeräumt
wird. Betrachten wir nun, was an den Kathedralbauten in
nächster Nähe unsrer Stadt vorgeht, in Strassburg sowie
Freiburg i. B., beides Städte, mit denen Basel in stetem
regem Verkehr stand: Strassburg baut sein Langhaus in
gotischem Stil von 1250—1275, Freiburg i. B. baut sein Lang-
haus ebenfalls in gotischem Stile von 1250—1265. Eine
romanische Fassade an userm Münster jetzt noch aufzuführen,
daran durfte nun nicht mehr gedacht werden, selbst dann
nicht, wenn die noch vorhandenen Überreste des Heinrichs-
baues hätten stehen bleiben können, was ja nur mit dem
Georgsturm der Fall sein konnte. Südturm und Mittelbau
hätten bei Wiederverwendung, wie nachgewiesen, abge-
brochen und um zirka 1½ Meter nach Süden gerückt werden
müssen. Wir sind aber in einer Zeit angelangt, wo der
Fassadenentwurf nicht mehr anders als in gotischem Stil auf-
gestellt werden konnte. Südturm und Mittelbau, nebst dem
reichen Portale, konnten daher an dieser Stelle keine Ver-
wendung mehr finden. Das einzige Zugeständnis an das
Bestehende, ein Zugeständnis, bei welchem der Kostenpunkt
wahrscheinlich mitwirkte, bestand in der Beibehaltung des
Nordturmes in seinem untern Teile. Man konnte denselben
umso leichter beibehalten, als er sehr wenig und gar nicht
auffällig gegliedert ist, sodass er mit den vorgesehenen
gotischen Bauteilen nicht stark kontrastieren konnte.

Was aber nun mit dem romanischen Portale des Hein-
richsbaues anfangen? Dasselbe an einen andern Kirchenbau zur

---

war: Der romanische Baustil war bei gleicher Grundfläche bedeutend billiger,
als die nach dem Grundsatz «noblesse oblige» bedeutend höhere Ansprüche
stellende Gotik.

Verwendung abzugeben, daran durfte in so später Zeit nicht
mehr gedacht werden. An allen gleichzeitigen Bauten war man
für die neuen Formen stark eingenommen. Der Ehrgeiz eines
jeden Bauherrn war darauf gerichtet, zu zeigen, was er in
den neuen, noch wenig bekannten Formen Schönes zu leisten
vermöge. Das willkommenste und dankbarste Arbeitsfeld
hierzu war nun eben die Fassade nebst dem Hauptportale,
sodass in dieser Zeit ein wenn auch noch so reiches roma-
nisches Portal, selbst als Geschenk, bei einem Bauherrn kaum
als ein willkommener Gast Aufnahme finden konnte. Was
aber nun damit anfangen? Dasselbe zerstören, um damit
aufzuräumen? Glücklicherweise sind wir noch in einer Zeit,
wo Sinn und Verständnis für die Schönheiten romanischer
Kunst zu lebendig sind, als dass ein solcher Schritt denkbar
und möglich wäre. Solcher Vandalismus blieb spätern Zeiten
vorbehalten, die leider nicht ermangelten, das Versäumte
nachzuholen. Da das Portal für den Haupteingang absolut
nicht mehr verwendet werden konnte und seine Verwendung
an einem andern Baue aussichtslos war, so blieb nichts andres
übrig, als eine Unterbringung desselben am Münster selbst,
ausserhalb der Fassade zu finden und zwar an einem Orte,
bei welchem seine Schönheit voll zur Geltung kommen
konnte. Ein besserer Platz als der Nordeingang in das Quer-
schiff war schlechterdings nicht zu finden. Aber nun stellt
es sich heraus, dass das Portal zu breit ist und dass infolge
dessen sein Einbau auf grosse Schwierigkeiten stösst, die
nur den einen Ausweg lassen, das erst vor wenigen Jahr-
zehnten ausgeführte Querschiff an der Innenmauer mehr oder
weniger zu verunstalten und durch diesen Einbau mehr oder
weniger zu verpfuschen. Man entschloss sich in der Tat zu
diesem Ausweg, der es wenigstens ermöglichte, dies ehr-
würdige Kunstwerk des Heinrichsbaues der Zukunft zu
erhalten.

Nur wenn wir annehmen, dass wir in der Galluspforte
das frühere Hauptportal des Heinrichsbaues besitzen, können
wir in gotischer Zeit den Einbau eines romanischen Portals
an Stelle eines schon bestehenden in die Nordwand des
Querschiffes erklären. Für ein fremdes, der Kirche nicht
angehörendes romanisches Portal hätte man in gotischer

Zeit kein bestehendes Portal ausgebrochen, vollends nicht, wenn der Einbau dieses fremden Portales störend und verpfuschend auf die innere Gliederung des Baues einwirken musste. Für mich steht fest, und ich glaube dies auch mit grösster Wahrscheinlichkeit nachgewiesen zu haben, dass die Galluspforte nichts andres sein kann, als das alte Hauptportal des Heinrichsbaues.

Achtundzwanzigster Jahresbericht

der

historischen und antiquarischen Gesellschaft.

I. Mitglieder und Kommissionen.

Die historische Gesellschaft zählte am Schlusse des Vereinsjahres 1901/1902 269 Mitglieder. Von diesen verlor sie im Laufe des verflossenen Vereinsjahres 1902/1903: 13; 6 durch Austritt, 7, und zwar die Herren A. Bischoff-Sarasin, A. Ehinger-Heusler, Louis Jenke, Th. Raillard-Vortisch, R. Reich, Prof. G. Soldan und Dr. E. Weydmann, durch Tod; dagegen traten 6 neue Mitglieder ein, nämlich die Herren Pfr. K. Gauss, Albert de Montet, Rob. Riesterer-Asmus, Emanuel Stickelberger, Dr. E. A. Stückelberg und Dr. Ernst Weiss, so dass der Gesellschaft am Schlusse des Vereinsjahres 262 Mitglieder angehörten.

Die Kommission war dieselbe wie im Vorjahre.

Ausser der Kommission bestanden noch folgende besondere Ausschüsse:

1. Für die Zeitschrift: Dr. C. Stehlin, Reg.-Rat Prof. A. Burckhardt-Finsler und Dr. R. Wackernagel.
2. Für das Urkundenbuch: Reg.-Rat Prof. A. Burckhardt-Finsler, Prof. A. Heusler, Dr. C. Stehlin, Prof. R. Thommen und Dr. R. Wackernagel.
3. Für die Ausgrabungen in Augst: Dr. Aug. Bernoulli, Dr. Th. Burckhardt-Biedermann und Dr. C. Stehlin.
4. Für baslerische Stadtaltertümer: Dr. C. Stehlin, Dr. P. Ganz und Dr. E. A. Stückelberg.

Dr. C. Stehlin leitete ausserdem die Arbeiten am historischen Grundbuch.

II. Sitzungen und gesellige Anlässe.

An den 11 Gesellschaftssitzungen, welche dieses Jahr im Storchen stattfanden, wurden folgende Vorträge gehalten:

1902.

20. Oktober:	Herr Dr. J. W. Hess: Kulturgeschichtliche Mitteilungen aus Baselstadt und Basel-land, 16. und Anfang des 17. Jahrh.
3. November:	Herr Dr. K. Nef: Die Schicksale der Werke Bachs.
17. November u. 1. Dezember:	Herr Jean Grellet: Souvenirs d'un nona-génaire.
15. Dezember:	Herr Prof. Hoffmann-Krayer: Die Neu-jahrsfeier im alten Basel.

1903.

12. Januar:	Herr Prof. R. Thommen: Joseph II. und Belgien.
26. Januar:	Herr Dr. F. Holzach: Oliver Cromwell und die Schweiz.
9. Februar:	Herr Dr. E. Weydmann: Korrespondenz eines Schweizer Offiziers in französischen Diensten aus dem 7jährigen Kriege.
23. Februar:	Herr Dr. P. Ganz: Die Entwicklung der Basler Glasmalerei im 16. Jahrhundert.
9. März:	Herr Prof. Fr. Münzer: Die römischen Freigelassenen.
30. März:	Herr Dr. C. Stehlin: Parzellierungsver-hältnisse im alten Basel.
	Herr Dr. J. Oeri: Glück und Unglück in der Weltgeschichte. (Vortrag aus dem Nachlasse Jacob Burckhardts.)

Die Durchschnittszahl der Besucher für sämtliche 11 Sitz-ungen betrug 42, wie im Vorjahre (Maximum 55, Minimum 28).

Sonntag, den 28. Juni, fand bei prachtvollem Wetter der diesjährige Ausflug statt, das Ziel war Thann; bei diesem Anlasse machte Herr Dr. C. Stehlin einige Mitteilungen über das Thanner Münster und dessen Erbauer Remigius Fäsch.

III. Bibliothek.

Die Bibliothek der Gesellschaft vermehrte sich im Be-richtsjahre um 313 Bände und 119 Broschüren (1901/1902: 259 Bände und 127 Broschüren). Die Zahl der Tausch-gesellschaften stieg von 184 auf 198.

IV. Wissenschaftliche Unternehmungen, Publikationen und Erwerbungen.

In August konnte der schon mehrfach erwähnte Abzugskanal nach aufwärts und nach abwärts ein Stück weit zugänglich gemacht werden; er scheint als Hauptdohle der römischen Niederlassung gedient zu haben. Seine Bauzeit muss zwischen die des Amphitheaters und des jüngsten Theaters fallen. Das Szenengebäude des jüngsten Theaters scheint unvollendet geblieben zu sein; es findet sich an seiner Stelle bloss ein dürftiges Fundament, das nur für eine provisorische hölzerne Szenenwand gedient haben kann. Reparaturen verschiedener blossgelegter Mauerteile sind gegenwärtig im Gange.

Von der Zeitschrift erschienen die beiden Hefte des 2. Bandes an den regelmässigen Terminen.

Vom Urkundenbuch und von den Basler Chroniken sind im Berichtsjahre keine weitern Bände zur Ausgabe gelangt.

Das Zettelmaterial des historischen Grundbuches hat sich im verflossenen Jahre um 15072 Zettel vermehrt. Der Totalbestand beträgt nunmehr 109739 Zettel. Die Häusergeschichten sind für die innere Stadt links des Birsigs zum grössten Teile zusammengestellt und der Benützung zugänglich.

Was die Acta pontificum betrifft, so wurde im Laufe des Berichtsjahres der Vertrag betr. Fortsetzung dieses Werkes mit Dr. Johannes Bernoulli gelöst, da keine Aussicht auf Erfüllung desselben vorhanden war. Gleicherweise wurde die im Jahresberichte von 1896/1897 erwähnte Abmachung mit Prof. H. Alfr. Schmidt betr. eine Publikation über die Holbeinschen Fresken im Rathaus rückgängig gemacht.

Zu erwähnen wäre endlich noch der Ankauf einer Sammlung photographischer Platten aargauischer Altertümer von Dr. W. Merz in Aarau.

Basel, 31. August 1903.

J. Schneider, Schreiber.

Vom Vorstand genehmigt den 25. September 1903.
Basler Zeitschr. f. Gesch. und Altertum. III. 1.

Jahresrechnung

der historischen und antiquarischen Gesellschaft

vom 1. September 1902 bis 31. August 1903.

	Fr. Cts.	Fr. Cts.
A. Gesellschaftskasse.		
Einnahmen:		
Jahresbeiträge von 2 Mitglied. à Fr. 30.—	60. —	
» » 1 » » » 25.—	25. —	
» 17 » » » 20.—	340. —	
» » 246 » » » 12.—	2952. —	
Zinse (aus A, B und C)	309. 60	3686. 60
Ausgaben:		
Sitzungsanzeigen an die Mitglieder . .	154. 70	
Druck von Zirkularen etc.	66. 95	
Porti und Frankaturen	227. 40	
Diversa: Löhne etc.	138. 90	
Buchbinderrechnung der Bibliothek . .	212. 20	
Papier zur Ordnung der Photographien-sammlung etc.	202. 35	1002. 50
Saldo, wovon je die Hälfte (Fr. 1342.05) auf B und C zu übertragen . . .		2684. 10
B. Historischer Fonds.		
Einnahmen:		
Saldo alter Rechnung	6063. 10	
Übertrag aus der Gesellschaftskasse .	1342. 05	
Verkauf von 49 Exemplaren Basler Chro-niken, Bd. VI	833. —	
Verkauf älterer Bände Basler Chroniken	314. —	
Saldo-Übertrag aus dem Fonds zum Kon-zilsbuch	410. 85	
Rückerstattung eines Beitrags an die Acta Pontificum	200. —	9163. —
Einnahmen: Übertrag . .		9163. —

	Fr. Cts.	Fr. Cts.
Einnahmen; Übertrag . .		9163. —

Ausgaben:

	Fr. Cts.	Fr. Cts.
Übernahme von 180 Exemplaren Basler Chroniken, Bd. VI	2993. 65	
Nachbestellung älterer Bände	287. 55	
Beitrag an die Zeitschrift (¹/₂ der Kosten)	703. 15	
Honorar für das Konzilsbuch, Bd. V (Anzahlung)	987. 20	
Bezug von 1 Exemplar Konzilsbuch, Bd. I—III	61. 50	
Bezug von 1 Exemplar Beiträge zur Vaterl. Geschichte, Bd. XV	4. 50	5037. 55
Saldo auf neue Rechnung		4125. 45

C. Antiquarischer Fonds.

Einnahmen:

	Fr. Cts.	Fr. Cts.
Saldo alter Rechnung	3713. 45	
Übertrag aus der Gesellschaftskasse .	1342. 05	
Rückerstattung des Beitrags an ein nicht erschienenes Werk	625. —	
Verkauf von 64 Exemplaren Beschreibung von Augst	48. —	5728. 50

Ausgaben;

	Fr. Cts.	Fr. Cts.
Beitrag an die Zeitschrift (¹/₂ der Kosten)	703. 15	
» » » Ausgrabungen in Augst .	500. —	
Ankauf der Sammlung photographischer Platten von Dr. Merz in Aarau . .	180. —	
Vergütung an die Zeitschrift für 400 Exemplare Beschreibung von Augst .	160. —	
Grundbesitz in Augst: Unterhalt . . .	23. 50	1566. 65
Saldo auf neue Rechnung		4161. 85

D. Spezialfonds für Ausgrabungen in Augst.

Einnahmen:

	Fr. Cts.	Fr. Cts.
Beitrag aus dem Antiquarischen Fonds	500. —	
» des Vereins für das Historische Museum	1000. —	
Bundesbeitrag für 1902	1500. —	
Erlös aus gefälltem Holz	166. 50	3166. 50
Einnahmen: Übertrag . .		3166. 50

	Fr.	Cts.	Fr.	Cts.
Einnahmen: Übertrag . .			3166.	50
Ausgaben:				
Passivsaldo alter Rechnung	846.	20		
Graberlöhne	3103.	30		
Werkzeugreparaturen	163.	55		
Landentschädigungen f. den Schienenweg	78.	—		
Diversa	18.	45	4209.	50
Passivsaldo auf neue Rechnung . . .			1043.	—

E. Spezialfonds zum Basler Urkundenbuch.

	Fr.	Cts.	Fr.	Cts.
Einnahmen:				
Saldo alter Rechnung	1871.	15		
Staatsbeitrag für 1903	2000.	—		
Zins	48.	50	3919.	65
Ausgaben:				
Zahlung an die Kommission zum Urkundenbuch, für Bd. X	600.	—		
Kopien für Bd. IX	180.	75		
Auszüge für Bd. XI	235.	—	1015.	75
Saldo auf neue Rechnung			2903.	90

F. Spezialfonds zum Basler Konzilsbuch.

	Fr.	Cts.	Fr.	Cts.
Saldo alter Rechnung	390.	50		
Zins	20.	35		
Saldo-Übertrag auf den Histor. Fonds .	410.	85		

G. Historisches Grundbuch.

	Fr.	Cts.	Fr.	Cts.
Einnahmen:				
Staatsbeitrag für 1903	1200.	—		
Geschenk eines Mitgliedes	1206.	50	2406.	50
Ausgaben:				
Für 15072 Zettel			2406.	50
			—.	—

	Fr. Cts.	Fr. Cts.

H. Basler Zeitschrift für Geschichte und Altertumskunde.

Einnahmen:

	Fr. Cts.	Fr. Cts.
31 Abonnemente à Fr. 4.05 . . .	125.55	
Übertrag auf den Antiquar. Fonds, für 400 Sonderabdrücke der Beschreibung von Augst.	160.—	
Beitrag aus dem Historischen Fonds .	703.15	
» » » Antiquarischen Fonds	703.15	1691.85

Ausgaben:

Druck von Heft 1	789.40	
» » » 2	560.05	
Abbildungen und Pläne zu Heft 1 .	304.40	
» » » » » 2 .	38.—	1691.85
		—.—

Status am 31. August 1903.

Historischer Fonds	4125.45	
Antiquarischer Fonds	4161.85	
Spezialfonds zum Basler-Urkundenbuch	2903.90	
	11191.20	
Spezialfonds für Ausgrabungen, Passivsaldo	1043.—	
Total . .		10148.20

Der Revisor: Der Kassier:

August Huber.   **A. Bernoulli.**

Vom Vorstande genehmigt den 25. September 1903.

Verzeichnis der Mitglieder

der

historischen und antiquarischen Gesellschaft.

31. August 1903.

A. Ordentliche Mitglieder.

Herr Alioth-Veith, Alfred, Dr.
» Alioth-Vischer, Wilh., Oberst.
» Bachofen-Burckhardt, Karl.
» Bachofen-Burckhardt, Wilhelm.
» Bally, Otto, Kommerzienrat, in Säckingen.
» Barth, Hans, Dr., in Winterthur.
» Barth, Paul, Dr.
» de Bary-von Bavier, Rudolf.
» Baumgartner, Adolf, Prof.
» Baur, Franz, Maler.
» Baur, Fried., Dr.
» Bernoulli-Burckhardt, A., Dr.
» Bernoulli-Burger, K. Ch., Dr.
» Bernoulli-Reber, J. J., Prof.
» Bernoulli-Vischer, W.
» Bernoulli-von der Tann, W.
» Bertholet-Wagner, Felix.
» Besson-Scherer, Joseph.
» Bieder, Adolf, Dr.
» · Bischoff, Wilh., Oberst, Reg.-Rat.
» Bischoff-Hoffmann, Karl, Dr.
» Bischoff-Ryhiner, Emil.
» Bischoff-Wieland, Eug., Dr.
» Boos, Heinr., Prof.
» Bourcart-Grosjean, Ch., in Gebweiler.

Herr Bourcart-Vischer, A., in Gebweiler.
» Brömmel, Berthold, Dr.
» Brüderlin-Ronus, Rudolf, Oberstlt.
» Burckhardt-Biedermann, Th., Dr.
» Burckhardt-Bischoff, A., Dr.
» Burckhardt-Brenner, F., Prof.
» Burckhardt-Burckhardt, A., Dr.
» Burckhardt-Burckhardt, Ed. de Martin.
» Burckhardt-Burckhardt, Hans.
» Burckhardt-Fetscherin, Hans, Dr.
» Burckhardt-Finsler, A., Prof., Reg.-Rat.
» Burckhardt-Friedrich, A., Prof.
» Burckhardt-Grossmann, Ed.
» Burckhardt-Heusler, A.
» Burckhardt-Merian, Adolf.
» Burckhardt-Merian, Eduard.
» Burckhardt-Merian, Julius.
» Burckhardt-Rüsch, Ad.
» Burckhardt-Schazmann, Karl Christoph, Prof.
» Burckhardt-Vischer, Wilh., Dr.
» Burckhardt-Werthemann, Daniel, Prof.

Herr Burckhardt-Zahn, Karl.
» Buser, Hans, Dr.
» Christ-Iselin, Wilhelm.
» Christ-Merian, Balthasar.
» Christ-Merian, Hans.
» Cohn, Arthur, Dr.
» David, Heinrich, Dr., Reg.-Rat.
» Dietschy-Burckhardt, J. J.
» Dragendorff, H., Prof.,
in Frankfurt a. M.
» Eckel-Labhart, Charles.
» Egger-Hufschmid, Paul.
» Eppenberger, Hermann, Dr.
» Fäh, Franz, Dr.
» Fäsch, Emil, Architekt.
» Feigenwinter, Ernst, Dr.
» Feigenwinter, Niklaus, Fürsprech,
in Arlesheim.
» Fininger-Merian, Leonh., Dr.
» Finsler, Georg, Dr.
» Fleiner-Schmidlin, Ed.
» Fleiner-Veith, F., Prof.
» Forcart-Bachofen, R.
» Freivogel, Ludwig, Dr.
» Frey-Freyvogel, Wilhelm.
» Frey, Friedrich, Salinen-
verwalter, in Kaiser-Augst.
» Frey, Hans, Dr.
» Ganz, Paul, Dr.
» Gauss, Karl, Pfr. in Liestal.
» Geering-Respinger, Adolf.
» Geering, Traugott, Dr.
» Geigy, Alfred, Dr.
» Geigy-Burckhardt, Karl.
» Geigy-Hagenbach, Karl.
» Geigy-Merian, Rudolf.
» Geigy-Schlumberger, J. R., Dr.
» Gelzer, Karl, Pfarrer.
» Georg-Neukirch, H.
» Gessler-Herzog, K. A.
» Gessler-Otto, Alb., Dr.
» Goppelsröder, Friedr., Prof.
» Göttisheim, Emil, Dr.
» Gräter-Campiche, A.
» Grellet, Jean.
» Grossmann-Stähelin, R.
» Grüninger, Robert, Dr.

Herr Hagenbach-Berri, F., Prof.
» Hagenbach-Bischoff, Ed., Prof.
» Hägler-AWengen, Ad., Dr.
» Handmann, Rud., Pfarrer, Prof.
» Hess, J. W., Dr.
» Heusler, Adolf, Pfarrer,
in Mandach.
» Heusler-Christ, D.
» Heusler-Sarasin, Andreas, Prof.
» Heusler-Stähelin, G., Pfarrer.
» Heusler-Veillon, Rudolf.
ı Heusler-VonderMühll, W.
ı His-Heusler, Ed., Dr.
» His-Schlumberger, Ed.
» His-Veillon, A.
» Hoch-Quinche, P.
» Hoffmann-Krayer, E., Prof.
» Holzach, Ferdinand, Dr.
ı Horner, Karl, Dr.
» Hotz-Linder, R., Dr.
» Huber, August, Dr.
» Hym, Jean, Bildhauer.
» ImObersteg-Friedlin, Karl.
ı Iselin-Merian, Alfred.
» Iselin-Merian, Isaac.
» Iselin, Rudolf, Oberstlt.
ı Iselin-Sarasin, Isaac, Dr.,
Reg.-Rat.
» Kern-Alioth, E.
» Köchlin-Burckhardt, Ernst, Dr.
» Köchlin-Iselin, Karl, Oberst.
» Köchlin-Kern, Peter.
» Köchlin-Stähelin, A., in Steinen.
» Kündig, Rudolf, Dr.
» LaRoche-Burckhardt, August.
» LaRoche-Burckhardt, Hermann.
» LaRoche-Burckhardt, Louis.
» LaRoche-Merian, Fritz.
» LaRoche-Passavant, A.
» Linder-Bischoff, Rudolf.
» Lötscher, Ulrich.
» Lotz-Trueb, A.
» Luginbühl, Rudolf, Dr.
ı Lüscher-Burckhardt, R.
» Lüscher-Wieland, W.
» Mähly-Eglinger, Jacob, Dr.
» Mangold, Fr., Dr.

Herr Markust, Adolf.
» Mechel Albert.
» Meier, John, Prof.
» Mende-Sandreuter, J.
› Merian, Adolf.
» Merian-Heusler, Wilhelm.
» Merian-Paravicini, Heinrich.
» Merian-Preiswerk, M.
» Merian, Rudolf, Dr.
» Merian, Samuel. ·
» Merian-Thurneysen, A.
» Merian-Zäslin, J. R.
» Meschlin, J. L., Dr.
» Meyer, Emanuel.
» Meyer-Eschmann, Fritz.
» Meyer-Lieb, Paul, Dr.
» Meyer-Schmid, Karl, Prof.
» Miville-Iselin, R.
» de Montet, Albert. .
» Moosherr, Theodor, Dr.
» Münzer, F., Prof.
» Mylius-Gemuseus, H. A.
» Nef, Karl, Dr.
» Nötzlin-Werthemann, R.
» Oeri, Albert, Dr.
» Oeri, Jakob, Dr.
» Overbeck, Franz, Prof.
» Paravicini, Karl, Dr.
› Paravicini-Engel, E.
» Paravicini-Vischer, Rudolf.
» Passavant-Allemandi, E.
» Preiswerk-Ringwald, R.
» Probst, Emanuel, Dr.
» Reese, H. L. W., Reg.-Rat.
» Refardt, Arnold.
› Rensch, Gustav.
» Rieder-Frey, Sam.
· Riesterer-Asmus, Rob.
» Riggenbach-Iselin, A.
» Riggenbach-Stehlin, F.
» Riggenbach-Stückelberger, Ed.
» v. Ritter, Paul, Dr.
» Ryhiner-Stehlin, Albert.
» v. Salis, Arnold, Antistes.
» Sarasin, Fritz, Dr.
» Sarasin, Paul, Dr.
» Sarasin-Alioth, P.

Herr Sarasin-Bischoff, Theodor.
» Sarasin-Iselin, Alfred.
» Sarasin-Iselin, Wilhelm.
» Sarasin-Schlumberger, Jakob.
» Sarasin-Thiersch, Rudolf.
» Sarasin-Thurneysen, Hans.
» Sarasin-Vischer, Rudolf.
» Sartorius-Preiswerk, Fritz.
» Schetty-Oechslin, Karl.
» Schlumberger-Ehinger, A.
» Schlumberger-Vischer, Charles.
» v. Schlumberger, Jean, Dr.,
  Staatsrat, in Gebweiler.
» Schmid-Paganini, J., Dr.
» Schneider, J. J., Dr.
» v. Schönau, Hermann, Freiherr,
  in Schwörstadt.
» Schönauer, Heinrich, Dr.
» Schwabe-Changuion, Benno.
» Seiler-LaRoche, E. R.
» Senn, Hans, Pfarrer in Sissach.
» Senn-Otto, F.
» Settelen-Hoch, E.
» Siegfried, Traugott, Dr.
» Siegmund-Barruschky, L., Dr.
» Siegmund-von Glenck, B.
» Socin, Adolf, Prof.
» Speiser, Fritz, Prof., in
  Freiburg i.S.
» Speiser-Sarasin, Paul, Prof.
» Speiser-Strohl, Wilhelm.
» Spetz, Georges, in Isenheim.
» von Speyr-Bölger, Albert.
» Stähelin, Felix, Dr.,
  in Winterthur.
» Stähelin-Bischoff, A.
» Stähelin-Lieb, G., Pfarrer
» Stähelin-Merian, Ernst, Pfarrer.
» Stähelin-Vischer, A.
» Stamm-Preiswerk, J.
» Stehlin, Hans Georg, Dr.
» Stehlin, Karl, Dr.
» Stehlin-vonBavier, F.
» Stickelberger, Emanuel.
» Stuckert, Otto.
» Stückelberg, Ernst, Dr.
» Stückelberg, E. A., Dr.

Herr Stutz, Ulrich, Prof. in
Freiburg i. B.
» Sulger, August, Dr.
» Thommen, Emil, Dr.
» Thommen, Hans.
» Thommen, Rudolf, Prof.
» Trüdinger, Ph.
» Uebelin-Trautwein, F. W.
» Veraguth, Daniel, Dr.
» Vischer-Bachofen, Fritz.
» Vischer-Burckhardt, Rudolf.
» Vischer-Iselin, Wilhelm, Dr.
» Vischer-Köchlin, Eberhard, Prof.
» Vischer-Sarasin, Eduard.
» Vischer-VonderMühll, Karl.
» VonderMühll, Georg.
» VonderMühll-Bachofen, Adolf.
» VonderMühll-Burckhardt, Karl.
» VonderMühll-His, Karl, Prof.
» VonderMühll-Kern, Wilhelm, Dr.

Herr VonderMühll-Merian, Albert
» VonderMühll-Merian, Wilh., Dr.
» VonderMühll-Vischer, Fritz.
» Wackernagel-Burckhardt, R., Dr.
» Wackernagel-Merian, Gustav.
» Wackernagel-Steblin, J., Prof.,
in Göttingen.
» Walser-Hindermann, F.
» Weiss, Ernst, Dr.
» Weitnauer-Preiswerk, A.
» v. Welck, K. A., Oberstlt.
» Werder, Julius, Dr., Rektor.
» Werner-Riehm, M.
» Wieland-Preiswerk, Karl Albert.
Prof.
» Wieland-Zahn, Alfred, Dr.
» Wullschleger-Hartmann, G.
» Zahn-Burckhardt, Karl.
» Zahn-Geigy, Friedrich.
» Zellweger-Steiger, O., Pfarrer.

B. Korrespondierende Mitglieder.

Herr Grimm, Jul., Dr., in Wiesbaden.
» Gelzer, Heinrich, Prof.,
in Jena.

Herr Leist, B. W., Prof. und Geh.
Justizrat, in Jena.
» Rieger, Max, Dr., in Darmstadt.

C. Ehrenmitglieder.

Herr Delisle, Leopold, Administrator
der Nationalbibliothek, in Paris.
» v. Liebenau, Th., Dr., Staats-
archivar, in Luzern.
» Meyer von Knonau, Gerold,
Prof., in Zürich.

Herr Rahn, Joh. Rudolf, Prof.,
in Zürich.
» v. Schönberg, Gustav, Prof.,
in Tübingen.
» Wartmann, Hermann, Dr.,
in St. Gallen.

CPSIA information can be obtained
at www.ICGtesting.com
Printed in the USA
BVHW08s1246190918
527933BV00029B/1249/P